Werde aktiv, indem du die Experimente im **Praktikum** durchführst.

Achte bei diesen Symbolen auf die nötigen Vorsichtsmaßnahmen.

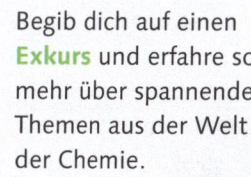

Begib dich auf einen **Exkurs** und erfahre so mehr über spannende Themen aus der Welt der Chemie.

Arbeite mit **Methode**, indem du eine typische Arbeitsweise der Chemie schrittweise nachvollziehst und übst.

**Teste dich**, indem du Aufgaben aus dem Kapitel beantwortest und die Lösungen im Buch (Anhang) nachschlägst.

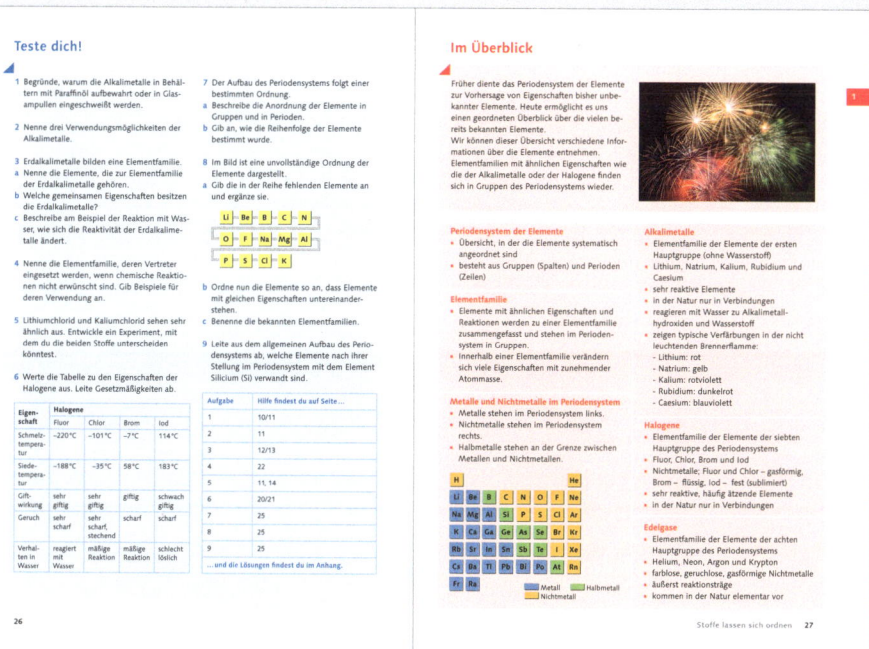

Wenn du zentrale Begriffe **im Überblick** nachlesen möchtest, so blättere ans Ende des Kapitels.

# FACHWERK CHEMIE

## Nordrhein-Westfalen

2

Cornelsen

**FACH**WERK
**CHEMIE**

*Autorinnen und Autoren:* Elke Freiling-Fischer, Andreas Harm, Manfred Lang, Alexandra Ranieri, Dr. Juliane Schink, Wilfried Wagner

*Mit Beiträgen von:* Tanja Tajmel (Methoden zur Sprachbildung)

*Berater:* Elke Frey, Aachen; Matthias Sauer, Burbach; Constanze von Schweinichen, Erkelenz; Tanja Tajmel, Berlin

*Redaktion:* Astrid Koch, Dr. Claudia Seidel

*unter Mitarbeit von:* Sarah Höxter

*Bildrecherche:* Katrin Bahro, Dieter Ruhmke

*Illustration und Grafik:* Matthias Pflügner, Peter Hesse, newVision! GmbH, Bernhard A. Peter, Pattensen

*Umschlaggestaltung:* Zweimanns Grafik

*Layout und technische Umsetzung:* Studio SYBERG

**Begleitmaterialien zum Lehrwerk:**

| | |
|---|---|
| Schülerbuch als E-Book | ISBN 978-3-06-014714-4 |
| Lösungen zum Schülerbuch | ISBN 978-3-06-014713-7 |
| Handreichungen für den Unterricht (mit KV) Teil 2 | ISBN 978-3-06-014708-3 |
| Gefährdungsbeurteilungen Band 2 | ISBN 978-3-06-014711-3 |
| Unterrichtsmanager Plus online | ISBN 978-3-06-011086-5 |

**www.cornelsen.de**

Dieses Werk enthält Vorschläge und Anleitungen für Experimente. Vor jedem Experiment sind mögliche Gefahrenquellen zu beurteilen. Beim Experimentieren sind die Richtlinien zur Sicherheit im Unterricht an allgemeinbildenden Schulen in Nordrhein-Westfalen einzuhalten.

1. Auflage, 4. Druck 2021

Alle Drucke dieser Auflage sind inhaltlich unverändert und können im Unterricht nebeneinander verwendet werden.

© 2015 Cornelsen Schulverlage GmbH, Berlin
© 2017 Cornelsen Verlag GmbH, Berlin

Druck: Firmengruppe APPL, aprinta Druck, Wemding

ISBN: 978-3-06-014684-0

**PEFC zertifiziert**
Dieses Produkt stammt aus nachhaltig bewirtschafteten Wäldern und kontrollierten Quellen.

**www.pefc.de**

**PEFC**
PEFC/04-32-0928

# Inhalt

# 3 Salze und andere wichtige Stoffe — 52

# 4 Säuren und Laugen — 80

# 5  Energie aus chemischen Reaktionen _____ 110

# 6  Kohlenwasserstoffe – Energieträger und Rohstoffe _____ 130

# 7 Von den Alkoholen zu den Carbonsäuren 164

# 8 Produkte der Chemie 190

# Anhang

Die mit * gekennzeichneten Inhalte sind fakultativ.

## 1

# Stoffe lassen sich ordnen

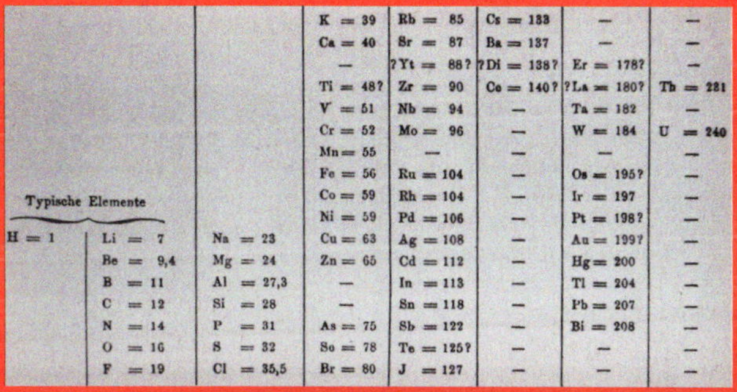

| Typische Elemente | | | | | | |
|---|---|---|---|---|---|---|
| H = 1 | | K = 39 | Rb = 85 | Cs = 133 | — | — |
| Li = 7 | Na = 23 | Ca = 40 | Sr = 87 | Ba = 137 | — | — |
| Be = 9,4 | Mg = 24 | — | ?Yt = 88? | ?Di = 138? | Er = 178? | — |
| B = 11 | Al = 27,3 | Ti = 48? | Zr = 90 | Ce = 140? | ?La = 180? | Th = 231 |
| C = 12 | Si = 28 | V = 51 | Nb = 94 | — | Ta = 182 | — |
| N = 14 | P = 31 | Cr = 52 | Mo = 96 | — | W = 184 | U = 240 |
| O = 16 | S = 32 | Mn = 55 | — | — | — | — |
| F = 19 | Cl = 35,5 | Fe = 56 | Ru = 104 | — | Os = 195? | — |
| | | Co = 59 | Rh = 104 | — | Ir = 197 | — |
| | | Ni = 59 | Pd = 106 | — | Pt = 198? | — |
| | | Cu = 63 | Ag = 108 | — | Au = 199? | — |
| | | Zn = 65 | Cd = 112 | — | Hg = 200 | — |
| | | — | In = 113 | — | Tl = 204 | — |
| | | As = 75 | Sn = 118 | — | Pb = 207 | — |
| | | Se = 78 | Sb = 122 | — | Bi = 208 | — |
| | | Br = 80 | Te = 125? | — | — | — |
| | | | J = 127 | — | — | — |

Vor etwa 200 Jahren haben Naturwissenschaftler damit begonnen, Elemente zu beschreiben. Nach und nach erkannten sie, dass es Elemente gibt, die sich zu Gruppen zusammenfassen lassen: die Elementfamilien. Welche Elementfamilien gibt es? Und wie kann Ordnung in die Vielzahl von Elementen gebracht werden?

# Alkalimetalle

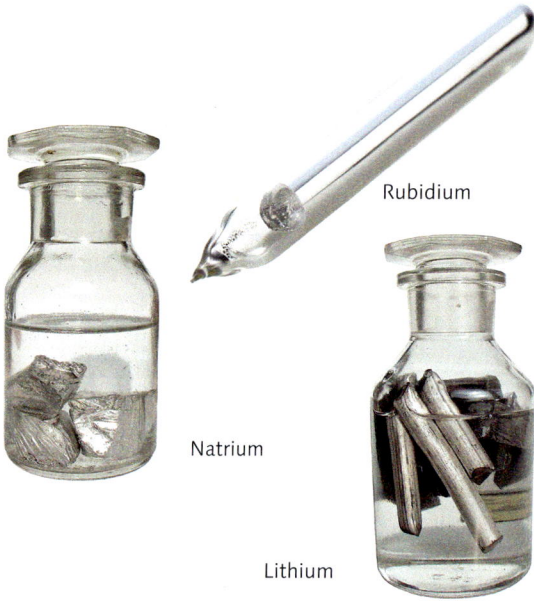

**1** *Alkalimetalle wie Lithium, Natrium und Rubidium werden unter Luftabschluss aufbewahrt.*

**Die Elementfamilie der Alkalimetalle** Viele Elemente besitzen ähnliche Eigenschaften und können dadurch als Elementfamilien zusammengefasst werden. Die Metalle Lithium, Natrium, Kalium, Rubidium und Caesium weisen verwandte Eigenschaften auf und bilden eine solche Elementfamilie: die Alkalimetalle. Der Name „Alkali" leitet sich vom arabischen Wort *al-qali* für die Kaliumverbindung Pottasche ab.

**Die Elemente Lithium, Natrium, Kalium, Rubidium und Caesium bilden die Elementfamilie der Alkalimetalle.**

**Vorkommen** Alkalimetalle kommen in der Natur nicht elementar, sondern nur in Verbindungen vor. Die bekannteste Natriumverbindung ist Natriumchlorid, das Kochsalz.

**Eigenschaften** Alkalimetalle besitzen wie die bereits bekannten Metalle Eisen und Kupfer typische metallische Eigenschaften. Ein Stück Natrium kann verformt werden und lässt sich sogar mit einem Messer schneiden. An der frischen Schnittfläche zeigt sich der typische Oberflächenglanz von Metallen. Alkalimetalle leiten den elektrischen Strom. Wärme können sie ebenfalls gut leiten. Aufgrund ihrer niedrigen Dichten gehören die Alkalimetalle zu den Leichtmetallen.

Alkalimetalle haben aber auch besondere Eigenschaften: Lithium, Natrium und Kalium müssen in Behältern mit Paraffinöl gelagert werden. Rubidium und Caesium werden sogar in Glasampullen eingeschweißt (Bild 1). Dies ist notwendig, weil Alkalimetalle sehr reaktionsfreudig sind. Sie reagieren mit dem Sauerstoff der Luft und mit Wasser. An der Luft wird ihre Oberfläche matt, das Metall oxidiert. Gibt man ein kleines Stück eines Alkalimetalls in Wasser, so kann man eine chemische Reaktion beobachten. Dabei entstehen eine Lauge und Wasserstoff.

**Die Alkalimetalle zeigen typische metallische Eigenschaften. Sie sind sehr reaktionsfreudig und reagieren beispielsweise mit Sauerstoff und Wasser.**

**2** *Frisch aufgeschnittenes Natrium*

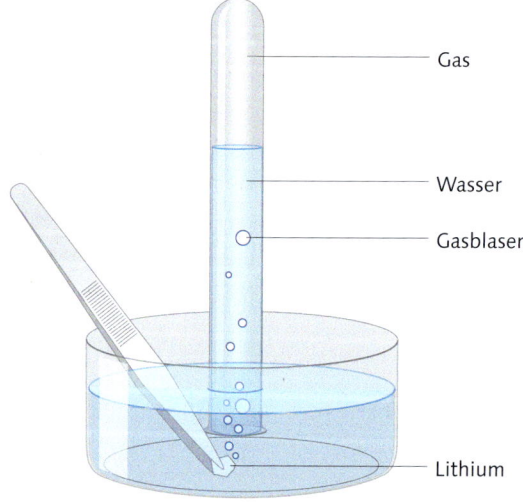

**3** *Ein Demonstrationsexperiment: die Reaktion von Lithium und Wasser.*

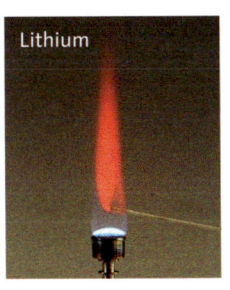

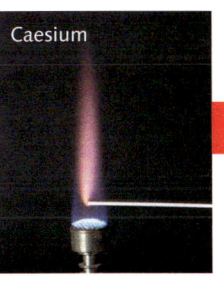

**4** *Flammenfarben der Alkalimetalle*

**Flammenfärbung** Bringt man ein Alkalimetall oder eine Alkalimetallverbindung in die nicht leuchtende Brennerflamme, zeigt sich bei jedem Alkalimetall eine typische Flammenfarbe. So färbt Lithium die Flamme karminrot und Natrium färbt sie in ein kräftiges Gelb.

Wenn eine unbekannte Alkalimetallverbindung in die Brennerflamme gehalten wird, kann durch die Flammenfarbe herausgefunden werden, welches Alkalimetall in der Stoffprobe enthalten ist.

**Verwendung** Lithium, Natrium und Kalium sind von großer Bedeutung für die Industrie, zum Beispiel zur Herstellung von Batterien und Akkus. Außerdem werden sie in der Düngemittel-, Waschmittel- und Glasindustrie verwendet.

**5** *Natriumdampflampen erzeugen gelbes Licht.*

**Vergleich der Reaktivität** Aufgeschnittenes Lithium wird an der Luft langsam matt, weil es mit Sauerstoff reagiert. Bei Natrium und Kalium verlaufen die Reaktionen schneller. Ähnliches ist bei der Reaktion mit Wasser zu beobachten: Lithium, Natrium und Kalium reagieren unter Gasentwicklung. Dabei gleitet Lithium langsam über die Wasseroberfläche, Natrium dagegen schnell und mit zischendem Geräusch. Bei Kalium ist eine Flamme zu erkennen. Rubidium und Caesium reagieren mit Wasser explosiv.

**Die Heftigkeit der Reaktion mit Wasser nimmt von Lithium bis Caesium zu.**

**Aufgaben**

1 Begründe, warum man die Alkalimetalle zu einer Elementfamilie zusammenfasst.
2 Bild 3 zeigt ein Experiment zur Reaktion von Lithium mit Wasser.
a Beschreibe die Durchführung des Experiments.
b Formuliere die Beobachtungen.
c Plane ein Experiment, mit dem du herausfinden kannst, welches Gas entstanden ist.
3 Vergleiche die Eigenschaften der Alkalimetalle. Verwende dazu die Tabelle.

| Alkalimetall | Elementsymbol | Schmelztemperatur (in °C) | Siedetemperatur (in °C) | Dichte (in $\frac{g}{cm^3}$ bei 20 °C) | Heftigkeit der Reaktion mit Luft | Heftigkeit der Reaktion mit Wasser |
|---|---|---|---|---|---|---|
| Lithium | Li | 180 | 1372 | 0,53 | | |
| Natrium | Na | 98 | 892 | 0,97 | | |
| Kalium | K | 64 | 760 | 0,86 | | |
| Rubidium | Rb | 39 | 688 | 1,53 | | |
| Caesium | Cs | 29 | 690 | 1,90 | | |

**Tab. 1** *Einige Eigenschaften der Alkalimetalle im Vergleich*

# Erdalkalimetalle

Barium

Magnesium

Calcium

**1** *Magnesium, Calcium und Barium sind Erdalkalimetalle.*

**Die Elementfamilie der Erdalkalimetalle** Die Elemente Beryllium, Magnesium, Calcium, Strontium und Barium sind am Aufbau der Erdkruste beteiligt. Sie weisen ähnliche Eigenschaften wie die Alkalimetalle auf und werden deshalb als Erdalkalimetalle bezeichnet.

**Beryllium, Magnesium, Calcium, Strontium und Barium gehören zu den Erdalkalimetallen.**

**Vorkommen** Wie die Alkalimetalle kommen die Erdalkalimetalle in der Natur nur in Verbindungen vor. Smaragd ist ein Beispiel für eine Verbindung, die Beryllium enthält. Calcium ist Bestandteil von Mineralien wie Dolomit, Marmor, Kalkstein und Gips, die sich im Gebirge finden lassen. Auch unsere Knochen bestehen aus Calciumverbindungen.

**2** *Die Dolomiten bestehen aus dem Mineral Dolomit, einer Magnesium-Calcium-Verbindung.*

**Eigenschaften** Erdalkalimetalle sind wie alle Metalle verformbar. Strom und Wärme leiten sie gut. Der typische metallische Oberflächenglanz zeigt sich beispielsweise bei Magnesium und Calcium, wenn man ihre Oberfläche anschmirgelt. Nach einiger Zeit an der Luft wird die Oberfläche matt, weil die Erdalkalimetalle mit dem Sauerstoff der Luft reagieren, jedoch weniger schnell als bei den Alkalimetallen.

**Die Erdalkalimetalle sind reaktionsfreudige Elemente. Sie reagieren beispielsweise mit Sauerstoff.**

**Verwendung** Die Leichtmetalle Beryllium, Magnesium und Barium werden in der Industrie als Legierungsmetalle verwendet. Magnesiumlegierungen sind wichtige Ausgangsstoffe für den Flugzeugbau. Calciumverbindungen werden für die Herstellung von Düngemitteln, Baustoffen, Putzmitteln, Glas und Papier benötigt.

**Exkurs Radium**
Ein weiteres Erdalkalimetall ist das radioaktive und äußerst gesundheitsschädliche Radium. Es wurde 1898 von MARIE und PIERRE CURIE entdeckt und galt zunächst fälschlicherweise als gesundheitsfördernd. Kosmetika und Genussmittel, die Radium enthielten, waren in den 1920er Jahren ein wahrer Verkaufsschlager. Dies änderte sich schlagartig, als vermehrt Erkrankungen und Todesfälle im Zusammenhang mit Radiumprodukten auftraten.

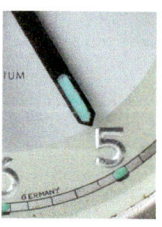

**3** *Früher enthielten Leuchtziffern oft Radium.*

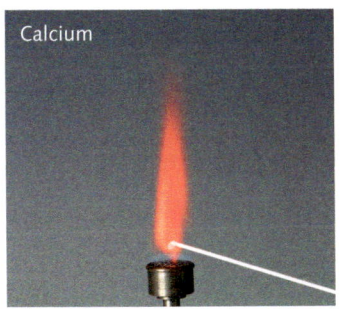

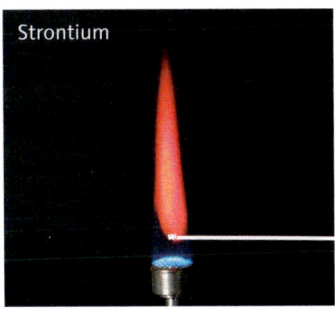

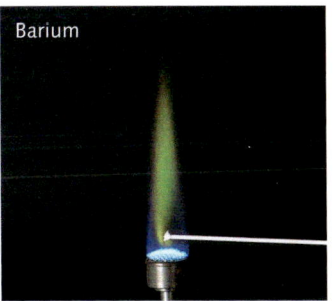

**4** *Flammenfarben einiger Erdalkalimetalle*

**Flammenfärbung** Von den Erdalkalimetallen zeigen nur Calcium, Strontium und Barium eine typische Flammenfärbung. Calcium färbt die Flamme ziegelrot, Strontium färbt sie intensiv rot und Barium färbt die Flamme grün. Diese Eigenschaft wird als Hinweis genutzt, ob das Element oder seine Verbindung in einer Stoffprobe enthalten ist. Beryllium und Magnesium zeigen dagegen keine sichtbare Flammenfärbung.

**5** *Magnesiumfackeln werden als Seenotfackeln eingesetzt. Sie brennen sehr hell und sogar unter Wasser.*

**Vergleich der Reaktivität** Während Beryllium und Magnesium an der Luft langsam matt werden, geht dies bei Calcium, Strontium und Barium viel schneller. Unterschiede innerhalb der Familie der Erdalkalimetalle zeigen sich auch bei der Reaktion mit Wasser. Beryllium reagiert gar nicht mit Wasser, Magnesium reagiert nur mit warmem Wasser, während Barium mit Wasser heftig reagiert.

**Aufgaben**

1 Erstelle einen Steckbrief für ein Erdalkalimetall deiner Wahl.
2 Beryllium, Magnesium und Barium kommen in Kontakt mit Wasser. Beschreibe, was passiert. Vergleiche die Reaktivität der Metalle.
3 Nenne zwei Beispiele für Erdalkalimetallverbindungen.
4 Gehören die Erdalkalimetalle zu den Leicht- oder Schwermetallen? Nutze die Tabelle.
5 Das Erdalkalimetall Magnesium wird in Fackeln eingesetzt (Bild 5).
a Gib an, warum sich Magnesiumfackeln als Seenotfackeln eignen.
b Recherchiere, wie ein Magnesiumbrand gelöscht wird. Beschreibe das Löschverfahren.

| Erdalkalimetall | Element-symbol | Schmelz-temperatur (in °C) | Siedetem-peratur (in °C) | Dichte (in $\frac{g}{cm^3}$ bei 20 °C) | Heftigkeit der Reaktion mit Luft | Heftigkeit der Reaktion mit Wasser |
|---|---|---|---|---|---|---|
| Beryllium | Be | 1278 | 2970 | 1,85 | | reagiert nicht |
| Magnesium | Mg | 650 | 1110 | 1,74 | | |
| Calcium | Ca | 838 | 1490 | 1,55 | | |
| Strontium | Sr | 757 | 1364 | 2,58 | | |
| Barium | Ba | 725 | 1640 | 3,50 | | |

**Tab. 1** *Einige Eigenschaften der Erdalkalimetalle im Vergleich*

# Praktikum  Alkali- und Erdalkalimetalle

## 1 Flammenfärbung

*Geräte:* Gasbrenner, Magnesiastäbchen, Spatel, Uhrgläser

*Chemikalien:* Lithiumchlorid, Natriumchlorid, Kaliumchlorid, Rubidiumchlorid, Caesiumchlorid, Calciumchlorid, Strontiumchlorid, verdünnte Salzsäure

*Durchführung:* Erhitze das Magnesiastäbchen in der nicht leuchtenden Flamme des Gasbrenners so lange, bis die Flamme farblos geworden ist. Tauche das heiße Stäbchen zuerst in verdünnte Salzsäure und anschließend in die erste Stoffprobe. Halte es erneut in die Flamme. Wiederhole den Versuch mit den anderen Stoffproben.

*Auswertung:* Welche Flammenfärbung kannst du erkennen?

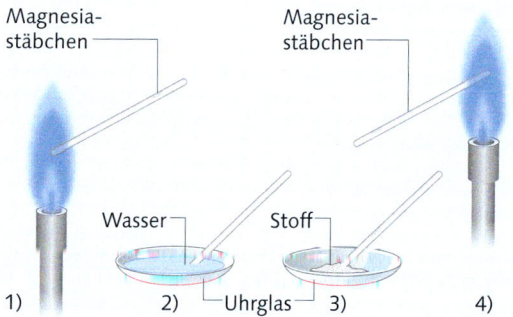

## 2 Verräterische Flammenfärbung

*Geräte:* Gasbrenner, Magnesiastäbchen, Spatel, Uhrgläser

*Chemikalien:* trockene und zerkleinerte Stoffproben aus dem Alltag, z. B. Gipspulver, Mineralwasser, Pottasche, Calciumtablette, Kartoffelstück, Kochsalz

*Durchführung:* Erhitze das Magnesiastäbchen in der nicht leuchtenden Flamme des Gasbrenners so lange, bis die Flamme farblos geworden ist. Tauche das heiße Stäbchen zuerst in Wasser und anschließend in die erste Stoffprobe. Halte das Stäbchen erneut in die Flamme. Wiederhole den Versuch mit den anderen Stoffproben.

*Auswertung:* Welche Alkali- bzw. Erdalkalimetallverbindungen lassen sich in den Stoffproben nachweisen?

## 3 Oberflächenglanz von Magnesium und Calcium

*Geräte:* Schmirgelpapier, Pinzette

*Chemikalien:* Magnesiumband (2 cm), Calcium (gekörnt)

*Durchführung:* Schmirgle die Oberfläche von jeweils einem kleinen Stück Calcium und Magnesium ab. Halte das Calciumstück mit einer Pinzette!

*Auswertung:* Notiere und deute deine Beobachtungen.

## 4 Magnesium und Calcium reagieren mit Wasser

*Geräte:* Reagenzglasgestell, 3 Reagenzgläser, Pinzette

*Chemikalien:* 2 Stücke Magnesiumband (etwa 2 cm), ein sehr kleines Stück Calcium (gekörnt), warmes und kaltes Wasser

*Durchführung:* Fülle in ein Reagenzglas warmes und in die zwei anderen Reagenzgäser kaltes Wasser (jeweils 2–3 cm hoch). Gib nun ein Magnesiumband in kaltes Wasser, anschließend das zweite Magnesiumband in warmes Wasser. Gib das Stück Calcium vorsichtig mit einer Pinzette in das dritte Reagenzglas.

*Auswertung:* Notiere deine Beobachtungen. Welchen Unterschied kannst du bei der Reaktion von Magnesium im kalten bzw. warmen Wasser feststellen? Mit welchem Experiment kannst du herausfinden, welches Gas entstanden ist?

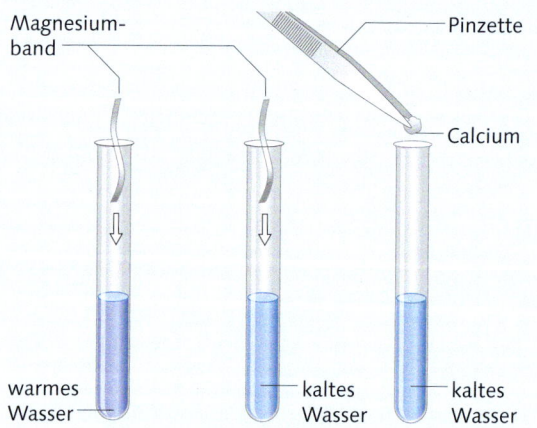

# Exkurs  Ordnen

**1** *Wie kannst du die Elemente ordnen?*

**Ordnen** Dinge zu ordnen und Ordnung zu haben sind sowohl in der Chemie als auch im Alltag sehr wichtig. Wurde etwas geordnet, hat man einen besseren Überblick. Außerdem findet sich alles schneller, man spart dadurch Zeit und hat den Kopf frei für kreative Ideen.
Auch Elemente können geordnet werden. Man kann sie aufgrund ihrer chemischen Eigenschaften zu Elementfamilien zusammenfassen oder sie nach Metallen und Nichtmetallen ordnen.

| Element | Metall | Nicht-metall | Schmelz-temp. | Siede-temp. | Reaktion mit Wasser | Vor |
|---------|--------|--------------|---------------|-------------|---------------------|-----|
| Brom | | X | -7°C | 58°C | | |
| Kalium | X | | 64°C | 760°C | entzündet sich | |
| Chlor | | X | -101°C | -35°C | | |
| Lithium | X | | 180°C | 1372°C | schnelles Gleiten | |
| Rubidium | X | | 39°C | 688°C | explosiv | |
| Iod | | X | 114°C | 183°C | | |
| ... | ... | ... | ... | ... | ... | ... |

Folgende Schritte solltest du beim Ordnen beachten:

**Ordnungskriterien finden**
Elemente können aufgrund ihrer chemischen Eigenschaften geordnet werden.

**Ergebnisse sichern**
Eine Tabelle mit den entsprechenden chemischen Eigenschaften in den Spalten dient zur Sicherung der Ergebnisse.

**Ergebnisse ordnen**
Die Elemente werden aufgrund ihrer chemischen Eigenschaften in die entsprechende Spalte eingetragen.

**Ergebnisse auswerten**
Die gefundenen gemeinsamen Eigenschaften werden farbig markiert.

**Aufgaben**
1 Ordne die hier aufgeführten Elemente, wie es in den einzelnen Schritten beschrieben ist. Kannst du dadurch die Elemente einer Elementfamilie zuordnen?
2 Erkläre in eigenen Worten, wie man beim Ordnen vorgeht.

# Methode  Operatoren und Fachsprache

**Operatoren kennst du schon** Operatoren sind Verben, die dir in den Aufgabenstellungen sagen, was genau du tun sollst. Die Tabellen auf dieser und der nächsten Seite sollen dir dabei helfen, Aufgabenstellungen genau zu verstehen und zu bearbeiten.

| Operator | Merkmale | Beispiel |
|---|---|---|
| **Erstelle** | Informationen in eine bestimmte Form bringen | Erstelle einen Steckbrief. Erstelle eine Tabelle. |
| **Ordne** | in eine Reihenfolge bringen, in Gruppen zusammenfassen oder Ähnliches | Ordne die angeführten Elemente. |
| **Beschreibe** | Vorgänge oder Merkmale; ganze Sätze | Beschreibe die Wirkung von Chlor in öffentlichen Schwimmbädern. |
| **Erkläre** | etwas verständlich machen; Grund oder Ursache angeben; „Wenn …, dann …", „Um … zu …" | Erkläre, warum Kalium in einem Behälter mit Paraffinöl gelagert werden muss. |
| **Erläutere** | wie erklären, aber mit zusätzlichen Informationen oder Beispielen | Erläutere die Wirkung von Chlor. |
| **Begründe** | wie erklären, aber mit Regeln und Gesetzmäßigkeiten; „Weil …", „Wegen …", „Aufgrund …" | Begründe, warum man die Alkalimetalle zu einer Elementfamilie zusammenfasst. |
| **Überprüfe** | Informationen suchen, nachlesen und vergleichen | Überprüfe deine Vermutung durch eine Internetrecherche. |
| **Stelle eine Vermutung an** | sagen, was du glaubst, wie etwas sein könnte oder was passieren könnte | Stelle mithilfe der Tabelle eine Vermutung über die Dichte von Francium auf. |
| **Vergleiche** | Gemeinsamkeiten oder Unterschiede nennen | Vergleiche die Dichten, Schmelz- und Siedetemperaturen der Alkalimetalle. |

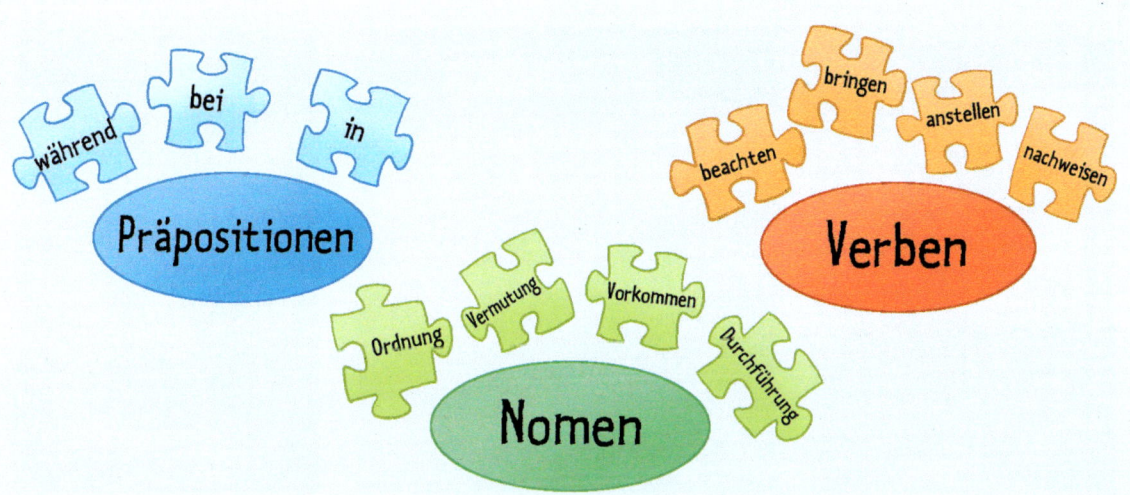

**Fachsprache in Arbeitsaufträgen** Aufgabenstellungen beinhalten häufig fachsprachliche Redewendungen, z. B.: *„Weise das Vorkommen nach."* Was dies bedeutet und wie man auch anders dazu sagen kann, kannst du anhand dieser Tabelle herausfinden.

Fachsprachliche Arbeitsaufträge und Arbeitsbeschreibungen sind gekennzeichnet durch bestimmte **Nomen-Verb**-Verbindungen, häufig auch in Verbindung mit einer **Präposition**.

| Präposition | Substantiv (Fall) | Verben | Anders gesagt |
|---|---|---|---|
| | einen Steckbrief | erstellen | einen Steckbrief machen/anfertigen/verfassen |
| | eine Mindmap | anfertigen | eine Mindmap zeichnen/anfertigen |
| | eine Vermutung | anstellen | über etwas nachdenken und sagen, was du vermutest/glaubst |
| in | eine Ordnung | bringen | etwas in eine Reihe oder in eine Liste eintragen/einsortieren |
| bei/ während | der Durchführung | beachten | achtgeben/aufpassen auf etwas, wenn du beispielsweise ein Experiment machst |
| in | (einer) Verbindung mit … | vorkommen | woraus diese Verbindung besteht |
| in | der Natur | vorkommen | wenn es etwas in der Natur gibt |
| | eine Elementfamilie | bilden | eine Elementfamilie darstellen |
| | die Zusammensetzung | bestimmen | herausfinden, wie etwas zusammengesetzt ist |
| | das Vorkommen | nachweisen | zeigen (mit einem Experiment), dass ein Stoff vorkommt |
| | einer Anzahl | entsprechen | gleiche Anzahl haben wie … gleich viel sein wie … |
| zur (zu) | (der) Vorhersage | dienen | man kann damit etwas vorhersagen |
| | einer Ordnung | folgen | so, wie es geordnet ist, weitermachen |

# Exkurs  Geschichte des Feuerwerks

**1** *Pyrotechniker im 17. Jahrhundert*

**2** *Kupferstich eines Feuerwerks in Leipzig 1667*

**3** *BERTHOLD SCHWARZ, Entdecker des Schwarzpulvers*

**Faszination Feuerwerk** Seit jeher sind die Menschen von Feuerwerk begeistert. Die bunten Farben und Lichter, die den Himmel aufleuchten lassen, faszinieren und bringen Jung und Alt zum Staunen.

**Feuerwerk im alten China** Die ersten Feuerwerke gab es etwa 1000 n. Chr. in China. Die Herstellung von Feuerwerkskörpern mit Schieß- und Schwarzpulver soll dort bereits in dieser frühen Zeit bekannt gewesen und später über den Seeweg nach Europa gekommen sein. Die Feuerwerkskörper wurden damals häufig für militärische Zwecke verwendet. Laute Knalleffekte und Feuerpfeile sollten Unsicherheit und Angst beim Gegner bewirken.

**Blütezeit des Feuerwerks in Europa** Das erste durch Quellen bestätigte Feuerwerk Europas fand im Jahr 1379 in der norditalienischen Stadt Vicenza statt. In den folgenden Jahren wurden bei religiösen Festen sowie Feierlichkeiten der Königshäuser immer häufiger als Höhepunkt der Veranstaltung Feuerwerke gezündet. Außerdem standen Feuerwerker ständig im Wettstreit miteinander, noch größere, effektvollere und farbenfrohere Feuerwerke zu entwickeln. Besonders prunkvolle Feuerwerke wurden am französischen Königshof im Barock und im Rokoko gezeigt. Für das Feuerwerk anlässlich der Feier des Friedens von Aachen im Jahr 1749 wurde GEORG FRIEDRICH HÄNDEL mit der Komposition der berühmten, auch heute noch oft aufgeführten „Feuerwerksmusik" beauftragt.

**Schwarzpulver** Ein wesentlicher Bestandteil von Feuerwerkskörpern ist Schwarzpulver. Es besteht aus Kaliumnitrat, Schwefel und Holzkohle. Bis Mitte des 19. Jahrhunderts war es das wichtigste Schieß- und Sprengmittel. Der Namensgeber des Schwarzpulvers war der Freiburger Mönch BERTHOLD SCHWARZ. Er erhielt beim Klostereintritt den Namen „Schwarz", weil er sich gerne mit schwarzer Magie und Alchemie beschäftigte. Das Schwarzpulver soll er zufällig beim Experimentieren entdeckt haben. Ob es tatsächlich so war, ist nicht sicher belegt. Kurz vor der Reformation im 16. Jahrhundert wurden alle Aufzeichnungen des Klosters zerstört.

## Aufgaben

1 Nenne Gelegenheiten, zu denen in der Geschichte Feuerwerke gezündet wurden.
2 Aus welchen Stoffen besteht Schwarzpulver? Wie ist es zu der Bezeichnung gekommen?
3 Finde durch eine Internetrecherche heraus, woher der Brauch stammt, an Silvester Feuerwerk abzubrennen.

# Exkurs  Feuerwerk heute

**Silvester** Kaum ein anderer Tag wird weltweit mit Feuerwerken in verschiedenen Farben, Formen und Effekten gefeiert wie der Übergang in das neue Jahr.

Von der beliebten Silvesterrakete über Leuchtvulkane bis hin zu Knallern und Böllern gibt es eine Vielzahl an Feuerwerkskörpern, die nicht nur von Pyrotechnikern, sondern an Silvester von allen volljährigen Personen abgebrannt werden dürfen.

**1** *Silvesterfeuerwerk*

**Aufbau und Funktion einer Feuerwerksrakete**
Der Holzstab an einer Feuerwerksrakete besitzt zwei Funktionen. Er dient als Startrampe und soll außerdem eine stabile Flugbahn gewährleisten.

Der untere Teil der Rakete enthält die Treibladung, die zum Großteil aus Schwarzpulver besteht. Nach dem Entzünden sorgt die Treibladung für den nötigen Schub. Um einen schönen Funkenschweif beim Aufsteigen zu erhalten, werden oft Funken erzeugende Stoffe wie Holzkohle, Aluminium- oder Eisenspäne beigemischt.

Ist die Treibladung abgebrannt, wird die Zerlegerladung gezündet. Sie enthält Schwarzpulver und je nach gewünschtem Effekt verschiedene Zusätze. Für die Farben sind vor allem Alkalimetall- und Erdalkalimetallverbindungen verantwortlich. Als Brennstoffe dienen Schwefel, Holzkohle oder verschiedene Harze.

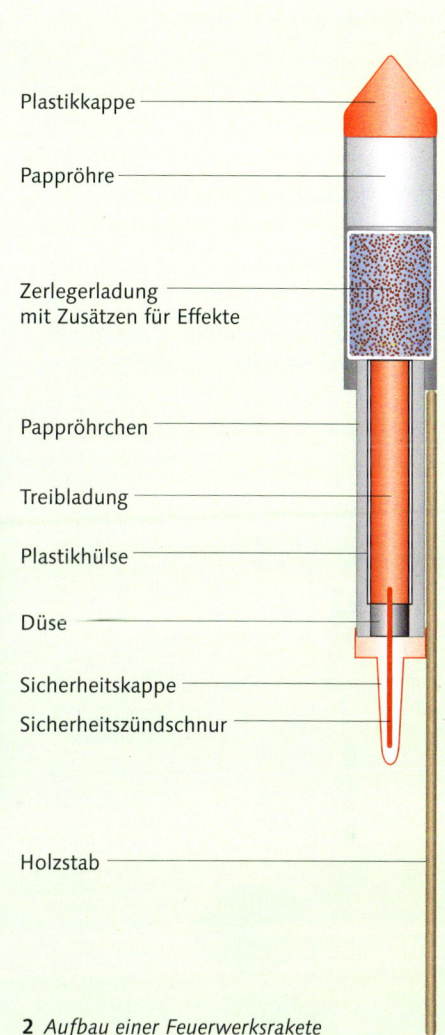

Plastikkappe

Pappröhre

Zerlegerladung mit Zusätzen für Effekte

Pappröhrchen

Treibladung

Plastikhülse

Düse

Sicherheitskappe

Sicherheitszündschnur

Holzstab

**2** *Aufbau einer Feuerwerksrakete*

## Aufgaben

1 Begründe die Verwendung von Alkalimetall- oder Erdalkalimetallverbindungen in Feuerwerksraketen.

2 Feuerwerke sind faszinierend, aber die Sicherheit geht vor beim Umgang mit Feuerwerkskörpern.

a Welche Vorsichtsmaßnahmen sind beim Umgang mit Feuerwerkskörpern zu beachten?

b Fans verwenden immer wieder Pyrotechnik in Fußballstadien. Was ist deine Meinung? Diskutiere mit Mitschülerinnen und Mitschülern.

3 Eine rot leuchtende Rakete soll hergestellt werden. Beschreibe den Aufbau der Zerlegerladung.

# Halogene

**Die Elementfamilie der Halogene** Zu den Halogenen zählen die Elemente Fluor, Chlor, Brom und Iod sowie das radioaktive Astat. Halogene sind sehr reaktive Elemente, die beispielsweise mit Metallen reagieren. Die dabei entstehenden Verbindungen sind Salze wie das Natriumchlorid, unser Kochsalz. Wegen der Eigenschaft dieser Stoffe, mit Metallen Salze zu bilden, wurde die Bezeichnung Halogene gewählt (griech. *hals*: Salz, *gennan*: bilden – „Salzbildner"). Halogene kommen in der Natur nur in Verbindungen vor.

**Fluor, Chlor, Brom und Iod bilden die Elementfamilie der Halogene.**

**1** *Bleichwirkung von Chlor*

**2** *Warum enthält Schwimmbadwasser oft Chlor?*

**3** *Flussspat ($CaF_2$) bildet farbige Kristalle.*

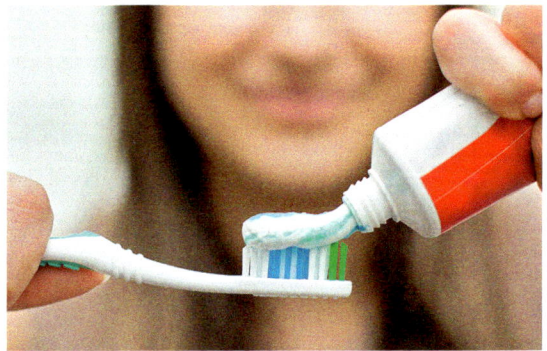

**4** *Fluoride sind Bestandteile vieler Zahnpasten.*

**Fluor** Es ist bei Raumtemperatur ein schwach grünliches, stark ätzendes und giftiges Gas. Fluor ist das reaktionsfähigste von allen Elementen. Fluorverbindungen kommen im Alltag häufig vor. Eine wichtige natürliche Fluorverbindung ist Flussspat (Calciumfluorid, $CaF_2$). Fluorverbindungen werden auch als Antihaftbeschichtung in Bratpfannen (Teflon®) und zur Herstellung atmungsaktiver Membranen (Gore-Tex®) verwendet. In Zahnpasta werden Fluoride für beständigeren Zahnschmelz eingesetzt.

**Chlor** Es ist bei Raumtemperatur ein gelbgrünes, stechend riechendes, giftiges Gas. Chlor wird aufgrund seiner Bakterien tötenden Wirkung zur Desinfektion verwendet. Diese Wirkung des Chlors nutzt man im Schwimmbad, um Krankheitserreger unschädlich zu machen. Weil dafür schon eine niedrige Chlorkonzentration genügt, sind gelegentlich auftretende Nebenwirkungen wie gerötete Augen gering. Chlor ist ein sehr wichtiger Ausgangsstoff zur Herstellung von Kunststoffen und Arzneimitteln. Es besitzt zudem eine bleichende Wirkung.

## Exkurs  Chlorfrei gebleichtes Papier

Auf vielen Schulheften befindet sich die Aufschrift „Chlorfrei gebleichtes Papier". Das
Bleichen von Papier ohne Chlor gehört mittlerweile zum Standard in Deutschland.
Es gibt aber Unterschiede: Das ECF-Papier
(*elementar-chlorfrei-gebleicht*) wird am meisten produziert. Dabei wird nicht mit elemen-
tarem Chlor, sondern mit Chlorverbindungen
gebleicht. Dieses Verfahren vermindert die
Umweltbelastung bereits deutlich. Das TCF-
Papier (*total-chlorfrei-gebleicht*) wird vollständig ohne elementares Chlor und ohne
Chlorverbindungen gebleicht. Hier kommen
Sauerstoffverbindungen zum Einsatz, die die
Umweltbelastungen bei der Papierveredlung
weiter vermindern. Die Herstellungskosten
für dieses Papier sind jedoch höher.

**7** *Bühnenbeleuchtung mit Halogenscheinwerfern bei einem Konzert*

**Halogenlampen**  Im Vergleich zu anderen
Leuchtmitteln bieten Halogenlampen einige Vorteile. Sie sind nach dem Einschalten sofort hell
und lassen sich dimmen. Sie erzeugen weißeres
und helleres Licht als herkömmliche Glühlampen und haben außerdem eine längere Lebensdauer.
Das Grundprinzip von Halogenlampen und Glühlampen ist aber dasselbe: Beide besitzen in
ihrem Inneren einen Glühdraht aus Wolfram. Bei
Halogenlampen enthält das Füllgas im Glas-
kolben zusätzlich ein Halogen – meistens Iod.
Dadurch wird der Glühdraht geschützt.

**5** *Brom*          **6** *Iod*

**Brom**  Bei Raumtemperatur liegt Brom als braune Flüssigkeit vor, die leicht verdampft. Die
Flüssigkeit sowie die Dämpfe sind stark ätzend
und giftig. Der Name leitet sich vom griechischen
Wort *bromos* für „Gestank" ab.
Bromverbindungen kommen am häufigsten in
Meerwasser und Salzlagerstätten vor. Sie werden
auch in Flammschutzmitteln und Schädlingsbe-
kämpfungsmitteln verwendet.

**Iod**  Bei Iod handelt es sich, im Unterschied zu
den bisher genannten Halogenen, um einen
grauschwarzen Feststoff, der bei Raumtemperatur leicht sublimiert und blauviolette Dämpfe
bildet.
Im Stoffwechsel des Menschen spielen iodhalti-
ge Verbindungen eine wichtige Rolle. Ein Man-
gel oder ein Überschuss an Iodverbindungen in
unserer Nahrung kann zu Erkrankungen der
Schilddrüse führen.

| Halogen | Element-symbol | Farbe des Gases | Schmelz-temperatur (in °C) | Siedetem-peratur (in °C) |
|---------|----------------|------------------|----------------------------|---------------------------|
| Fluor | F | grünlich | –220 | –188 |
| Chlor | Cl | grüngelb | –101 | –35 |
| Brom | Br | braunrot | –7 | 58 |
| Iod | I | blauviolett | 114 | 183 |

**Tab. 1** *Einige Eigenschaften der Halogene im Vergleich*

### Aufgaben

1 Erstelle für alle Halogene jeweils einen Steckbrief. Nutze alle Informationen dieser Seiten.
2 Beschreibe die Wirkung von Chlor in öffent-
   lichen Schwimmbädern.
3 In manchen Werbetexten für Zahnpasta wird
   davon gesprochen, dass „Fluor die Zähne
   schützt". Begründe, warum diese Formulie-
   rung falsch ist.

# Edelgase

1 *Leuchtschrift in Las Vegas*

2 *Ballons mit Heliumfüllung*

**Elementfamilie der Edelgase** Bunte Lichter und farbige Leuchtschrift sind die Wahrzeichen von Las Vegas. Auch wenn die Farben der Leuchtröhren unterschiedlich sind, haben sie eines gemeinsam – sie sind mit Edelgasen gefüllt. So leuchten mit Neon gefüllte Leuchtröhren (Gasentladungsröhren) orangerot. Wird Argon verwendet, leuchtet die Röhre blau.
Zur Elementfamilie der Edelgase zählen die Elemente Helium, Neon, Argon, Krypton, Xenon sowie das radioaktive Radon.

**Helium, Neon, Argon, Krypton, Xenon und Radon bilden die Elementfamilie der Edelgase.**

**Eigenschaften und Vorkommen** Bei den Edelgasen handelt es sich um farblose, geruchlose, gasförmige Nichtmetalle, die den elektrischen Strom nicht leiten und äußerst reaktionsträge sind. Deshalb sind sie nicht brennbar. Edelgase kommen in der Natur nur elementar vor. Lange Zeit ging man davon aus, dass es keine Edelgasverbindungen gibt. Schließlich gelang 1962 die Herstellung von Edelgasfluoriden im Labor, die jedoch instabil sind.
Edelgase sind zu etwa 1 % in der Luft enthalten und finden sich in Spuren auch im Erdgas.

**Verwendung** Edelgase sind sehr reaktionsträge. Deshalb werden sie häufig dort eingesetzt, wo chemische Reaktionen unerwünscht sind. Dies ist beispielsweise bei normalen Glühlampen der Fall: Dort werden Argon, Krypton und Xenon als sogenanntes Schutzgas verwendet. Auch beim Schweißen wird häufig Argon als Schutzgas eingesetzt.
Das größte Einsatzgebiet der Edelgase findet sich in Leuchtröhren, die heute unser Stadtbild prägen. Weitere Beispiele für die Verwendung einzelner Edelgase sind der Einsatz von Xenon in Scheinwerfern oder als Narkosemittel. Helium findet Verwendung als Füllgas für Ballons und Luftschiffe, weil seine Dichte geringer als die von Luft ist. Außerdem ist es neben Stickstoff und Sauerstoff Bestandteil des Atemgasgemischs für Taucher.

**Aufgaben**
1 Nenne fünf gemeinsame Eigenschaften der Edelgase.
2 Erläutere, warum Glühlampen mit Edelgas gefüllt sind.
3 Recherchiere, warum heute Helium und nicht mehr Wasserstoff (hat ebenfalls eine geringere Dichte als Luft) in Ballons verwendet wird.

# Exkurs Entstehung von Elementen im Weltraum

**Der Urknall** Nach der Urknalltheorie entstand das Universum vor etwa 13,7 Milliarden Jahren durch den Urknall, auch „Big Bang" genannt. Innerhalb von Sekundenbruchteilen entstanden Materie, Raum und Zeit. Man darf sich den Urknall nicht als Explosion vorstellen, sondern vielmehr als Ausdehnung, die als Expansion bezeichnet wird.

**Die ersten Elementarteilchen und Atome** Es wird vermutet, dass sich schon nach einer Tausendstelsekunde die ersten Neutronen und Protonen gebildet haben. Die ersten Atome entstanden allerdings erst etwa 300 000 Jahre später. Bei den ersten Atomen handelte es sich hauptsächlich um Wasserstoff- und Heliumatome. Zu einem sehr geringen Anteil wurden auch Lithium- und Deuteriumatome (schwerer Wasserstoff) gebildet.

**Die ersten Sterne** Erste Sterne entstanden ungefähr 200 Millionen Jahre nach dem Urknall. Sie bestanden nahezu völlig aus Wasserstoff und Helium. Wissenschaftler gehen davon aus, dass die ersten Sterne sehr groß und 100- bis 1000-mal schwerer als unsere Sonne waren. Außerdem hatten die meisten frühen Sterne eine geringe Lebensdauer von einigen Millionen Jahren. Neue Elemente wie Sauerstoff, Kohlenstoff und Eisen bildeten sich durch die Vorgänge im Inneren dieser ersten Sterne. Erst später entstanden auch schwerere Elemente wie Blei.

**2** *Reste einer Supernova im sogenannten Krebsnebel*

**Das Ende eines Sternenlebens** Im Inneren von Sternen wird Wasserstoff in Helium umgewandelt, wobei sehr viel Energie frei wird. Ist der Wasserstoff aufgebraucht, ist das Ende eines Sternenlebens erreicht. Das Sterben eines Sterns verläuft in Abhängigkeit von seiner Masse unterschiedlich. Bei Sternen mit großer Masse ist das Ende spektakulär: Dann kann eine riesige Explosion beobachtet werden, eine sogenannte Supernova. Durch die enorme Energiefreisetzung entstehen andere Elemente, die sich durch die Explosion im Weltraum verbreiten. Diese Elemente bilden neue Sterne.

## Aufgaben

1 Beschreibe die Entstehung der Elemente im Universum – „kurz" nach dem Urknall und heute.

2 Die Sonne – unser Stern

a Recherchiere wichtige Daten und Fakten über die Zusammensetzung und Größe der Sonne und ergänze weitere für dich interessante Informationen.

b Erstelle ein Plakat über die Sonne und präsentiere es in der Klasse. Gib an, woher du deine Informationen hast.

3 Recherchiere nach Forschungsergebnissen über Sterne und Galaxien. Dokumentiere, wie du bei der Recherche vorgegangen bist und wo du dich informiert hast. Welche Quelle empfiehlst du? Begründe.

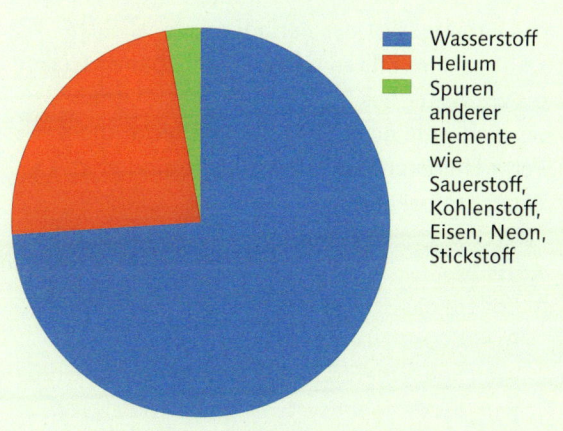

- Wasserstoff
- Helium
- Spuren anderer Elemente wie Sauerstoff, Kohlenstoff, Eisen, Neon, Stickstoff

**1** *Elemente im heutigen Universum*

# Exkurs   Geschichte des Periodensystems

**Anlass zum Ordnen** Um das Jahr 1800 kannte man etwa 30 chemische Elemente. Weil immer mehr neue Elemente entdeckt wurden, versuchten Wissenschaftler, eine sinnvolle Ordnung für die Elemente zu finden.

**1829 – Johann Wolfgang Döbereiner** Der deutsche Chemiker DÖBEREINER (1780–1849) war der Erste, der die damals bekannten Elemente aufgrund chemisch ähnlicher Eigenschaften und ihrer Atommassen ordnete. Er nannte die Gruppen aus drei Elementen, die sich chemisch ähneln, „Triaden".

**1863 – John Alexander Newlands** Der englische Chemiker NEWLANDS (1837–1898) sortierte die zu dieser Zeit bekannten Elemente ebenfalls wie DÖBEREINER nach steigender Atommasse. Er stellte dabei fest, dass nach jeweils sieben Elementen chemisch ähnliche Eigenschaften wiedererscheinen. Da dies vergleichbar mit den Oktaven in der Musik ist, nannte er es „Gesetz der Oktaven". Sein Periodensystem war aber noch lückenhaft, da viele Elemente noch nicht entdeckt waren.

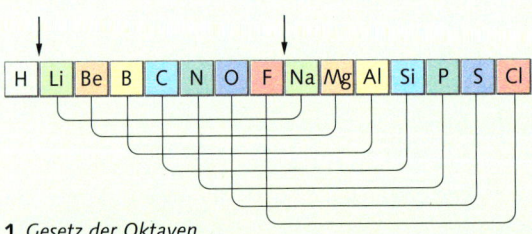

**1** *Gesetz der Oktaven*

**2** *Briefmarke zum Gedenken an DIMITRI MENDELEJEW*

---

**Ueber die Beziehungen der Eigenschaften zu den Atomgewichten der Elemente**

von

**D. Mendelejeff.**

Zeitschrift für Chemie 12. Jhrg. (Neue Folge, V. Bd.) (1869), S. 405 u. 406.

| | | | | | |
|---|---|---|---|---|---|
| H = 1 | | | Cu = 63,4 | Ag = 108 | Hg = 200 |
| | Be = 9,4 | Mg = 24 | Zn = 65,2 | Cd = 112 | |
| | B = 11 | Al = 27,4 | ? = 68 | Ur = 116 | Au = 197 ? |
| | C = 12 | Si = 28 | ? = 70 | Sn = 118 | |
| | N = 14 | P = 31 | As = 75 | Sb = 122 | Bi = 210 |
| | O = 16 | S = 32 | Se = 79,4 | Te = 128 ? | |
| | F = 19 | Cl = 35,5 | Br = 80 | J = 127 | |
| Li = 7 | Na = 23 | K = 39 | Rb = 85,4 | Cs = 133 | Tl = 204 |
| | | Ca = 40 | Sr = 87,6 | Ba = 137 | Pb = 207 |

**3** *Periodensystem von DIMITRI MENDELEJEW*

**1869 – Dimitri Mendelejew und Lothar Meyer** Zeitgleich, aber unabhängig voneinander stellten der russische Chemiker DIMITRI MENDELEJEW und der Deutsche LOTHAR MEYER ein Periodensystem der Elemente auf. Sie ordneten dazu die chemischen Elemente von oben nach unten nach steigender Atommasse an und setzten gleichzeitig die Elemente mit ähnlichen Eigenschaften nebeneinander. Bis zu diesem Zeitpunkt waren etwa 60 Elemente bekannt und so war das Periodensystem noch teilweise lückenhaft. Während aber MEYER sehr vorsichtig mit Vermutungen über bis dahin unbekannte Elemente war, sagte MENDELEJEW sogar voraus, welche Eigenschaften die fehlenden Elemente haben müssen. Dies gelang ihm nach heutigem Wissen ziemlich genau.

**Nach 1869** Nachdem MENDELEJEW und MEYER das Grundgerüst des Periodensystems aufgestellt hatten, füllten sich die gebliebenen Lücken bis zur Mitte des 20. Jahrhunderts. Seitdem wurden viele neue Elemente entdeckt, die das Periodensystem erweitern. Heute sind etwa 118 Elemente bekannt.

## Aufgaben

1 Erkläre das „Gesetz der Oktaven" von JOHN ALEXANDER NEWLANDS.
2 Welche Elementfamilien kannst du den Gruppen des Periodensystems von MENDELEJEW zuordnen? Verwende Bild 3.

# Aufbau des Periodensystems der Elemente

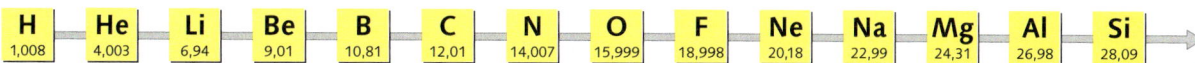

**1** *Die Elemente werden nach ihren Atommassen geordnet …*

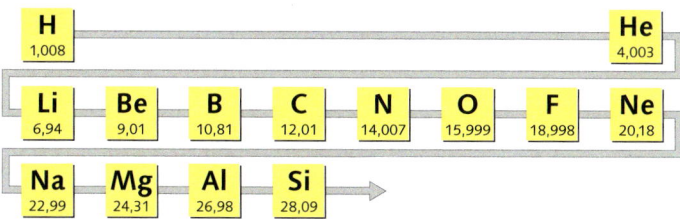

**2** *… und dann nach den Elementfamilien übereinandergelegt.*

**Eine systematische Ordnung** Mitte des 19. Jahrhunderts waren bereits so viele chemische Elemente bekannt, dass eine systematische Ordnung notwendig wurde. Die Atommassen der bekannten chemischen Elemente waren ermittelt. Man ordnete die Elemente so an, dass immer diejenigen Elemente übereinanderlagen, die ähnliche chemische Eigenschaften aufweisen und deshalb zu einer Elementfamilie gehören, beispielsweise Lithium und Natrium. So erhielt man eine systematische Ordnung: das Periodensystem der Elemente. Anfang des 20. Jahrhunderts entdeckte man schließlich die wahre Ursache für das periodische Verhalten der Elemente: den Aufbau der Atome.

**Perioden** Die Reihen des Periodensystems werden Perioden genannt und mit arabischen Ziffern gekennzeichnet. Hier sind die Elemente von links nach rechts angeordnet. Eine neue Periode beginnt, wenn chemisch ähnliche Eigenschaften wiederkehren. So beginnt die 2. Periode mit Lithium und endet mit Neon. Nach Neon folgt Natrium. Weil Natrium chemisch ähnliche Eigenschaften hat wie Lithium, nämlich die der Alkalimetalle, beginnt die 3. Periode mit Natrium.

**Gruppen** Die Elemente einer Elementfamilie bilden eine Gruppe. Es gibt insgesamt acht Hauptgruppen, die auch mit römischen Ziffern bezeichnet werden. Die erste Hauptgruppe besteht aus Wasserstoff und den Alkalimetallen. Die zweite Hauptgruppe bilden die Erdalkalimetalle. Weitere wichtige Hauptgruppen sind die Halogene und die Edelgase.

**Metalle und Nichtmetalle** Die Metalle befinden sich im Periodensystem links. Die Nichtmetalle stehen rechts. An der Grenze zwischen Metallen und Nichtmetallen befinden sich die Halbmetalle. Das sind Elemente, die sowohl Eigenschaften von Metallen als auch von Nichtmetallen aufweisen. Ein typisches Halbmetall ist Silicium. Es zeigt den typischen metallischen Glanz, ist aber nicht verformbar wie ein Metall.

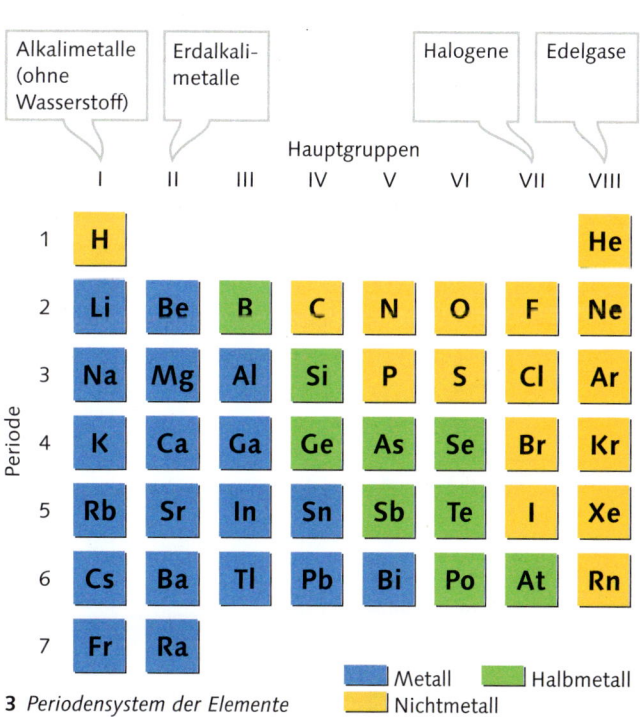

**3** *Periodensystem der Elemente*

**Im Periodensystem stehen Elemente mit ähnlichen Eigenschaften in Gruppen untereinander. Die waagerechten Zeilen heißen Perioden.**

# Teste dich!

◀

**1** Begründe, warum die Alkalimetalle in Behältern mit Paraffinöl aufbewahrt oder in Glasampullen eingeschweißt werden.

**2** Nenne drei Verwendungsmöglichkeiten der Alkalimetalle.

**3** Erdalkalimetalle bilden eine Elementfamilie.
**a** Nenne die Elemente, die zur Elementfamilie der Erdalkalimetalle gehören.
**b** Welche gemeinsamen Eigenschaften besitzen die Erdalkalimetalle?
**c** Beschreibe am Beispiel der Reaktion mit Wasser, wie sich die Reaktivität der Erdalkalimetalle ändert.

**4** Nenne die Elementfamilie, deren Vertreter eingesetzt werden, wenn chemische Reaktionen nicht erwünscht sind. Gib Beispiele für deren Verwendung an.

**5** Lithiumchlorid und Kaliumchlorid sehen sehr ähnlich aus. Entwickle ein Experiment, mit dem du die beiden Stoffe unterscheiden könntest.

**6** Werte die Tabelle zu den Eigenschaften der Halogene aus. Leite Gesetzmäßigkeiten ab.

| Eigen-schaft | Halogene | | | |
|---|---|---|---|---|
| | Fluor | Chlor | Brom | Iod |
| Schmelz-temperatur | –220 °C | –101 °C | –7 °C | 114 °C |
| Siede-temperatur | –188 °C | –35 °C | 58 °C | 183 °C |
| Gift-wirkung | sehr giftig | sehr giftig | giftig | schwach giftig |
| Geruch | sehr scharf | sehr scharf, stechend | scharf | scharf |
| Verhalten in Wasser | reagiert mit Wasser | mäßige Reaktion | mäßige Reaktion | schlecht löslich |

**7** Der Aufbau des Periodensystems folgt einer bestimmten Ordnung.
**a** Beschreibe die Anordnung der Elemente in Gruppen und in Perioden.
**b** Gib an, wie die Reihenfolge der Elemente bestimmt wurde.

**8** Im Bild ist eine unvollständige Ordnung der Elemente dargestellt.
**a** Gib die in der Reihe fehlenden Elemente an und ergänze sie.

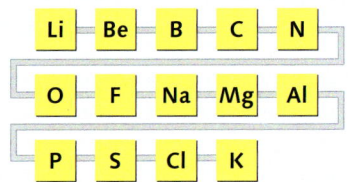

**b** Ordne nun die Elemente so an, dass Elemente mit gleichen Eigenschaften untereinanderstehen.
**c** Benenne die bekannten Elementfamilien.

**9** Leite aus dem allgemeinen Aufbau des Periodensystems ab, welche Elemente nach ihrer Stellung im Periodensystem mit dem Element Silicium (Si) verwandt sind.

| Aufgabe | Hilfe findest du auf Seite … |
|---|---|
| 1 | 10/11 |
| 2 | 11 |
| 3 | 12/13 |
| 4 | 22 |
| 5 | 11, 14 |
| 6 | 20/21 |
| 7 | 25 |
| 8 | 25 |
| 9 | 25 |
| …und die Lösungen findest du im Anhang. | |

# Im Überblick

Früher diente das Periodensystem der Elemente zur Vorhersage von Eigenschaften bisher unbekannter Elemente. Heute ermöglicht es uns einen geordneten Überblick über die vielen bereits bekannten Elemente.
Wir können dieser Übersicht verschiedene Informationen über die Elemente entnehmen. Elementfamilien mit ähnlichen Eigenschaften wie die der Alkalimetalle oder der Halogene finden sich in Gruppen des Periodensystems wieder.

## Periodensystem der Elemente

- Übersicht, in der die Elemente systematisch angeordnet sind
- besteht aus Gruppen (Spalten) und Perioden (Zeilen)

## Elementfamilie

- Elemente mit ähnlichen Eigenschaften und Reaktionen werden zu einer Elementfamilie zusammengefasst und stehen im Periodensystem in Gruppen.
- Innerhalb einer Elementfamilie verändern sich viele Eigenschaften mit zunehmender Atommasse.

## Metalle und Nichtmetalle im Periodensystem

- Metalle stehen im Periodensystem links.
- Nichtmetalle stehen im Periodensystem rechts.
- Halbmetalle stehen an der Grenze zwischen Metallen und Nichtmetallen.

| H | | | | | | | He |
|---|---|---|---|---|---|---|---|
| Li | Be | B | C | N | O | F | Ne |
| Na | Mg | Al | Si | P | S | Cl | Ar |
| K | Ca | Ga | Ge | As | Se | Br | Kr |
| Rb | Sr | In | Sn | Sb | Te | I | Xe |
| Cs | Ba | Tl | Pb | Bi | Po | At | Rn |
| Fr | Ra | | | | | | |

■ Metall  ■ Halbmetall  ■ Nichtmetall

## Alkalimetalle

- Elementfamilie der Elemente der ersten Hauptgruppe (ohne Wasserstoff)
- Lithium, Natrium, Kalium, Rubidium und Caesium
- sehr reaktive Elemente
- in der Natur nur in Verbindungen
- reagieren mit Wasser zu einer Lauge und Wasserstoff
- zeigen typische Verfärbungen in der nicht leuchtenden Brennerflamme:
  - Lithium: rot
  - Natrium: gelb
  - Kalium: rotviolett
  - Rubidium: dunkelrot
  - Caesium: blauviolett

## Halogene

- Elementfamilie der Elemente der siebten Hauptgruppe des Periodensystems
- Fluor, Chlor, Brom und Iod
- Nichtmetalle; Fluor und Chlor – gasförmig, Brom – flüssig, Iod – fest (sublimiert)
- sehr reaktive, häufig ätzende Elemente
- in der Natur nur in Verbindungen

## Edelgase

- Elementfamilie der Elemente der achten Hauptgruppe des Periodensystems
- Helium, Neon, Argon und Krypton
- farblose, geruchlose, gasförmige Nichtmetalle
- äußerst reaktionsträge
- kommen in der Natur elementar vor

# 2
# Der Bau der Atome

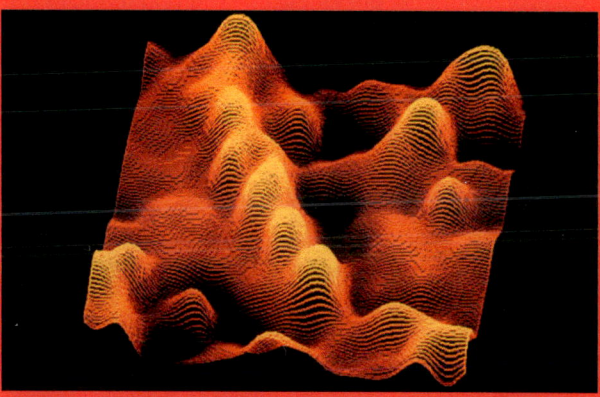

Der Aufbau der Materie aus kleinsten Teilchen, den Atomen, fasziniert die Menschen seit über 2000 Jahren. Viele unterschiedliche Modellvorstellungen wurden und werden entwickelt. Unser heutiges Wissen über den Atombau kann viele Phänomene in der Chemie erklären. Dennoch ist der exakte Aufbau noch unbekannt.

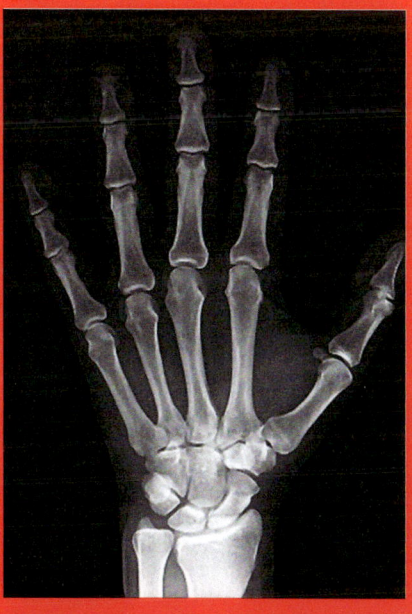

# Atome – unvorstellbar klein

**Wie sehen Atome aus?** Mit dieser Frage beschäftigten sich von der Antike bis heute viele Wissenschaftler. Mit bloßem Auge, einer Lupe oder mit einem Lichtmikroskop sind Atome nicht erkennbar – sie sind zu klein.
Mithilfe eines Rastertunnelmikroskops ist es heute möglich, bis auf die Ebene der Atome vorzudringen. Sie erzeugen eine bildähnliche Darstellung von Atomen und ermöglichen, eine Vorstellung von ihrer Größe zu erhalten.

**1** Goldatome auf der Oberfläche einer Goldfolie, „sichtbar" gemacht mit einem Rastertunnelmikroskop

**Wie groß sind Atome?** Ein Haar kannst du mit bloßem Auge erkennen, es hat einen Durchmesser von etwa 0,1 mm. Hautzellen bis zu einer Größe von 0,025 mm lassen sich mit der Lupe oder dem Lichtmikroskop sichtbar machen. Noch kleinere Objekte wie Viren können durch das Elektronenmikroskop erkannt werden.
Der Durchmesser eines Goldatoms ist unfassbar klein. Er beträgt 0,000 000 3 mm, der eines Kohlenstoffatoms nur 0,000 000 15 mm.

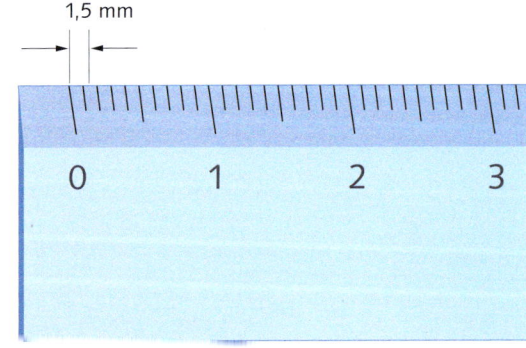

**2** Abschnitt eines Lineals, auf den 10 000 000 Kohlenstoffatome nebeneinanderpassen

**3** Ein Größenvergleich: Wäre ein Atom so groß wie eine Murmel, dann wäre ein Mensch im Verhältnis …

**Wie schwer sind Atome?** Jedes Atom einer Atomart hat neben einer bestimmten Größe auch eine bestimmte Masse. Wie die Größe ist auch die Masse von Atomen unvorstellbar klein. Aus Experimenten kann man Rückschlüsse auf die Atommassen ziehen. John Dalton untersuchte die Massen einiger Atome und veröffentlichte seine Ergebnisse im Jahr 1805. Seither bestimmten viele Chemiker weitere Atommassen.

**Atommasseneinheit u** Die Masse eines Kohlenstoffatoms beträgt 0,000 000 000 000 000 000 000 0199 g. Das ist eine Zahl mit 22 Nullen hinter dem Komma. Mit solchen Zahlen zu rechnen ist umständlich. Um Atommassen einfacher angeben und miteinander vergleichen zu können, wurde die Atommasseneinheit u eingeführt und festgelegt:

$1\,g = 602\,200\,000\,000\,000\,000\,000\,000\,u$
$1\,g = 6{,}022 \cdot 10^{23}\,u$
$1\,g \approx 6 \cdot 10^{23}\,u$
$1\,u = 0{,}000\,000\,000\,000\,000\,000\,000\,001\,66\,g$
$1\,u = 1{,}66 \cdot 10^{-24}\,g$

1 u ist die Masse des zwölften Teils eines Kohlenstoffatoms. Sie entspricht etwa der Masse des leichtesten Atoms – des Wasserstoffatoms. Die großen, umständlichen Zahlen merken sich Chemikerinnen und Chemiker nicht. Es genügt, dass die Massen der verschiedenen Atome mithilfe der Atommasseneinheit u verglichen werden können (Tabelle 1 und PSE im Buchdeckel).

**Die Atommasseneinheit u ermöglicht einen Vergleich verschiedener Atommassen. Die Atommasse des Wasserstoffatoms, dem leichtesten Atom, beträgt etwa 1 u.**

| Element | Atommasse (gerundet) |
|---|---|
| Wasserstoff | 1 u |
| Kohlenstoff | 12 u |
| Sauerstoff | 16 u |
| Schwefel | 32 u |
| Eisen | 56 u |
| Gold | 197 u |

**Tab. 1** *Atommassen einiger Atomarten*

**Exkurs Zehnerpotenzen**
In naturwissenschaftlichen Texten und Tabellen tauchen häufig sehr große oder sehr kleine Zahlen auf. Der Einsatz von Zehnerpotenzen hilft, die Darstellung der Zahlen zu verkürzen.
*Beispiel:* $3\,050\,000 = 305\,000 \cdot 10^1$
$= 30\,500 \cdot 10^2 = \dots\ 3{,}05 \cdot 10^6 = \dots$

| Zahl | Zehner-potenz | Name |
|---|---|---|
| 0,000 01 | $10^{-5}$ | Hunderttausendstel |
| 0,000 1 | $10^{-4}$ | Zehntausendstel |
| 0,001 | $10^{-3}$ | Tausendstel |
| 0,01 | $10^{-2}$ | Hundertstel |
| 0,1 | $10^{-1}$ | Zehntel |
| 1 | $10^{0}$ | Eins |
| 10 | $10^{1}$ | Zehn |
| 100 | $10^{2}$ | Hundert |
| 1 000 | $10^{3}$ | Tausend |
| 10 000 | $10^{4}$ | Zehntausend |
| 100 000 | $10^{5}$ | Hunderttausend |

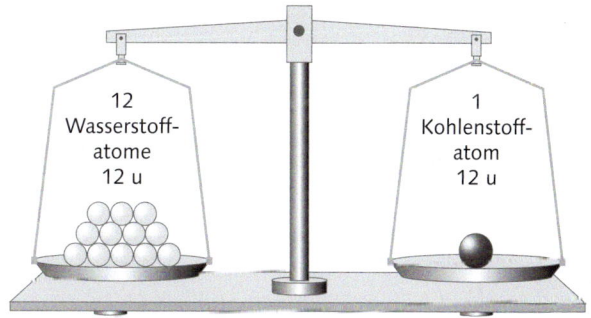

**4** *Vergleich von Atommassen im Modell*

**Aufgaben**
1 Wie groß sind Atome? Erkläre anhand eines Vergleichs.
2 Berechne, wie viele Goldatome auf einer Länge von 1,5 mm nebeneinanderpassen.
3 Begründe, warum Angaben zur Atommasse in der Atommasseneinheit u und nicht in Gramm gemacht werden.
4 Vergleiche die Atommasse von Schwefel mit der von:
a) Wasserstoff
b) Kohlenstoff
Verwende Tabelle 1.

# Exkurs   Zählen mit der Waage

**Die Menge macht's** Zu den wichtigsten Aufgaben der Chemie zählt das Herstellen neuer Stoffe. Um ein reines Produkt zu erhalten, müssen die richtigen Mengen eingesetzt werden – sonst entstehen Verunreinigungen durch nicht vollständig reagierte Ausgangsstoffe. Bei der Reaktion von Eisen mit Schwefel lässt sich am Reaktionsschema ablesen, dass Eisen- und Schwefelatome im Zahlenverhältnis 1 : 1 reagieren.

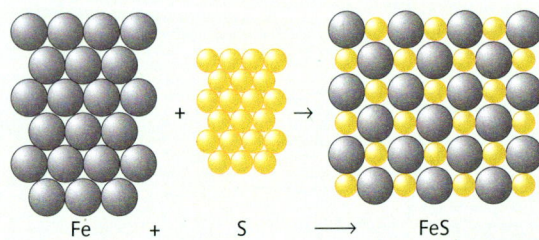

Fe    +    S    $\longrightarrow$    FeS

Weil es nicht möglich ist, Atome abzuzählen, werden die für die Reaktion benötigten Mengen der Ausgangsstoffe abgewogen. Doch wie viel Gramm Eisen und wie viel Gramm Schwefel muss man abwiegen?

**Rechnen und Abwiegen** Jedes Atom hat eine bestimmte, für das Element spezifische Masse. Sie ist als Atommasse u im Periodensystem der Elemente aufgeführt. Um Stoffportionen abwiegen zu können, muss man die Atommasse (in u) in die Masse (in Gramm) umrechnen. Umrechnungsfaktor ist dabei die Zahl $6 \cdot 10^{23}$.
Es gilt: $6 \cdot 10^{23}$ u = 1 g.

Für die Reaktion von Eisen mit Schwefel gilt:

| | | |
|---|---|---|
| 1 | Eisenatom hat die Atommasse | 56 u. |
| $6 \cdot 10^{23}$ | Eisenatome haben die Masse | 56 g. |
| 1 | Schwefelatom hat die Atommasse | 32 u. |
| $6 \cdot 10^{23}$ | Schwefelatome haben die Masse | 32 g. |

In 56 g Eisen und 32 g Schwefel ist jeweils die gleiche Teilchenanzahl enthalten.
Um Eisen und Schwefel vollständig reagieren zu lassen, muss man also 56 g Eisen und 32 g Schwefel abwiegen. Auch wenn ein Vielfaches oder ein Bruchteil dieser Stoffportionen eingesetzt wird, verläuft die Reaktion vollständig.

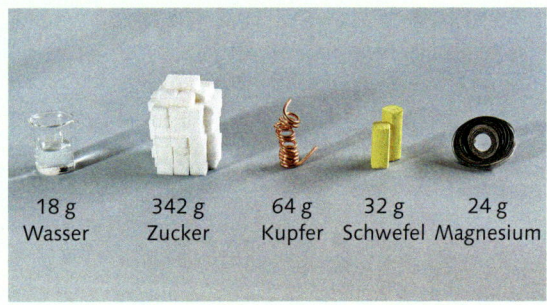

| 18 g | 342 g | 64 g | 32 g | 24 g |
|------|-------|------|------|------|
| Wasser | Zucker | Kupfer | Schwefel | Magnesium |

**1** *Verschiedene Stoffportionen mit der Stoffmenge 1 mol*

**Mol – immer gleich viele Teilchen** Die Menge von $6 \cdot 10^{23}$ Teilchen (Atome oder Moleküle) wird in der Chemie als feste Einheit betrachtet. Eine Stoffportion, die diese Anzahl an Teilchen enthält, wird als 1 Mol des Stoffes bezeichnet. Das Mol ist die Größe der Stoffmenge. Das Einheitenzeichen ist mol.
Auf die Beispielreaktion angewendet bedeutet dies: $6 \cdot 10^{23}$ Eisenatome sind 1 mol Eisenatome und $6 \cdot 10^{23}$ Schwefelatome sind 1 mol Schwefelatome.
Um 1 mol einer Verbindung wie Wasser abzumessen, müssen die Atommassen der Atome dieser Verbindung addiert werden. Ein $H_2O$-Molekül hat die Masse $2 \cdot 1$ u + 16 u = 18 u.
1 mol $H_2O$-Moleküle hat die Masse
$2 \cdot 1$ g + 16 g = 18 g.

| Element oder Verbindung | Teilchenanzahl | Stoffmenge | Masse der Stoffportion |
|---|---|---|---|
| Eisen | $6 \cdot 10^{23}$ | 1 mol | 56 g |
| Schwefel | $6 \cdot 10^{23}$ | 1 mol | 32 g |
| Wasser | $6 \cdot 10^{23}$ | 1 mol | 18 g |

**Tab. 1** *Zusammenhang zwischen Teilchenanzahl, Stoffmenge und Masse einer Stoffportion*

## Aufgaben

1 Ermittle, wie viele Atome jeweils in 63,5 g Kupfer und 27 g Aluminium enthalten sind.

2 Du hast nur 7 g Eisen, aber 20 g Schwefel im Labor vorgefunden. Die Aufgabe lautet: Stelle Eisensulfid her, und zwar so, dass das Produkt ohne Verunreinigungen entsteht. Beschreibe dein Vorgehen.

# Exkurs   Rastertunnelmikroskop – Bilder von Atomen

**Das ewige Rätsel um das Aussehen der Atome**
Die Frage nach dem Aussehen der Atome stellten sich Philosophen schon vor 2500 Jahren und sie ist nach wie vor ungelöst. Im Jahr 1981 gelang dem Deutschen GERD BINNIG und seinem Schweizer Kollegen HEINRICH ROHRER ein Durchbruch: Mit ihrer Erfindung, dem Rastertunnelmikroskop, werden die Atome zwar weiterhin nicht wirklich sichtbar, aber man kann sie gewissermaßen „erfühlen".

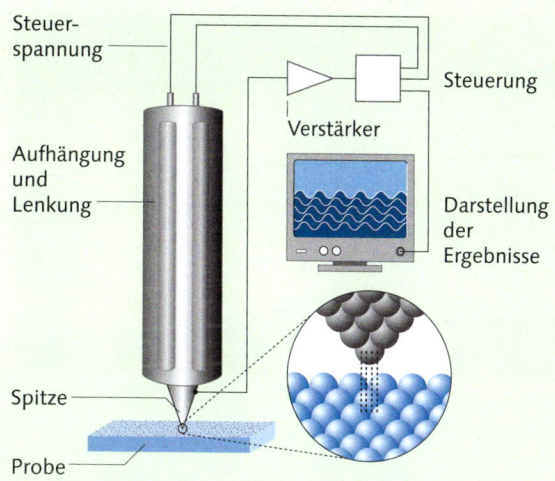

**3** Schematische Darstellung der Arbeitsweise eines Rastertunnelmikroskops

**1** Die Physiker ROHRER und BINNIG

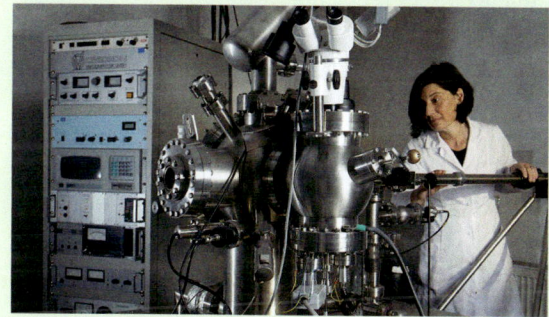

**2** Rastertunnelmikroskop

**Aufbau des Rastertunnelmikroskops** Um eine bildähnliche Darstellung von Atomen zu erhalten, wird mit einer feinen Sonde die Oberfläche des zu untersuchenden Stoffes abgetastet. Der zu untersuchende Gegenstand muss eine leitende Oberfläche, beispielsweise eine Metalloberfläche, besitzen. Die Sonde besteht aus Wolframdraht und hat eine sehr feine Spitze, die häufig nur aus einem einzigen Atom besteht. Sie lässt sich bis auf 0,000 001 mm an die Metalloberfläche heranbringen. Wird an den Wolframdraht eine positive Spannung angelegt, so fließen Elektronen von der Metalloberfläche zur Sonde.

**Abtasten der Oberfläche** Die Sonde aus Wolframdraht wird so gesteuert, dass sie stets im gleichen Abstand die Oberfläche des zu untersuchenden Stoffes abtastet. Dabei berührt sie die Oberfläche nicht. Ein Computer berechnet aus den gewonnenen Daten ein Bild von der Oberfläche. Es ist kein Foto des Stoffes, sondern ein Modellbild der Oberfläche.

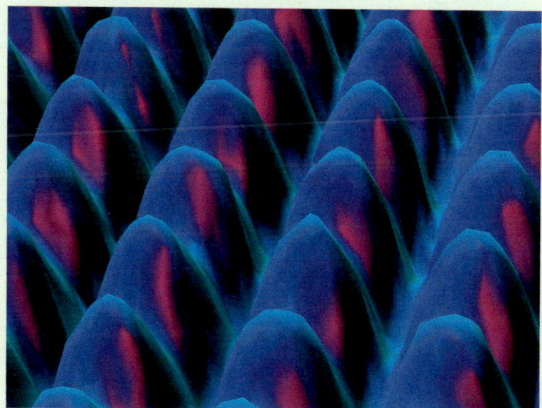

**4** Modellbild einer Metalloberfläche

## Aufgaben
1 Beschreibe, wie mithilfe des Rastertunnelmikroskops ein Bild von Atomen entsteht.
2 Handelt es sich bei dem mit dem Rastertunnelmikroskop erzeugten Bild um ein Foto von Metallatomen? Begründe deine Antwort.

# Elektrische Ladungen

**1** *Durch die Reibung unterschiedlicher Oberflächen kommt es zu einer Trennung der elektrischen Ladungen.*

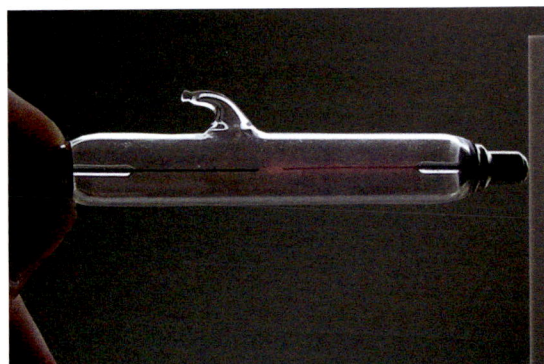

**2** *Eine Glimmlampe hilft bei der Ermittlung der Art der elektrischen Ladung. Das Leuchten der Glimmlampe zeigt die negative Ladung an.*

**Elektrische Ladungen im Alltag** Kennst du das? Du gehst über einen Teppichboden aus Kunststoff und bekommst beim Anfassen der Türklinke einen leichten elektrischen Schlag. Wie kommt das zustande?

Beim Gehen reiben die Schuhsohlen auf dem Teppich. Dadurch entstehen auf dem Körper negative und auf dem Teppich positive elektrische Ladungen. Beim Anfassen der Türklinke erfolgt ein blitzartiger Ladungsausgleich.

Dieses Phänomen wird Reibungselektrizität genannt. Es beruht darauf, dass entgegengesetzt geladene elektrische Ladungen sich gegenseitig anziehen. Beim Ausziehen von Kleidungsstücken im Dunkeln ist Reibungselektrizität manchmal sogar in Form kleinster Funken sichtbar.

**Gibt es kleinere Teilchen als Atome?** Schon die Griechen hatten im Altertum beobachtet, dass sich Bernstein beim Reiben an Wolle elektrisch auflädt und Gegenstände wie Haare oder Federn anzieht. Unsere heutige Bezeichnung der elektrischen Ladung ist deshalb an das griechische Wort für Bernstein *(élektron)* angelehnt. Die Ursache für solche elektrischen Erscheinungen muss auf der Ebene der Atome zu finden sein. Dem britischen Physiker JOSEPH JOHN THOMSON gelang im Jahr 1897 der experimentelle Nachweis, dass Elektronen die Träger der negativen elektrischen Ladung sind. Er bewies damit, dass im Atom noch kleinere Teilchen, sogenannte Elementarteilchen, enthalten sind.

**Elektronen sind elektrisch negativ geladene Elementarteilchen.**

**Atome sind elektrisch neutral** Mit dem einfachen Atommodell von DALTON, das Atome als kleine homogene Teilchen beschrieb, ließen sich die elektrischen Erscheinungen nicht erklären. THOMSON leitete deshalb aus seinen Versuchsergebnissen ab, dass die Atome kleine, kugelförmige Teilchen seien, deren Masse und positive elektrische Ladung gleichmäßig über das Atom verteilt sind. Die Elektronen stellte er sich ungeordnet verteilt vor. Diese Modellvorstellung erklärt die elektrischen Erscheinungen auf Teilchenebene und gleichzeitig, dass Atome elektrisch neutral sind.

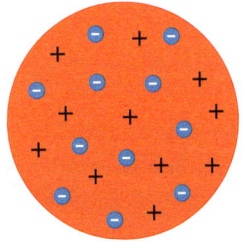

**3** *Atommodell von THOMSON: Die Anzahl der positiven und negativen elektrischen Ladungen im Atom ist ausgeglichen, Atome sind elektrisch neutral.*

## Aufgaben

1 Nenne drei verschiedene Beispiele für Reibungselektrizität im Alltag.
2 Was erfährst du über Elektronen? Berichte.

## 1 Reibungselektrizität

*Gerät:* Prospekthüllen

*Durchführung:*

a Reibe eine Prospekthülle auf der Tischplatte. Halte sie nun in die Nähe deiner Haare, ohne diese zu berühren.

b Reibe zwei Prospekthüllen auf einer Tischplatte. Halte sie nun mit der geriebenen Seite nach innen in der Hand und bewege sie langsam aufeinander zu.

c Bringe die Folie(n) in die Nähe einiger Papierschnipsel.

*Auswertung:* Erkläre deine Beobachtungen. Verwende dabei folgende Begriffe: Reibungselektrizität, positive Ladung, negative Ladung, Ladungstrennung.

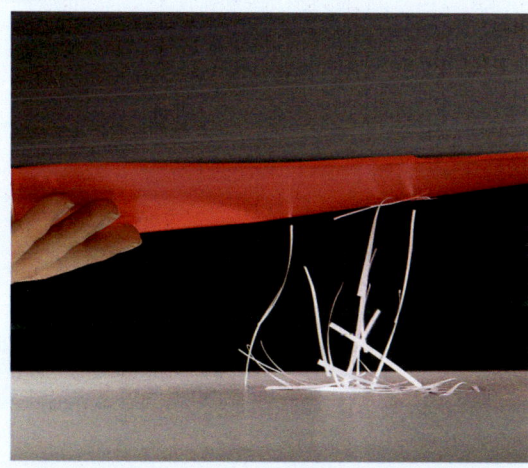

## 2 Anziehung oder Abstoßung?

*Geräte:* Hartgummistab, Glasstab, Prospekthülle, Tuch aus Kunstfasern, Tierfell, Spitze zum Lagern der Stäbe

*Durchführung:*

Plane je ein Experiment, mit dem sich Folgendes zeigen lässt:

a) die Anziehung von Ladungen

b) die Abstoßung von Ladungen

*Auswertung:* Erläutere, wie du vorgegangen bist. Skizziere deinen Versuchsaufbau.

## 3 Elektrisch negative Ladungen werden sichtbar

*Geräte:* Glimmlampe, Hartgummistab, Glasstab, Tierfell, Tuch aus Kunstfasern

*Durchführung:*

a Reibe einen Hartgummistab an einem Tierfell. Berühre ihn dann mit einer Glimmlampe.

b Reibe einen Glasstab an einem Tuch. Berühre ihn dann mit einer Glimmlampe.

*Hinweis:* Arbeite in einem leicht abgedunkelten Raum. Da die Reaktion sehr schnell und kurz eintritt, ist aufmerksames Beobachten wichtig.

*Auswertung:* Erkläre deine Beobachtungen.

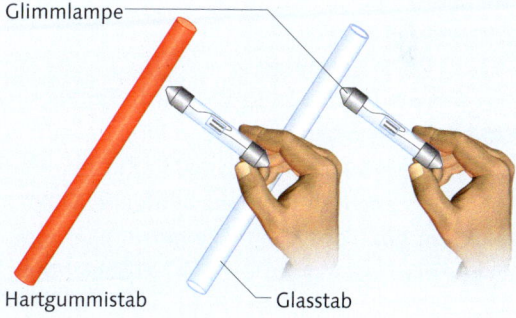

Glimmlampe

Hartgummistab          Glasstab

## 4 Magischer Luftballon

*Gerät:* Luftballon

*Durchführung:* Wie kannst du dafür sorgen, dass ein Luftballon an einer Zimmerwand hängt, ohne festgehalten zu werden? Plane ein Experiment und führe es durch.

*Auswertung:* Skizziere den Versuchsaufbau und erkläre deine Beobachtungen.

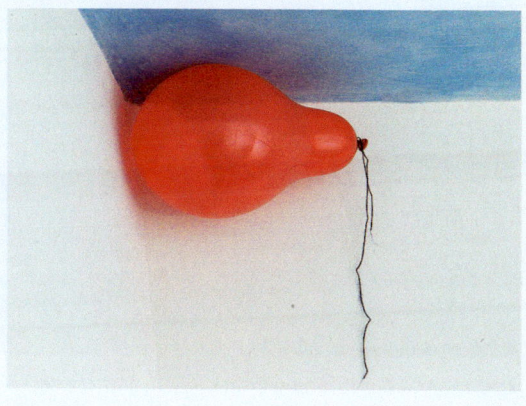

# Kern-Hülle-Modell

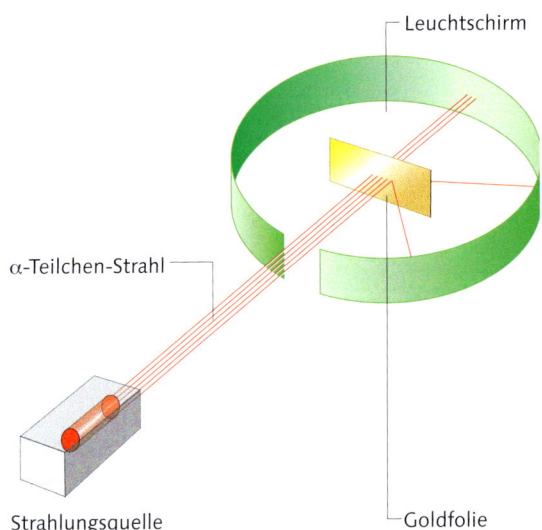

**1** *Versuchsaufbau von Rutherford*

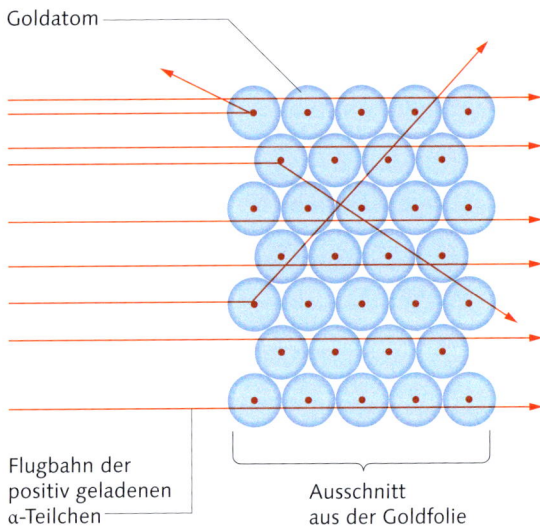

**3** *Modelldarstellung des Streuversuchs von Rutherford*

**Der Streuversuch von Rutherford** Der Physiker
Ernest Rutherford wollte den inneren Aufbau
der Atome erforschen. Dazu ließ er in seinem
Labor in Manchester im Jahr 1909 eine Goldfolie sehr dünn ausrollen. Die nur 0,0005 mm
dicke Folie bestand aus etwa 1000 Schichten
von Goldatomen. Die Goldfolie wurde mit
einem gebündelten Strahl positiv geladener
α-Teilchen (sprich: Alphateilchen) bestrahlt. Sie
trafen mit sehr hoher Geschwindigkeit auf die
Goldatome. Um die Goldfolie wurde ein Leucht-
schirm gelegt, mit dem auftreffende α-Teilchen
als Lichtblitze sichtbar gemacht wurden. In
mühsamer Arbeit zählten Rutherford und
seiner Mitarbeiter rund 100 000 Lichtblitze.

**2** *Rutherford (rechts) in seinem Labor in Manchester*

**Ein überraschendes Versuchsergebnis** Das
Versuchsergebnis war völlig unerwartet: Von
100 000 α-Teilchen wurden nur wenige von der
Goldfolie abgelenkt oder prallten zurück. Alle
anderen konnten die Goldfolie ungehindert
durchdringen.

**Atome – winziger Kern und viel Leere** Rutherford zog aus seinen Versuchsbeobachtungen
zwei wesentliche Schlussfolgerungen.

1. Weil die meisten α-Teilchen die Goldfolie
   durchdringen, müssen Atome zum größten
   Teil aus leerem Raum bestehen.
2. Das Zurückprallen einiger der positiv geladenen α-Teilchen muss darauf zurückzuführen
   sein, dass es in den Atomen ein sehr kleines,
   positiv geladenes, massives Zentrum gibt, das
   diese Ablenkung auslöst.

**Rutherfords Atommodell** Aus den Schlussfolgerungen entwickelte Rutherford ein neues
Atommodell, das die bisherige Vorstellung über
das Atom ablöste:
Im Inneren des Atoms befindet sich das im Vergleich zur Atomhülle kleine, positiv geladene,
massive Zentrum: der Atomkern. Er enthält
mehr als 99,9 % der Masse des gesamten
Atoms.

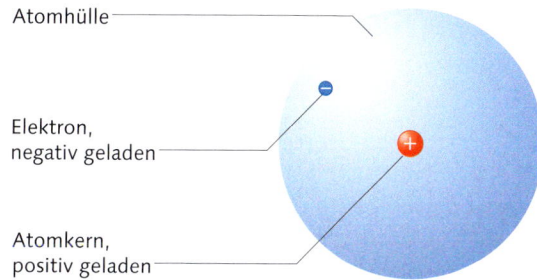

Atomhülle

Elektron,
negativ geladen

Atomkern,
positiv geladen

**4** *Kern-Hülle-Modell nach* RUTHERFORD

Der positiv geladene Atomkern wird von einer fast leeren Atomhülle umgeben. In ihr befinden sich die negativ geladenen, im Vergleich zum Atomkern fast masselosen Elektronen.
Dieses Atommodell heißt Kern-Hülle-Modell. Die Anzahl der positiven und negativen Ladungen in einem Atom stimmt überein. Das Atom ist deshalb elektrisch neutral.

**Im Kern-Hülle-Modell haben Atome einen positiv geladenen, massiven Atomkern. Der Atomkern ist von einer negativ geladenen Atomhülle umgeben, in der sich die Elektronen befinden.**

**Größenverhältnis von Atomkern und Atomhülle** Die Atomhülle ist etwa 10 000-mal größer als der Atomkern. Dieses Größenverhältnis lässt sich anhand des folgenden Beispiels verdeutlichen:
Würde der Durchmesser der Atomhülle der Höhe eines Fernsehturms entsprechen (200 m), so wäre der Atomkern ungefähr so groß wie ein Stecknadelkopf (Durchmesser 2 mm).
Diesen Vergleich kannst du auch nutzen, um dir die Verteilung der Masse in einem Atom vorzustellen:
Der Massenunterschied zwischen Atomkern und Atomhülle ist so groß, dass der winzige Stecknadelkopf (entspricht dem Atomkern) mehr als der riesige Fernsehturm (entspricht dem Durchmesser der Atomhülle) wiegen würde.

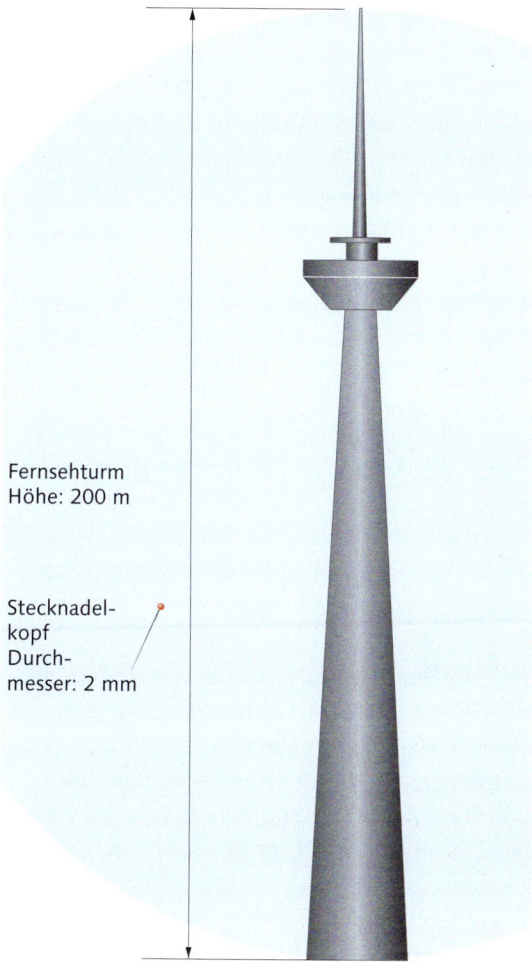

Fernsehturm
Höhe: 200 m

Stecknadel-
kopf
Durch-
messer: 2 mm

**5** *Größenverhältnis von Atomkern (Stecknadelkopf) zu Atomhülle (Fernsehturm)*

**Aufgaben**
1 Welche Schlussfolgerung zog RUTHERFORD aus der Versuchsbeobachtung, dass die meisten α-Teilchen die Goldfolie fast ungehindert durchdringen?
2 Erkläre das Zurückprallen einiger α-Teilchen in RUTHERFORDS Streuversuch.
3 Beschreibe den Aufbau eines Atoms nach dem Kern-Hülle-Modell.
4 Stelle in einer Tabelle die Unterschiede zwischen Atomkern und Atomhülle einander gegenüber.
5 „Atome haben eine bestimmte Masse und Größe." (JOHN DALTON, 1808) Welche neuen Erkenntnisse erbrachte der Streuversuch?
6 „Ein aufsehenerregender Durchbruch": Versetze dich in die Zeit RUTHERFORDS und schreibe einen Zeitungsartikel.

# Elementarteilchen in Atomen

**Elektronen und Protonen — Bau des Wasserstoffatoms** Im Atomkern befinden sich positiv geladene Elementarteilchen, die Protonen. Sie haben eine Masse von ungefähr 1 u (Tabelle 1). Die positive Ladung der Protonen wird durch die negative Ladung der Elektronen ausgeglichen. Sie bewegen sich in der Atomhülle mit hoher Geschwindigkeit. Der Aufenthaltsort eines Elektrons kann nicht bestimmt werden. Momentaufnahmen würden zeigen, dass das Elektron in der Atomhülle jederzeit an einem beliebigen Ort sein kann. Obwohl sich positive und negative Ladung anziehen, fällt das Elektron wegen seiner schnellen Bewegungen um den Atomkern nicht in diesen hinein.

Das einfachste Atom, das Wasserstoffatom, besitzt in seinem Atomkern ein Proton und in seiner Atomhülle ein Elektron. Das Proton macht fast die gesamte Masse des Wasserstoffatoms von etwa 1 u aus. Die geringe Masse des Elektrons kann vernachlässigt werden.

**Protonen sind die positiv geladenen Elementarteilchen im Atomkern.**
**Das einfachste Atom, das Wasserstoffatom, besteht aus einem Proton im Atomkern und einem Elektron in der Atomhülle.**

**Die Protonenzahl bestimmt das Element** Die Anzahl der Protonen im Atomkern ergibt die Kernladung. Sie ist für alle Atome eines Elements gleich.

So besitzen Heliumatome immer zwei Protonen im Atomkern, Lithiumatome immer drei Protonen und Kohlenstoffatome immer sechs Protonen. Die Protonenzahl nimmt im Periodensystem von Element zu Element zu und wird deshalb zum Ordnen der Elemente genutzt. Aus diesem Grund wird die Protonenzahl auch Ordnungszahl genannt. Sie legt eindeutig fest, zu welchem Element ein Atom gehört.

Durch die Protonenzahl ist auch die Anzahl der Elektronen in der Atomhülle festgelegt, denn Atome sind elektrisch neutral.

**Die Protonenzahl (Ordnungszahl) legt fest, zu welchem Element ein Atom gehört. Sie gibt zugleich die Anzahl der Elektronen in der Atomhülle an.**

**Neutronen — Bau weiterer Atome** Das Heliumatom besitzt zwei positiv geladene Protonen im Atomkern und zwei negativ geladene Elektronen in der Atomhülle. Die Masse des Heliumatoms beträgt jedoch 4 u — und nicht 2 u, wie man aus dem Vorhandensein der beiden Protonen im Atomkern schließen könnte. Daraus folgt, dass es eine weitere Art von Elementarteilchen geben muss, die eine Masse, jedoch keine Ladung besitzen. Es sind Neutronen, die elektrisch neutral sind und eine Masse von 1 u haben. Der Atomkern des Heliumatoms besitzt neben zwei Protonen auch zwei Neutronen.

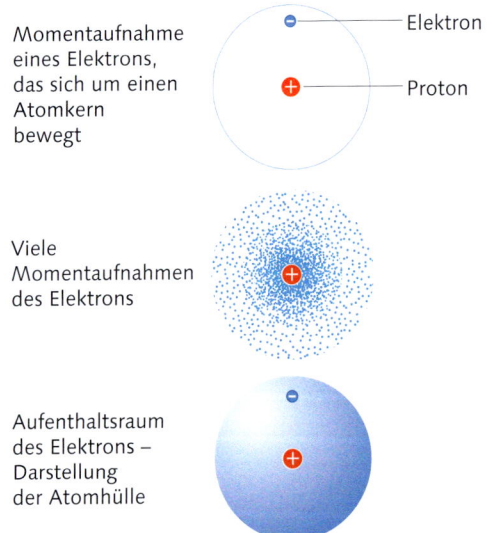

Momentaufnahme eines Elektrons, das sich um einen Atomkern bewegt

Elektron

Proton

Viele Momentaufnahmen des Elektrons

Aufenthaltsraum des Elektrons – Darstellung der Atomhülle

**1** *Modelldarstellungen eines Wasserstoffatoms*

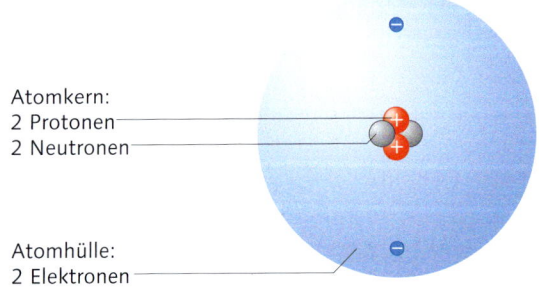

Atomkern:
2 Protonen
2 Neutronen

Atomhülle:
2 Elektronen

**2** *Bau eines Heliumatoms*

| Elementarteilchen | Elektron | Proton | Neutron |
|---|---|---|---|
| Masse in u | 0,000 55 | 1 | 1 |
| Ladung | negativ | positiv | neutral |
| Symbol | $e^-$ | $p^+$ | n |

**Tab. 1** *Elementarteilchen in Atomen*

**Massenzahl** Die Masse eines Atoms setzt sich aus der Masse der Elementarteilchen im Atomkern, der Protonen und der Neutronen, zusammen. Addiert man die Anzahl der Protonen und der Neutronen, so erhält man die Massenzahl. Das Stickstoffatom mit 7 Protonen und 7 Neutronen hat die Massenzahl 14 u.

**Atome bestehen aus Protonen und Neutronen im Atomkern und Elektronen in der Atomhülle. Die Summe der Protonen- und Neutronenzahl ist die Massenzahl eines Atoms.**

**Bau des Aluminiumatoms** Einige Atomarten haben eine ungerade Massenzahl. So ist beispielsweise die Massenzahl des Aluminiumatoms 27. Im Atomkern befinden sich 13 Protonen und in der Atomhülle 13 Elektronen. Subtrahiert man von der Massenzahl die Protonenzahl, so ergibt sich, dass 14 Neutronen im Atomkern enthalten sind.

**Isotope** Die meisten Wasserstoffatome enthalten ein Elektron und ein Proton. Einige Wasserstoffatome enthalten jedoch zusätzlich Neutronen. Deuterium ist ein solches Wasserstoffatom. Es besitzt ein Proton und ein Neutron im Atomkern und ein Elektron in der Atomhülle und ist

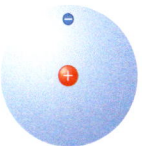

**Wasserstoff**
Massenzahl: 1
Protonenzahl: 1

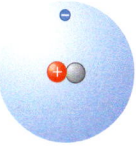

**Deuterium**
Massenzahl: 2
Protonenzahl: 1

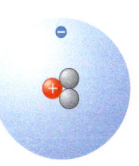

**Tritium**
Massenzahl: 3
Protonenzahl: 1

**4** *Isotope des Elements Wasserstoff*

dadurch schwerer als ein Wasserstoffatom. Deswegen wird Deuterium auch schwerer Wasserstoff genannt. Tritium (überschwerer Wasserstoff) besitzt zwei Neutronen im Atomkern. Wenn Atomkerne gleich viele Protonen, aber verschieden viele Neutronen enthalten, spricht man von Isotopen ein und desselben Elements.

So lässt sich auch erklären, dass viele Elemente keine ganzzahligen Massenzahlen haben. Das Element Chlor mit der Massenzahl 35,5 u besteht zu rund 75 % aus Atomen mit der Masse 35 u und zu 25 % aus Atomen mit der Masse 37 u. Die Massenzahl ist ein Durchschnittswert aller Isotope eines Elements.
Die Isotope eines Elements zeigen ähnliche chemische Eigenschaften.

**Atome des gleichen Elements, die sich in ihrer Neutronenzahl unterscheiden, heißen Isotope.**

### Aufgaben

1 Nenne die Bestandteile der Atomkerne.
2 Erkläre am Beispiel des Aluminiumatoms, warum Atome elektrisch neutral sind.
3 Die Massenzahl von Sauerstoff ist 16. Was bedeutet das? Erläutere.
4 Ein Neonatom besitzt 10 Protonen und hat eine Atommasse von 20 u. Zeichne den Bau des Neonatoms mit allen Elementarteilchen.

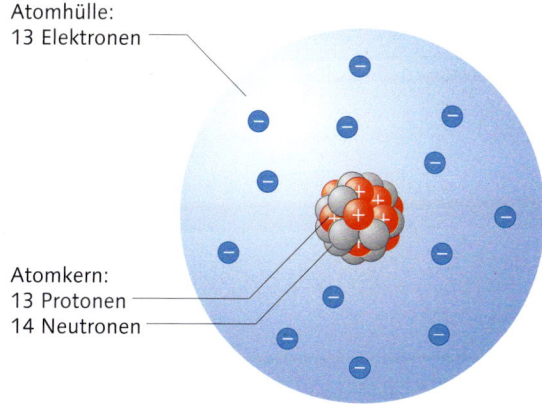

Atomhülle:
13 Elektronen

Atomkern:
13 Protonen
14 Neutronen

**3** *Bau eines Aluminiumatoms*

# Schalenmodell

**Wie verteilen sich die Elektronen in der Atomhülle?** RUTHERFORDS Streuversuch hatte gezeigt, dass Atome keine kompakten Kugeln sind: Sie bestehen aus Atomkern und Atomhülle. Unbeantwortet blieben beim Kern-Hülle-Modell allerdings die Fragen, wo sich die Elektronen in der Atomhülle aufhalten und warum diese nicht in den Atomkern stürzen.
Im Jahr 1913 führte der dänische Physiker NIELS BOHR Experimente durch, um eine Antwort auf diese Fragen zu finden. Mithilfe seiner Versuchsergebnisse stellte er ein Atommodell vor, bei dem sich die Elektronen im Atom auf bestimmten Kreisbahnen bewegen. Das BOHRsche Atommodell wurde zur Grundlage für das Schalenmodell der Atomhülle.

**Schalenmodell der Atomhülle** Nach diesem Modell sind die Elektronen nicht wahllos in der Atomhülle verteilt, sondern sie bewegen sich mit großer Geschwindigkeit in unterschiedlicher Entfernung zum Atomkern. Sie befinden sich in bestimmten Aufenthaltsräumen, die wie Schalen um den Atomkern angeordnet sind.

| Nr. der Schale | Buchstabe der Schale | Maximale Anzahl der Elektronen |
|---|---|---|
| 1 | K | 2 |
| 2 | L | 8 |
| 3 | M | 8 |

**Tab. 1** *Besetzung der drei innersten Elektronenschalen*

Die Atomhülle hat einen schalenartigen Aufbau. Deshalb wird diese Modellvorstellung als Schalenmodell bezeichnet.
In Zeichnungen wird auf die räumliche Darstellung meist verzichtet, wobei die Schalen als Kreisringe um den Atomkern dargestellt werden.

**Bezeichnung der Schalen** Von innen nach außen werden die Schalen von 1 bis 7 durchnummeriert oder mit den Buchstaben K, L, M, N, O, P, Q bezeichnet. Jede Schale kann nur eine bestimmte Anzahl von Elektronen aufnehmen: Die dem Atomkern nächste Schale, die 1. Schale, ist mit zwei Elektronen voll besetzt. Die folgende 2. Schale kann höchstens acht Elektronen aufnehmen (Tabelle 1).
Die Elektronen, die sich in der äußeren Schale eines Atoms befinden, werden als Außenelektronen bezeichnet.

**Besetzung der Schalen** Die Schalen der Atome werden mit steigender Protonenzahl von innen nach außen aufgefüllt. Das bedeutet, erst wenn die 1. Schale mit zwei Elektronen voll besetzt ist, wird die 2. Schale aufgefüllt.
Das Wasserstoffatom mit einem Proton im Atomkern hat nur ein Elektron, das sich in der innersten Schale aufhält. In der Atomhülle des Heliumatoms, das zwei Protonen und zwei

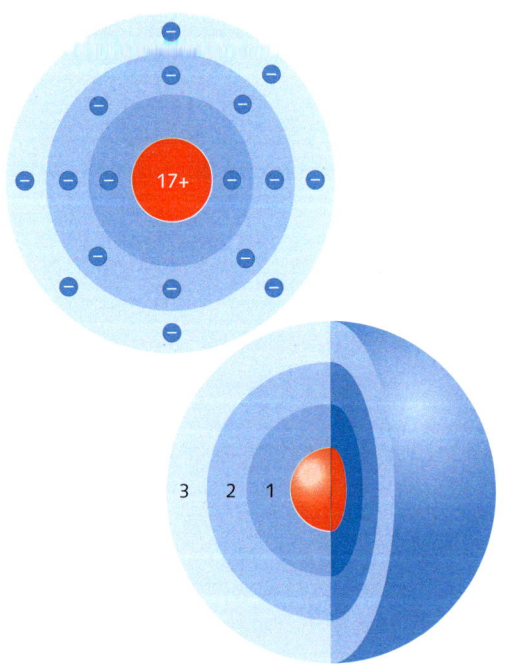

**1** *Schalenmodell des Chloratoms und räumliche Darstellung der Elektronenschalen*

Wasserstoffatom          Heliumatom

**2** *Bau des Wasserstoff- und des Heliumatoms im Schalenmodell*

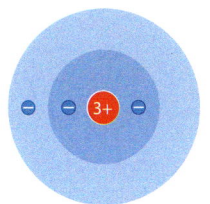

Lithiumatom

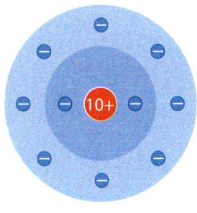

Neonatom

**3** *Bau des Lithium- und des Neonatoms im Schalenmodell*

Neutronen im Atomkern besitzt, bewegen sich zwei Elektronen in der gleichen, innersten Schale. Damit ist die erste Schale voll besetzt. Wasserstoff und Helium bilden die 1. Periode im Periodensystem der Elemente.

Lithium besitzt drei Elektronen in der Atomhülle. Davon finden zwei Elektronen in der 1. Schale Platz, das dritte Elektron jedoch bewegt sich in einer weiteren, der 2. Schale. Die 2. Schale kann mit maximal acht Elektronen wie beim Element Neon besetzt werden. Bei Natrium mit der Protonenzahl 11 befinden sich zwei der elf Elektronen in der 1. Schale, acht in der 2. Schale und ein Außenelektron hat seinen Aufenthaltsbereich in der 3. Schale.

Mit zunehmender Protonenzahl kommt bei weiteren chemischen Elementen jeweils ein Elektron hinzu. Dieses wird immer in der letzten, noch unvollständig besetzten Außenschale aufgenommen. Ist diese mit der maximalen Anzahl von Elektronen besetzt, so kommt das weitere Elektron in eine nächste Außenschale.

**In der Atomhülle bewegen sich die Elektronen im Bereich von Schalen. In jeder Schale befindet sich eine bestimmte Anzahl an Elektronen.**

Aluminiumatom

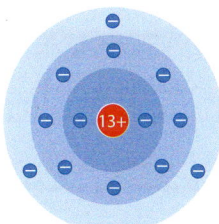

**4** *Bau des Aluminiumatoms im Schalenmodell*

**Exkurs Experimente bestätigen das Schalenmodell**

In Experimenten wurde die Modellvorstellung vom Aufenthalt der Elektronen in verschiedenen Schalen bestätigt.

Je näher sich ein Elektron am Atomkern befindet, desto stärker wird es von ihm angezogen. Führt man Atomen Energie zu, so können die Elektronen diese Energie aufnehmen und ihren Abstand vom Kern vergrößern. Mit steigender Energiezufuhr können Elektronen sogar aus der Atomhülle entfernt werden.

Für das Abspalten der ersten drei Elektronen eines Aluminiumatoms benötigt man die geringste Energiezufuhr. Sie befinden sich in der äußersten, 3. Schale und haben den größten Abstand zum Atomkern.

Für das Abspalten weiterer acht Elektronen steigt die benötigte Energiezufuhr sprunghaft an. Daraus schließt man, dass sie sich in einer dem Atomkern näheren Schale, der 2. Schale, befinden.

Am meisten Energie ist für das Abspalten der letzten beiden Elektronen in der innersten Schale erforderlich.

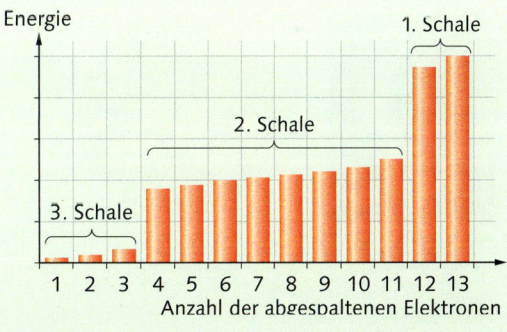

**5** *Benötigte Energie zum Abspalten von Elektronen aus dem Aluminiumatom*

**Aufgaben**

**1** Vergleiche das Kern-Hülle-Modell von RUTHERFORD mit dem Schalenmodell.

**2** Ein Magnesiumatom hat 12 Protonen. Zeichne das Schalenmodell des Magnesiumatoms.

**3** Gib die Anzahl der Außenelektronen für die folgenden Elemente an; in Klammern findest du die Gesamtzahl der Elektronen: Helium (2), Kohlenstoff (6), Sauerstoff (8), Magnesium (12), Schwefel (16), Chlor (17), Argon (18).

# Exkurs   Geschichte der Atomvorstellungen

400 v. Chr.

1800

**Demokrit (um 400 v. Chr.):** Nach den Vorstellungen des griechischen Philosophen sind alle Stoffe aus **unteilbaren Teilchen** aufgebaut, die sich miteinander verbinden. Er nannte diese Teilchen *Atome*.

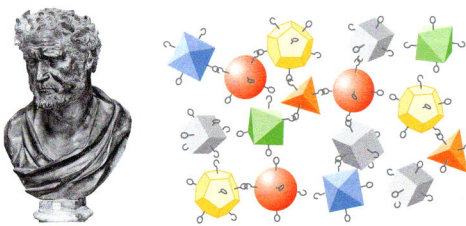

**John Dalton (um 1800):** Alle Stoffe sind aus kleinsten, unteilbaren, kugelförmigen Teilchen, den Atomen, aufgebaut (**Kugelteilchenmodell**). Die Atome eines Elements haben die gleiche Größe und Masse. Atome verschiedener Elemente unterscheiden sich durch ihre Massen und ihre Größen voneinander. Bei chemischen Reaktionen ordnen sich die Atome der Ausgangsstoffe neu an und bleiben dabei erhalten.

1900

**Joseph J. Thomson (1903):** Er entdeckte das Elektron. Demnach konnten Atome keine unteilbaren Teilchen sein. Sie besitzen kleinere Bausteine mit negativer Ladung, die sich nach THOMSONS **Rosinenkuchenmodell** in der positiv geladenen Masse wie Rosinen in einem Teig verteilen.

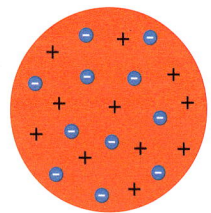

1910

**Ernest Rutherford (1911):** Atome sind keine massiven Kugeln, sondern bestehen aus einem kleinen Kern und einer sehr viel größeren Atomhülle (**Kern-Hülle-Modell**). Der Atomkern enthält fast die gesamte Masse des Atoms und ist positiv geladen. Die negativ geladenen Elektronen bewegen sich in der Atomhülle.

1915

**Niels Bohr (1913):** Er vermutete, dass sich Elektronen in der Atomhülle in ganz bestimmten Bereichen (Kreisbahnen) um den Atomkern bewegen. Die Anzahl der Kreisbahnen ist begrenzt. Diese Theorie wurde zur Grundlage für das **Schalenmodell der Atomhülle**.

## Aufgabe

1 Auch heute wird der Aufbau der Atome weiter erforscht. Welche Auswirkung werden die Forschungsergebnisse auf die hier beschriebenen Modellvorstellungen zum Atom haben?

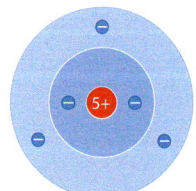

# Entwicklung von Atommodellen

**1** *Teilchenbeschleuniger im Forschungszentrum CERN*

**Exkurs Die Europäische Organisation für Kernforschung – CERN** Seit 1954 wird im europäischen Forschungszentrum CERN in der Nähe der Schweizer Stadt Genf der Aufbau der Atome und Elementarteilchen erforscht.

Im weltweit größten Elementarteilchenbeschleuniger, einer 27,5 km langen Vakuumröhre 100 m unter der Erde, werden auf nahezu Lichtgeschwindigkeit beschleunigte Elektronen oder Protonen zur Kollision gebracht (Bild 1). Dabei werden Zustände erzeugt, wie sie vermutlich direkt nach dem Urknall geherrscht haben. Teilchendetektoren messen die Flugbahnen der daraus neu entstehenden Teilchen. So werden Rückschlüsse über den Aufbau der Elementarteilchen gezogen und die Existenz noch kleinerer Teilchen bewiesen. Das CERN wird von 21 Ländern finanziert, hat einen Forschungsetat von etwa einer Milliarde Euro pro Jahr und ist mit rund 3200 Mitarbeitern das größte Forschungszentrum auf dem Gebiet der Kernforschung.

**Ist der Aufbau der Atome vollständig bekannt?** Auch heute wird die Forschung an Atomen fortgesetzt und es gibt keine endgültige Vorstellung über ihren Aufbau. Immer kleinere Bausteine der Atome werden zum Gegenstand der Forschung und führen zu Erkenntnissen, die über das Schalenmodell der Atome hinausgehen. Das moderne Wissen über den Aufbau der Atome verdanken wir unter anderem Experimenten, in denen Teilchen mit sehr hoher Geschwindigkeit auf Atome „geschossen" werden (siehe Exkurs).

**Welches ist das „richtige" Atommodell?** Mit dem einfachen Atommodell von DALTON lässt sich beispielsweise erklären, dass bei chemischen Reaktionen Atome umgeordnet werden und deshalb das Gesetz von der Erhaltung der Masse gilt.

Die elektrische Leitfähigkeit von Lösungen lässt sich jedoch mit den Vorstellungen DALTONs nicht vereinbaren. Dazu müssen Atommodelle verwendet werden, die die Existenz von Elektronen beinhalten, wie das Kern-Hülle-Modell und das Schalenmodell.

Andere Phänomene wie die Flammenfärbungen beim Erhitzen von Alkalimetallverbindungen lassen sich gut mit dem Schalenmodell erklären. Bis heute sind zahlreiche weitere Atommodelle entwickelt worden. Mit jedem Atommodell lassen sich bestimmte chemische Sachverhalte erklären, andere dagegen nicht. Durch weitere Forschungserkenntnisse werden die Modelle ständig weiterentwickelt. Man verwendet jeweils das Modell, das für die zu erklärenden Zusammenhänge die besten Aussagen ermöglicht.

**Modelle sind vereinfachte Abbilder der Wirklichkeit. Sie stellen nur bestimmte Aspekte der Wirklichkeit dar. Steht ein Modell im Widerspruch zu neuen wissenschaftlichen Erkenntnissen, muss das alte Modell erweitert oder ein neues Modell entwickelt werden.**

### Aufgaben

1 Warum werden Atommodelle verwendet? Begründe.
2 Erkläre, warum bei der Reaktion von Zink mit Schwefel die Masse der Ausgangsstoffe mit der Masse der Reaktionsprodukte identisch ist.

# Methode   Fachtexte lesen

**1** *Fachtexte können leichter verstanden werden, wenn man sie gemeinsam liest.*

**Findest du Fachtexte schwierig?** Fachtexte beinhalten viele Fachwörter und es ist scheinbar alles wichtig. Diese Methodenseite zeigt dir, wie du beim Lesen von Fachtexten vorgehen kannst, damit sie leichter zu verstehen sind.

### Anleitung zum Lesen von Fachtexten

*1. Text lesen:*
   Lies den Text einmal ganz durch.

*2. Vermutung anstellen:*
   Hast du schon eine Vermutung, wovon der Text handelt?

*3. Wörter suchen:*
   Suche nach Wörtern, die im Text besonders häufig vorkommen oder die dir sehr wichtig erscheinen. In welchem Zusammenhang kommen diese Wörter vor? Notiere dies.

*4. Noch einmal lesen – Fragen stellen und beantworten:*
   Lies den Text noch einmal und versuche nun Fragen zu beantworten:
   – Was wird gemacht?
   – Wie wird es gemacht?
   – Warum wird es gemacht?
   Es können auch noch andere Fragen zu einem Text gestellt werden.
   Verwende zur Beantwortung der Fragen die wichtigen Wörter des Textes.

**2** *Fachtexte findest du auch im Internet.*

**Beispiel zur Durchführung:**

1. Der Text „Die Europäische Organisation für Kernforschung – CERN" wurde gelesen.

*2. Wovon handelt der Text?*
   Im Text geht es um den Aufbau von Elementarteilchen. Sie werden im CERN erforscht.

*3. Welche Wörter kommen häufig vor und sind vermutlich wichtig?*
   Teilchen: Atome, Elementarteilchen, Protonen, Elektronen, Teilchendetektor, kleine Teilchen, beschleunigte Teilchen
   Forschen: Kernforschung, Forschungszentrum, erforscht
   Aufbau: Aufbau der Teilchen

*4. Was wird gemacht?*
   Es wird über den Aufbau der Atome und Elementarteilchen geforscht.

   *Wie wird das gemacht?*
   Es werden Protonen und Elektronen annähernd auf Lichtgeschwindigkeit beschleunigt und zur Kollision gebracht.

   *Warum wird das gemacht?*
   Weil bei der Kollision neue Teilchen entstehen. Diese Teilchen werden gemessen und können Rückschlüsse über den Aufbau weiterer, noch kleinerer Teilchen geben.

# Methode   Sicher präsentieren

**Referate halten und Ergebnisse präsentieren**
Du sollst ein Referat halten oder Ergebnisse aus
der Gruppenarbeit vorstellen. Fachlich hast du
dich vorbereitet und deine Medien, beispielsweise ein Lernplakat, eine Folie oder eine Präsentation mit dem Computer, erstellt.
Nun weißt du nicht, wie du beginnen sollst? Du
hast Angst, dass dir etwas nicht einfällt oder
dass du nicht weißt, was man zum Schluss sagt?
Hier findest du einige Sätze oder Satzanfänge,
die dir bei deiner Präsentation Sicherheit geben
und dir helfen.

### Phasen einer Präsentation
Auch wenn der Inhalt immer verschieden ist,
so gibt es in jeder Präsentation die gleichen
Phasen:

### Der Beginn:
Im ersten Satz sagst du, worüber du sprechen
oder was du präsentieren wirst. Deine Zuhö-
rer bekommen einen ersten Eindruck von dir
und von dem, was du vorhast.

### Der Hauptteil:
Im Hauptteil sagst du, was du gemacht hast
und zu welchen Ergebnissen du gekommen
bist.

### Der Schluss:
Am Schluss sagst du noch einmal kurz, worüber du gesprochen hast, und bedankst dich
für die Aufmerksamkeit.

**So kannst du beginnen:**

- Mein Referat handelt von …
- In meinem Referat geht es um …
- Ich präsentiere die Ergebnisse aus unserer
  Gruppenarbeit über …
- Unsere Gruppe beschäftigte sich mit …
- Ich spreche über …
- Ich demonstriere ein Experiment zu/zur …
- Ich habe mich mit … beschäftigt.

**Wenn du nicht weiterweißt** Wenn dir etwas
nicht sofort einfällt, dann brauchst du eine
Pause, um nachzudenken. Das ist ganz normal
und deshalb kannst du das auch sagen:

- Ich möchte kurz nachdenken.
- Ich muss einen kurzen Moment überlegen.
- Ich möchte meine Gedanken sammeln.

**So kannst du schließen** (das bedeutet be-
enden) und dich für die Aufmerksamkeit
bedanken:

- Mit diesem Referat habe ich versucht … dar-
  zustellen.
- Dies war mein Referat zum Thema …
- Das waren die Ergebnisse unserer Gruppe.
- Ich hoffe, mein Vortrag hat euch gefallen und
  ihr seid jetzt über das Thema … gut infor-
  miert.
- Vielen Dank für eure Aufmerksamkeit.

# Atombau und Periodensystem

**Atomhülle und Periodensystem** MENDELEJEW und MEYER ordneten 1869 die Elemente nach ihrer Atommasse sowie ihrer chemischen Verwandtschaft und begründeten damit das Periodensystem der Elemente. Rund 50 Jahre später erkannte jedoch BOHR, dass die Anordnung der Elemente von der Anzahl der Elektronen in der Atomhülle abhängt. Weil die Anzahl der Elektronen in der Atomhülle von der Protonenzahl bestimmt wird, ist nicht die Massenzahl, sondern die Protonenzahl das Kriterium für die Ordnung der Elemente im Periodensystem. Die Protonenzahl wird deshalb auch Ordnungszahl genannt.

**Hauptgruppennummer – Anzahl der Außenelektronen** Alle Elemente, deren Atome die gleiche Anzahl an Elektronen in der Außenschale haben, stehen in einer Hauptgruppe. Die Nummer der Hauptgruppe gibt also die Anzahl der Außenelektronen an. So befinden sich die Alkalimetalle in der ersten Hauptgruppe und ihre Atome besitzen jeweils ein Außenelektron. Die Atome der Halogene in der siebten Hauptgruppe haben sieben Außenelektronen.

**Elektronenschalen und chemische Eigenschaften** Die in einer Hauptgruppe stehenden Elemente ähneln sich in ihren chemischen Eigenschaften, sie bilden Elementfamilien. So sind beispielsweise die Elemente der Edelgase sehr reaktionsträge. Die Ursache dafür liegt in der Besetzung der äußeren Elektronenschale. Bei den Atomen der achten Hauptgruppe ist sie immer mit acht Elektronen voll besetzt. Man spricht auch von einem Elektronenoktett (lat. *octo:* acht). Eine Ausnahme bildet Helium, dessen Atome bereits mit zwei Elektronen eine voll besetzte Außenschale haben. Eine voll besetzte Elektronenschale ist eine besonders stabile Elektronenanordnung. Solche Elemente gehen keine chemische Reaktion mit anderen Elementen ein. Ganz anders verhält es sich beispielsweise mit den Elementen der siebten Hauptgruppe, den Halogenen. Ihre Atome haben sieben Außenelektronen. Um eine voll besetzte Elektronenschale zu erreichen, benötigen sie ein weiteres Elektron. Dieses können sie durch Reaktion mit anderen Elementen erhalten. Halogene sind deshalb sehr reaktionsfreudige Elemente.

| Periode | Hauptgruppe | | | | | | | |
|---------|---------|---------|---------|---------|---------|---------|---------|---------|
| | I (1) | II (2) | III (13) | IV (14) | V (15) | VI (16) | VII (17) | VIII (18) |
| 1 | H | | | | | | | He |
| 2 | Li | Be | B | C | N | O | F | Ne |
| 3 | Na | Mg | Al | Si | P | S | Cl | Ar |

**1** *Elemente der Hauptgruppen im Schalenmodell*

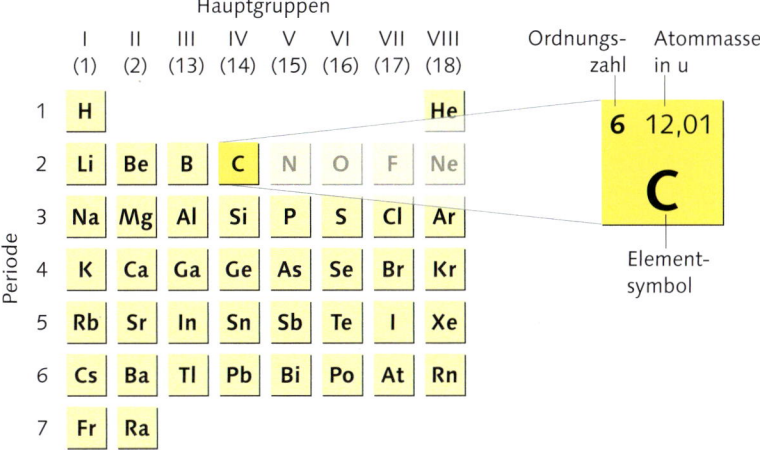

**2** *Periodensystem der Elemente*

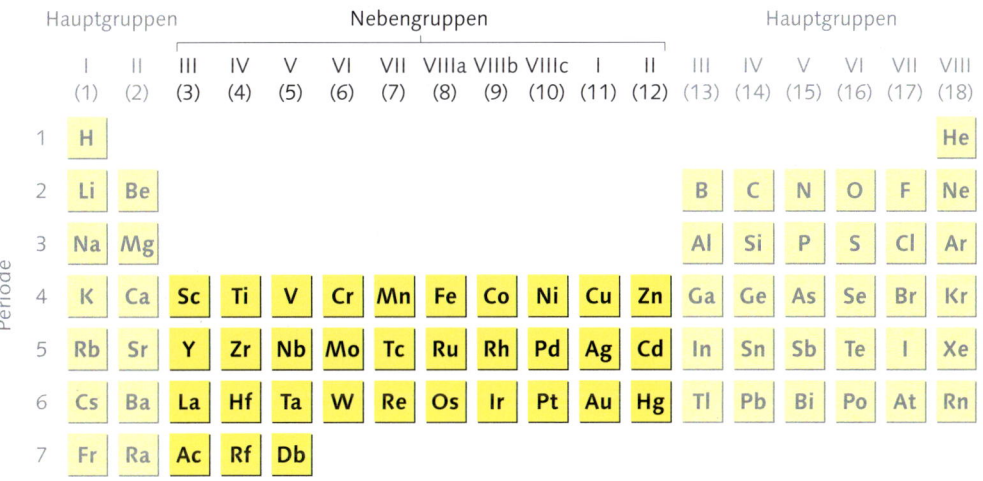

**3** *Die Nebengruppen – Ausschnitt aus dem PSE*

**Die chemischen Eigenschaften einer Elementfamilie wird durch die Zahl der Außenelektronen der Atome bestimmt.**

**Periodennummer – Anzahl der Schalen** Die Atome von Elementen einer Periode besitzen die gleiche Anzahl von Elektronenschalen. Die Periodennummer gibt die Anzahl der Schalen an. So steht Schwefel in der dritten Periode und seine Atome besitzen drei Elektronenschalen (1., 2. und 3. Schale). Die inneren Schalen des Schwefelatoms sind voll besetzt, während die Außenschale nur sechs Elektronen enthält.

**Die Anzahl der Elektronenschalen entspricht der Periodennummer.**
**Die Anzahl der Außenelektronen eines Elements entspricht der Hauptgruppennummer.**

**Nebengruppen** Zwischen der zweiten und dritten Hauptgruppe befinden sich die sogenannten Nebengruppen. Wichtige Gebrauchsmetalle der Nebengruppen sind Eisen, Kupfer und Zink. Um den Aufenthaltsbereich der Elektronen bei den Nebengruppenelementen darzustellen, stößt das Schalenmodell an seine Grenzen.

### Aufgaben

1 Finde mithilfe des Periodensystems folgende Informationen über Schwefel heraus: Anzahl der Protonen, Anzahl der Außenelektronen, Anzahl der Schalen, Anzahl der Elektronen.
2 Welche Aussagen kannst du über das Element Natrium aufgrund seiner Stellung im Periodensystem machen?
3 Begründe, warum die Edelgase reaktionsträge sind. Leite eine allgemeine Regel ab.

**Eine zufällige Entdeckung** In seinen Experimenten beschäftigte sich der in Paris arbeitende Physikprofessor ANTOINE HENRI BECQUEREL 1896 mit Uransteinen. Als er seine Versuche unterbrechen musste, legte er einen Uranstein auf eine lichtgeschützt eingewickelte Fotoplatte in eine Schublade. Beim späteren Entwickeln der Fotoplatte machte er eine überraschende Entdeckung: Der Umriss des Uransteins war auf dem Foto klar erkennbar.

BECQUEREL hatte entdeckt, dass Uransalze von sich aus leuchten. Energiereiche Strahlen, die nicht sichtbar sind und schwarzes Papier durchdringen können, hatten die Fotoplatte belichtet.

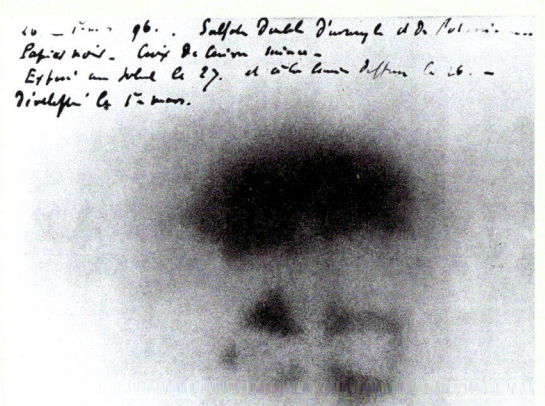

**1** *Durch einen Uranstein belichtete Fotoplatte von HENRI BECQUEREL*

**Untersuchung von Uranstein** Das Forscherehepaar MARIE und PIERRE CURIE untersuchte die von BECQUEREL entdeckte Strahlung weiter. Sie gingen der Frage nach, ob ein in dem Urangestein vorhandenes, unbekanntes chemisches Element für die Strahlung verantwortlich ist. Tatsächlich entdeckten sie einen Stoff, der 300-mal so stark strahlte wie das Gestein. Diesen Stoff nannte MARIE CURIE zu Ehren ihres Vaterlands Polen Polonium. In vier Jahren langer Arbeit gelang es dem Ehepaar CURIE, aus einer Tonne Urangestein, auch Pechblende genannt, geringe Menge eines zweiten Stoffes zu gewinnen. Aufgrund seiner ausgesprochen starken Strahlung nannten sie diesen Stoff Radium (lat. *radius:* Strahl).

**2** *MARIE und PIERRE CURIE bei ihrer Arbeit im Labor*

**Marie Curie – eine bedeutende Naturwissenschaftlerin** Zusammen mit HENRI BECQUEREL und ihrem Mann erhielt MARIE CURIE für die Entdeckung der Radioaktivität im Jahr 1903 den Nobelpreis für Physik. Nach dem Tod ihres Mannes, der 1906 bei einem Verkehrsunfall ums Leben gekommen war, erhielt MARIE CURIE 1911 einen zweiten Nobelpreis – diesmal für Chemie – für die Entdeckung des Radiums. MARIE CURIE starb 1934 an Leukämie.

**Aufgaben**

1 Beschreibe die Entdeckung der radioaktiven Strahlung.
2 Informiere dich über das Leben MARIE CURIES. Liste wichtige Stationen aus ihrem Leben auf.
3 Stelle die Besonderheiten der Nobelpreisverleihung an MARIE CURIE heraus. Recherchiere dazu.
4 Informiere dich zu den Auswirkungen von radioaktiver Strahlung auf die Gesundheit.

# Exkurs   Radioaktivität angewandt

**Wie alt ist Ötzi?** Im Eis der Ötztaler Alpen wurde 1991 eine Gletschermumie gefunden, die etwa 5300 Jahre alt ist. Zur Altersbestimmung wurde das Wissen um den radioaktiven Zerfall der Elemente genutzt.

Neben den Kohlenstoffatomen mit der Massenzahl 12, die im Atomkern 6 Protonen und 6 Neutronen enthalten, gibt es in der Natur auch eine geringe Menge an sogenannten C-14-Atomen. Diese radioaktiven Isotope des Kohlenstoffs besitzen zwei Neutronen mehr und haben damit 14 Elementarteilchen im Atomkern. Diese C-14-Atome sind radioaktiv.

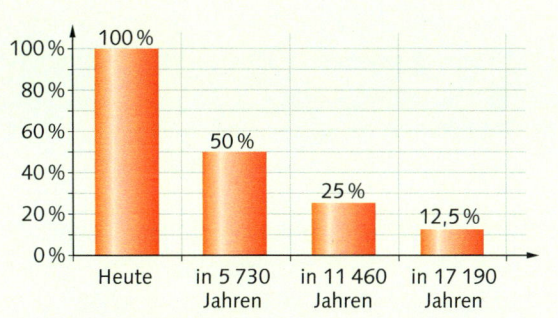

2 *Zerfall von C-14-Atomen*

**Kernspaltung** Die deutschen Chemiker Otto Hahn und Fritz Strassmann entdeckten 1938, dass beim Beschuss von Uran-235-Atomen mit Neutronen nicht – wie erwartet – Radiumatome entstehen, sondern die sehr viel leichteren Bariumatome. Zur Deutung zogen sie die Physikerin Lise Meitner hinzu, die die Ergebnisse bestätigte: Durch die Aufnahme von Neutronen können Uranatome gespalten werden. Dabei werden ungeheure Mengen an Energie frei. Diese Erkenntnisse bildeten den Ausgangspunkt für die Entwicklung der Atombombe und den Bau von Kernkraftwerken.

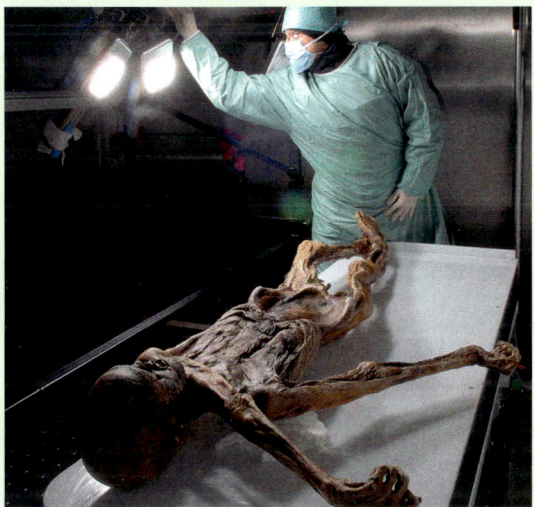

1 *Ötzi im Südtiroler Archäologiemuseum in Bozen*

**Zerfall radioaktiver Atome** Während ihres Lebens nehmen alle Lebewesen C-14-Atome aus der Umwelt auf, beispielsweise über die Nahrung. Mit dem Tod endet die Aufnahme von Kohlenstoff. Die im Körper vorhandenen radioaktiven C-14-Atome zerfallen allmählich und ihr Anteil nimmt beständig ab. So erging es auch Ötzi zu seinen Lebzeiten und nach seinem Tod. Die Halbwertszeit der C-14-Atome, also die Zeit, nach der die Hälfte der vorhandenen Atome zerfallen ist, beträgt 5730 Jahre. Mit empfindlichen Messgeräten kann man die Strahlung einer Probe messen und so aufgrund der Halbwertszeit Altersbestimmungen vornehmen. Diese Methode wird Radiokarbonmethode genannt.

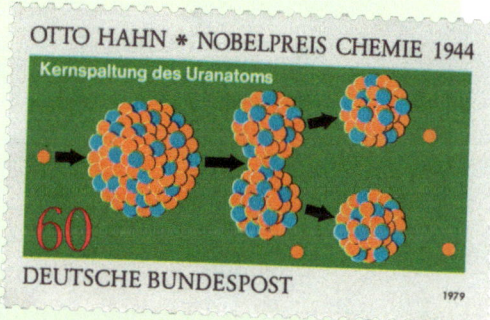

3 *Briefmarke zu Ehren Otto Hahns (1979)*

## Aufgaben

1 Beschreibe, wie das Alter der Gletschermumie Ötzi bestimmt wurde.

2 Gib an, was unter der Halbwertszeit eines radioaktiven Stoffes zu verstehen ist.

3 Informiere dich über radioaktive Strahlungsarten und erstelle eine Übersicht.

4 Ermittle mithilfe des Periodensystems die Protonenzahl und die Massenzahl von Kohlenstoff. Vergleiche mit den Werten von Uran.

# Teste dich!

1 Veranschauliche die Größenverhältnisse eines Atoms durch einen Vergleich. Vervollständige den folgenden Satz:
Wenn ein Atomkern so groß wäre wie ..., dann würde der Durchmesser der Atomhülle ...

2 Beschreibe das Phänomen Reibungselektrizität. Gib die Merkmale des einfachsten Atommodells an, das diese Erscheinung erklärt.

3 RUTHERFORD nutzte einen Zinksulfidschirm zum Sichtbarmachen der auftreffenden α-Teilchen. Welche der beiden Abbildungen könnte er nach dem Versuch erhalten haben? Begründe deine Meinung.

a
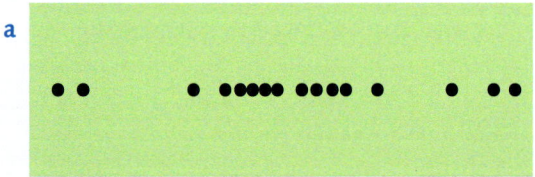

b
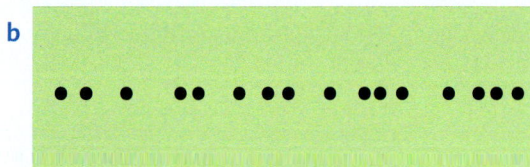

4 Beschreibe das Kern-Hülle-Modell. Begründe den Aufbau aus Atomkern und -hülle mit den Versuchsergebnissen von RUTHERFORD.

5 Vergleiche RUTHERFORDS Atommodell mit dem Schalenmodell. Erläutere, warum ein neues Modell notwendig wurde.

6 Erkläre am Beispiel eines Heliumatoms, dass Atome elektrisch neutral sind.

7 Nenne die Elementarteilchen, aus denen ein Atom aufgebaut ist. Notiere deren Eigenschaften.

8 Das Kohlenstoffatom besitzt 6 Elektronen, das Natriumatom 11 Elektronen. Zeichne für beide Atome jeweils das Schalenmodell.

9 Lege eine Tabelle an. Trage die Angaben zu den Elementarteilchen der folgenden Atome ein:

| Element | Elektronen-verteilung in den Schalen | Anzahl Proto-nen | Anzahl Neutro-nen |
|---------|------------------|------------|------------|
| Natrium | 1.: 2.: 3.: | | |
| Magnesium | 1.: 2.: 3.: | | |
| Sauerstoff | 1.: 2.: 3.: | | |

10 Erkläre den Begriff Außenelektron mit deinen eigenen Worten.

11 Im Periodensystem der Elemente sind die Elemente systematisch angeordnet.
a Beschreibe den Aufbau des Periodensystems.
b Beschreibe den Zusammenhang zwischen dem Atombau und der Stellung der Elemente anhand eines selbst gewählten Beispiels.
c Bestimme die Elemente, die 20 Elektronen bzw. 14 Elektronen in ihren Atomhüllen haben, und gib ihre Stellung im Periodensystem an.

| Aufgabe | Hilfe findest du auf Seite ... |
|---------|------------------------|
| 1 | 37 |
| 2 | 34 |
| 3 | 36 |
| 4 | 36/37 |
| 5 | 36/37, 40/41 |
| 6 | 38 |
| 7 | 38/39 |
| 8 | 40/41 |
| 9 | 40/41 |
| 10 | 40 |
| 11 | 46/47 |
| ... und die Lösungen findest du im Anhang. | |

# Im Überblick

Noch immer ist es den Wissenschaftlern nicht gelungen, den Aufbau der Atome vollständig aufzuklären. Mit dem heute gesicherten Wissen über den Atombau können chemische Erscheinungen jedoch gut erklärt werden. Zahlreiche Atommodelle sind von der Antike bis heute entwickelt worden. Mit jedem Atommodell lassen sich bestimmte chemische Sachverhalte erklären, andere dagegen nicht. Mit der Gewinnung weiterer wissenschaftlicher Erkenntnisse werden die Atommodelle ständig weiterentwickelt.

## 2

## Atommasseneinheit u

- Jedes Atom besitzt eine Masse. Sie ist unvorstellbar klein und wird deshalb in der Atommasseneinheit u angegeben.
- 1 u entspricht ungefähr $1{,}66 \cdot 10^{-24}$ g.

## Elementarteilchen

|             | Elektron | Proton  | Neutron |
|-------------|----------|---------|---------|
| Masse in u  | 0,00055  | 1       | 1       |
| Ladung      | negativ  | positiv | neutral |
| Symbol      | $e^-$    | $p^+$   | n       |

## Isotope

- Atome des gleichen Elements, die sich in ihrer Neutronenzahl unterscheiden

## Atommodelle

- veranschaulichen den Bau der Atome und geben das Atom in ausgewählten, wesentlichen Merkmalen wieder

## Kern-Hülle-Modell

- Atome bestehen aus dem Atomkern und der Atomhülle.
- Im Atomkern befinden sich die positiv geladenen Protonen und Neutronen, in der Atomhülle die negativ geladenen Elektronen.
- Atome sind elektrisch neutral, weil die Anzahl der Protonen und Elektronen übereinstimmen.

## Schalenmodell

- In der Atomhülle bewegen sich die Elektronen im Bereich von Schalen. In jeder Schale befindet sich eine bestimmte Anzahl an Elektronen.

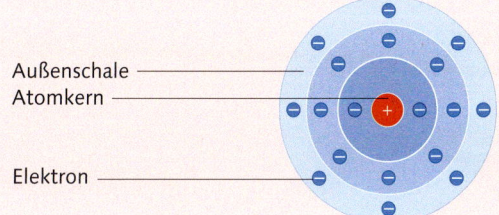

## Außenelektronen

- Die Anzahl der Elektronen der jeweils äußersten Schale bestimmt die chemischen Eigenschaften des Elements.

## Atombau und Periodensystem

- Im Periodensystem sind die Elemente nach steigender Protonenzahl und nach dem Bau ihrer Atomhüllen geordnet.
- Nummer der Periode = Anzahl der Elektronenschalen
- Nummer der Hauptgruppe = Anzahl der Außenelektronen

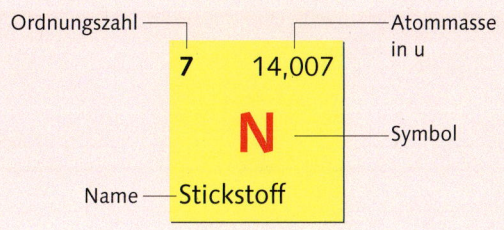

# 3
# Salze und andere wichtige Stoffe

Weißes, kristallines Kochsalz kann aus Meerwasser durch Verdunstung gewonnen werden – oder durch chemische Reaktion der Elemente Natrium und Chlor. Auch Wasser fasziniert durch seine besonderen Eigenschaften. Je nachdem, welche Atome sich wie miteinander verbinden, entstehen Stoffe mit unterschiedlichen Eigenschaften.

# Kostbarkeit Salz

**1** *Kochsalz dient dem Menschen als Würzmittel und ist bei der Herstellung vieler Lebensmittel notwendig.*

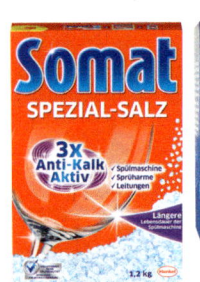

**2** *Kochsalz ist in verschiedenen Produkten enthalten.*

**Wert des Salzes** „Unter allen Edelsteinen ist Salz der kostbarste." Diese Aussage des Chemikers JUSTUS VON LIEBIG aus dem 19. Jahrhundert macht deutlich, wie wichtig Salz, genauer unser Kochsalz, in der Geschichte war.

**Vorkommen und Verwendung** Seit über 2000 Jahren wird in Deutschland Salz bergmännisch abgebaut und gehandelt. Heute eines der preiswertesten Lebensmittel, war Salz einst so kostbar wie Gold. Entsprechend seiner Herkunft und Verwendung sind viele verschiedene Namen gebräuchlich, z. B. Speisesalz, Kochsalz, Steinsalz, Siedesalz, Meersalz. Wesentlicher Bestandteil ist die chemische Verbindung Natriumchlorid. Salz dient als Auftausalz zum Schmelzen von Eis auf Straßen oder bei der Produktion und Veredlung von Lebensmitteln – und wird natürlich in jeder Küche als Speisesalz verwendet. In der Industrie wird Natriumchlorid für die Erzeugung von Soda, Chlor und Natronlauge genutzt, ohne die weder Glas noch Kunststoffe, Waschmittel oder Aluminium hergestellt werden können.

**Kochsalz ist im Haushalt ein vielseitig verwendbarer Stoff und dient der Industrie als wichtiger chemischer Grundstoff.**

**Wichtig für den Menschen** Im Körper des Menschen übernimmt Kochsalz wichtige Funktionen: Es reguliert den Wasserhaushalt der Zellen und den Blutdruck, es ermöglicht die Reizleitung in den Nervenzellen und wird für die Produktion der Magensäure benötigt. Salz, das mit dem Schweiß und dem Urin ausgeschieden wird, muss durch die Aufnahme von Nahrung ersetzt werden.

In der Medizin wird Patienten mit großem Flüssigkeits- oder Blutverlust eine isotonische Kochsalzlösung in die Blutbahn getropft. Diese 0,9%ige Salzlösung hat den gleichen Salzgehalt wie das Blut des Menschen.

Die empfohlene tägliche Salzzufuhr für einen Erwachsenen in Deutschland beträgt höchstens 6 Gramm. Obwohl übermäßiger Salzkonsum in der Regel über die Nieren ausgeschieden wird, sollte die richtige Menge an Speisesalz Bestandteil einer ausgewogenen Ernährung sein.

**Der Mensch muss Kochsalz über die Nahrung zu sich nehmen, damit wichtige Funktionen im Körper erhalten werden.**

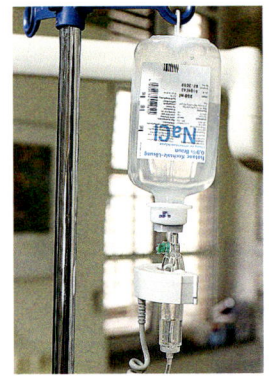

**3** *Infusion mit einer isotonischen Kochsalzlösung*

**4** *Durch den Auftrieb werden auch Nichtschwimmer im Toten Meer an der Oberfläche gehalten.*

**5** *In einer Saline wird Salz durch Verdunsten des Wassers gewonnen.*

**Salz im Meerwasser** Kochsalz kann direkt aus Meerwasser gewonnen werden, denn 1 Liter Meerwasser enthält durchschnittlich 35 g Salz. Würde man alles Meersalz über die ganze Erdoberfläche verteilen, ergäbe dies eine 36 m dicke Salzschicht. Auch das Salz, das heute aus Salzbergwerken gewonnen wird, stammt ursprünglich aus dem Meer.
Das Tote Meer hat einen Salzgehalt von etwa 280 g pro Liter. Im trockenen Klima verdunstet das Wasser aus dem See. Salz bleibt zurück und reichert sich an. Das hat zur Folge, dass Fische darin nicht leben können.

**Salzgewinnung in Salinen** In heißen und sonnenreichen Regionen der Erde gibt es Salzgärten, sogenannte Salinen. Dort wird Meerwasser entweder in viele große, flache Verdunstungsbecken geleitet oder durch Wälle, Balken und Bretter vom Meer abgetrennt. Durch die Wärme verdunstet das Wasser mit der Zeit. Es entsteht zunächst ein Salzschaum, der langsam zu einer weißen Kruste kristallisiert. Das Salz wird zwischen den Becken gesammelt, um es zu trocknen. So erhält man das Rohsalz, das aus großen, groben Kristallen besteht.
Bevor es als Kochsalz in den Salzstreuer kommt, wird es durch ein technisches Verfahren, die Raffination, gereinigt. Dabei wird das verunreinigte Rohsalz in einer Salzlösung gewaschen, wieder getrocknet, erneut kristallisiert und fein vermahlen.

**Durch Kristallisation wird in Salinen Salz gewonnen, das durch Raffination gebrauchsfertig aufbereitet wird.**

**Kochsalz als Konservierungsmittel** Mikroorganismen bewirken das Verderben von Lebensmitteln. Kochsalz bindet Wasser und entzieht dadurch Mikroorganismen die Lebensgrundlage. Daher ist Kochsalz ein häufig verwendetes Konservierungsmittel.
Als es noch keine Kühlschränke gab, wurden viele Speisen eingesalzen. So verpflegten sich früher Matrosen auf langer Seefahrt mit eingesalzenem Pökelfleisch. Neben Speisen wurden auch Tierhäute und Felle mit Salz konserviert. Auch heute werden viele Speisen wie Hering, Sardellen, Käse oder Oliven eingesalzen – jedoch hauptsächlich wegen des Geschmacks.

**6** *Fische werden zur Konservierung eingesalzen.*

### Aufgaben

1 Fertige eine Mindmap zur Verwendung von Kochsalz an.
2 Erläutere, wie Kochsalz in Salinen gewonnen wird.
3 Nenne Funktionen, die Kochsalz im menschlichen Körper hat.
4 Überlege, wie die gesundheitsschädliche Aufnahme von zu viel Kochsalz vermeidbar wäre.

# Exkurs  Vom Berg auf den Tisch

**1** *Wie ist dieses Kochsalz entstanden und wie kommt es vom Salzbergwerk bis zu uns auf den Tisch?*

**2** *Trockener Salzabbau unter Tage*

**Entstehung von Salzlagerstätten** Vor vielen Millionen Jahren wurden Meeresgebiete von den Ozeanen abgetrennt. In den flachen Meeresbecken verdunstete das Wasser, wobei sich die im Meerwasser gelösten Salze allmählich anreicherten. Schließlich setzten sie sich am Boden ab und bildeten feste Salzschichten. Manchmal füllte sich das Gebiet wieder mit Meerwasser und der Verdunstungsvorgang wiederholte sich. Auf diese Weise bildeten sich viele Hundert Meter starke Salzschichten. Das so entstandene Salz heißt Steinsalz. Es enthält neben Kochsalz auch unlösliches Gestein.

**Methoden des Salzabbaus** Viele Arbeitsschritte sind notwendig, bevor wir ganz selbstverständlich etwas Kochsalz auf unser Essen streuen können. Unser Kochsalz wird meist aus dem unterirdisch lagernden Steinsalz gewonnen. Wir unterscheiden zwei verschiedene Methoden, das Steinsalz aus dem Berg zu fördern: den Nassabbau und den Trockenabbau.

**Nassabbau** Das meiste Kochsalz wird durch die Methode des Nassabbaus gewonnen. Dabei werden die Salzlagerstätten an mehreren Stellen angebohrt. In einige Bohrlöcher wird Wasser gepumpt, in dem sich das Salz lösen kann. Es entsteht eine konzentrierte Kochsalzlösung (Sole) mit einem Salzgehalt von etwa 35 %, die durch die anderen Bohrlöcher abgepumpt wird.

Die Kochsalzlösung wird anschließend eingedampft und es bleibt festes Kochsalz zurück, das einen Reinheitsgrad von über 98 % besitzt. Es kann nun gemahlen und verpackt werden.

**Trockenabbau** Beim Trockenabbau wird das Steinsalz im Salzbergwerk durch Bohren und Sprengen abgebaut. Dabei entstehen große Hohlräume, die nach dem Salzabbau zur Lagerung anderer Stoffe wie Erdgas oder Kohlenstoffdioxid genutzt werden können. Die großen Steinsalzbrocken werden zerkleinert und in Wasser gelöst. Die unlöslichen Feststoffe des Salzgesteins werden abgetrennt. Wie beim Nassabbau wird aus der Salzlösung durch Eindampfen festes Kochsalz gewonnen.

**3** *Historische Saline „Gottesgabe" in Rheine*

## Aufgaben
1 Beschreibe, wie sich Salzlagerstätten bildeten.
2 Erläutere die physikalischen Verfahren, die bei der Kochsalzgewinnung eingesetzt werden.
3 Recherchiere, wo in deiner Nähe das nächste Salzbergwerk zu besichtigen ist.

# Exkurs  Geschichte des Kochsalzes

**Salzabbau zu Beginn der Menschheitsgeschichte**  Als die Menschen in der Jungsteinzeit begannen, Tiere zu halten und Pflanzen anzubauen, fingen sie auch an, ihre Nahrungsmittel mit Salz schmackhaft und haltbar zu machen. Mit Steinbeilen wurde das Salz aus salzhaltigen Gesteinsschichten herausgeschlagen. Zeugnis dafür sind Siedlungen wie Hallstatt in Österreich, wo bereits vor 7000 Jahren Salz abgebaut wurde.

**Salzhandel in der Antike**  Im antiken Griechenland und in Rom war Salz ein wichtiges Gebrauchs- und Handelsgut. Gewonnen wurde es in Salzgärten (Salinen) durch die Verdunstung von Meerwasser. Im Römischen Reich erstreckte sich ein Salzhandelsnetz bis in die entlegensten Regionen. So konnten in allen Landesteilen Lebensmittel mit Salz veredelt werden. Die Salzmakrele war beispielsweise ein beliebtes und günstiges Nahrungsmittel, das auch während langer Transporte durch die konservierende Wirkung des Salzes nicht verdarb.

**Zahlungsmittel**  Die römische Göttin Salus (lat. *sal:* Salz) stellte in der Religion des Römischen Reiches die Verkörperung des Wohlbefindens dar. Sie war für Wachstum und Erfolg zuständig, und das brachte man direkt mit Salz in Verbindung. Die römischen Beamten erhielten ihren Lohn teilweise in Form einer Ration Kochsalz, die *salarium* hieß. Noch heute erkennst du das Wort im Englischen: *salary* bedeutet Lohn oder Gehalt.

**Machtmittel**  Um Salz, das „weiße Gold", gab es immer wieder politische Verwicklungen und kriegerische Auseinandersetzungen. Im 19. und 20. Jahrhundert kontrollierten die Briten in ihrer Kolonie Indien die Kochsalzgewinnung und den Salzhandel. MAHATMA GANDHI zog daher im Jahr 1930 aus Protest mit mehreren Tausend Anhängern an die Küsten Indiens und erntete dort Salz. Damit begann der Bruch des britischen Salzmonopols – für Indien ein wichtiger Schritt auf dem friedlichen Weg in die Unabhängigkeit.

**1** *Straßenschild der Salzstraße „Calle de la Sal" in der Altstadt von Madrid, Spanien*

**2** *Salz musste oft über weite Entfernungen transportiert werden.*

**Wichtiger Rohstoff der Gegenwart**  Seit Mitte des 19. Jahrhunderts der Salzbergbau in großem Maßstab betrieben wurde, nahm auch der materielle Wert des Salzes ab. Die Fortschritte der Technik ermöglichten immer leistungsfähigere Abbauverfahren und erschlossen Salzvorkommen, die vorher nicht zugänglich waren. Heute werden weltweit jährlich mehr als 250 Millionen Tonnen Salz gewonnen, in Deutschland sind es 20 Millionen Tonnen. Den größten Teil nutzt die chemische Industrie – mehr als 10 000 Verwendungsmöglichkeiten sind für Salz bekannt.

## Aufgaben

1 Beschreibe die Bedeutung des Salzes im Verlauf der Geschichte.
2 Erläutere, warum der Wert für Kochsalz im Laufe der Geschichte so stark gesunken ist.
3 Suche im Atlas deutsche Städte, deren Name den Wortbestandteil „Salz" oder „Hall" enthalten. Recherchiere, was diese Städte mit dem Thema Salz zu tun haben.

# Salze – Verbindungen aus geladenen Teilchen

Kupfersulfat

Calcium-
carbonat

Kupferchlorid

**1** *Was haben diese verschiedenen Salze gemeinsam?*

**Salz ist nicht gleich Salz** Wenn wir im Alltag von Salz sprechen, meinen wir meistens Kochsalz (Natriumchlorid). Zur Stofffamilie der Salze gehören aber auch noch viele andere Salze. Sie unterscheiden sich in ihrer Kristallform und Farbe, haben aber auch gemeinsame Eigenschaften, die auf Gemeinsamkeiten in ihrem Aufbau zurückzuführen sind.

**Elektrolyse einer Salzlösung** Wenn das feste Salz Kupferchlorid in Wasser gelöst wird, zerfallen die Salzkristalle und es entsteht eine blaue Salzlösung. Taucht man in die Kupferchlorid-Lösung zwei Graphitstäbe und legt an diese eine Gleichspannung an, bildet sich am Minuspol rotes Kupfer und am Pluspol gasförmiges, stechend riechendes Chlor. Durch die Elektrolyse wird das gelöste Salz Kupferchlorid mithilfe von elektrischem Strom in die Elemente Kupfer und Chlor zerlegt.

Pluspol

Minuspol

**2** *Zerlegen einer Kupferchlorid-Lösung (Elektrolyse)*

**Die Zerlegung einer chemischen Verbindung durch elektrischen Strom bezeichnet man als Elektrolyse.**

**Salze bestehen aus Ionen** Wieso fließen die Kupfer-Teilchen zum Minuspol und die Chlorid-Teilchen zum Pluspol? Wir wissen, dass gleiche elektrische Ladungen einander abstoßen und ungleiche einander anziehen. Daraus schließen wir: Die zum Minuspol fließenden Kupfer-Teilchen sind positiv und die zum Pluspol fließenden Chlorid-Teilchen negativ geladen. Diese elektrisch geladenen Teilchen bezeichnet man als Ionen (griech. *ion:* Wanderndes). Das positiv geladene Teilchen heißt Kation, das negativ geladene Teilchen Anion.

Minuspol Pluspol

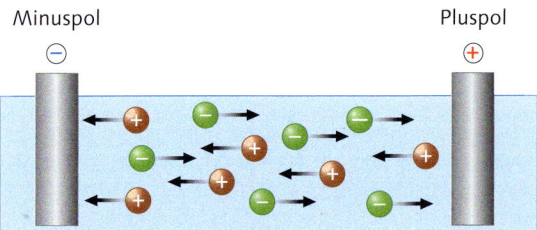

**3** *Wanderung der Ionen bei Anliegen einer Gleichspannung*

**Salze sind aus positiv und negativ geladenen Ionen aufgebaut.**

**Elektrische Leitfähigkeit von Salzen** Im festen Zustand leiten Salze den elektrischen Strom nicht, da ihre Ionen im Salzkristall „festsitzen" und daher nicht wandern können. Erst beim Lösen oder Schmelzen werden die Ionen beweglich und können zum Plus- und Minuspol wandern. Einen solchen elektrischen Leiter, der bewegliche elektrisch geladene Teilchen enthält, bezeichnet man als Elektrolyten.

**Salzlösungen und Salzschmelzen sind Elektrolyte, die den elektrischen Strom leiten.**

### Aufgaben
1 Beschreibe die Vorgänge in Bild 3.
2 Nenne und charakterisiere die Teilchen, aus denen Salze aufgebaut sind.

# Praktikum  Elektrolyte und Elektrolysen

## 1 Leitfähigkeitsmessung

*Geräte:* 2 Bechergläser (100 ml), 4,5-V-Flach-batterie, Leuchtdiode, 6 Krokodilklemmen, 3 Kabel, Löffel

*Chemikalien:* dest. Wasser, Kochsalz, Alustreifen

*Durchführung:* Fülle beide Bechergläser mit dest. Wasser. Im zweiten Becherglas wird zusätzlich noch 1 Löffel Salz gelöst. Verbinde die Kabel mit der Diode, den Alustreifen und der Flachbatterie. Halte die Alustreifen zunächst in das Becherglas mit dest. Wasser und dann in das Becherglas mit der Salzlösung.
Was passiert, wenn du noch mehr Salz löst? Führe die Leitfähigkeitsmessung auch mit dem festen Kochsalz durch.

*Auswertung:* Erkläre deine Beobachtungen.

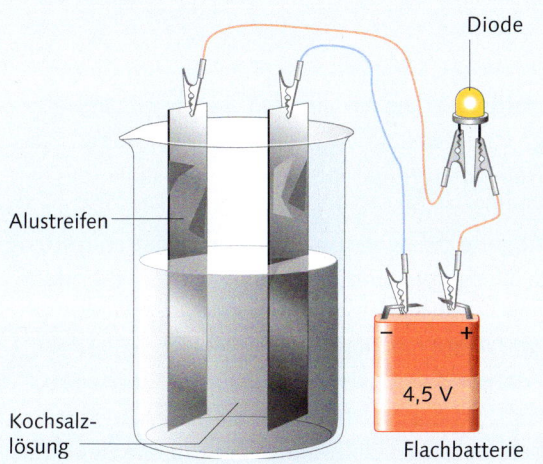

## 2 Geladene Teilchen wandern

*Geräte:* Gleichspannungsquelle (12 V), 2 Kabel, 2 Krokodilklemmen, große Petri-schale mit weißer Unterlage, 2 Kohle-elektroden, Pinzette

*Chemikalien:* Kaliumpermanganat, Natrium-sulfat-Lösung

*Durchführung:* Gieße von der Natriumsulfat-Lösung so viel in die Petrischale, dass der Boden bedeckt ist. Stelle die Petrischale auf die weiße Unterlage. Lege mithilfe einer Pin-zette einen Kaliumpermanganat-Kristall in die Mitte der Petrischale. Verbinde die Kabel mit den Krokodilklemmen und den Kohleelektro-den. Schließe die Kabel an eine Gleichspan-nungsquelle (12 V) an. Halte die Elektroden in die Natriumsulfat-Lösung an den rechten und linken Rand der Petrischale.

*Auswertung:* Zeichne den Versuchsaufbau ab und trage als Versuchsergebnis den Farbverlauf ein. Erkläre deine Beobachtungen.

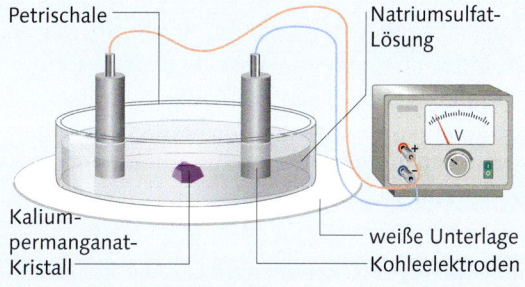

## 3 Elektrolyse von Zinkiodid

*Geräte:* U-Rohr, Graphitelektroden, Gleich-spannungsquelle (Trafo), 2 Kabel, 2 Kroko-dilklemmen, Stativ mit Muffe und Klemme

*Chemikalien:* dest. Wasser, Zinkiodid

*Durchführung:* Löse eine Spatelspitze Zinkiodid in 20 ml dest. Wasser. Gib die Lösung in ein U-Rohr und setze Graphitelektroden ein. Verbinde die beiden Elektroden mit einer Gleichspan-nungsquelle und lege eine Spannung von 10 V an. Beobachte die Vorgänge für 10 min.

*Auswertung:* Beschreibe die Vorgänge an den Elektroden möglichst genau. Wie stellst du dir die Entladung vor? Stelle dies zeichnerisch dar.

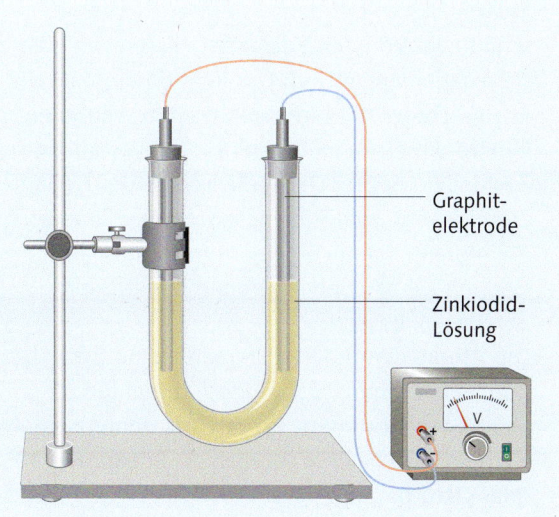

# Vom Atom zum Ion

**1** *Natrium …*

*und Chlor …*　　　*reagieren zu …*　　　*Natriumchlorid.*

**Kochsalz aus Natrium und Chlor?** Gibt man ein Stück Natrium in einen mit Chlorgas gefüllten Standzylinder, so ist eine stark exotherme Reaktion mit deutlicher Licht- und Wärmeentwicklung zu beobachten (Bild 1c). Als Reaktionsprodukt bleibt ein weißer, kristalliner Stoff zurück. Aus den beiden reaktionsfreudigen Stoffen Natrium und Chlor ist Natriumchlorid entstanden. Wie kann aus ätzendem Natrium und giftigem Chlor essbares Kochsalz entstehen?

**Edelgasregel (Oktettregel)** Um die Reaktionsfähigkeit von Elementen verstehen zu können, muss man sich mit dem Bau ihrer Atome beschäftigen. Von den Edelgasen wissen wir, dass sie reaktionsträge sind. Das liegt daran, dass die Edelgasatome mit ihrer voll besetzten äußeren Elektronenschale in einem besonders stabilen Zustand vorliegen. Die Außenschale des Heliumatoms ist mit zwei Außenelektronen voll besetzt, die Außenschalen von Neon- und Argonatomen sind mit acht Außenelektronen (Elektronenoktett) voll besetzt.
Die Atome der anderen Elemente sind bestrebt, durch Elektronenabgabe oder -aufnahme die Elektronenanordnung der Edelgasatome zu erreichen. Dies bezeichnet man als Edelgasregel oder Oktettregel.

**Reaktionsfähigkeit von Natrium und Chlor**
Natrium ist ein Alkalimetall aus der ersten Hauptgruppe des Periodensystems der Elemente. Ein Natriumatom hat in seiner Außenschale ein Elektron, man sagt: ein Außenelektron. Durch Abgabe dieses einen Elektrons ist der angestrebte Edelgaszustand leicht zu erreichen. Das Halogen Chlor steht in der siebten Hauptgruppe, sein Atom hat sieben Außenelektronen. Zum Edelgaszustand fehlt ihm nur ein einziges Elektron. Da das Natriumatom ein Elektron abzugeben hat und das Chloratom genau ein Elektron aufnehmen möchte, sind sie ideale Reaktionspartner.

**Ionen entstehen durch Elektronenübertragung**
Bei der Reaktion von Natrium mit Chlor gibt das Natriumatom sein Außenelektron ab und das Chloratom nimmt dieses auf. Betrachten wir die Teilchen nach dieser Elektronenübertragung: Das *Natrium-Teilchen* erreicht durch die Abgabe des Elektrons die stabile Elektronenanordnung des Edelgases Neon. Weil den 11 Protonen des Atomkerns nur noch 10 Elektronen in der Atomhülle gegenüberstehen, ist das Teilchen jetzt positiv geladen. Aus dem neutralen Natriumatom ist ein positiv geladenes Natrium-Ion ($Na^+$-Ion) entstanden.

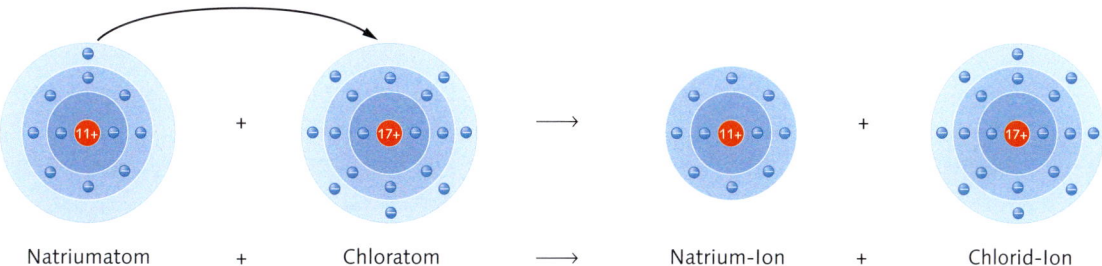

Natriumatom + Chloratom ⟶ Natrium-Ion + Chlorid-Ion

**2** *Elektronenübertragung: Aus Atomen entstehen Ionen.*

3

Das *Chlor-Teilchen* hat nach der Elektronenaufnahme die Elektronenanordnung des Edelgases Argon. Bei 17 Protonen und 18 Elektronen überwiegt eine negative Ladung. Aus dem Chloratom ist ein negativ geladenes Chlorid-Ion (Cl⁻-Ion) entstanden.

**Durch Aufnahme oder Abgabe von Elektronen können aus Atomen Ionen gebildet werden.**

**Benennung von Ionen** Die Kationen werden bezeichnet wie das Element, aus dem sie entstanden sind.
Beispiel: Na = Natriumatom; Na⁺ = Natrium-Ion

Zur Bezeichnung des Anions wird an den Namen des Elements die Endung *-id* angehängt.
Beispiel: Cl = Chloratom; Cl⁻ = Chlor**id**-Ion

**Ladungszahl und Wertigkeit** Die Ladungszahl eines Ions hängt von der Anzahl der Elektronen ab, die abgegeben oder aufgenommen werden. Man bezeichnet diese auch als die Wertigkeit des Ions. Die Wertigkeit kann aus der Hauptgruppennummer des Periodensystems abgeleitet werden: Atome der ersten und der siebten Hauptgruppe sind einwertig, Atome der zweiten und der sechsten Hauptgruppe zweiwertig.

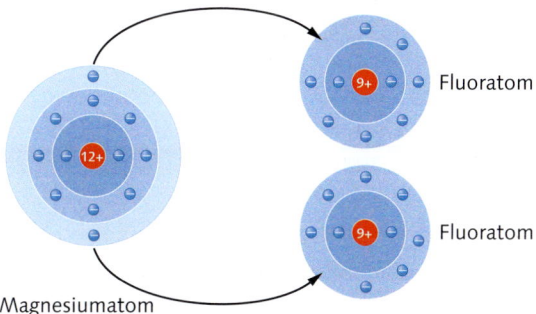

Magnesiumatom

**3** *Zur Aufnahme der beiden Außenelektronen des Magnesiumatoms werden zwei Fluoratome benötigt.*

$$
\begin{array}{lll}
Na & \rightarrow Na^+ + e^- & \textit{ein}\text{wertig} \\
Cl + e^- & \rightarrow Cl^- & \textit{ein}\text{wertig} \\
Mg & \rightarrow Mg^{2+} + 2\,e^- & \textit{zwei}\text{wertig} \\
Al & \rightarrow Al^{3+} + 3\,e^- & \textit{drei}\text{wertig}
\end{array}
$$

**Metalle reagieren mit Nichtmetallen** Im Periodensystem der Elemente stehen die Metalle wie Natrium und Magnesium links und die Nichtmetalle wie Chlor und Fluor rechts. Bei chemischen Reaktionen zwischen Metallen und Nichtmetallen sind die Atome von Metallen bestrebt, ihre Außenelektronen abzugeben – sie werden von den Atomen der Nichtmetalle aufgenommen. Dadurch erreichen Metallatome und Nichtmetallatome den Edelgaszustand.
Bei der Beschreibung der Elektronenübertragung hat es sich bewährt, die Teilschritte der Elektronenabgabe und Elektronenaufnahme getrennt zu formulieren:

Elektronenabgabe: $Mg \rightarrow Mg^{2+} + 2\,e^-$
Elektronenaufnahme: $2\,F + 2\,e^- \rightarrow 2\,F^-$

**Bei der Bildung von Ionen werden jeweils so viele Elektronen übertragen, dass alle beteiligten Verbindungspartner eine voll besetzte Außenschale erhalten.**

**Aufgaben**

1 Gib die Ladungszahlen von Lithium- und Calcium-Ionen sowie von Fluorid-Ionen an.
2 Natrium und Chlor sind giftige und sehr reaktive Stoffe. Das Salz Natriumchlorid nehmen wir jedoch mit der Nahrung zu uns. Erkläre, wie das möglich ist.
3 Erläutere, wie aus Atomen Ionen entstehen.
4 Skizziere die Elektronenübertragung von Lithiumatomen auf Fluoratome. Nenne die gebildeten Ionen und deren Ladung.

# Salze sind Ionenverbindungen

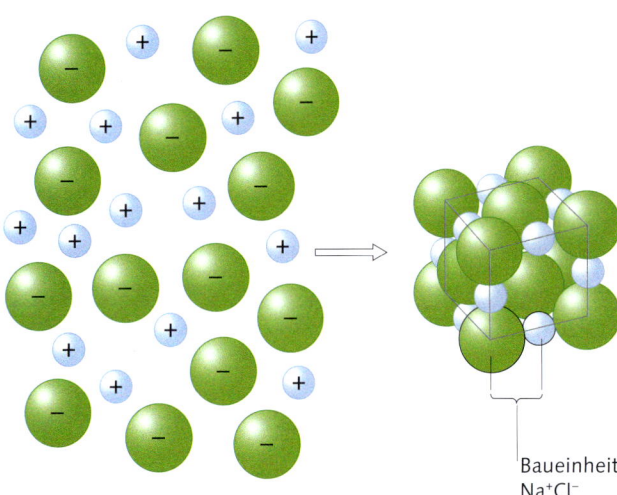

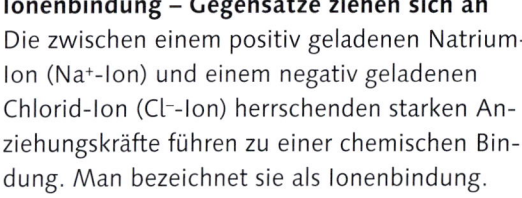

**1** *Bildung eines Natriumchlorid-Kristalls*

Baueinheit
Na⁺Cl⁻

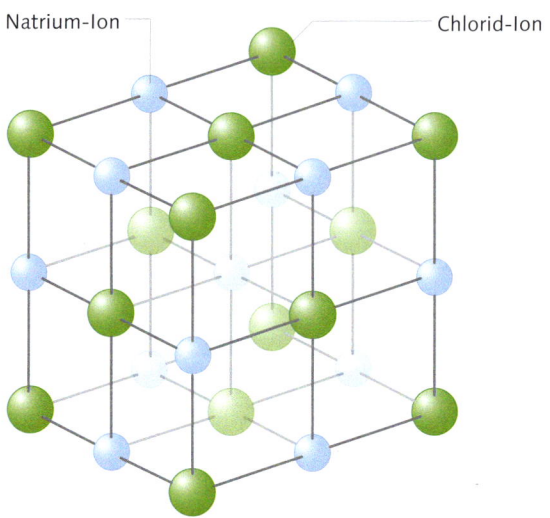

Natrium-Ion                                    Chlorid-Ion

**2** *Ionengittermodell von Natriumchlorid*

**Ionenbindung – Gegensätze ziehen sich an**
Die zwischen einem positiv geladenen Natrium-Ion ($Na^+$-Ion) und einem negativ geladenen Chlorid-Ion ($Cl^-$-Ion) herrschenden starken Anziehungskräfte führen zu einer chemischen Bindung. Man bezeichnet sie als Ionenbindung.

**Die Ionenbindung kommt durch die Anziehung von entgegengesetzt geladenen Ionen zustande.**

**Salzkristalle bestehen aus Ionengittern** Die Anziehungskräfte der $Na^+$- und $Cl^-$-Ionen wirken in alle Raumrichtungen. Das führt dazu, dass jedes $Na^+$-Ion von 6 $Cl^-$-Ionen und umkehrt auch jedes $Cl^-$-Ion von 6 $Na^+$-Ionen umgeben ist. So entsteht ein dreidimensionales Ionengitter (auch Kristallgitter genannt), in dem die Ionen an feste Plätze gebunden sind. Die regelmäßige Anordnung der Ionen im Gitter erklärt die charakteristische Würfelform der Kochsalzkristalle.
Über den gesamten Kristall betrachtet liegen die $Na^+$- und $Cl^-$-Ionen im Verhältnis 1 : 1 vor. Das bedeutet, dass die positiven und negativen Ladungen einander aufheben und der Kristall somit elektrisch neutral ist.

**Salze bestehen aus Ionen, die sich in einem regelmäßigen Ionengitter anordnen.**

**Eigenschaften von Salzen** Bei den Salzen handelt es sich um feste Ionenverbindungen.
Sie sind *hart,* da ihre Ionen durch starke Anziehungskräfte auf den Gitterplätzen festgehalten werden.
Wird durch große Krafteinwirkung eine Schicht der Ionen gegenüber der anderen verschoben, so stehen sich gleichsinnige Ladungen gegenüber, die sich abstoßen: Der Kristall zerbricht, er ist spröde.

Die *hohen Schmelz- und Siedetemperaturen* ergeben sich aus dem starken Zusammenhalt der an die Gitterplätze gebundenen Ionen. Es muss sehr viel Energie zugeführt werden, bis die Ionen im Ionengitter so stark schwingen, dass die Anziehungskräfte überwunden werden und die Ionen ihre Gitterplätze verlassen. Das Salz schmilzt.

Salzschmelzen und wässrige Salzlösungen *leiten den elektrischen Strom,* weil ihre Ionen beweglich sind. Im festen Zustand sind Salze Nichtleiter.

**Salze sind hart, spröde und haben hohe Schmelz- und Siedetemperaturen. Geschmolzen oder in Wasser gelöst leiten sie den elektrischen Strom.**

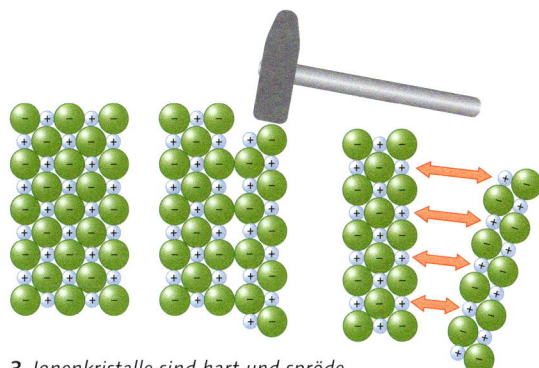

**3** Ionenkristalle sind hart und spröde.

**Verhältnisformeln** Für Ionenverbindungen sind große Teilchenverbände typisch – wie man am Ausschnitt des Ionengitters erkennen kann (Bild 2). Einzelne Verbindungsteilchen, z. B. ein $Na^+Cl^-$-Teilchen, kommen nicht vor.

Die Formel einer Ionenverbindung gibt die kleinste denkbare Kombination von Ionen an, die nach außen elektrisch neutral wäre. Sie gibt damit auch das Zahlenverhältnis an, in dem Ionen in einem Ionengitter vorliegen.

Natriumchlorid:

$Na^+ : Cl^-$ = 1 : 1    Formel: NaCl

Calciumchlorid:

$Ca^{2+} : 2\,Cl^-$ = 1 : 2    Formel: $CaCl_2$

Im Gitter des Natriumchlorids sind demnach gleich viele Natrium- und Chlorid-Ionen gebunden, im Gitter des Calciumchlorids doppelt so viele Chlorid-Ionen wie Calcium-Ionen.

Die kleinste Baueinheit im Natriumchlorid ist NaCl, die kleinste Baueinheit im Calciumchlorid ist $CaCl_2$.

**Die Formel einer Ionenverbindung gibt das Zahlenverhältnis der im Ionengitter vorhandenen Ionen an.**

### Aufgaben

1 Nenne typische Eigenschaften von Natriumchlorid. Versuche diese Eigenschaften mit dem Bau von Natriumchlorid zu begründen.

2 Erläutere, warum ein Natriumchlorid-Kristall den elektrischen Strom nicht leitet.

3 Kaliumchlorid (KCl) und Aluminiumchlorid (AlCl$_3$) sind Ionenverbindungen. Was kannst du über den Bau dieser Stoffe anhand der Formeln aussagen?

3

**Exkurs Weitere Salze – Salzkristalle**

Salze kristallisieren in für sie typischen Formen. So ist für Natriumchlorid die Würfelform typisch. Andere Salze wie das Fluorit haben die Form einer Doppelpyramide. Die verschiedenen Kristallformen werden durch den Aufbau des Ionengitters bestimmt.

**4** Würfelförmige Kochsalzkristalle. Links: von Nahem betrachtet, rechts: Ansicht durch ein Mikroskop

**5** Fluorit-Kristall in Form einer Doppelpyramide und Modell vom Ionengitter

**6** Das Mineral Aragonit besteht aus dem Stoff Calciumcarbonat. Es bildet säulenförmige Kristalle und kommt in verschiedenen Farben vor.

**7** Beim Pyrit handelt es sich um ein Eisensulfid. Wegen seiner goldglänzenden Oberfläche wird es auch als Katzengold bezeichnet.

# Elektronenpaarbindungen bei Molekülen

**1** *Wasserstoff, Chlor und Sauerstoff sind Gase.*

**Sauerstoff und Wasserstoff – Stoffe aus Molekülen** Im Gegensatz zu den festen Salzen sind Sauerstoff und Wasserstoff bei Raumtemperatur gasförmig. Die unterschiedlichen Aggregatzustände von Salzen und den Gasen Sauerstoff und Wasserstoff sind in ihrer Teilchenstruktur begründet: Salze bestehen aus „riesigen" Ionengittern, Sauerstoff und Wasserstoff aus kleinen Molekülen. In den Molekülen sind mehrere Atome miteinander verbunden.
Wie ist der Zusammenhalt elektrisch neutraler Atome in Molekülen zu erklären?

**Atome können Elektronen gemeinsam nutzen**
Das einfachste Molekül ist das Wasserstoff-Molekül $H_2$. Es besteht aus zwei Wasserstoffatomen. Jedes Wasserstoffatom besitzt ein Elektron.
Folgende Überlegungen erklären die Bildung der chemischen Bindung im Wasserstoff-Molekül:

– Um eine voll besetzte Außenschale und damit die stabile Elektronenanordnung des Edelgases Helium zu erreichen, fehlt jedem Wasserstoffatom ein Elektron in der Außenschale.

– Die Elektronen von beiden Wasserstoffatomen halten sich überwiegend zwischen den positiv geladenen Atomkernen auf und werden von beiden Atomkernen gleich stark angezogen.

– Beide Wasserstoffatome stellen sich gegenseitig ein Elektron zur Verfügung und bilden so ein gemeinsames Elektronenpaar.

**Elektronenpaarbindung** Wenn Atome über gemeinsame Elektronenpaare verbunden sind, spricht man von einer Elektronenpaarbindung oder auch Atombindung. Sie kommt durch die Anziehungskräfte zwischen dem gemeinsamen negativ geladenen Elektronenpaar und den positiv geladenen Atomkernen zustande. Im Wasserstoff-Molekül verfügt nun jedes Wasserstoffatom über zwei Außenelektronen und hat damit die Elektronenanordnung der Atome des Edelgases Helium.

**Moleküle sind Teilchen, die aus mehreren Atomen bestehen.**
**Die Atome eines Moleküls sind durch gemeinsame Elektronenpaare verbunden.**
**Diese chemische Bindung heißt Elektronenpaarbindung.**

a

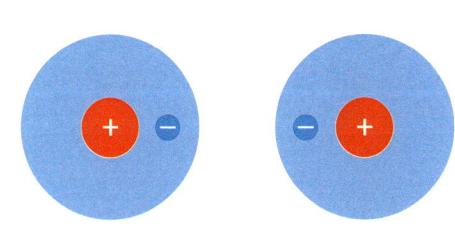

Einzelne Wasserstoffatome –
die Außenschale ist nicht voll besetzt.

b
           Elektronenpaarbindung

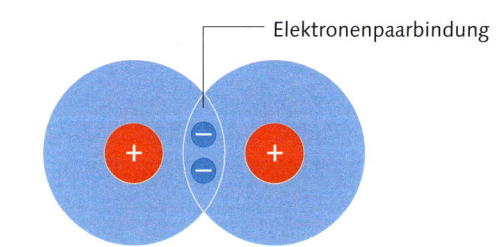

Im Wasserstoff-Molekül stehen jedem Atom zwei Außenelektronen zur Verfügung. Deshalb hat das Wasserstoff-Molekül eine stabile Elektronenanordnung.

**2** *Warum ist Wasserstoff eine Molekülverbindung?*

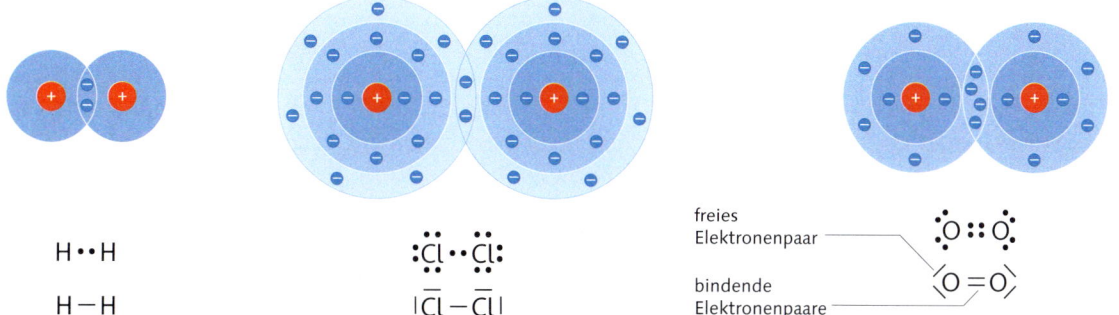

freies Elektronenpaar

bindende Elektronenpaare

$$H \bullet \bullet H$$
$$H - H$$

$$:\overset{..}{Cl} \bullet \bullet \overset{..}{Cl}:$$
$$|\overline{\underline{Cl}} - \overline{\underline{Cl}}|$$

$$:\overset{..}{O} :: \overset{..}{O}:$$
$$\langle O = O \rangle$$

**3** Schalenmodelle und Strukturformeln von Wasserstoff-, Chlor- und Sauerstoff-Molekülen

### Elektronenpaarbindung beim Chlor-Molekül

Nicht nur Wasserstoff oder die Luftbestandteile Sauerstoff und Stickstoff, sondern auch die Halogene bestehen aus Molekülen. Es sind Molekülverbindungen. Chlor steht in der siebten Hauptgruppe des Periodensystems der Elemente. Auch im Chlor-Molekül steuert jedes Chloratom eines seiner sieben Außenelektronen zu einem gemeinsamen Elektronenpaar bei. Dadurch erreichen beide Chloratome eine mit acht Elektronen voll besetzte Außenschale.

### Strukturformeln zeigen die Bindungsverhältnisse

Für die chemische Bindung sind vor allem die Außenelektronen von Bedeutung. Sie werden als Punkte um die Elementsymbole geschrieben, z. B. H•.
Ein Elektronenpaar kann auch durch einen Strich dargestellt werden, z. B. H–H.
Diese Formel, die die Bindung zwischen den Atomen angibt, heißt Strukturformel. Sie zeigt an, welche Atome im Molekül gebunden und wie diese miteinander verknüpft sind.
In Strukturformeln können auch Elektronenpaare dargestellt werden, die nicht an der Bindung beteiligt sind. So haben beispielsweise beide Atome im Chlor-Molekül neben bindenden Elektronenpaaren noch drei weitere Elektronenpaare, die nicht an der Bindung beteiligt sind. Sie werden freie oder nicht bindende Elektronenpaare genannt.

### Doppelbindung im Sauerstoff-Molekül

Die Bindung zwischen Atomen kann auch durch mehr als zwei gemeinsame Elektronen zustande kommen. Dies ist beispielsweise beim Sauerstoff-Molekül der Fall. Sauerstoffatome besitzen

sechs Außenelektronen. Jedes Sauerstoffatom stellt jeweils zwei Elektronen für die Bindung zur Verfügung: Im Sauerstoff-Molekül bilden zwei gemeinsame Elektronenpaare die chemische Bindung. Nur so wird die Oktettregel für beide Atome erfüllt. Diese Bindung heißt Doppelbindung.

### Stickstoff-Molekül mit Dreifachbindung

Stickstoffatome besitzen fünf Außenelektronen. Im Stickstoff-Molekül werden deshalb drei gemeinsame Elektronenpaare für die chemische Bindung genutzt. Diese Bindung heißt Dreifachbindung: |N≡N|.

Wir unterscheiden also Einfachbindungen wie im Wasserstoff-Molekül von Mehrfachbindungen wie im Stickstoff-Molekül.

**Bei einer Einfachbindung sind zwei Atome durch ein gemeinsames Elektronenpaar verbunden. Wenn Atome durch zwei oder drei gemeinsame Elektronenpaare verbunden sind, spricht man von Mehrfachbindungen.**

### Aufgaben

1 Definiere die Begriffe Elektronenpaarbindung, Molekül, Einfachbindung, Doppelbindung, Dreifachbindung.
2 Zeichne das Schalenmodell eines Fluoratoms. Wie viele Elektronen fehlen auf der Außenschale zum Erreichen des Edelgaszustands?
3 Chlor reagiert mit Wasserstoff. Zeichne das Schalenmodell der entstehenden Molekülverbindung.
4 Erkläre am Beispiel des Stickstoff-Moleküls, wie Mehrfachbindungen zustande kommen.

# Methode Lewis-Formeln

**Strukturformeln nach Lewis** Der amerikanische Chemiker GILBERT LEWIS hat eine Methode zur Aufstellung von Strukturformeln entwickelt. Diese Lewis-Formeln zeigen, wie die Atome eines Moleküls über gemeinsame Elektronenpaare verbunden sind. Außerdem werden auch die nicht bindenden Elektronenpaare dargestellt.

**Zum Aufstellen der Lewis-Formel eines Moleküls gehst du folgendermaßen vor:**

1 *Ermittle mithilfe des Periodensystems der Elemente die Anzahl der Außenelektronen der beteiligten Atome.*
*Beispiele:*
Wasserstoffatom: ein Außenelektron
Kohlenstoffatom: vier Außenelektronen
Stickstoffatom: fünf Außenelektronen
Sauerstoffatom: sechs Außenelektronen
Chloratom: sieben Außenelektronen

2 *Zeichne die Außenelektronen als Punkte um die Elementsymbole. Zwei Punkte eines Elektronenpaars können durch einen Strich ersetzt werden.*

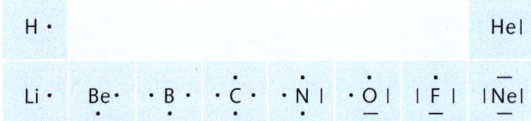

oder

3 *Kläre, wie viele Elektronen sich die Atome gegenseitig zur Verfügung stellen müssen, um eine voll besetzte Außenschale zu erreichen.*
*Beispiel:* Wasser-Molekül

**Edelgaszustand durch Elektronenpaarbindung**
Atome haben das Bestreben, eine mit Elektronen voll besetzte äußere Schale zu erhalten. In Molekülen erreichen die Atome diesen Edelgaszustand, indem sie sich gegenseitig Elektronen zur Verfügung stellen und gemeinsame Elektronenpaare bilden.

Das Sauerstoffatom hat sechs Außenelektronen, das Wasserstoffatom ein Außenelektron. Da ein Wasserstoffatom nur ein Elektron für die gemeinsame Nutzung einbringen kann, werden für ein Sauerstoffatom zwei Wasserstoffatome als Bindungspartner benötigt. Umgekehrt stellt das Sauerstoffatom jedem der beiden Wasserstoffatome ein Elektron zur Verfügung.

4 *Ordne die nicht bindenden Elektronenpaare symmetrisch um die Elementsymbole an.*

5 *Überprüfe, ob alle Atome von acht Elektronen (Wasserstoff von zwei) umgeben sind.*
*Beispiele:*
Fluor-Molekül: Jedes Fluoratom stellt ein Elektron für die Bindung zur Verfügung.
Kohlenstoffdioxid-Molekül: Zwischen dem Kohlenstoffatom und den beiden Sauerstoffatomen gibt es jeweils zwei gemeinsame Elektronenpaare.

Wasser H₂O

Fluor F₂

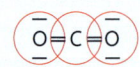
Kohlenstoffdioxid CO₂

Stickstoff N₂

Sauerstoff O₂

Chlorwasserstoff HCl

**1** Die roten Kreise zeigen, dass jedem Atom acht Elektronen zugeordnet werden. Beim Wasserstoffatom sind es nur zwei Elektronen (blaue Kreise).

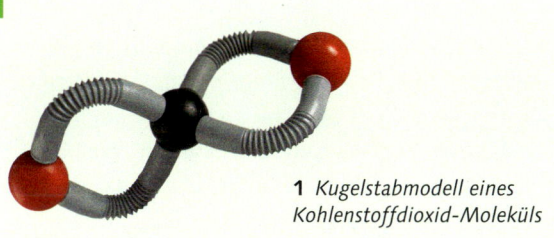

**1** *Kugelstabmodell eines Kohlenstoffdioxid-Moleküls*

**Was ist ein Modell?** Modelle stellen ein vereinfachtes Abbild der Wirklichkeit dar. Sie heben bestimmte Aspekte hervor, die näher betrachtet werden sollen. Für die Arbeit von Naturwissenschaftlern sind Modelle von großer Bedeutung.

**Modelle in der Chemie** Modelle werden entwickelt, um chemische Phänomene zu veranschaulichen, zu erklären oder vorauszusagen. So kann der Aufbau der Teilchen (Atome, Moleküle, Ionen) zwar nicht sichtbar gemacht werden. Mithilfe von Modellen können jedoch wesentliche Merkmale der Teilchen verdeutlicht werden. Solche Modelle helfen beispielsweise, Eigenschaften von Stoffen zu erklären.

**Molekülmodelle** Die Vorstellung über die Bindungsverhältnisse und den räumlichen Bau eines Moleküls lässt sich durch ein Kugelstabmodell veranschaulichen. Atome werden durch Kugeln, Elektronenpaarbindungen durch Kunststoffröhrchen oder Federn dargestellt. Es lassen sich auch Bindungswinkel abbilden.
Ein weiteres räumliches Molekülmodell ist das Kalottenmodell. In diesem Modell sind die Elektronenpaarbindungen nicht sichtbar. Die Größenverhältnisse der Atome untereinander und die Bindungswinkel stehen im Vordergrund.

**3** *Kalottenmodell eines Wasser-Moleküls*

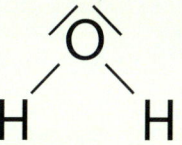

**4** *Strukturformel eines Wasser-Moleküls*

Auch eine Strukturformel ist ein Modell, das zeigt, welche Atome in welcher Weise miteinander verbunden sind. Allerdings gibt sie keinen räumlichen Eindruck vom Molekül.

**Gittermodelle – Ionenverbindungen** Der Aufbau von Ionenverbindungen wird durch Gittermodelle veranschaulicht. Sie zeigen die geometrische Form des Ionengitters und in welchem Zahlenverhältnis die gebundenen Ionen vorliegen. Unterschiedliche Ionen werden durch verschiedene Farben gekennzeichnet. Gittermodelle zeigen immer nur Ausschnitte des Ionengitters.

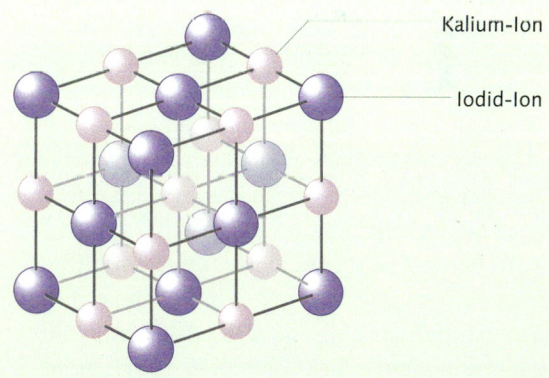

Kalium-Ion

Iodid-Ion

**5** *Gittermodell von Kaliumiodid*

**Aufgaben**

1 Erstelle ein Modell einer dir bekannten Verbindung mithilfe von selbst gewählten Materialien. Erläutere dein Modell und begründe, warum du dieses Modell gewählt hast.
2 Bewerte das Modell deines Tischnachbarn. Was ist mit dem Modell gut darstellbar? Wo sind die Grenzen des Modells?

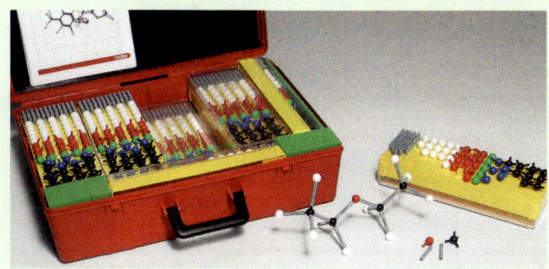

**2** *Molekülbaukasten*

# Polare Elektronenpaarbindung

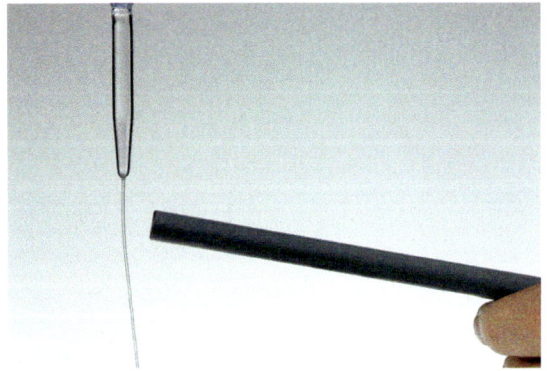

**1** *Warum wird ein Wasserstrahl von einem elektrisch geladenen Kunststoffstab abgelenkt?*

**Wasser lässt sich ablenken** Ein feiner Wasserstrahl fällt nicht senkrecht, wenn er in die Nähe eines elektrisch geladenen Kunststoffstabs kommt, sondern wird von ihm angezogen. Wie lässt sich die Ablenkung des Wasserstrahls erklären? Offenbar müssen elektrische Ladungen im Wasser vorhanden sein.

**Polare Elektronenpaarbindung** Im Wasser-Molekül sind zwei Wasserstoffatome mit einem Sauerstoffatom verbunden. Das Sauerstoffatom teilt sich mit jedem der beiden Wasserstoffatome je ein Elektronenpaar – es liegen zwei gleichartige Elektronenpaarbindungen zwischen je einem Wasserstoffatom und dem Sauerstoffatom vor. Diese bindenden Elektronenpaare sind zum Sauerstoffatom verschoben, weil der Atomkern des Sauerstoffatoms acht positiv geladene Protonen aufweist, der eines Wasserstoffatoms aber nur eins. Deshalb geht vom Atomkern des Sauerstoffatoms eine stärkere Anziehungskraft auf das bindende Elektronenpaar aus als vom Atomkern des Wasserstoffatoms.
In Molekülen aus unterschiedlichen Atomen führt die unsymmetrische Verteilung der bindenden Elektronenpaare zwischen den Atomen zu einer polaren Elektronenpaarbindung.

**Bei einer polaren Elektronenpaarbindung ist das bindende Elektronenpaar in Richtung des Partners mit der stärkeren Anziehungskraft auf das Elektronenpaar verschoben.**

**Elektrische Teilladungen im Molekül** In jedem Atom stimmt die Anzahl der positiv geladenen Protonen im Kern und der negativ geladenen Elektronen in der Atomhülle überein. Weil die Elektronen der bindenden Elektronenpaare zum Sauerstoffatom verschoben werden, hat das Sauerstoffatom einen Überschuss an negativer Ladung.
Dem Wasserstoffatom „fehlt" dagegen ein Teil dieser negativen Ladung. Wegen dieser Elektronenverschiebung hat das Sauerstoffatom eine negative Teilladung (Zeichen: $\delta^-$, sprich: Delta minus), die Wasserstoffatome haben eine positive Teilladung (Zeichen $\delta^+$, sprich: Delta plus).

**Dipolmoleküle** Wasser-Moleküle haben einen gewinkelten Bau. Deshalb besitzen sie zwei „Pole": auf der einen Seite des Moleküls den Schwerpunkt der negativen Teilladung, auf der anderen Seite den Schwerpunkt der positiven Teilladung. Das Wasser-Molekül ist daher ein Dipolmolekül. Weil die Dipolmoleküle sich aufgrund des elektrisch geladenen Kunststoffstabs ausrichten, wird der Wasserstrahl abgelenkt.

**Dipolmoleküle besitzen unterschiedliche Ladungsschwerpunkte.**

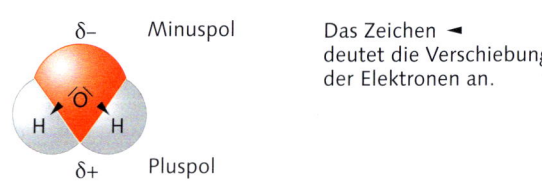

Das Zeichen ◄ deutet die Verschiebung der Elektronen an.

**2** *Polare Elektronenpaarbindungen im Wasser-Molekül*

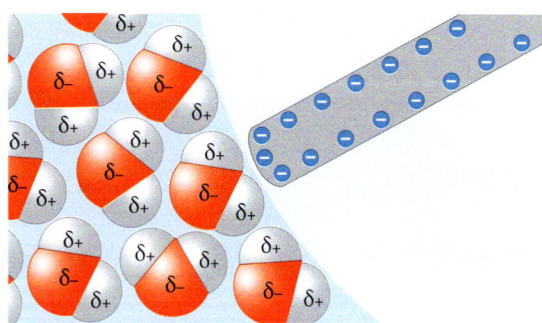

**3** *Modellvorstellung zur Ablenkung des Wasserstrahls mit einem Kunststoffstab*

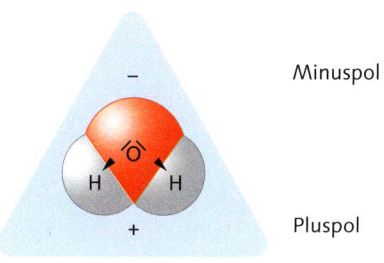

Minuspol

Pluspol

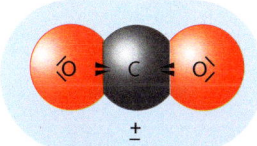

**4** *Vergleich der Ladungsschwerpunkte beim Wasser- und beim Kohlenstoffdioxid-Molekül*

| | | | | | | | |
|---|---|---|---|---|---|---|---|
| H<br>2,1 | | | | | | | He<br>– |
| Li<br>1,0 | Be<br>1,5 | B<br>2,0 | C<br>2,5 | N<br>3,0 | O<br>3,5 | F<br>4,0 | Ne<br>– |
| Na<br>0,9 | Mg<br>1,2 | Al<br>1,5 | Si<br>1,8 | P<br>2,1 | S<br>2,5 | Cl<br>3,0 | Ar<br>– |
| K<br>0,8 | Ca<br>1,0 | Ga<br>1,6 | Ge<br>1,8 | As<br>2,0 | Se<br>2,4 | Br<br>2,8 | Kr<br>– |
| Rb<br>0,8 | Sr<br>1,0 | In<br>1,7 | Sn<br>1,8 | Sb<br>1,9 | Te<br>2,1 | I<br>2,5 | Xe<br>– |
| Cs<br>0,7 | Ba<br>0,9 | Tl<br>1,8 | Pb<br>1,8 | Bi<br>1,9 | Po<br>2,0 | At<br>2,2 | Rn<br>– |
| Fr<br>0,7 | Ra<br>0,9 | | | | | | |

**5** *Elektronegativitätswerte nach* PAULING

**Dipol oder kein Dipol?** Ob ein Molekül aus unterschiedlichen Atomen ein Dipolmolekül ist, hängt vom räumlichen Bau des Moleküls ab. Dies lässt sich am Wasser- und am Kohlenstoffdioxid-Molekül verdeutlichen.

Die Moleküle des Wassers sind gewinkelt. Weil es zwei Ladungsschwerpunkte gibt, ist das Wasser-Molekül ein Dipol.

Anders ist es bei den Molekülen des Kohlenstoffdioxids, die zwar auch polare Elektronenpaarbindungen aufweisen, in denen aber durch die lineare Molekülstruktur die Schwerpunkte der positiven und negativen Teilladungen zusammenfallen. Diese Moleküle sind keine Dipole.

**Elektronegativität** Der amerikanische Chemiker LINUS PAULING (1901–1994) hat ein Vergleichsmaß eingeführt, das angibt, wie stark Atome bindende Elektronenpaare im Molekül anziehen. Man bezeichnet sie als Elektronegativität (kurz: EN). Aus dem Vergleich der Elektronegativitätswerte von Sauerstoff (EN = 3,5) und Wasserstoff (EN = 2,1) folgt, dass das Sauerstoffatom im Wasser-Molekül eine deutlich größere Anziehungskraft auf das bindende Elektronenpaar ausübt als das Wasserstoffatom.

**Die Elektronegativität ist ein Maß für die Stärke, mit der ein Atom das bindende Elektronenpaar in einer Elektronenpaarbindung anzieht.**

**Elektronegativität und Periodensystem** Die Elektronegativitätswerte der Elemente sind von ihrer Stellung im Periodensystem abhängig. Innerhalb einer Periode nimmt von links nach rechts die Protonenanzahl zu und die Ladung der Atomkerne steigt. Damit erhöht sich die Anziehungskraft auf die Elektronen und die Elektronegativität nimmt zu.

Mit zunehmender Anzahl der Elektronenschalen und damit zunehmendem Atomradius sinkt dagegen der Elektronegativitätswert, weil der Einfluss der positiven Kernladung auf die Außenelektronen des Atoms schwächer wird.

**Die Elektronegativität eines Atoms hängt von der Stellung des Elements im Periodensystem der Elemente ab.**

**Aufgaben**

1 Vergleiche unpolare und polare Elektronenpaarbindung.

2 Beschreibe anhand des Chlorwasserstoff-Moleküls die Merkmale eines Dipolmoleküls.

3 Begründe, warum man für Edelgase keine Elektronegativitätswerte angibt.

4 Erkläre, warum das Wasser-Molekül einen Dipol darstellt. Gehe auf die Kernladungen der Wasserstoff- und Sauerstoffatome ein.

5 Vergleiche die Polarität folgender Elektronenpaarbindungen: Cl–Cl, H–Cl, H–F, H–O. Nutze dazu die Elektronegativitätswerte in Bild 5.

# Eigenschaften des Wassers

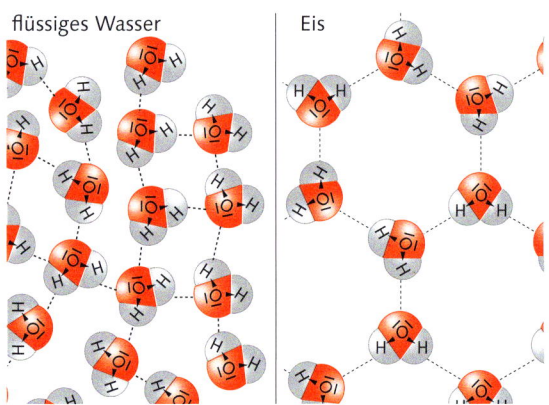

**2** *Wasserstoffbrückenbindungen zwischen Wasser-Molekülen in flüssigem Wasser und in Eis*

**1** *Wie kann man diese Phänomene erklären?*

**Bekannte Phänomene** Wasser hat wegen seiner ungewöhnlichen Eigenschaften eine wichtige Bedeutung für Lebewesen. Aus dem Alltag sind dir viele Phänomene bekannt, die mit den Eigenschaften des Wassers zusammenhängen. Warum laufen beispielsweise manche Insekten über die Wasseroberfläche, als habe das Wasser eine Haut? Warum schwimmen Eisberge an der Wasseroberfläche und gehen nicht unter? Und warum dehnt sich Wasser beim Gefrieren aus, sodass Fahrbahnbeläge im Winter aufgebrochen werden?

**Wasserstoffbrückenbindungen** Wasser-Moleküle sind Dipole, die sich gegenseitig anziehen. Die positiv geladenen Wasserstoffatome eines Wasser-Moleküls orientieren sich zum negativ geladenen Sauerstoffatom eines anderen Wasser-Moleküls. Dadurch bilden sich große Molekülverbände. Die Anziehungskräfte zwischen den Molekülen heißen Wasserstoffbrücken-bindungen.

**Wasserstoffbrückenbindungen wirken als Anziehungskräfte zwischen den Wasser-Molekülen und führen zu großen Molekülverbänden.**

**Oberflächenspannung** Die Wasserstoffbrücken zwischen den Wasser-Molekülen bewirken, dass die Oberfläche des Wassers eine Spannung aufweist. Die Wasseroberfläche bildet eine Art Haut. Diese Erscheinung nennt man Oberflächenspannung. Bei den meisten anderen Flüssigkeiten ist sie nicht zu beobachten.

**Dichteanomalie** Im flüssigen Aggregatzustand liegen die Wasser-Moleküle dicht und unregelmäßig nebeneinander. Wenn Wasser gefriert, lagern sich die Wasser-Moleküle dagegen zu einem weiträumigen, regelmäßigen Molekülgitter zusammen. Wegen der Wasserstoffbrücken-bindungen bildet sich eine Eisgitterstruktur mit großen Hohlräumen. Durch diese Eisstruktur nimmt eine bestimmte Masse Eis ein größeres Volumen ein als die gleiche Masse an flüssigem Wasser. Diese für Wasser typische Erscheinung heißt Dichteanomalie. Seine größte Dichte hat Wasser bei 4 °C. Bei dieser Temperatur sinkt es zu Boden und verhindert dort die Eisbildung. Tiefe Gewässer frieren daher nur von oben her zu. Über 4 °C nimmt die Dichte ab, da sich die Wasser-Moleküle aufgrund der stärkeren Bewegung wieder weiter voneinander entfernen.

**Eis besitzt aufgrund der Wasserstoffbrücken-bindungen im Eisgitter eine geringere Dichte als flüssiges Wasser. Die größte Dichte hat Wasser bei 4 °C.**

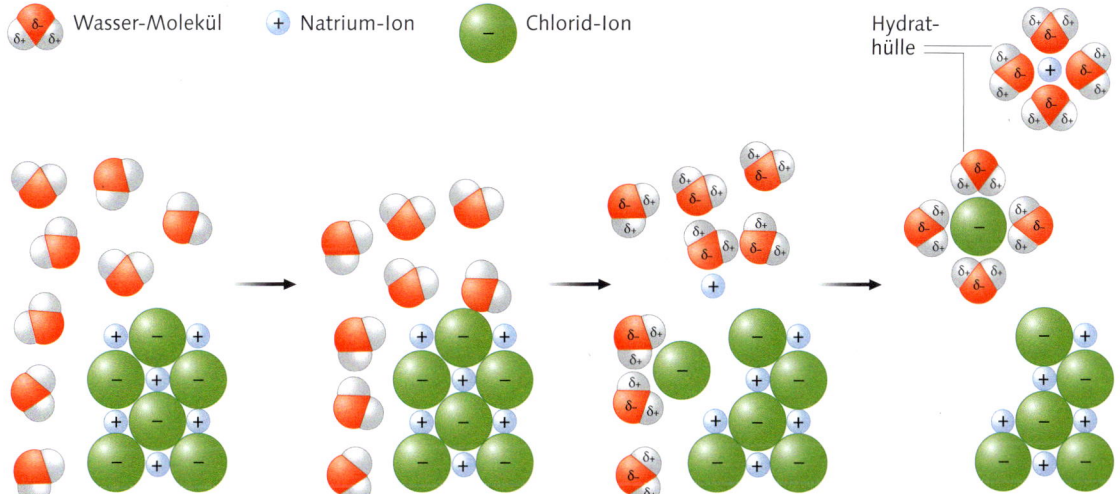

**Wasser-Molekül**   **+** Natrium-Ion   **–** Chlorid-Ion   Hydrathülle

**3** *Lösevorgang von Salz in Wasser*

**Wasser – ein polares Lösungsmittel** Wird festes Natriumchlorid in Wasser gegeben, so scheint es spurlos zu verschwinden. Wie können wir uns den Lösevorgang vorstellen?

Beim Lösen eines Salzes in Wasser gibt es Wechselwirkungen zwischen den Ionen des Ionengitters und den Wasser-Molekülen. Die polaren Wasser-Moleküle werden von den Ionen des Salzkristalls angezogen und lagern sich dort an. Dabei werden die Chlorid-Ionen des Salzes von Wasser-Molekülen umlagert, sodass sich die positiv geladenen Wasserstoffatome zu den negativ geladenen Chlorid-Ionen orientieren. Auch die Natrium-Ionen des Salzes werden umlagert, wobei sich die negativ geladenen Sauerstoffatome der Wasser-Moleküle zu den positiv geladenen Natrium-Ionen des Salzes orientieren.

Nach und nach schieben sich die Wasser-Dipole zwischen die Ionen. Dabei werden sowohl die Chlorid-Ionen als auch die Natrium-Ionen herausgelöst. Wasser-Moleküle umhüllen die Natrium- und Chlorid-Ionen und bilden eine Hydrathülle. Sie verhindert, dass sich die Ionen des Salzes wieder zu einem Ionengitter zusammenschließen – die Ionen bleiben gelöst. Die Umlagerung von Ionen durch Wasser-Moleküle wird als Hydratation bezeichnet. Weil die Dipoleigenschaften der Wasser-Moleküle für den Lösevorgang entscheidend sind, ist Wasser ein polares Lösungsmittel.

**Durch Lösen eines Salzes in Wasser werden die im Ionengitter gebundenen Ionen frei beweglich. Die Umlagerung der Ionen durch Wasser-Moleküle heißt Hydratation.**

**Energie beim Lösen** Um ein Ionengitter aufzulösen, muss Energie aufgewendet werden. Diese Energie ist die Gitterenergie des Salzes.
Beim Umlagern der herausgelösten Ionen mit Wasser-Molekülen wird Energie frei. Diese Energie ist die Hydratationsenergie.
Ist die Hydratationsenergie größer als die Gitterenergie, so erwärmt sich die Lösung. Ist dagegen die Gitterenergie größer als die Hydratationsenergie, so kühlt die Lösung ab, weil die für das Lösen nötige Energie aus der Umgebung entnommen wird.

**Aufgaben**
1 Beschreibe die Wasserstoffbrückenbindungen zwischen Wasser-Molekülen.
2 Erkläre, wie die Oberflächenspannung des Wassers zustande kommt.
3 Am Ende eines frostreichen Winters sind Straßen oft mit Schlaglöchern übersät. Erkläre, auf welche Weise es zu dieser Erscheinung kommt.
4 Beschreibe den Vorgang, der beim Lösen von Natriumchlorid-Kristallen in Wasser abläuft.
5 Was passiert, wenn das Wasser einer Natriumchlorid-Lösung verdampft? Beschreibe den Vorgang auf Teilchenebene.

# Exkurs    Wenn Salze auf Wasser treffen …

**… wird es kalt** Speiseeis ist eine schon seit Jahrtausenden bekannte Köstlichkeit. Seine Ursprünge hat es wahrscheinlich im antiken China. Zur Herstellung verwendete man Gletschereis oder Gipfelschnee, für die unterirdische Eislager angelegt wurden. Das Speiseeis der Antike bestand aus gefrorenem Wasser, dem zerstoßene Früchte und Honig zugesetzt wurden. Es ähnelte dem heutigen Sorbet.

Im 16. Jahrhundert setzte sich ein künstliches Kühlverfahren durch, mit dem man unabhängig von der Außentemperatur Speiseeis herstellen konnte. Möglich wurde dies durch die Entdeckung, dass sich Salze wie Ammoniumnitrat und Natriumnitrat (Salpeter) in Wasser unter starker Abkühlung lösen. Ein solches Gemisch wird als Kältemischung bezeichnet. Stellt man ein Gefäß mit der Speiseeiszubereitung in ein größeres Gefäß mit der Kältemischung, so wird der Speiseeiszubereitung Energie in Form von Wärme entzogen. Damit können Temperaturen unter 0 °C erzielt werden. Dieses Verfahren war so erfolgreich, dass zu Zeiten des Sonnenkönigs LUDWIG XIV. sogar eine Speiseeissteuer erhoben wurde.

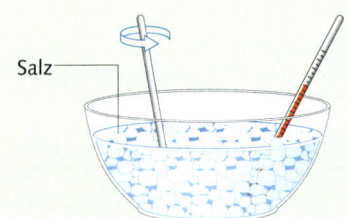

**1** *Herstellung einer Kältemischung*

**2** *Speiseeisherstellung im 19. Jahrhundert*

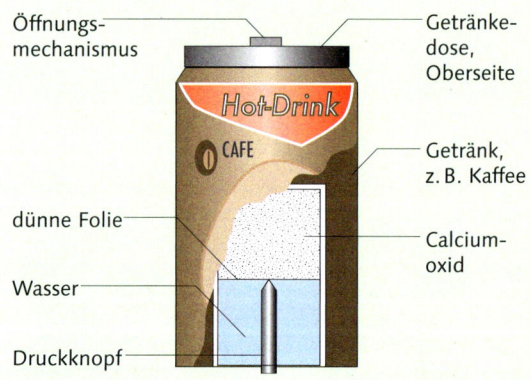

**3** *Durch die Reaktion von Calciumoxid und Wasser wird Wärme erzeugt, die das Getränk etwa 10 Minuten erhitzt.*

**… oder es wird heiß** In den 1990er Jahren kamen in den USA zum ersten Mal Fertiggerichte auf den Markt, deren Inhalt ohne elektrischen Strom erhitzt werden konnte. Die Verpackung enthält ein vom Nahrungsmittel getrennt verpacktes Salz, häufig Calciumoxid, und Wasser. Betätigt der Verbraucher den Auslöser, z. B. einen Druckknopf, so kommt das Calciumoxid in Kontakt mit dem Wasser. Dies setzt eine chemische Reaktion in Gang, bei der Calciumhydroxid gebildet und Wärme frei wird. Es handelt sich also um eine exotherme Reaktion, die zur Erwärmung der Mahlzeit genutzt wird.

Zunächst kamen solche selbsterwärmenden Fertigmahlzeiten vor allem auf Expeditionen zum Einsatz. Zunehmende Verbreitung finden jetzt auch selbsterwärmende Getränke für unterwegs, sogenannte Hot Drinks. Ihr Gebrauch produziert große Mengen an Abfall, der zudem Calciumhydroxid enthält. Der Genuss von selbsterwärmenden Getränken und Fertigmahlzeiten ist deshalb kritisch zu sehen.

## Aufgaben

1 Stelle eine Kältemischung aus 75 g Natriumnitrat und 100 g gekühltem Wasser her. Notiere die Temperatur. Vergleiche mit einer Kältemischung, bei der du 100 g gestoßenes Eis zur gleichen Menge Salz gibst.

2 Beschreibe die Funktionsweise eines „Hot Drinks" und erkläre, wie es zur Erwärmung kommt.

# Praktikum   Typische Reaktionen von Salzen

## 1 Unterschiedliche Löslichkeit

*Geräte:* 3 Reagenzgläser, Spatel
*Chemikalien:* Natriumchlorid, Kaliumcarbonat, Calciumsulfat-Dihydrat (Gips), dest. Wasser
*Durchführung:* Fülle die Reagenzgläser jeweils zur Hälfte mit Wasser und füge jeweils einen Spatel der drei Salze dazu. Schüttle dann die Lösungen.
*Auswertung:* Erstelle eine Reihenfolge, die die unterschiedliche Löslichkeit deutlich macht.

## 2 Löslichkeit in Abhängigkeit von Temperatur und Kristallgröße

*Geräte:* 4 Bechergläser (250 ml), Löffel, 2 Rührstäbe, Mörser mit Pistill, Gasbrenner, Ceranplatte, Dreifuß, Thermometer
*Chemikalien:* Natriumchlorid (grobkörnig), Natriumthiosulfat-Pentahydrat, dest. Wasser
*Durchführung:*

a Gib in zwei Bechergläser jeweils 100 ml Wasser und erhitze den Inhalt eines Becherglases so lange, bis die Wassertemperatur etwa 70 °C erreicht hat. Gib jeweils die gleiche Menge körniges Kochsalz (etwa 20 g) in einem Schwung zum Wasser hinzu und rühre beide Lösungen gleichmäßig um.

b Nimm ca. 20 Natriumthiosulfat-Stücke und mörsere 10 davon sorgfältig. Gib bei Zimmertemperatur 10 unzerkleinerte Stücke in das erste und das gemörserte Salz in das zweite Becherglas. Rühre mit den Rührstäben gleichzeitig und gleichmäßig um.

*Auswertung:* Erkläre, welchen Einfluss Temperatur und Kristallgröße auf die Löslichkeit von Salzen hat.

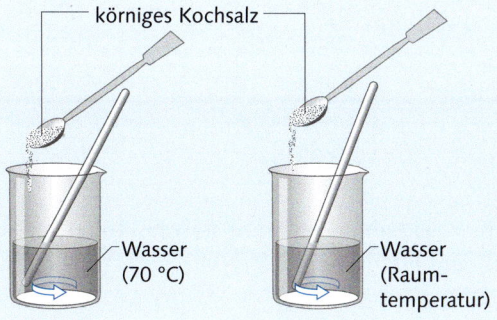

körniges Kochsalz

Wasser (70 °C)

Wasser (Raumtemperatur)

## 3 Kältemischungen – Welches Salz erzielt die niedrigste Temperatur?

*Geräte:* Bechergläser (250 ml), Rührstab, Thermometer
*Chemikalien:* verschiedene Salze, Eiswasser
*Durchführung:* Gib zu je 100 g Eis ein Salz in der angegebenen Menge:
– 33 g Natriumchlorid
– 15 g Natriumnitrat
– 25 g Ammoniumchlorid
– 30 g Kaliumchlorid
– 85 g Magnesiumchlorid-Hexahydrat
*Auswertung:* Erstelle anhand der erzielten Temperaturen eine Reihenfolge der Kältemischungen. (*Hinweis:* Die unterschiedlichen Mengenangaben begründen nicht die unterschiedlichen Temperaturen.)

## 4 „Heißer Becher"

*Geräte:* Konservendose, Kunststofftrinkbecher, Styroporchips, Thermometer
*Chemikalien:* Calciumchlorid (ca. 10 g), Wasser, Getränk
*Durchführung:* Gib in die Konservendose so viel Calciumchlorid, dass der Boden bedeckt ist. Stelle den Kunststoffbecher auf das Calciumchlorid in der Konservendose. Fülle den Hohlraum zwischen Dose und Becher mit Styropor® und dem Rest des Calciumchlorids. Gib in den Plastikbecher ein Getränk. Gib anschließend etwas Wasser (20 ml) in den Hohlraum zwischen Konservendose und Trinkbecher. Kontrolliere mit einem Thermometer, wie heiß dein Getränk wird.
*Auswertung:* Erkläre deine Beobachtungen.

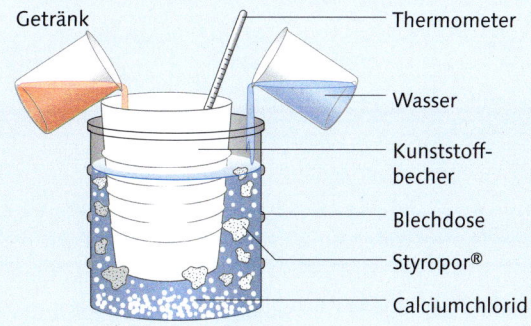

Getränk

Thermometer

Wasser

Kunststoffbecher

Blechdose

Styropor®

Calciumchlorid

# Exkurs   Wie funktioniert ein Mikrowellenherd?

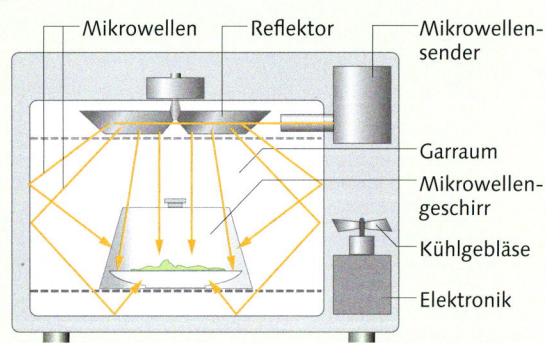

**1** *Aufbau eines Mikrowellenherds*

Mikrowellen — Reflektor — Mikrowellen- sender

Garraum
Mikrowellen- geschirr
Kühlgebläse
Elektronik

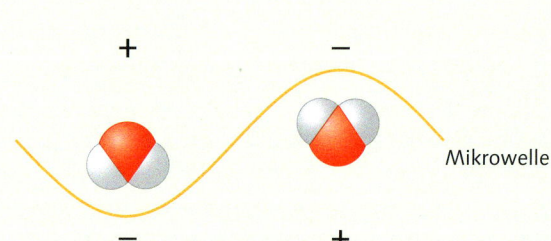

**2** *Erwärmung durch Mikrowellen*

Mikrowelle

**Kochen auf Knopfdruck** Schon erstaunlich: Du stellst einen Teller Suppe in den Mikrowellenherd, drückst einige Knöpfe und schon nach wenigen Sekunden ist deine Suppe heiß. Leeres Mikrowellengeschirr bleibt dagegen auch nach längerem Betrieb des Herds kalt.
Wie funktioniert ein Mikrowellenherd?

**Schwingende Dipolmoleküle** Mikrowellengeräte erzeugen elektromagnetische Wellen mit einer hohen Frequenz. Diese Mikrowellen breiten sich im Gerät aus und treffen auf die wasserhaltigen Speisen. Die Mikrowellen bringen die Dipolmoleküle des Wassers bis zu 2,5 Milliarden Mal pro Sekunde zum Schwingen. Die Wasser-Moleküle stoßen aneinander und an andere Moleküle, sodass die Temperatur durch die Teilchenbewegungen steigt. Auf diese Weise werden die Speisen von innen nach außen erhitzt und erreichen die gewünschte Temperatur schneller als auf einer Herdplatte.

**Ohne Wasser geht es nicht** Wesentlich für das Erhitzen der Lebensmittel mit den Mikrowellen ist der Gehalt an Wasser. Eine ungleiche Verteilung des Wassers führt zur ungleichmäßigen Erwärmung der Speisen. Erwärmt man gleichzeitig verschiedene Lebensmittel, können sich deshalb einige Speisenbestandteile langsamer als andere erwärmen. Mikrowellen durchdringen zudem den Garraum, also das Innere des Mikrowellenherds, nicht gleichmäßig. Auch dadurch kommt es zu Temperaturunterschieden im Gargut. Viele Geräte enthalten deshalb einen Drehteller, um

diesen Effekt zu vermindern. Porzellan, Glas und spezielles Mikrowellengeschirr selbst erwärmen sich nicht, da diese Materialien kein Wasser enthalten.

**Mikrowellen sind nicht unbedenklich** Da auch lebendes Gewebe Wasser enthält, muss es vor Mikrowellen geschützt werden, damit es nicht zu Verbrennungen kommt. Deshalb sind Mikrowellenherde gegen das Austreten der Strahlung während des Betriebs gesichert. Außerdem schalten sich die Geräte beim Öffnen der Tür automatisch aus.
Metallgegenstände oder Geschirr mit Metallüberzügen dürfen nicht verwendet werden, weil Funken und Brände entstehen können.

**Tipps beim Garen**
- Auf gleich große Stücke im Gargut achten
- Speisen abdecken, damit sie nicht austrocknen; Deckel und Folien mit Löchern verwenden, damit der Dampf entweichen kann
- Keine fest verschlossenen Gefäße verwenden, sie könnten platzen
- Gargut zwischendurch umrühren, anschließend weitergaren

**Aufgaben**
1 Beschreibe, wie das Erwärmen von Speisen im Mikrowellenherd erfolgt.
2 Ein Schüler überlegt, sein Frühstücksei im Mikrowellenherd zu garen statt im Kochtopf auf dem Elektroherd. Was wird wohl passieren? Begründe.

# Metallbindung – Bau der Metalle

**1** *Stromkabel aus Kupfer*

**Elektronengasmodell**

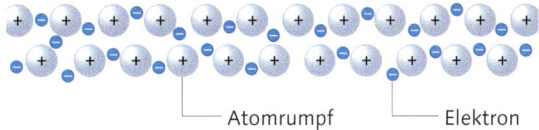

Atomrumpf          Elektron

**Elektrische Leitfähigkeit**

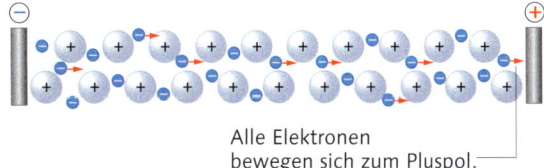

Alle Elektronen
bewegen sich zum Pluspol.

**Verformbarkeit**

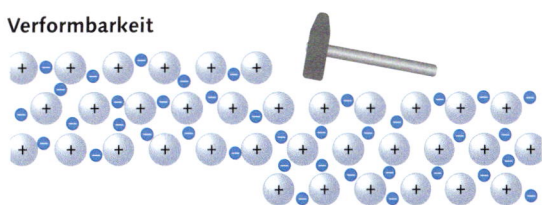

**2** *Modellvorstellungen zur Metallbindung*

**Metalle leiten den elektrischen Strom** Nicht nur die Leiter in Stromkabeln, sondern auch die Platinen im Computer bestehen aus Metallen wie Kupfer oder Silber. Die gute elektrische Leitfähigkeit ist eine der gemeinsamen Eigenschaften der Metalle. Betrachtet man den Bau der Metalle, so lassen sich die Eigenschaften der Stoffgruppe erklären.

**Teilchen und chemische Bindung in Metallen**
Metallatome besitzen nur wenige Außenelektronen, die leicht abgegeben werden können. Diese Elektronen sind zwischen den positiv geladenen Atomrümpfen im Metallgitter frei beweglich und bilden das sogenannte Elektronengas. Zwischen den positiv geladenen Atomrümpfen und den negativ geladenen, frei beweglichen Elektronen wirken Anziehungskräfte, die den Zusammenhalt im Metall bewirken: Man spricht von einer Metallbindung. Das Modell der Metallbindung wird auch als Elektronengasmodell bezeichnet.

**Die Metallbindung wird durch die Anziehung zwischen positiv geladenen Atomrümpfen und negativ geladenen, frei beweglichen Elektronen bewirkt.**

**Eigenschaften der Metalle** Mit dem Elektronengasmodell lassen sich typische Eigenschaften der Metalle erklären.
*Elektrische Leitfähigkeit:* Die im Metall frei beweglichen Elektronen wirken als Ladungsträger. Wird an ein Metallstück eine elektrische Spannung angelegt, so bewegen sich die Elektronen vom Minuspol zum Pluspol – elektrischer Strom fließt.

*Verformbarkeit:* Wirkt auf die Metalloberfläche eine große Kraft ein, so verschieben sich die Schichten der Atomrümpfe gegeneinander. Es kommt jedoch nicht zur Abstoßung der positiv geladenen Atomrümpfe, da sie weiterhin durch das bewegliche Elektronengas zusammengehalten werden.
*Wärmeleitfähigkeit:* Nimmt man bei Raumtemperatur ein Metallstück in die Hand, so fühlt es sich kalt an. Das liegt daran, dass die Wärme der Hand im Metall schnell weitergeleitet wird. Bei Erwärmung schwingen die Atomrümpfe stärker, stoßen sich gegenseitig an und können so die Wärmeenergie auf benachbarte Atomrümpfe übertragen. Deshalb eignen sich Metalltöpfe übrigens auch so gut zum Kochen.

**Aufgaben**
1 Beschreibe die chemische Bindung in Metallen.
2 Warum lassen sich Metalle so gut walzen, biegen und hämmern?
3 Vergleiche den Bau von Metallen und Salzen.

# Teste dich!

1 Salz ist für den Menschen lebensnotwendig. Beschreibe, welche Funktionen das Salz im menschlichen Körper übernimmt.

2 Erkläre mithilfe des folgenden Bilds, wie aus Meerwasser Salz gewonnen werden kann.

3 Salz kommt in unterirdischen Lagerstätten vor.
a Beschreibe, wie Salz beim Nassabbau gewonnen wird.
b Beschreibe, wie Salz beim Trockenabbau gewonnen wird.
c Vergleiche beide Verfahren zum Abbau von Salz miteinander.

4 Begründe, warum Salz früher auch als „weißes Gold" bezeichnet wurde.

5 Salze sind Verbindungen aus geladenen Teilchen.
a Nenne den Oberbegriff, mit dem die geladenen Teilchen bezeichnet werden.
b Gib Ladung und Bezeichnung der beiden Teilchenarten an.

6 Festes Kochsalz leitet den elektrischen Strom nicht. Eine Salzlösung ist dagegen ein guter elektrischer Leiter.
a Erkläre, warum festes Kochsalz den elektrischen Strom nicht leitet.
b Begründe, warum in Wasser gelöstes Kochsalz ein guter elektrischer Leiter ist.
c Beschreibe, wie sich die geladenen Teilchen in einer Salzlösung beim Anlegen einer Gleichspannung bewegen.

7 Nenne den Fachbegriff für Salzlösungen und Salzschmelzen, die elektrischen Strom leiten.

8 In der siebten Hauptgruppe des Periodensystems steht die Elementfamilie der Halogene.
a Begründe die besondere Reaktionsfreudigkeit der Halogene mit ihrer Stellung im Periodensystem.
b Erkläre, warum Halogene bevorzugt mit Alkalimetallen reagieren.

9 Beschreibe die Herstellung von Natriumchlorid aus den Elementen Natrium und Chlor anhand des abgebildeten Versuchsaufbaus.

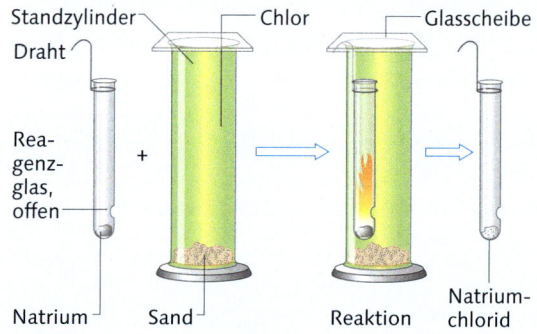

10 Salze sind sehr hart. Bei sehr großer Krafteinwirkung zerbrechen sie jedoch.
a Beschreibe den Aufbau eines Ionengitters. Erkläre, warum Salze besonders harte Verbindungen sind.
b Erläutere mithilfe einer Skizze, warum Salze bei großer Krafteinwirkung auseinanderbrechen.

11 Im Unterschied zu Salzen bestehen Gase wie Wasserstoff, Sauerstoff oder Chlor aus Molekülen, deren Atome über Elektronenpaare verbunden sind.
a Gib die Art der chemischen Bindung an.
b Zeichne das Schalenmodell des Fluor-Moleküls und markiere das Elektronenpaar, das für die Bindung verantwortlich ist.

12 Gib die Strukturformel folgender Verbindungen an: $CO_2$, $O_2$, $N_2$. Kennzeichne Gemeinsamkeiten und Unterschiede.

**13** Stoffe sind aus unterschiedlichen Teilchenarten – Atome, Moleküle und Ionen – aufgebaut. Ordne den folgenden Stoffen die passende Teilchenart zu: Sauerstoff, Neon, Kupferchlorid, Wasser, Calciumfluorid.

**14** Die besonderen Eigenschaften von Wasser lassen sich durch den Aufbau seiner Moleküle erklären.
**a** Beschreibe den Aufbau eines Dipolmoleküls, am Beispiel des Wasser-Moleküls.
**b** Erkläre, warum ein Wasserstrahl von einem elektrisch geladenen Kunststoffstab angezogen wird.

**15** Um die Eigenschaften des Wassers zu untersuchen, wurde seine Dichte in Abhängigkeit von der Temperatur gemessen.

| Temperatur in °C | Dichte in $\frac{g}{cm^3}$ |
|---|---|
| 0 | 0,99984 |
| 1 | 0,99990 |
| 2 | 0,99994 |
| 3 | 0,99996 |
| 4 | 0,99997 |
| 5 | 0,99996 |
| 6 | 0,99994 |
| 7 | 0,99990 |
| 8 | 0,99985 |
| 9 | 0,99978 |
| 10 | 0,99970 |

**a** Übertrage die Daten in ein Koordinatensystem. Beschrifte die Achsen wie folgt:
*x*-Achse: Temperatur
*y*-Achse: Dichte
Verwende folgende Skalierung:
*x*-Achse: 1 cm = 1 °C
*y*-Achse: 2 cm = 0,0001 $\frac{g}{cm^3}$
**b** Erstelle aus den Daten ein Diagramm. Ermittle die Temperatur, bei der Wasser seine größte Dichte hat.

**16** Eine besondere Art der chemischen Bindung liegt in Metallen vor.
**a** Beschreibe den Aufbau der Metalle.
**b** Welche Eigenschaften von Metallen lassen sich mit deren Bau begründen?

**17** Festes Eis schwimmt auf flüssigem Wasser.
**a** Nenne den Fachbegriff, der diese besondere Eigenschaft beschreibt.
**b** Begründe, warum Eis eine geringere Dichte als flüssiges Wasser hat.

3

**18** Die Elektronegativität ist ein Maß für die Fähigkeit eines Atoms, Bindungselektronen an sich zu ziehen. Sie lässt sich aus der Stellung des Atoms im Periodensystem ableiten.
**a** Erkläre am Beispiel zweier Elemente der dritten Periode, wie sich die Elektronegativität innerhalb einer Periode ändert.
**b** Erkläre am Beispiel von Sauerstoff und Schwefel, wie sich die Elektronegativität innerhalb einer Elementfamilie ändert.
**c** Begründe, warum Fluor die höchste Elektronegativität von allen Atomen aufweist.

| Aufgabe | Hilfe findest du auf Seite... |
|---|---|
| 1 | 54 |
| 2 | 55 |
| 3 | 56 |
| 4 | 54/55, 57 |
| 5 | 58 |
| 6 | 58, 62 |
| 7 | 58 |
| 8 | 60/61 |
| 9 | 60/61 |
| 10 | 62/63 |
| 11 | 64/65 |
| 12 | 64/65 |
| 13 | 60/61, 64/65 |
| 14 | 68 |
| 15 | 70/71 |
| 16 | 75 |
| 17 | 70 |
| 18 | 69 |
| ...und die Lösungen findest du im Anhang. | |

# Im Überblick

Die Welt der Stoffe begegnet uns unglaublich vielfältig: Von den weißen oder farbigen Kristallen der Salze über den gasförmigen Sauerstoff oder das flüssige Wasser bis hin zu den glänzenden, verformbaren Metallen zeigen die Stoffe ganz unterschiedliche Eigenschaften. Das Wissen über den Aufbau von Ionenverbindungen, Molekülverbindungen und Metallen mit den für sie typischen Teilchen und chemischen Bindungen kann für die Erklärung der jeweiligen Eigenschaften genutzt werden.

## Salze
- harte, spröde, kristalline Stoffe
- treten in unterschiedlichen Kristallformen und Farben auf

## Ion
- ein durch Abgabe oder Aufnahme von Elektronen entstandenes geladenes Teilchen
- Anion: ein elektrisch negativ geladenes Ion
  *Beispiel:* Chlorid-Ion $Cl^-$
- Kation: ein elektrisch positiv geladenes Ion
  *Beispiel:* Natrium-Ion $Na^+$

## Molekül
- Teilchen, das aus zwei oder mehreren Atomen besteht
- Die Atome eines Moleküls sind durch gemeinsame Elektronenpaare verbunden.

## Chemische Bindung
- Art und Weise, wie Atome und Ionen miteinander verbunden sind
- Atome haben das Bestreben, die Elektronenanordnung der Edelgasatome zu erlangen:
  - bei der **Ionenbindung** durch Aufnahme oder Abgabe von Elektronen und Anziehung der entgegengesetzt geladenen Ionen
  - bei der **Elektronenpaarbindung** durch Nutzung gemeinsamer Elektronenpaare
  - bei der **Metallbindung** durch Anziehung positiv geladener Atomrümpfe und frei beweglicher Elektronen

## Elektronegativität (EN)
- Maß für die Stärke, mit der ein Atom das gemeinsame Elektronenpaar einer Elektronenpaarbindung anzieht
- nimmt im Periodensystem innerhalb einer Gruppe von unten nach oben und innerhalb einer Periode von links nach rechts zu

## Polare Elektronenpaarbindung
- Das gemeinsame Elektronenpaar ist in Richtung des Partners mit der stärkeren Anziehung auf das gemeinsame Elektronenpaar verschoben.

## Dipolmolekül
- Molekül, bei dem durch Ladungsverschiebung positive und negative Teilladungen entstehen
  *Beispiel:* Wasser-Molekül

## Wasserstoffbrückenbindung
- bildet sich zwischen teilweise positiv geladenen Wasserstoffatomen eines Moleküls und teilweise negativ geladenen Sauerstoffatomen eines anderen Moleküls aus
- führt zur Bildung großer Molekülverbände

## Lösevorgang von Salz in Wasser
- Ionen lösen sich aus dem Ionengitter und werden im Wasser frei beweglich.
- Wasser-Moleküle lagern sich an die im Wasser verteilten Ionen an (Hydratation).

## Aufbau der Stoffe im Vergleich

| | Ionenverbindungen | Molekülverbindungen | Metalle |
|---|---|---|---|
| **Beispiel Formel** | Natriumchlorid<br>NaCl | Chlor<br>$Cl_2$ | Kupfer<br>Cu |
| **Kleinste Einheiten** | Ionen | Moleküle | positiv geladene Atomrümpfe, Elektronen |
| **Bindungsart** | Ionenbindung | Elektronenpaarbindung | Metallbindung |
| **Bindungspartner** | Metall-Ionen und Nichtmetall-Ionen | Nichtmetallatome | Metallatome |
| **Zustandekommen der Bindung** | Anziehung zwischen entgegengesetzt geladenen Ionen | gemeinsame Elektronenpaare zwischen den Atomen der Bindungspartner | Anziehung zwischen positiv geladenen Atomrümpfen und frei beweglichen Elektronen |
| **Darstellung im Modell** | | | |
| **Aufbau** | viele Ionen an festen Plätzen bilden ein regelmäßiges, stabiles Ionengitter (im festen Zustand) | frei bewegliche Moleküle im gasförmigen und im flüssigen Zustand, Moleküle in einem Molekülgitter im festen Zustand | viele regelmäßig angeordnete Atomrümpfe an festen Plätzen und frei bewegliche Elektronen (im festen Zustand) |
| **Einige Eigenschaften** | – oft gut wasserlöslich<br>– im flüssigen Zustand und in Lösungen frei bewegliche Ionen (Gitterstruktur zerstört)<br>– Lösungen und Schmelzen leiten den elektrischen Strom<br>– hart und spöde<br>– hohe Schmelz- und Siedetemperaturen | – meist wenig löslich in Wasser<br>– leiten nicht den elektrischen Strom<br>– meist Gase oder Flüssigkeiten<br>– niedrige Schmelz- und Siedetemperaturen | – in Wasser nicht löslich<br>– sehr gute elektrische Leiter und Wärmeleiter<br>– gute Verformbarkeit<br>– hohe Schmelz- und Siedetemperaturen |

3

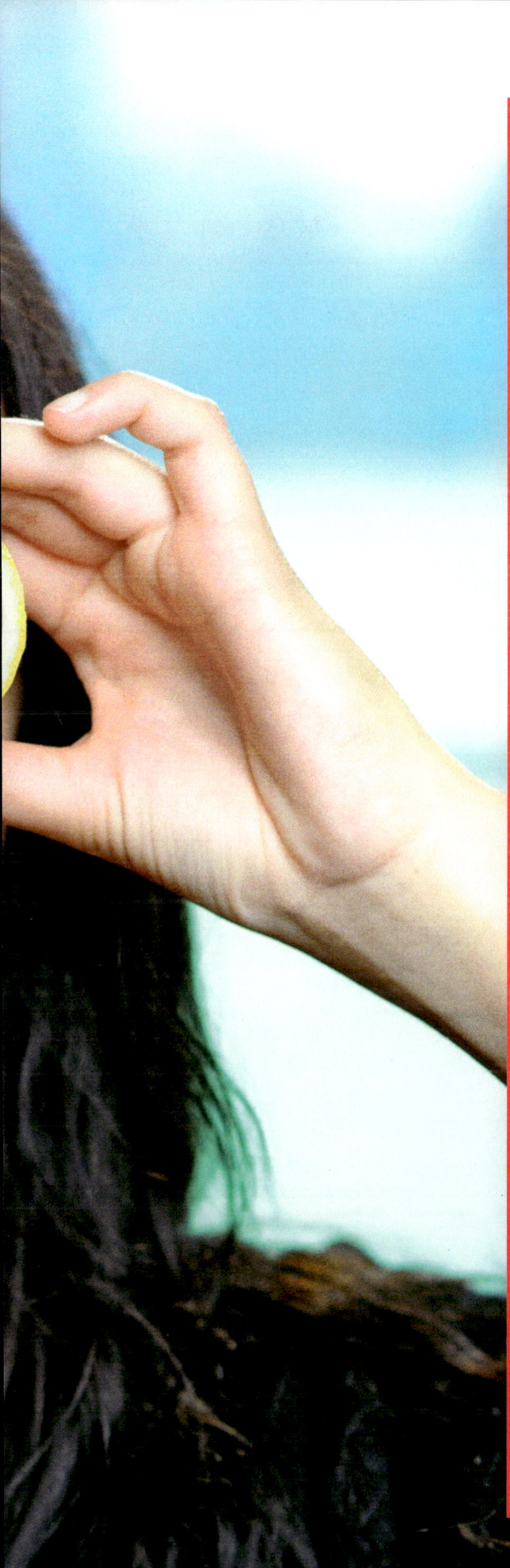

# 4
# Säuren und Laugen

„Sauer macht lustig" – wer kennt diesen Spruch nicht? Säuren und auch Laugen haben noch viele weitere Eigenschaften und sind aus unserem Alltag nicht wegzudenken. Oder möchtest du auf leckere Laugenbrezeln verzichten? Selbst Blütenfarben werden davon beeinflusst, wie sauer oder alkalisch der Boden ist, auf dem sie wachsen.

# Säuren und Laugen im Alltag

**1** Säuren in Lebensmitteln und Reinigern

**Säuren im Alltag** Äpfel und Zitrusfrüchte enthalten Fruchtsäuren wie die Citronensäure, die den angenehm fruchtig-sauren Geschmack verursachen. In Joghurt, Quark und Sauerkraut ist es die Milchsäure, die sauer schmeckt und die Haltbarkeit verbessert. Mineralwasser und Limonade erhalten den sauren Geschmack von der Kohlensäure. Der Magensaft des Menschen enthält Salzsäure, die mit der Nahrung aufgenommene Bakterien abtötet und der Verdauung dient. Und mit säurehaltigen Reinigungsmitteln können Kalkablagerungen gelöst werden.

**Säuren in Industrie und Technik** Außerordentlich viele Erzeugnisse werden unter Verwendung von Säuren hergestellt. Für die Autobatterie wird beispielsweise Schwefelsäure benötigt. Salpetersäure dient zur Herstellung von Düngemitteln. Mit Phosphorsäure werden Platinen geätzt.

**Säuren sind in Lebensmitteln und Haushaltsreinigern enthalten. Sie sind Ausgangsstoffe für viele industriell hergestellte Produkte.**

**Säure oder saure Lösung?** Im Alltag begegnen uns Säuren meist nicht als reine Stoffe, sondern in Wasser gelöst. So ist reine Citronensäure ein fester, kristalliner Stoff. Ist sie in Wasser gelöst, spricht man von einer sauren Lösung. In Früchten ist also genau genommen eine Citronensäure-Lösung enthalten. Auch unser Speiseessig ist eine Lösung von Essigsäure in Wasser.

| Säure | Vorkommen/Verwendung |
|---|---|
| Ameisensäure | – Abwehrstoff von Ameisen und Brennnesseln |
| Ascorbinsäure (Vitamin C) | – in Früchten, in Gemüse enthalten<br>– als Konservierungsstoff in Lebensmitteln |
| Citronensäure | – in Zitrone, Kiwi, Apfel enthalten<br>– als Konservierungsstoff in Lebensmitteln |
| Essigsäure | – im Speiseessig, z. B. für Salatsauce<br>– zum Einlegen von Essiggurken<br>– im Haushaltsreiniger |
| Kohlensäure | – in Mineralwasser, Limonade, Erfrischungsgetränken enthalten |
| Milchsäure | – in Sauerkraut, Joghurt enthalten |
| Phosphorsäure | – als Säuerungsmittel in Limonaden wie Cola<br>– als Ätzmittel für Platinen<br>– als Reinigungsmittel, z. B. im WC-Reiniger<br>– zur Herstellung von Düngemitteln |
| Salpetersäure | – zur Herstellung von Düngemitteln, Farbstoffen, Explosivstoffen |
| Salzsäure | – im Magensaft enthalten (0,3%ig) |
| Schwefelsäure | – in Autobatterien enthalten<br>– zur Herstellung von Düngemitteln, Waschmitteln, Farbstoffen |

**2** Säuren werden in der Autobatterie und zur Herstellung von Düngemitteln verwendet.

**Tab. 1** Wichtige Säuren im Überblick

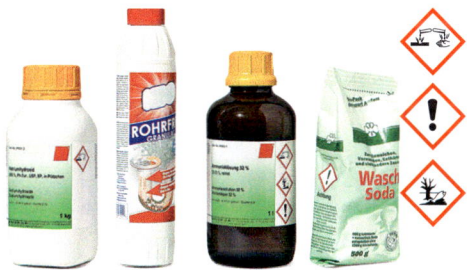

**3** *Laugen in Reinigungsmitteln und Waschmitteln*

**Laugen und alkalische Lösungen im Alltag** In Produkten des Alltags werden Laugen in Reinigungs- und Waschmitteln verwendet. Wir finden sie beispielsweise im Abflussreiniger, im Backofenspray oder in Fensterputzmitteln. Sie werden dort wegen ihrer ätzenden Wirkung zur Schmutzentfernung eingesetzt. Laugen sind außerdem Ausgangsstoffe für die Herstellung von Seifen und Gerätebatterien.

Laugen kommen meist als verdünnte Lösungen zum Einsatz. Eine mit Wasser verdünnte Lauge wird als alkalische Lösung bezeichnet.

**Laugen werden häufig in Wasch- und Reinigungsmitteln verwendet.**

| Lauge | Verwendung |
|---|---|
| Natronlauge (Natriumhydroxid-Lösung) | – Herstellung von Kernseife<br>– als Abbeizmittel für Farben<br>– Herstellung von Laugengebäck |
| Kalilauge (Kaliumhydroxid-Lösung) | – Herstellung von Schmierseife, Farbstoffen, Batterien |
| Kalkwasser (Calciumhydroxid-Lösung) | – in Kalkmörtel, Kalkputz<br>– als Nachweisreagenz für Kohlenstoffdioxid<br>– zur Rauchgasentschwefelung<br>– in Tauchgeräten zur Bindung des Kohlenstoffdioxids |

**Tab. 2** *Wichtige Laugen im Überblick*

**4** *Kalilauge wird zur Herstellung von Batterien verwendet. Natronlauge spielt bei der Seifenherstellung eine wichtige Rolle.*

**Exkurs Laugenbrezel**

Vor dem Backen werden Laugenbrezeln in stark verdünnte Natronlauge getaucht. Dadurch entsteht beim Backen die typische braun glänzende Oberfläche und das Gebäck erhält seinen besonderen, kräftigen Geschmack. Die Natronlauge bleibt auf der Oberfläche des Teigs und dringt nicht in die Brezel ein. Beim Backen tritt Kohlenstoffdioxid aus und die ätzende Natronlauge wird in das ungefährliche Salz Natriumhydrogencarbonat umgewandelt. Durch diese chemische Reaktion geht die ätzende Wirkung verloren.

**5** *Herstellung von Laugenbrezeln*

**Aufgaben**

1 Nenne Säuren, die Lebensmittel haltbar machen.
2 Erstelle jeweils eine Mindmap zur Verwendung von Säuren und von Laugen.
3 Nenne Verwendungsmöglichkeiten von Laugen im Haushalt.
4 Gib an, welche Gefahrensymbole auf Etiketten von Haushaltsreinigern abgebildet sind.
5 Begründe, warum die auf Laugengebäck aufgetragene ätzende Natronlauge für den Menschen nicht gefährlich ist.

# Säuren und Laugen lassen sich nachweisen

**Indikatoren zeigen saure und alkalische Lösungen an** In Lebensmitteln enthaltene saure Lösungen können am Geschmack erkannt werden. Alkalische Lösungen fühlen sich auf der Haut seifig an. Im Chemieunterricht sind Geschmacks- und Gefühlsproben aber grundsätzlich verboten, weil Säuren und Laugen bei Hautkontakt schwere Schäden verursachen können! Stattdessen können saure und alkalische Lösungen mithilfe von Indikatoren (lat. *indicare:* anzeigen) nachgewiesen werden. Saure und alkalische Lösungen bewirken bei diesen Stoffen jeweils charakteristische Farbänderungen.

**Indikatoren sind Stoffe, die durch ihre Farbänderung eine saure oder alkalische Lösung anzeigen.**

**Indikatoren für alle Fälle** Je nachdem ob Säuren oder Laugen untersucht werden sollen, können unterschiedliche Indikatoren verwendet werden. Einige Indikatoren wie Phenolphthalein zeigen nur alkalische Lösungen durch eine Farbänderung an. Andere Indikatoren wie Lackmus weisen saure und alkalische Lösungen durch verschiedene Farben nach.
Am häufigsten kommt der Universalindikator zum Einsatz. Dieser Indikator besteht aus einer Mischung mehrerer Indikatoren. Mit Universalindikator getränktes Papier ist gelb. Bei sauren Lösungen schlägt die Farbe nach Rot um. Flüssigkeiten, die weder sauer noch alkalisch, sondern neutral sind, färben ihn grün. Bei alkalischen Lösungen wird er blau.

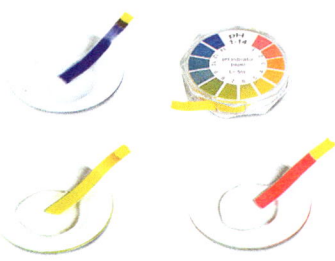

**2** *Bestimmung des pH-Werts mit Universalindikatorpapier*

**pH-Wert** Der pH-Wert ist eine Zahlenangabe, die darüber Auskunft gibt, wie stark sauer oder alkalisch eine Lösung ist. Die Skala des pH-Werts umfasst Werte von 0 bis 14. Saure Lösungen haben einen pH-Wert kleiner als 7. Je kleiner die Zahl ist, desto stärker sauer ist die Lösung. Alkalische Lösungen haben einen pH-Wert größer als 7. Je größer die Zahl ist, desto stärker alkalisch ist die Lösung.
Eine neutrale Lösung hat einen pH-Wert von 7. Eine solche Lösung hat weder saure noch alkalische Eigenschaften.

**3** *Fische benötigen pH-Werte zwischen 6,0 und 7,4.*

Die pH-Werte des Bodens und des Wassers haben für einige Pflanzen und Tiere eine lebenswichtige Bedeutung. So muss der pH-Wert im Wasser des Aquariums regelmäßig kontrolliert werden, damit die Fische nicht sterben.

**Der pH-Wert gibt an, wie stark sauer oder alkalisch eine Lösung ist.**

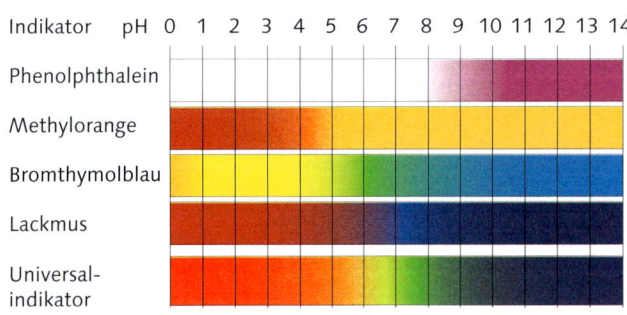

**1** *Verschiedene Indikatoren und Farben in Abhängigkeit vom pH-Wert*

### Aufgaben
1 Was versteht man unter einem Indikator?
2 Gib an, bei welchen pH-Werten eine Lösung sauer, neutral oder alkalisch ist.

# Exkurs   Natürliche Indikatoren

**1** *Pflanzenfarbstoffe sind natürliche Indikatoren.*

### Pflanzenfarbstoffe dienen als Indikatoren

Viele Pflanzen besitzen Farbstoffe, die als natürliche Indikatoren funktionieren. Sie zeigen saure und alkalische Lösungen an. Die Farbänderungen werden durch Pflanzenfarbstoffe wie Anthocyane, Flavonoide, Lackmus, Indigocarmin und Curcumin verursacht.

**Tee** Gibst du eine saure Lösung wie Zitronensaft in schwarzen Tee, so hellt er sich auf und seine Farbe wird beige. Bei Zugabe einer alkalischen Lösung wird der Tee dagegen dunkler, seine Farbe schlägt nach Dunkelbraun um. Die Farbänderung wird durch die im Tee enthaltenen Flavonoide verursacht.
Ähnlich verhält sich Roter Rooibostee: Saure Lösungen färben ihn hellbraun, alkalische Lösungen dunkelrot bis braun.

**Früchte** Der blau-violette Blaubeersaft verfärbt sich durch saure Lösungen rot und bei Zugabe einer alkalischen Lösung dunkelgrün. Auch Kirschsaft ist zur Anzeige von Säuren und Laugen geeignet: Mit sauren Lösungen färbt er sich weinrot, in neutralen Lösungen ist er rotbraun, und mit alkalischen Lösungen färbt er sich schwarzgrün.

**Blüten** Die Farbstoffe in den Blüten des Wiesenstorchschnabels, die Anthocyane, werden von sauren Lösungen rot und von alkalischen Lösungen blau gefärbt. Die natürlichen, ungiftigen roten und blauen Anthocyane werden zur Färbung von Lebensmitteln wie Fruchtgelee, Limonade, Marmelade und Eis verwendet.

**Gemüse** Der bekannteste natürliche Indikator kann aus Rotkohlsaft gewonnen werden. Seine Farbskala reicht von Rot über Lila nach Blau und weiter über Grün nach Gelb. Der Indikator verfärbt sich rot, wenn du eine saure Lösung wie Essig hinzugibst. Bei Zugabe einer alkalischen Lösung nimmt der Gemüsesaft eine tiefe Blaufärbung an. Daher stammt der ebenso gebräuchliche Name Blaukraut. Bei weiterer Zugabe einer Lauge wird er zunächst grün und schließlich gelb. Dass Rotkohlsaft so viele unterschiedliche Farben aufweist, liegt am Cyanidin. Dieser Farbstoff hat zwei Farbumschlagsbereiche: einen beim neutralen pH-Wert 7 und einen im alkalischen Bereich bei pH-Wert 10.

**2** *Mit Rotkohlsaft kann man schöne Farben zaubern.*

**Lackmus** Der blaue Farbstoff Lackmus wird aus den Inhaltsstoffen von Flechten hergestellt. Er setzt sich aus vielen verschiedenen roten, violetten und blauen Farbstoffen zusammen. Früher wurde Lackmus zum Bläuen von Wäsche und als Lebensmittelfarbstoff genutzt. Heute verwendet man ihn ausschließlich als Indikator, entweder flüssig oder aufgetragen auf Papierstreifen. Sein Umschlagsbereich liegt zwischen den pH-Werten 5 und 8.

**3** *Lackmus als Indikator für Säuren (rot) und Laugen (blau)*

### Aufgaben

1 Nenne natürliche Indikatoren, mit denen du eine saure Lösung nachweisen kannst.
2 Beschreibe, welche Farbänderungen Zitronensaft in verschiedenen Teesorten bewirkt.
3 Recherchiere: Wie lautet ein typisches Blaukrautrezept und ein typisches Rotkohlrezept?

# Praktikum   Indikatoren selbst hergestellt

## 1 Herstellung von Blaukrautindikator

*Geräte:* Becherglas (400 ml), Messer, Schneidebrett, Dreifuß, Drahtnetz, Gasbrenner, Trichter, Filter, Erlenmeyerkolben (400 ml)

*Chemikalien:* Wasser, Blaukrautblätter

*Durchführung:* Schneide die Blaukrautblätter in schmale Streifen und lege sie in das Becherglas. Fülle das Becherglas zur Hälfte mit Wasser. Bringe das Wasser zum Sieden und koche es 10 min. Filtriere die noch heiße Flüssigkeit durch einen Filter in einen Erlenmeyerkolben. Das Filtrat ist Blaukrautindikator.

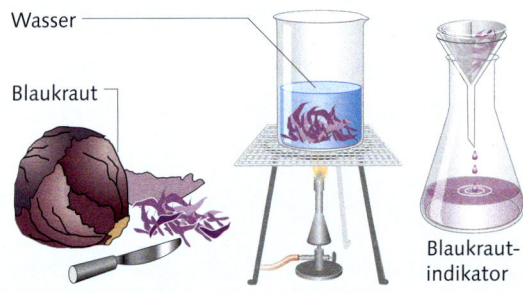

Wasser
Blaukraut
Blaukraut-indikator

## 2 Wirkung von Lebensmitteln und Haushaltsmitteln auf Blaukrautindikator

*Geräte:* 8 Reagenzgläser mit Gummistopfen, Reagenzglasständer, 2 Messpipetten (10 ml), Pipetten, Spatel

*Chemikalien:* Blaukrautsaft, Wasser, Essig (farblos, klar), Zitronensaft, Apfelsaft, Spülmittel, Weißwein, Backpulver, Waschmittel, Spülmaschinenpulver

*Durchführung:* Gib mit einer Messpipette in jedes Reagenzglas 5 ml Blaukrautsaft und 10 ml Wasser. Gib dann in jedes Reagenzglas mithilfe der anderen Messpipette 5 ml einer Flüssigkeit oder einen halben Spatel eines Feststoffs. Verschließe die Reagenzgläser mit einem Gummistopfen und schüttle gut.

*Auswertung:* Sortiere die Reagenzgläser nach sauren und alkalischen Lösungen.

a Zeichne oder fotografiere die Reagenzgläser mit ihren unterschiedlichen Farben.

b Erkläre, wie es zu den unterschiedlichen Bezeichnungen Rotkohl bzw. Blaukraut kommt.

## 3 Vergleich von Blaukrautindikator mit Universalindikator

*Geräte:* Tüpfelplatte, Universalindikatorpapier, Spatel, 2 Pipetten

*Chemikalien:* Wasser, Essig (farblos, klar), Zitronensaft, Apfelsaft, Spülmittel, Weißwein, Backpulver, Waschmittel, Spülmaschinenpulver

*Durchführung:* Fülle die Vertiefungen der Tüpfelplatte wie in der Abbildung gezeigt mit den Stoffen. Von den Feststoffen nimm je eine Spatelspitze und gib etwas Wasser hinzu. Halte in jede Flüssigkeit einen Streifen Indikatorpapier. Lies den pH-Wert an der Farbskala ab.

*Auswertung:*

a Ordne die Stoffe nach ihren pH-Werten.

b Vergleiche die Ordnung mit der Aufstellung beim Test mit Blaukrautindikator (Experiment 2). Was stellst du fest?

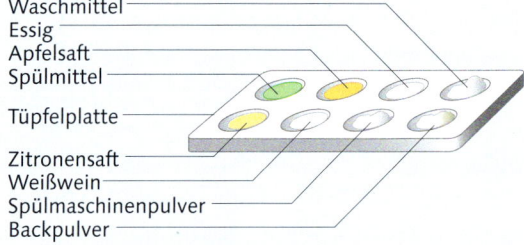

Waschmittel
Essig
Apfelsaft
Spülmittel
Tüpfelplatte
Zitronensaft
Weißwein
Spülmaschinenpulver
Backpulver

Universalindikatorpapier

## 4 Herstellung von Tee als Indikator

*Geräte:* Becherglas (400 ml), Dreifuß, Drahtnetz, Gasbrenner, Trichter, Filter, Erlenmeyerkolben (400 ml), Siedesteine

*Chemikalien:* Wasser, schwarzer Tee (oder Hagebuttentee)

*Durchführung:* Gib die Teeblätter in ein Becherglas und fülle es mit Wasser auf. Bringe das Wasser zum Sieden und koche es etwa 5 min. Filtriere die noch heiße Flüssigkeit durch einen Filter in einen Erlenmeyerkolben. Das Filtrat kann als Indikator genutzt werden.

## 5 Farbänderungen bei Blüten

*Geräte:* 9 hohe Bechergläser (250 ml), Messer

*Chemikalien:* 5%iger Haushaltsessig (farblos, klar), 5%ige Natronlauge, dest. Wasser; Blüten von Nelken (rosa), Wiesenstorchschnabel, Iris, Rosen, Veilchen

a *Durchführung:* Wähle drei Blumensorten aus. Stelle von jeder Sorte je eine Blüte in ein Glas mit Haushaltsessig, in ein Glas mit 5%iger Natronlauge und in ein Glas mit Wasser.
*Auswertung:* Notiere, wie sich die Blüten nach einer Stunde verändert haben.

b *Durchführung:* Spalte den Stiel einer rosa Nelke bis zur Blüte. Stelle die eine Hälfte in ein Glas mit Haushaltsessig, die andere in ein Glas mit 5%iger Natronlauge.
*Auswertung:* Beschreibe das Aussehen der Blüte nach einer Stunde.

## 6 Herstellung von Blütenindikator

*Geräte:* Becherglas (600 ml), Messer, Dreifuß, Drahtnetz, Gasbrenner, Trichter, Filter, Erlenmeyerkolben (400 ml), Mörser, Pistill, Sand

*Chemikalien:* Wasser, rote Rosenblüten (oder rote Geranienblüten)

*Durchführung:* Zerreibe die Blütenblätter im Mörser mit etwas Sand. Gib die zerriebenen Blüten in das Becherglas und fülle mit Wasser auf. Bringe das Wasser zum Sieden und koche 5–10 min. Filtriere die noch heiße Flüssigkeit durch einen Filter in einen Erlenmeyerkolben.

Wasser
zerkleinerte Blüten
Rosenblüten
Sand
Blüten-indikator

1)  2)  3)

## 7 Herstellung von Curcumaindikator

*Geräte:* Becherglas (100 ml), Messzylinder, Spatel, Trichter, Filter, Erlenmeyerkolben (100 ml), Glasstab

*Chemikalien:* Ethanol, Curcuma

*Durchführung:* Gib einen Spatel Curcuma in ein Becherglas. Gib 50 ml Ethanol hinzu. Rühre das Gemisch gut um. Filtriere die Flüssigkeit durch einen Filter in einen Erlenmeyerkolben.

4

## 8 pH-Test mit natürlichen Indikatoren

*Geräte:* 3 Reagenzglasständer mit je 10 Reagenzgläsern, Pasteurpipetten

*Chemikalien:* 10 saure und alkalische Lösungen mit eingestellten pH-Werten von pH = 3–12, Indikatorlösungen (Exp. 4, 6, 7)

*Durchführung:* Gib in die 3 Reagenzglasständer jeweils 10 leere Reagenzgläser. Gib in die 10 Reagenzgläser eines Reagenzglasständers je etwa 5 ml der Lösungen mit pH = 3–12. Markiere den jeweiligen pH-Wert der Lösung.
Ein Reagenzglasständer wird wie in der Abbildung gezeigt mit Blütenindikator, der zweite mit Teeindikator und der dritte mit Curcumaindikator versetzt, indem in jedes Reagenzglas 1–2 ml der Indikatorlösung gegeben wird.
*Auswertung:*

a Zeichne die Farbveränderungen. Notiere die genauen Umschlagsbereiche für den sauren und alkalischen Bereich. Gib an, welchen natürlichen Indikator du am geeignetsten findest, und begründe.

b Tauche Filterpapierstreifen in die verschiedenen Indikatorlösungen, um Indikatorpapier herzustellen. Teste das Indikatorpapier.

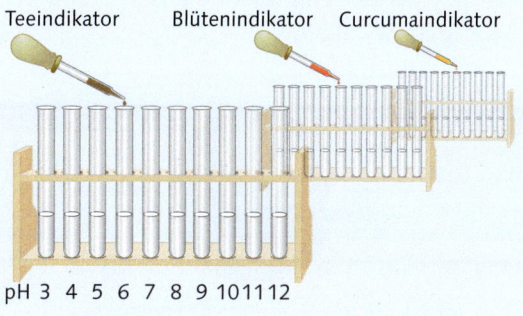

Teeindikator   Blütenindikator   Curcumaindikator

pH 3 4 5 6 7 8 9 10 11 12

# Salzsäure – eine saure Lösung

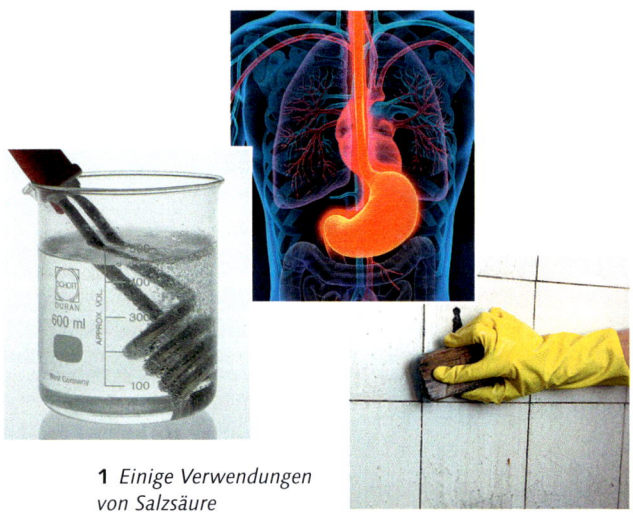

**1** *Einige Verwendungen von Salzsäure*

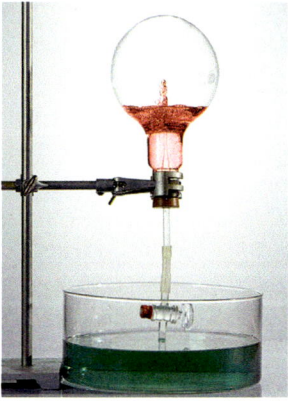

**3** *Beim Einleiten von Chlorwasserstoff in Wasser entsteht Salzsäure.*

**Salzsäure, eine bekannte Säure** Salzsäure ist eine bekannte und sehr wichtige Säure. Aufgrund ihrer kalklösenden Wirkung ist sie Bestandteil von Reinigern zur Beseitigung von Kalkresten und zum Entkalken von Heizwendeln oder Rohrleitungen. In der Technik wird sie zur Entfernung von Oxidschichten, zum Ätzen von Metallschildern und zum Gewinnen von Metallen aus Erzen verwendet. Außerdem ist sie Grundstoff für die Herstellung von Chemiefasern. Nicht zuletzt tragen wir alle Salzsäure auch in uns, denn unser Magensaft enthält zu etwa 0,3 % Salzsäure.

Die Bezeichnung *Salzsäure* geht auf eine frühere Herstellungsmethode zurück, bei der aus der Reaktion von Koch*salz* mit Schwefel*säure* ein farbloses, stechend riechendes Gas ausgetrieben wird, der Chlorwasserstoff. Dieses Gas wurde auch als „Salzgeist" bezeichnet. Durch Einleiten in Wasser erhält man schließlich die Salzsäure. Welche Reaktionen sind für die Herstellung von Salzsäure notwendig?

**Bildung von Chlorwasserstoff** Das Gas Chlorwasserstoff kann direkt durch Reaktion von Chlor mit Wasserstoff hergestellt werden. Weil Chlor sehr reaktionsfreudig ist, genügt bereits ein kurzes Blitzlicht, um die Reaktion in Gang zu setzen.

Chlor + Wasserstoff $\rightarrow$ Chlorwasserstoff
$Cl_2$   + $H_2$       $\rightarrow$ 2 HCl

Auch andere Halogene reagieren mit Wasserstoff zu Halogenwasserstoffen. Mit Brom reagiert Wasserstoff zu Bromwasserstoff und mit Fluor zu Fluorwasserstoff.

Halogenwasserstoffe sind Molekülverbindungen. Im Chlorwasserstoff-Molekül ist ein Chloratom über eine Elektronenpaarbindung mit einem Wasserstoffatom verbunden.

**Vom Chlorwasserstoff zur Salzsäure** Das farblose Gas Chlorwasserstoff löst sich gut in Wasser. Wenn dem Wasser vorher Lackmus zugesetzt wurde, färbt sich der Indikator rot. Die Rotfärbung zeigt eine saure Lösung an, die als Salzsäure bezeichnet wird.

In der Alltagssprache werden saure Lösungen häufig einfach „Säure" genannt. Genau genommen müsste Salzsäure als Salzsäurelösung bezeichnet werden, denn „Salzsäure" ist die saure Lösung von Chlorwasserstoff in Wasser.

HCl

**2** *Molekülmodell und Formel von Chlorwassertoff*

**Salzsäure ist eine saure Lösung von Chlorwasserstoff in Wasser.**

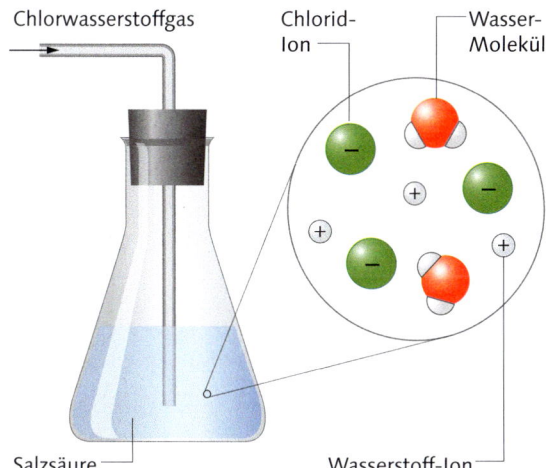

Chlorwasserstoffgas — Chlorid-Ion — Wasser-Molekül

Salzsäure — Wasserstoff-Ion

**4** *In Salzsäure liegen Ionen vor.*

| Säure | | Ionen in der sauren Lösung | |
|---|---|---|---|
| Name | Formel | Wasser-stoff-Ionen | Säurerest-Ion |
| Chlorwas-serstoff | HCl | $H^+$ | $Cl^-$ Chlorid-Ion |
| Fluorwasser-stoff | HF | $H^+$ | $F^-$ Fluorid-Ion |
| Salpeter-säure | $HNO_3$ | $H^+$ | $NO_3^-$ Nitrat-Ion |
| Schwefel-säure | $H_2SO_4$ | $2\,H^+$ | $SO_4^{2-}$ Sulfat-Ion |
| Phosphor-säure | $H_3PO_4$ | $3\,H^+$ | $PO_4^{3-}$ Phosphat-Ion |

**Tab. 1** *Zusammensetzung einiger Säuren aus Ionen*

**Salzsäure leitet Strom** Reines Wasser und auch das Chlorwasserstoffgas sind nicht elektrisch leitfähig. Salzsäure dagegen leitet den elektrischen Strom. Wie kann das sein?

**Bildung von Ionen durch Dissoziation** Während des Einleitens von Chlorwasserstoff in Wasser werden in der sauren Lösung Ionen gebildet, die als frei bewegliche Ladungsträger den Strom leiten. Beim Lösen von Chlorwasserstoff in Wasser reagieren Chlorwasserstoff-Moleküle mit Wasser-Molekülen zu Wasserstoff-Ionen ($H^+$-Ionen) und Chlorid-Ionen ($Cl^-$-Ionen).

$$Chlorwasserstoff \xrightarrow{\text{in Wasser}} Salzsäure$$

$$HCl \xrightarrow{H_2O} H^+ + Cl^-$$

Negativ geladene Ionen wie die Chlorid-Ionen werden allgemein als Säurerest-Ionen bezeichnet. Eine solche chemische Reaktion, bei der die Moleküle in Wasserstoff-Ionen und Säurerest-Ionen zerfallen, nennt man Dissoziation (lat. *dissociare:* trennen).
Alle sauren Lösungen enthalten Wasserstoff-Ionen. Sie sind für die sauren Eigenschaften verantwortlich und bewirken die Farbänderung bei Indikatoren.

**Saure Lösungen enthalten immer Wasserstoff-Ionen ($H^+$-Ionen). Diese Ionen bewirken die Farbänderung bei Indikatoren.**

**Formeln und Zusammensetzung von Säuren**
Es gibt außer den Halogenwasserstoffen wie Chlorwasserstoff und Fluorwasserstoff auch andere Stoffe, die beim Lösen in Wasser saure Lösungen bilden. Dazu gehören Schwefelsäure, Salpetersäure und Phosphorsäure. Sie enthalten Säurerest-Ionen aus zusammengesetzten Ionen. Reaktionsschema für das Lösen von Schwefelsäure in Wasser:

$$H_2SO_4 \xrightarrow{H_2O} 2\,H^+ \qquad + SO_4^{2-}$$

**Säure-moleküle** $\longrightarrow$ **Wasserstoff- + Säurerest-Ionen Ionen**

Säuren unterscheiden sich durch die Säurerest-Ionen. Sie bestimmen, wie viele Wasserstoff-Ionen im Säuremolekül gebunden sind (Tab. 1). So ist das $SO_4^{2-}$-Ion (Sulfat-Ion) zweifach negativ geladen. Im elektrisch neutralen Schwefelsäure-Molekül müssen deshalb zwei $H^+$-Ionen gebunden sein.

**Aufgaben**
1 Nenne Kennzeichen von sauren Lösungen.
2 Gib Verwendungen für Salzsäure an.
3 Formuliere das Reaktionsschema zur Bildung einer sauren Lösung für die Reaktion von:
a Bromwasserstoff mit Wasser
b Salpetersäure ($HNO_3$) mit Wasser
4 Feste Citronensäure leitet im Gegensatz zu ihrer Lösung keinen Strom. Begründe.

# Reaktionen von sauren Lösungen

**1** *Durch Säureätzung verzierter Helm*

**2** *Essig zersetzt die Eierschale.*

**Reaktion mit unedlen Metallen** Wird ein Streifen Magnesiumband in ein Reagenzglas mit Salzsäure gegeben, sind schon nach kurzer Zeit Gasbläschen zu erkennen. Gleichzeitig löst sich das Magnesiumband auf. Das entstandene Gas kann aufgefangen und mit der Knallgasprobe als Wasserstoff nachgewiesen werden. Außerdem entsteht das Salz Magnesiumchlorid. Man erhält es durch Eindampfen der Salzlösung.
Alle unedlen Metalle wie Magnesium, Aluminium und Eisen reagieren mit sauren Lösungen.

Magnesium + Salz- $\rightarrow$ Magnesium- + Wasser-
säure chlorid stoff
$Mg + 2\,HCl \rightarrow MgCl_2 + H_2$

**Reaktion mit Metalloxiden** Edle Metalle wie Kupfer, Silber und Gold reagieren nicht mit sauren Lösungen, dafür aber ihre Oxide: Gibt man beispielsweise Kupferoxid zu Salzsäure, so löst sich das Kupferoxid in der Säure auf. Bei dieser chemischen Reaktion werden das Salz Kupferchlorid und Wasser gebildet.

Kupfer- + Salz- $\rightarrow$ Kupfer- + Wasser
oxid säure chlorid
$CuO + 2\,HCl \rightarrow CuCl_2 + H_2O$

Diese Reaktion macht man sich beispielsweise zunutze, um Rost (Eisenoxid) zu entfernen.

**Saure Lösungen reagieren mit unedlen Metallen zu einer Salzlösung und Wasserstoff. Mit Metalloxiden reagieren sie zu einer Salzlösung und Wasser.**

**Reaktion mit Kalk** Eierschalen, Marmor und Schneckenhäuser bestehen aus Kalk (Calciumcarbonat). Wird Kalk mit einer sauren Lösung versetzt, zersetzt sich der Kalk und es bildet sich ein Gas. Dieses Gas trübt Kalkwasser und wird dadurch als Kohlenstoffdioxid nachgewiesen.

Kalk + Salz- $\rightarrow$ Calcium- + Kohlen- + Wasser
säure chlorid stoffdioxid
$CaCO_3 + 2\,HCl \rightarrow CaCl_2 + CO_2 + H_2O$

**Saure Lösungen reagieren mit Kalk und setzen dabei Kohlenstoffdioxid frei.**

**Ätzende Wirkung** Viele Säuren wie Schwefelsäure, Salpetersäure und Salzsäure wirken in Abhängigkeit von ihrer Konzentration ätzend. Sie sind deshalb gesundheitsschädlich. Informiere dich vor dem Experimentieren über Sicherheitsmaßnahmen und halte diese unbedingt ein!
Die ätzende Wirkung kann auch zu gestalterischen Zwecken genutzt werden, beispielsweise um Metalle zu verzieren. Dazu wird die Metalloberfläche mit Wachs bedeckt und anschließend in die Wachsschicht ein Muster eingeritzt, sodass die Metalloberfläche darunter frei liegt. Wird das Metall danach in eine saure Lösung gegeben, reagiert es mit der Säure und das Muster wird in die Oberfläche eingeätzt.

**Aufgaben**
1 Überlege, wie du vorgehen könntest, um Eisen(III)-chlorid ($FeCl_3$) herzustellen.
2 Begründe, warum man Tischplatten aus Marmor nicht mit Essigreiniger putzen sollte.

# Praktikum   Eigenschaften von sauren Lösungen

## 1 Metallätzung

*Geräte:* selbstklebende Buchfolie, Cutter-messer, Spachtel, Holzstäbchen, pneumati-sche Wanne, Tiegelzange
*Chemikalien:* kleine Aluminiumplatten, 20%ige Salzsäure, Kerzenwachs
*Durchführung:* Schneide zunächste die Folie auf die Größe der Aluminiumplatte zu und dann mithilfe des Cuttermessers ein Muster in die Folie. Beklebe die Aluminiumplatte mit der Folie. Beschichte eine andere Platte dünn mit flüssigem Kerzenwachs. Nach dem Trocknen ritze ein Muster in die Wachsschicht ein. Lege die präparierten Platten in die Wanne und be-decke sie knapp mit Salzsäure. Nach 30 min werden die Platten mit der Zange aus dem Säurebad genommen, mit Wasser abgespült und die Folie bzw. das Wachs entfernt. Poliere die Platten mit einem sauberen Tuch.
*Auswertung:* Notiere deine Beobachtungen und erkläre das Ergebnis.

## 2 Leitfähigkeit einer sauren Lösung

*Geräte:* Blockbatterie, Stromkabel, Krokodil-klemmen, Leuchtdiode, Graphitelektroden, 2 Bechergläser (100 ml), Messzylinder
*Chemikalien:* 5%ige Salzsäure
*Durchführung:* Gib in ein Becherglas 50 ml Salzsäure. Verbinde die Batterie und die Leuchtdiode mit den Experimentierkabeln. Klemme die Graphitelektroden zwischen die Krokodilklemmen. Teste die Leifähigkeit der Lösung.
*Auswertung:* Erkläre das Ergebnis.

## 3 Zersetzende Wirkung auf Kalk

*Geräte:* Becherglas (50 ml), Mörser mit Pistill
*Chemikalien:* Essig oder 5%ige Citronensäure, Eierschalen, Calciumcarbonat
*Durchführung:* Zerkleinere die Eierschalen im Mörser zu Pulver. Fülle das Becherglas halb voll mit Säure und gib das Eierschalenpulver hinein. Führe den gleichen Versuch mit Calciumcarbonat durch.
*Auswertung:*
a Notiere und erkläre deine Beobachtungen.
b Plane ein einfaches Experiment, mit dem du das entstehende Gas nachweisen könntest.

## 4 Rostentfernung

*Geräte:* 3 Reagenzgläser, 3 Pipetten, 3 rostige Nägel, Pinzette
*Chemikalien:* Cola, 3%ige Phosphorsäure, 5%ige Salzsäure
*Durchführung:* Gib in das erste Reagenzglas Cola, ins zweite Phosphorsäure und ins dritte Salzsäure. Stelle in jedes Reagenzglas einen rostigen Nagel. Beobachte, wie sich die rosti-gen Nägel und die Farbe der Lösungen verän-dern. Nimm die Nägel danach vorsichtig mit der Pinzette aus den Reagenzgläsern, spüle sie mit Wasser ab und trockne sie mit einem sau-beren Tuch.
*Auswertung:* Vergleiche die Fähigkeit der sau-ren Lösungen, Rost zu lösen.

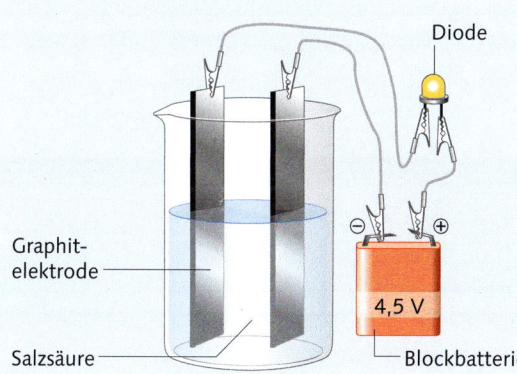

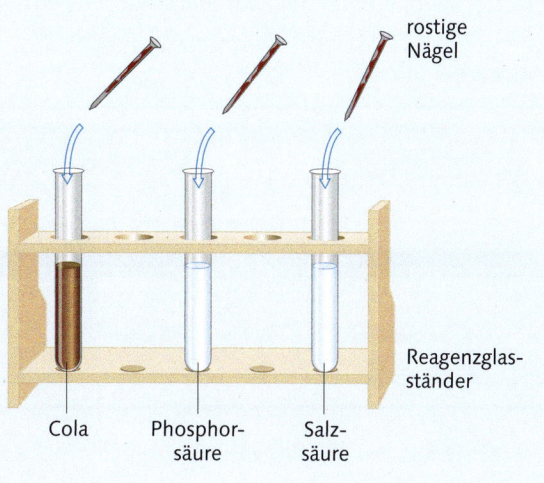

# Kohlensäure

**1** *Kohlensäurehaltiges Wasser*

**Erfrischende Getränke** Viele Getränke enthalten das Gas Kohlenstoffdioxid. Beim Öffnen der Flasche sprudeln kleine Gasbläschen heraus. Der säuerliche Geschmack und die kleinen Gasperlen erzeugen einen erfrischenden Geschmack. Schüttelt man eine Sprudelflasche, entweicht beim Öffnen viel Kohlenstoffdioxid und die Flüssigkeit schäumt stark. Wie ist das Kohlenstoffdioxid in die Flüssigkeit gekommen?

**Bildung der Kohlensäure** Wird Kohlenstoffdioxid in Wasser eingeleitet, beispielsweise mithilfe einer Gaspatrone, löst sich der größte Teil des Gases. Prüft man diese Lösung mit Universalindikator, so zeigt dieser durch Rotfärbung an, dass sich eine saure Lösung gebildet hat. Ein geringer Teil (weniger als 1 %) des eingeleiteten Kohlenstoffdioxids reagiert mit Wasser zu Kohlensäure. Weil nur sehr wenig Kohlensäure gebildet wird, können wir Mineralwasser mit Kohlensäure gefahrlos trinken. Der pH-Wert liegt etwa bei pH = 6.

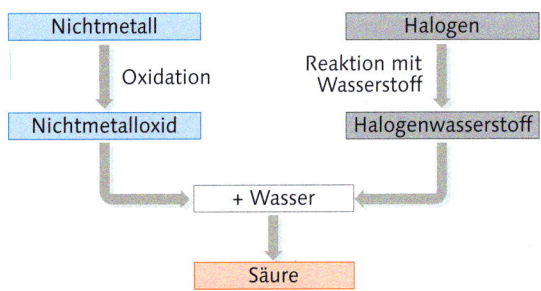

**2** *Zwei Wege führen zur Bildung von Säuren.*

**3** *Sprudelwasser mit Universalindikator versetzt, Eigenschaften vor und nach Erwärmen*

Säuren können also nicht nur durch Halogene gebildet werden. Durch Oxidation des Nichtmetalls Kohlenstoff mit Sauerstoff aus der Luft erhält man das Nichtmetalloxid Kohlenstoffdioxid, das in Wasser gelöst Kohlensäure bildet.

**Wässrige Lösungen von Nichtmetalloxiden sind saure Lösungen.**

**Zerfall der Kohlensäure** Die saure Wirkung entsteht dadurch, dass in Wasser gelöste Kohlensäure dissoziiert. Die saure Lösung enthält einfach positiv geladene Wasserstoff-Ionen und zweifach negativ geladene Carbonat-Ionen.

$$H_2CO_3 \rightarrow 2\,H^+ + CO_3^{2-}$$

**Erwärmen von Sprudelwasser** Durch Erwärmen wird das im Wasser gelöste Kohlenstoffdioxid ausgetrieben und das Wasser schmeckt nach einer Weile nur noch fad. Nimmt der Gehalt an gelöstem Kohlenstoffdioxid ab, so nimmt auch die Konzentration der Kohlensäure ab. Dies wirkt sich auf die Konzentration an Wasserstoff-Ionen und Carbonat-Ionen aus, die ebenfalls abnimmt. Im Versuch lässt sich dieser Vorgang mithilfe von Universalindikator, der vor dem Erwärmen zugegeben wird, nachweisen.

## Aufgaben

1 Erkläre, worauf die sauren Eigenschaften von Sprudelwasser beruhen. Verwende den Begriff Dissoziation.
2 Beschreibe den in Bild 3 dargestellten Versuch und werte ihn aus.

# Praktikum Kohlensäure

## 1 Herstellung von Kohlensäure aus Holzkohle

*Geräte:* Standzylinder, Draht (ca. 30 cm), Gasbrenner, Becherglas (50 ml), Abdeckscheibe
*Chemikalien:* Holzkohle, Sauerstoff, Wasser, Lackmuslösung
*Durchführung:* Fülle den Standzylinder mit Sauerstoff und decke ihn mit einer Abdeckscheibe ab. Nimm einen Draht und befestige am Ende ein Stück Holzkohle. Bringe die Holzkohle in der Brennerflamme zum Glühen. Führe die glühende Holzkohle in den Standzylinder ein und lass sie verbrennen. Gib in den Standzylinder 50 ml Wasser und einige Tropfen Lackmuslösung. Verschließe den Standzylinder mit der Abdeckscheibe und schüttle um.
*Auswertung:* Beschreibe und zeichne deine Beobachtungen. Stelle jeweils ein Reaktionsschema für die Verbrennung der Kohle und für das Lösen des Kohlenstoffdioxids in Wasser auf.

Wasser — Standzylinder — glühende Holzkohle — Sauerstoff — Lackmuslösung — Nach der Verbrennung — Abdeckplatte

## 2 Ein Luftballon wird „aufgepumpt"

*Geräte:* 2 Luftballons, Reagenzglas, Reagenzglashalter, Gasbrenner, Siedesteinchen
*Chemikalien:* Mineralwasser (mit Kohlensäure)
*Durchführung:*
**a** Stülpe den Luftballon über die Mineralwasserflasche. Schüttle die Flasche kräftig und beobachte.
**b** Gib frisches Mineralwasser und Siedesteinchen in ein Reagenzglas und stülpe den Luftballon darüber. Halte das Reagenzglas mithilfe des Halters schräg über die rauschende Brennerflamme.
*Auswertung:* Vergleiche die beiden Luftballons. Erkläre die Auswirkung der Erwärmung.

## 3 Nachweis von Kohlenstoffdioxid in Mineralwasser

*Geräte:* durchbohrter Stopfen, gewinkeltes Glasrohr, Becherglas (50 ml)
*Chemikalien:* Mineralwasser (mit Kohlensäure), Kalkwasser (Calciumhydroxid-Lösung), Leitungswasser, Universalindikator
*Durchführung:* Stecke den Gummistopfen mit dem gewinkelten Glasrohr in eine Mineralwasserflasche. Gib 30 ml Kalkwasser in das Becherglas. Schüttle die Flasche und halte das Ende des Glasrohrs sofort in das Becherglas mit Kalkwasser. Führe den Versuch abgewandelt erneut durch. Gib diesmal 5 Tropfen Universalindikator in 50 ml Leitungswasser und leite das Gas ein.
*Auswertung:* Beschreibe und zeichne deine Beobachtungen.

## 4 Cola-Mentos-Fontäne

*Versuch wird im Freien durchgeführt!*
*Geräte:* Draht (ca. 60 cm), Handbohrer (mind. 6 mm)
*Chemikalien:* Cola light, 5 Mentos-Bonbons
*Durchführung:* Bohre ein Loch in den Deckel der PET-Colaflasche. Bohre ein Loch in jedes Bonbon. Nimm einen Draht, führe ihn durch die Bonbons und verknote das Ende. Führe den Draht durch den Flaschendeckel. Schütte etwas von der Cola aus der Flasche und schraube den Deckel so zu, dass die Bonbonkette über der Flüssigkeit hängt. Lass die Bonbonkette durch Loslassen des Drahts in die Cola fallen und entferne dich rasch von der Flasche.
*Auswertung:* Filme das Experiment. Schätze die Höhe der Fontäne.

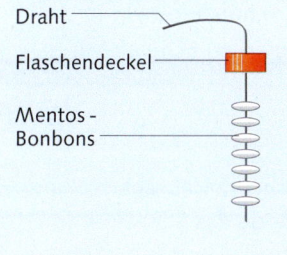

Draht — Flaschendeckel — Mentos-Bonbons

Cola zuckerfrei

# Schwefelsäure

**1** *Konzentrierte Schwefelsäure zersetzt Zucker. Dabei entsteht Wasserdampf, der die kohlenstoffhaltige Masse aufbläht.*

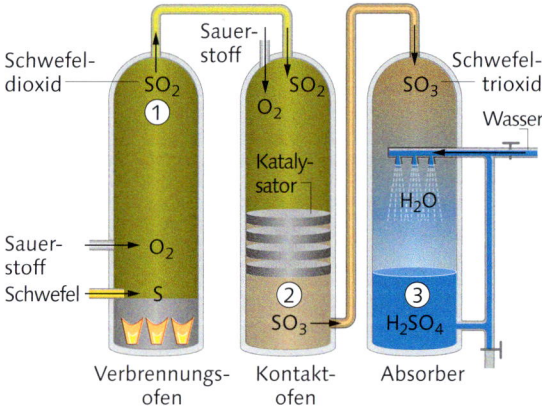

**2** *Industrielle Herstellung von Schwefelsäure im Kontaktverfahren*

**Eigenschaften** Konzentrierte Schwefelsäure ist eine ölige und farblose Flüssigkeit. Sie zieht Feuchtigkeit aus der Luft an. Solche Stoffe werden als hygroskopisch (griech. *hygrós:* feucht) bezeichnet. Organische Stoffe wie Zucker, Baumwolle oder Haut werden durch Schwefelsäure zersetzt. Dabei wird Kohlenstoff gebildet.

**Kontaktverfahren** Ausgangsstoff für die Herstellung von Schwefelsäure ist elementarer Schwefel, der aus natürlichen Vorkommen gewonnen oder bei der Rauchgasentschwefelung erzeugt wird. Durch Oxidation des Schwefels wird zuerst Schwefeldioxid hergestellt (Bild 2).

$$S + O_2 \rightarrow SO_2 \qquad \text{①}$$

Das gebildete Schwefeldioxid reagiert anschließend an einem erhitzten Katalysator mit Sauerstoff zu Schwefeltrioxid.

$$2\,SO_2 + O_2 \rightarrow 2\,SO_3 \qquad \text{②}$$

Im letzten Schritt wird Schwefeltrioxid in Wasser eingeleitet und reagiert zu Schwefelsäure.

$$SO_3 + H_2O \rightarrow H_2SO_4 \qquad \text{③}$$

Dieses Verfahren zur Schwefelsäureherstellung heißt Kontaktverfahren, da das Schwefeltrioxid an einem „Kontakt" (Katalysator) entsteht.

**Bedeutung und Verwendung** Schwefelsäure ist eine der wichtigsten Grundchemikalien, obwohl sie uns im Alltag nur selten direkt begegnet. Allerdings werden außerordentlich viele Produkte wie Farbstoffe, Waschmittel und Düngemittel unter Verwendung von Schwefelsäure hergestellt. In der Autobatterie (Bleiakku) ist sie als Akkusäure enthalten.

**Schwefelsäure ist sehr reaktionsfähig, sie zersetzt organische Stoffe. In der Industrie ist sie eine der wichtigsten Grundchemikalien.**

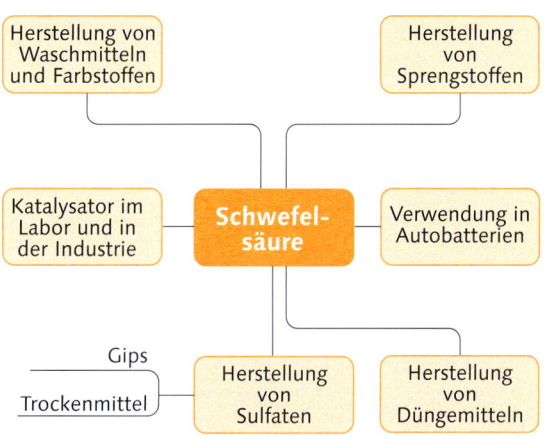

**3** *Verwendung von Schwefelsäure*

### Aufgabe

1 Beschreibe, was du beim Umgang mit Schwefelsäure beachten musst.

# Exkurs  Saurer Regen

**1** *Saurer Regen schädigt Seen, Wälder und Gestein.*

**Was ist saurer Regen?** Lösen sich Luftschadstoffe wie Schwefeldioxid oder Stickstoffoxide im Regenwasser, so bilden sich saure Lösungen. Aus dem Nichtmetalloxid Schwefeldioxid entstehen schweflige Säure und Schwefelsäure, aus Stickstoffoxiden wird Salpetersäure gebildet. Diese Säuren verringern den pH-Wert des Regens: Der Regen wird sauer.

*Beispiel:*

Schwefeldioxid + Wasser → schweflige Säure

$SO_2$ $+ H_2O$ → $H_2SO_3$

Schwefelsäure

schweflige Säure

Salpetersäure

saurer Schnee
saurer Regen

Emissionen von Schwefeldioxid und Stickstoffoxiden

Bodenversauerung

Versauerung von Gewässern

**2** *Entstehung von saurem Regen*

**Schäden durch sauren Regen** Durch sauren Regen wird der Boden mit Wasserstoff-Ionen angereichert. Diese ersetzen im Boden andere wichtige Kationen wie Magnesium-, Kalium- und Calcium-Ionen, die aus dem Boden herausgewaschen werden. Die Absenkung des pH-Werts schädigt die Wurzeln der Pflanzen und führt schließlich durch eine Mangelversorgung auch zu Schäden an Blättern und Trieben. Nadelbäume können ihre Nadeln verlieren. Außerdem sind die geschädigten Pflanzen weniger widerstandsfähig gegen Krankheiten und Frost.

**Verursacher und Folgen** Hauptverursacher des sauren Regens sind Industrie, Kraftwerke und Verkehr. Überall, wo Erdöl, Kohle und Treibstoff verbrannt wird, entstehen Luftschadstoffe. Sie sind nicht nur für Pflanzen, Böden und Gewässer schädlich, sondern auch für den Menschen: Luftschadstoffe können Atemwegserkrankungen wie Asthma und Kopfschmerzen verursachen.

**3** *Kalken des Waldbodens*

**Maßnahmen gegen sauren Regen** Durch Kalken kann der pH-Wert des Bodens wieder angehoben werden. Eine Verringerung der Schadstoffemissionen und die durchgängige Nutzung von Filteranlagen in der Industrie sind jedoch bessere Maßnahmen, da sie den sauren Regen vermeiden. Die seit den 1990er Jahren vorgeschriebenen Autokatalysatoren haben ebenfalls zu einem Rückgang der Luftschadstoffe geführt.

## Aufgaben

1 Erkläre, wie saurer Regen entsteht.
2 Nenne Verursacher des sauren Regens.
3 Beschreibe, welche Schäden saurer Regen hervorruft und was man dagegen tun kann.

# Methode   Fachsprache – Alltagssprache

**1** *Eine gelungene Übersetzung?*

**Grundlagen der Maßanalyse (Volumimetrie).** Die Maßanalyse ist ein klassisches Verfahren der quantitativen Analyse. Bei einer maßanalytischen Bestimmung wird ein genau gemessener Teil der Analysenprobe gelöst. Die Lösung ist die Analysenlösung. Sie enthält den zu bestimmenden Titranden. Die Analysenlösung wird dann in einem Messkolben auf ein bestimmtes Volumen gebracht. Für Parallelbestimmungen sind mithilfe einer Vollpipette aus dem Messkolben gleiche Volumen zu entnehmen und in Titriergefäße zu überführen.

**2** *Fachtext aus einem Chemielehrbuch*

**Fachsprache „in eigenen Worten" ausdrücken**
Im Chemieunterricht sollst du sowohl Fachsprache als auch Alltagssprache anwenden können. Manchmal ist es schwierig, die Fachsprache in Alltagssprache zu übersetzen, denn fachlich soll ja trotzdem alles richtig sein.

Wenn du aufgefordert wirst, etwas „in deinen eigenen Worten" auszudrücken, dann ist gemeint, dass du deine Beobachtung oder dein Ergebnis in Alltagssprache und nicht in Fachsprache sagen sollst. In der Tabelle sind die wichtigsten Merkmale von Fachsprache und Alltagssprache aufgelistet.

| Fachsprache | Beispiel | In eigenen Worten |
|---|---|---|
| **Fachwörter, Formeln** | Elektrolyse, $H_2O$, $Na_3N$ | – |
| **Nominalisierung** Verben werden zu Nomen. | die Entstehung die Beschleunigung die Erwärmung das Ausströmen | wenn etwas entsteht wenn etwas beschleunigt wird wenn etwas warm gemacht wird wenn etwas ausströmt |
| **Nullartikel** Artikel werden häufig weggelassen. | in Verbindung mit … in Wasser lösen durch Zugabe von | in Verbindung mit … im (in dem) Wasser lösen durch die Zugabe |
| **Partizipien** | geladene Teilchen reinigende Wirkung beschleunigende Wirkung ausgeströmtes Gas gelöstes Salz | Teilchen, die geladen sind die Wirkung, die reinigt die Wirkung, die beschleunigt das Gas, das ausgeströmt ist das Salz, das gelöst ist |
| **mehrere Attribute** | positiv geladene Ionen | Ionen, die positiv geladen sind |
| **keine handelnden Personen** | Die Tabelle dient zur Sicherung der Ergebnisse. | Mit der Tabelle kann man die Ergebnisse sichern. |
| **Passivform** | Elemente werden aufgrund ihrer gemeinsamen Eigenschaften in die entsprechende Spalte eingetragen. | Du trägst (oder man trägt) Elemente in dieselbe Spalte ein, weil sie die gleichen Eigenschaften haben. |

Hier siehst du weitere Beispiele dafür, wie etwas in Fachsprache und in eigenen Worten ausgedrückt werden kann.

| Fachsprache | In eigenen Worten |
| --- | --- |
| Eine technische Anwendung findet Schwefelsäure in der Autobatterie. | In der Autobatterie verwendet man Schwefelsäure. |
| Laugen besitzen eine ätzende Wirkung. | Laugen ätzen. |
| Bei Zugabe einer Lauge wird der Tee dunkelbraun. | Wenn man eine Lauge zum Tee gibt, wird der Tee dunkelbraun. |
| Beim Verdünnen einer Säure mit Wasser ist Vorsicht geboten, denn es wird viel Energie in Form von Wärme frei. | Man muss vorsichtig sein, wenn man Säure mit Wasser verdünnt, weil es sehr heiß wird. |
| Ähnlich wie bei der Herstellung von Natronlauge, aber mit einer geringeren Heftigkeit laufen die Reaktionen von Erdalkalimetallen mit Wasser ab. | Wenn Erdalkalimetalle mit Wasser reagieren, dann sind die Reaktionen weniger heftig, als wenn Natronlauge hergestellt wird. |
| Das entstehende Kohlenstoffdioxid wird wahrgenommen. | Es entsteht Kohlenstoffdioxid. Das können wir wahrnehmen. |
| Da der Atomkern des Sauerstoffatoms 8 Protonen aufweist, der des Wasserstoffatoms aber nur eins, geht vom Atomkern des Sauerstoffatoms eine stärkere Anziehungskraft auf das gemeinsame Elektronenpaar aus als vom Atomkern des Wasserstoffatoms. | Das Sauerstoffatom hat einen Atomkern mit 8 Protonen. Das Wasserstoffatom hat einen Atomkern mit nur einem Proton. Deswegen zieht der Atomkern des Sauerstoffatoms die Elektronen stärker an als der Atomkern des Wasserstoffatoms. |
| Zur Beschleunigung der Reinigung wird dem Reiniger neben seifenähnlichen Stoffen auch Natron zugefügt. | Ein Reiniger besteht aus Stoffen, die so ähnlich sind wie Seife. Wenn man zum Reiniger Natron gibt, dann reinigt er schneller. |

*Tipp:* Du kannst die Übersetzung von der Fachsprache in die Alltagssprache üben, wenn du z.B. eine Spalte mit einem Blatt Papier abdeckst.

# Natronlauge – eine alkalische Lösung

**1** *Einige Verwendungen für Natronlauge*

Lösung rot. Dies zeigt an, dass eine alkalische Lösung entstanden ist: die Natronlauge. Außerdem wird gasförmiger Wasserstoff gebildet, der sich aufgrund der heftigen Reaktion entzündet.

$$\text{Natrium} + \text{Wasser} \rightarrow \text{Natronlauge} + \text{Wasserstoff}$$
$$2\,\text{Na} + 2\,H_2O \rightarrow 2\,Na^+ + 2\,OH^- + H_2$$

Ähnlich wie Natrium reagieren auch die anderen Alkalimetalle wie Kalium und Lithium mit Wasser. Erdalkalimetalle wie Magnesium und Calcium reagieren ebenfalls mit Wasser zu Laugen. Solche Laugen sind wichtige Beispiele für alkalische Lösungen.

**Alkalimetalle und Erdalkalimetalle reagieren mit Wasser zu Laugen und Wasserstoff.**

**Natronlauge – wichtig für Haushalt und Industrie** Ob im Backofenspray oder im Abbeizmittel für alte Anstriche: Die ätzende Wirkung von Natronlauge wird überall dort genutzt, wo organische Stoffe wie Fette und Eiweißstoffe, aber auch Lacke zersetzt werden sollen. In der Industrie ist Natronlauge ein wichtiger Rohstoff zur Herstellung von Seifen und Waschmitteln. In der Papierindustrie werden die Papierrohstoffe in der Lauge aufgeweicht und gekocht.

**Vom Natriumhydroxid zur Natronlauge** Entfernt man durch Verdampfen das Wasser aus der Natronlauge, so erhält man einen kristallinen weißen Stoff: Natriumhydroxid (NaOH). Es gehört zur Gruppe der Metallhydroxide.
Im Labor wird es meist in Form von Natriumhydroxid-Plätzchen verwendet. Natronlauge kann auch aus festem Natriumhydroxid hergestellt werden. Dazu löst man beispielsweise 5 g Natriumhydroxid in 95 ml destilliertem Wasser. Dabei wird Wärme frei und eine 5%ige Natriumhydroxid-Lösung (5%ige Natronlauge) entsteht.

**Natronlauge ist eine alkalische Lösung von Natriumhydroxid in Wasser.**

**2** *Natrium reagiert mit Wasser zu Natronlauge und Wasserstoff.*

**Alkalimetalle und Erdalkalimetalle reagieren mit Wasser** Gibt man etwas Natrium in Wasser, so ist eine heftige, stark exotherme Reaktion zu beobachten. Das Natrium bewegt sich mit zischendem Geräusch über die Wasseroberfläche, dabei ist eine kleine Flamme zu erkennen. Wird dem Wasser der Indikator Phenolphthalein zugefügt, färbt sich die entstehende

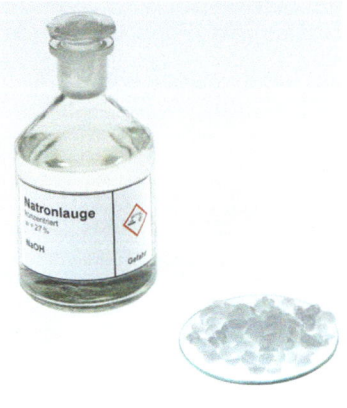

**3** *Natriumhydroxid-Plätzchen und daraus hergestellte Natronlauge*

| Metallhydroxid | | Ionen in der alkalischen Lösung | |
|---|---|---|---|
| Name | Formel | Metall-Ion | Hydroxid-Ion |
| Natrium-hydroxid | NaOH | $Na^+$ | $OH^-$ |
| Kalium-hydroxid | KOH | $K^+$ | $OH^-$ |
| Calcium-hydroxid | $Ca(OH)_2$ | $Ca^{2+}$ | $2\ OH^-$ |
| Magnesium-hydroxid | $Mg(OH)_2$ | $Mg^{2+}$ | $2\ OH^-$ |

**Tab. 1** *Zusammensetzung von Metallhydroxiden aus Ionen*

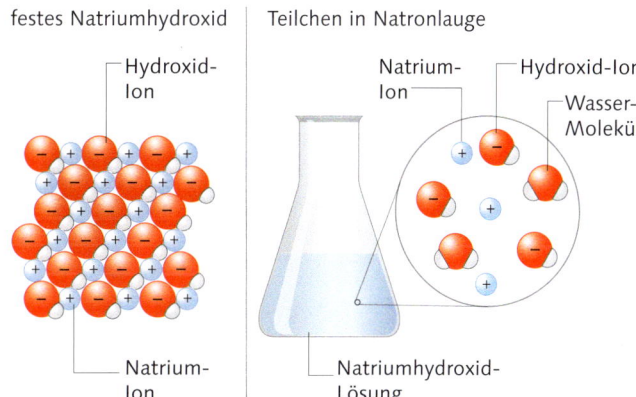
festes Natriumhydroxid | Teilchen in Natronlauge

**5** *Ionen im festen Natriumhydroxid und in der Natronlauge*

**Natronlauge leitet den Strom** Festes Natriumhydroxid zeigt keine elektrische Leitfähigkeit. Wird dagegen Natriumhydroxid in Wasser gelöst, so leitet diese Lösung den elektrischen Strom. In alkalischen Lösungen wie der Natronlauge müssen daher frei bewegliche Ionen als elektrische Ladungsträger vorhanden sein. Im festen Natriumhydroxid sind die Ionen im Gitter gebunden. Im Wasser zerfällt das Ionengitter in positiv geladene Metall-Ionen und negativ geladene Hydroxid-Ionen ($OH^-$-Ionen).

Natriumhydroxid → Natrium-Ion + Hydroxid-Ion
NaOH       → $Na^+$     + $OH^-$

Alle alkalischen Lösungen enthalten Hydroxid-Ionen. Sie sind für die alkalischen Eigenschaften verantwortlich und bewirken die charakteristische Farbänderung bei Indikatoren.

**Alkalische Lösungen enthalten immer Hydroxid-Ionen ($OH^-$-Ionen). Diese Ionen bewirken die Farbänderung bei Indikatoren.**

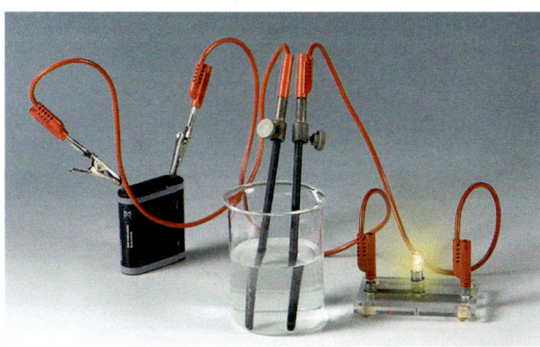

**4** *Natronlauge ist ein elektrischer Leiter.*

**Laugen aus Metalloxiden** Auch Metalloxide bilden bei der Reaktion mit Wasser Hydroxide. Calciumoxid reagiert mit Wasser stark exotherm zu Calciumhydroxid-Lösung (Kalkwasser), das auch zum Nachweis von Kohlenstoffdioxid dient.

Calciumoxid + Wasser → Calcium- + Hydroxid-
                         Ion      Ionen
CaO       + $H_2O$   → $Ca^{2+}$  + $2\ OH^-$

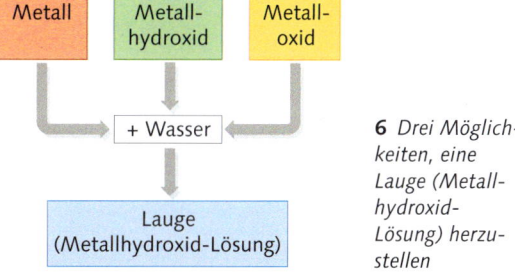

**6** *Drei Möglichkeiten, eine Lauge (Metallhydroxid-Lösung) herzustellen*

**Aufgaben**

1 Nenne drei Eigenschaften von Natronlauge und gib drei Verwendungsmöglichkeiten an.
2 Gib an, was man unter einer alkalischen Lösung versteht.
3 Formuliere das Reaktionsschema der Reaktion von Magnesium mit Wasser. Wie heißen die Reaktionsprodukte?
4 Feste Metallhydroxide leiten den elektrischen Strom nicht, Laugen dagegen schon. Begründe das unterschiedliche Verhalten.
5 Ein verkalkter Wasserkocher und ein angebranntes Backblech sollen gereinigt werden. Für welche Verschmutzung nimmst du Säuren, für welche Laugen?

# Ammoniak-Lösung reagiert alkalisch

**1** *Ammoniak ist in Haushalts-reinigern enthalten.*

**2** *In einem Kuhstall riecht es immer stark nach Ammoniak.*

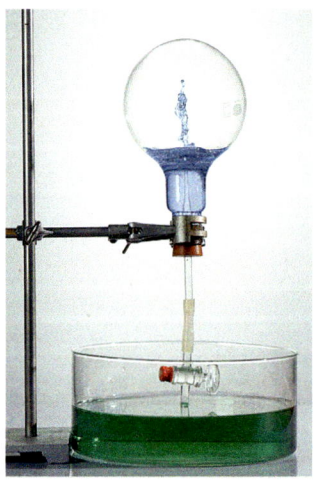

**4** *Springbrunnen-versuch zur Bildung von Ammoniak-Lösung (versetzt mit Universalindikator)*

**Ammoniak und Ammoniak-Lösung** Ammoniak ist ein farbloses, stechend riechendes und giftiges Gas mit der Formel $NH_3$. In Wasser gelöst und stark verdünnt wird es als Ammoniak-Lösung oder Salmiakgeist bezeichnet und findet Verwendung in Haushaltsreinigern und Fensterputzmitteln. Da das gelöste Ammoniak leicht entweicht, ist der charakteristische Geruch bei diesen Reinigern deutlich wahrnehmbar.

**Springbrunnenversuch – Bildung von Hydroxid-Ionen** Ammoniak-Lösung kann im sogenannten Springbrunnenversuch hergestellt werden. In einen Kolben mit Ammoniakgas wird mit Universalindikator versetztes Wasser gesogen, das wie bei einem Springbrunnen nach oben in den Kolben spritzt. Dabei löst sich das Gas im Wasser und eine Ammoniak-Lösung entsteht. Der zugesetzte Indikator zeigt an, dass es sich um eine alkalische Lösung handelt. Dies ist erstaunlich, denn anders als bei den bereits bekannten Metallhydroxiden sind im Ammoniak-Molekül ($NH_3$) keine Hydroxid-Ionen gebunden. Wie kann das sein?

$NH_3$

**3** *Molekülmodell von Ammoniak und Formel*

Ein kleiner Teil der Ammoniak-Moleküle reagiert mit Wasser-Molekülen, wobei Ammonium-Ionen und Hydroxid-Ionen gebildet werden.

Ammoniak + Wasser
$\rightarrow$ Ammonium-Ion + Hydroxid-Ion
$$NH_3 + H_2O \rightarrow NH_4^+ + OH^-$$

**Ammoniak ist ein farbloses, stechend riechendes Gas, das sich gut in Wasser löst. Eine wässrige Ammoniak-Lösung reagiert wegen der enthaltenen Hydroxid-Ionen alkalisch.**

**Vorkommen, Bedeutung von Ammoniak** In der Natur kommt Ammoniak überall dort vor, wo stickstoffhaltiges pflanzliches und tierisches Material abgebaut wird, beispielsweise durch den Stoffwechsel von Rindern oder Pferden. Der Geruch nach Ammoniak ist deshalb in Viehställen immer wahrnehmbar.

Für die Industrie ist Ammoniak ein wichtiger Grundstoff, der für die Herstellung von Kunststoffen und Farbstoffen verwendet wird. Der größte Bedarf besteht jedoch bei der Produktion von Düngemitteln aus Ammoniumsalzen.

**Aufgaben**

**1** Fertige einen Steckbrief über Ammoniak an.

**2** Begründe, warum das Indikatorpapier vor dem Nachweis von Ammoniak mit Wasser befeuchtet werden muss.

# Exkurs  Eine neue Definition für Säuren und Basen

**Wie lassen sich saure und alkalische Eigenschaften erklären?** Bisher haben wir definiert, dass saure Lösungen Wasserstoff-Ionen und alkalische Lösungen Hydroxid-Ionen enthalten. Diese Betrachtungsweise nimmt die Stoffe in den Blickpunkt.

- Saure Lösungen enthalten $H^+$-Ionen.
  *Beispiel:* $HCl \rightarrow H^+ + Cl^-$
- Alkalische Lösungen enthalten $OH^-$-Ionen.
  *Beispiel:* $NaOH \rightarrow Na^+ + OH^-$

Mit diesen Definitionen können aber nicht alle Phänomene rund um Säuren und Laugen erklärt werden. So ist es beispielsweise nicht möglich, die alkalischen Eigenschaften von Ammoniak-Lösung, einer Lauge, zu erklären: Das Ammoniak-Molekül $NH_3$ enthält keine Hydroxid-Ionen, trotzdem zeigt die Blaufärbung des Indikators die Anwesenheit von Hydroxid-Ionen in einer Ammoniak-Lösung. Eine neue Betrachtungsweise rückt deshalb die Teilchen in den Vordergrund.

**Säuren geben Protonen ab** Im Jahr 1923 stellte der dänische Chemiker JOHANNES NICOLAUS BRÖNSTED fest, dass Säuren wie das Chlorwasserstoff-Molekül $HCl$ zwar Wasserstoff gebunden haben, aber in der sauren Lösung keine freien $H^+$-Ionen (auch Protonen genannt) vorhanden sind. Die $H^+$-Ionen reagieren sofort mit Wasser-Molekülen zu $H_3O^+$-Ionen (Oxonium-Ionen).

*Beispiel:* Das Chlorwasserstoff-Molekül gibt ein $H^+$-Ion ab, das Wasser-Molekül nimmt das $H^+$-Ion auf.

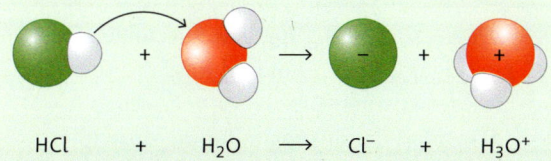

$$HCl \quad + \quad H_2O \quad \longrightarrow \quad Cl^- \quad + \quad H_3O^+$$

BRÖNSTED leitete daraus eine neue, *erweiterte Definition für Säuren* ab:
Säuren sind Teilchen, die $H^+$-Ionen (Protonen) abgeben können; sie sind Protonendonatoren (lat. *donare*: geben, schenken).

**Basen nehmen Protonen auf** Um das alkalische Verhalten einer Ammoniak-Lösung erklären zu können, betrachtete BRÖNSTED auch hier die Übertragung von Protonen und stellte fest: Das Ammoniak-Molekül kann ein Proton aufnehmen. Es erhält das Proton vom Wasser-Molekül. Durch die Übertragung des Protons von einem Wasser-Molekül auf ein Ammoniak-Molekül entsteht eine alkalische Lösung, die $OH^-$-Ionen (Hydroxid-Ionen) enthält.

*Beispiel:* Das Ammoniak-Molekül nimmt ein Proton auf, das Wasser-Molekül gibt ein Proton ab.

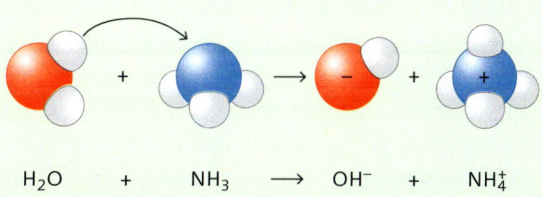

$$H_2O \quad + \quad NH_3 \quad \longrightarrow \quad OH^- \quad + \quad NH_4^+$$

BRÖNSTED leitete daraus eine neue *Definition für Basen* ab:
Teilchen, die Protonen aufnehmen können, werden als Base bezeichnet. Es sind Protonenakzeptoren (lat. *accipere*: aufnehmen).

**Wasser-Moleküle können beides** Nach der Definition von BRÖNSTED kann das Wasser-Molekül sowohl eine Säure als auch eine Base sein: Gibt das Wasser-Molekül ein Proton ab, tritt es als Protonendonator auf und ist damit eine Säure. Nimmt das Wasser-Molekül aber ein Proton auf, ist es nach BRÖNSTED gleichzeitig eine Base.

### Aufgaben
1 Begründe, dass Bromwasserstoff-Moleküle nach BRÖNSTED Säuren sind.
2 Erkläre den Unterschied zwischen einer Lauge und einer Base.
3 Zeichne einen Comic, der zeigt, wie du dir den Protonenübergang von einem Säure-Molekül zu einem Wasser-Molekül vorstellst.
4 Recherchiere über Leben und Werk von JOHANNES N. BRÖNSTED und erstelle einen Steckbrief.

# Praktikum  Saure und alkalische Reinigungsmittel

## 1 Reinigungsmittel – sauer oder alkalisch?

*Geräte:* mehrere Bechergläser (50 ml), Glasstab, Spatel, Pipetten

*Chemikalien:* Universalindikatorpapier, dest. Wasser, Allzweckreiniger, Entkalker, Essigreiniger, Geschirrspülmittel, Spülmaschinenpulver, Klarspüler, Kernseife, Sanitärreiniger (mit Chlorbleiche), Vollwaschmittel, Weichspüler, WC-Reiniger (Pulver)

*Durchführung:* Löse jeweils einen Spatel der festen Reiniger in einem Becherglas in dest. Wasser. Teste alle Reiniger auf ihren pH-Wert, indem du 1 Tropfen der Lösung mit dem Glasstab auf Universalindikatorpapier gibst.

*Auswertung:* Ordne die Reiniger in vier unterschiedliche Gruppen ein (von stark sauer bis stark alkalisch). Erstelle dazu eine Tabelle, die die Reiniger, die Farbänderungen und die pH-Werte aufführt.

## 2 Graffiti mit Haushaltsreinigern

*Geräte:* Glasstab oder Pinsel, Filterpapier (das zuvor mit Rotkohlsaft getränkt und dann getrocknet wurde)

*Chemikalien:* dest. Wasser, saure und alkalische Reinigungsmittel aus Experiment 1

*Durchführung:* Tauche einen schmalen Glasstab oder Pinsel in einen flüssigen Reiniger und male auf dem Rotkohlpapier. Reinige den Glasstab bzw. den Pinsel gründlich mit dest. Wasser und nimm dann einen anderen Reiniger, um auf dem Papier zu malen.

*Auswertung:* Beschreibe die Farbänderung und die Wirkung der Reinigungsmittel.

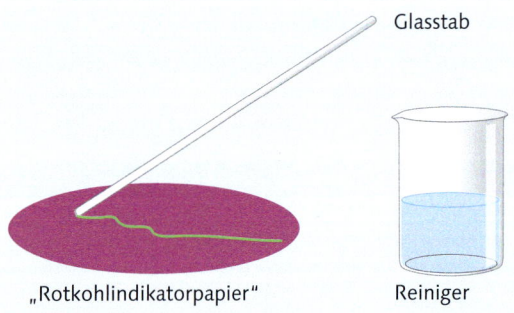

Glasstab

„Rotkohlindikatorpapier"  Reiniger

## 3 Wie saure WC-Reiniger wirken

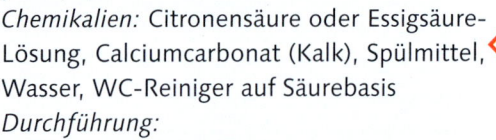

*Geräte:* 3 Bechergläser (100 ml), Messpipette, Spatel

*Chemikalien:* Citronensäure oder Essigsäure-Lösung, Calciumcarbonat (Kalk), Spülmittel, Wasser, WC-Reiniger auf Säurebasis

*Durchführung:*

a Gib in ein Becherglas 50 ml Wasser und einen Spatel Citronensäure oder 10 ml Essigsäure. Füge einen Spatel Calciumcarbonat hinzu. Wiederhole den Versuch, gib diesmal aber 10 Tropfen Spülmittel dazu.

b Gib etwas WC-Reiniger in ein Becherglas. Füge einen Spatel Calciumcarbonat hinzu und rühre um.

*Auswertung:* Beschreibe deine Beobachtungen. Erkläre, welche Wirkung das Spülmittel hat. Vergleiche das Etikett eines WC-Reinigers mit den Chemikalien des Experiments und versuche, eine Zuordnung zu treffen.

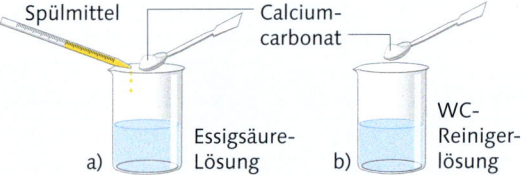

Spülmittel   Calcium-carbonat

a) Essigsäure-Lösung   b) WC-Reiniger-lösung

## 4 Wie alkalische Rohrreiniger wirken

*Geräte:* Becherglas (100 ml), Erlenmeyerkolben (100 ml), Thermometer, Spatel, Heizplatte, Glasstab

*Chemikalien:* Wasser, Rohrreiniger (Granulat), Wollreste, Haare, Universalindikatorpapier

*Durchführung:*

a *Temperatur:* Gib in das Becherglas 50 ml Wasser und einen Spatel Rohrreiniger. Rühre mit dem Glasstab um und miss die Temperatur der Lösung. Gib mit dem Glasstab 1 Tropfen der Lösung auf Indikatorpapier.

b *Wirkungsweise:* Füge zur Lösung Haare und Wollreste zu. Erhitze einige Minuten unter Rühren auf der Heizplatte.

*Auswertung:* Notiere die Temperaturänderungen. Beschreibe, wie der Rohrreiniger wirkt.

# Praktikum  Neutralisation

## 1 Titration von Natronlauge

*Geräte:* Messzylinder, 3 Erlenmeyerkolben (100 ml), Spritze (30 ml), Tropfpipette

*Chemikalien:* Natronlauge in 3 verschiedenen Konzentrationen ($c = 0,2 \frac{mol}{l}$, $0,4 \frac{mol}{l}$, $0,6 \frac{mol}{l}$), Salzsäure ($c = 0,4 \frac{mol}{l}$), Universalindikator

*Durchführung:* Miss mit dem Messzylinder 20 ml Natronlauge einer Konzentration ab und fülle sie in einen Erlenmeyerkolben. Gib 3 Tropfen Universalindikator dazu. Sauge mit der Spritze 10 ml Salzsäure auf. Gib in 1-ml-Schritten Salzsäure zur Natronlauge hinzu. Schwenke nach jeder Zugabe den Erlenmeyerkolben um und beobachte, ob eine Farbänderung stattfindet. Verfärbt sich die Indikatorlösung von Blau nach Grün, ist die Lösung neutral und der Versuch ist beendet. Titriere ebenso auch die Natronlauge mit den anderen Konzentrationen.

*Auswertung:* Notiere jeweils den Verbrauch an Salzsäure.

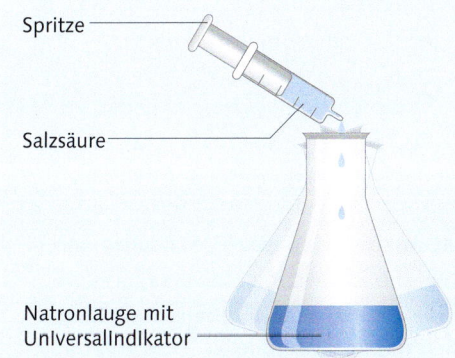

Spritze

Salzsäure

Natronlauge mit Universalindikator

## 2 Neutralisation in der Spülmaschine

*Geräte:* 2 Erlenmeyerkolben (100 ml), Pasteurpipette (3 ml), 2 Spritzen (30 ml), Spatel, Messzylinder (50 ml)

*Chemikalien:* Spülmaschinenreiniger, Klarspüler, Wasser, Universalindikator

*Durchführung:* Fülle in den ersten Erlenmeyerkolben 50 ml Wasser, 3 Spatelspitzen Spülmaschinenreiniger und 3 ml Universalindikator. In den zweiten Erlenmeyerkolben füllst du 50 ml Wasser und 5 ml Klarspüler. Gib nun in 1-ml-Schritten die Klarspülerlösung in den Erlenmeyerkolben mit dem Spülmaschinenreiniger und dem Universalindikator.

*Auswertung:* Notiere die Farben und pH-Werte der Lösungen und benenne sie als sauer, alkalisch oder neutral. Notiere, wie viel ml Klarspüler notwendig sind, bis die Reinigerlösung neutralisiert ist. Erläutere, welche Funktionen Reiniger und Klarspüler besitzen.

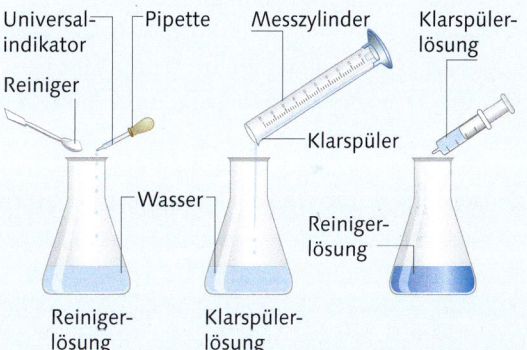

Universalindikator  Pipette  Messzylinder  Klarspülerlösung

Reiniger

Klarspüler

Wasser

Reinigerlösung

Reinigerlösung  Klarspülerlösung

## 3 Neutralisation im Magen – was hilft am besten bei Sodbrennen?

*Geräte:* 8 Bechergläser (100 ml), Tropfpipette, Spatel, Messzylinder (50 ml)

*Chemikalien:* 0,5%ige Salzsäure, Antazidum (Medikament gegen Sodbrennen), grüner Tee, Kochsalz, Wasser, Obstbrand, Universalindikator

*Durchführung:* Gib in 4 Bechergläser je 25 ml 0,5%ige Salzsäure und 10 Tropfen Universalindikator (Ausgangslösungen). Als zu überprüfende Mittel gegen Sodbrennen setze jeweils in einem Becherglas eine Antazidumlösung, eine Teelösung und eine Kochsalzlösung an; gib Obstbrand in das weitere Becherglas. Gib zu den 4 Ausgangslösungen pipettenweise jeweils eine der angesetzten Lösungen und den Obstbrand, bis sich die Farbe des Indikators ändert.

*Auswertung:* Notiere Farbe und pH-Wert der Ausgangslösungen. Notiere, bei welchen Mitteln eine Neutralisationsreaktion stattfindet. Erkläre die Wirksamkeit bzw. Nichtwirksamkeit der Mittel. Ermittle anhand des Beipackzettels vom Antazidum den Wirkstoff, der zur Neutralisation genutzt wird. Erkläre, wodurch das Sodbrennen aufgehoben wird.

# Neutralisation

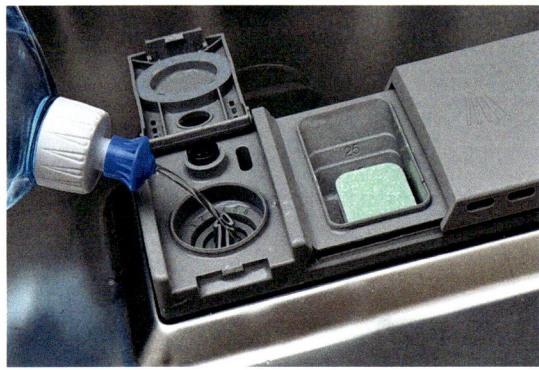

**1** *Warum verwendet man neben dem alkalischen Reiniger im Geschirrspüler auch sauren Klarspüler?*

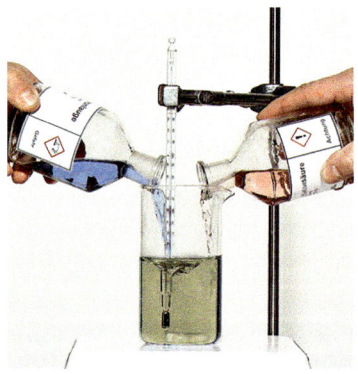

**3** *Neutralisation von Natronlauge mit Salzsäure. Das Thermometer zeigt eine Temperaturerhöhung an.*

**Neutral statt ätzend** Haushaltschemikalien und Abwässer von Industrie und Chemielabor enthalten oft saure oder alkalische Lösungen. So ist beispielsweise der in der Geschirrspülmaschine verwendete Reiniger alkalisch, damit sich Essensreste gut vom Geschirr ablösen. Alkalische und saure Lösungen haben aber eine ätzende, schädigende Wirkung. Damit Umwelt und Gesundheit bei ihrer Entsorgung nicht gefährdet werden, muss die ätzende Wirkung aufgehoben werden. Man sagt, die Lösung wird neutralisiert. Solche Lösungen, die weder sauer noch alkalisch sind, werden als neutral bezeichnet.

**Sauer, alkalisch oder neutral?** Der pH-Wert zeigt an, wie stark sauer oder alkalisch eine Lösung ist. *Saure Lösungen* haben einen pH-Wert, der kleiner als 7 ist. Sie haben einen Überschuss an $H^+$-Ionen. Die pH-Werte korrespondieren mit der Anzahl der $H^+$-Ionen in der Lösung. Eine Lösung mit einem pH-Wert von 4 enthält zehnmal so viele $H^+$-Ionen wie die gleiche Menge der Lösung mit einem pH-Wert von 5. *Alkalische Lösungen* haben einen pH-Wert, der

größer als 7 ist. Sie haben einen Überschuss an $OH^-$-Ionen. Auch hier gilt: Eine Lösung mit pH = 14 hat zehnmal mehr $OH^-$-Ionen als die gleiche Menge der Lösung mit pH = 13. Für die Herstellung von Lösungen mit unterschiedlichem pH-Wert sind diese Zehnerschritte wichtig: Möchte man eine saure Lösung mit pH = 4 auf pH = 5 verdünnen, so füllt man auf die zehnfache Menge Wasser auf. Bei pH = 7 ist die Lösung *neutral*, es liegen genauso viele $H^+$- wie $OH^-$-Ionen vor. Dies ist beispielsweise bei destilliertem Wasser der Fall.

**Neutralisationsreaktion** Wenn Salzsäure und Natronlauge, die jeweils mit Universalindikator versetzt sind, in einem Gefäß gemischt werden, erwärmt sich die Lösung (Bild 3). Dies zeigt an, dass eine exotherme Reaktion abläuft. Die Farbänderung des Indikators (grün) weist darauf hin, dass eine neutrale Lösung entstanden ist.

**Die Neutralisation ist eine Reaktion, bei der eine saure Lösung mit einer alkalischen Lösung reagiert. Dabei wird Wärme frei.**

| pH-Wert | 0 | 1 | 2 | 3 | 4 | 5 | 6 | 7 | 8 | 9 | 10 | 11 | 12 | 13 | 14 |
|---|---|---|---|---|---|---|---|---|---|---|---|---|---|---|---|
| Eigenschaft der Lösung | stark sauer | | | | schwach sauer | | | neutral | schwach alkalisch | | | stark alkalisch | | | |
| Welche Ionen überwiegen? | Überschuss an $H^+$-Ionen nimmt zu. | | | | | | | | Überschuss an $OH^-$-Ionen nimmt zu. | | | | | | |

**2** *pH-Wert-Skala*

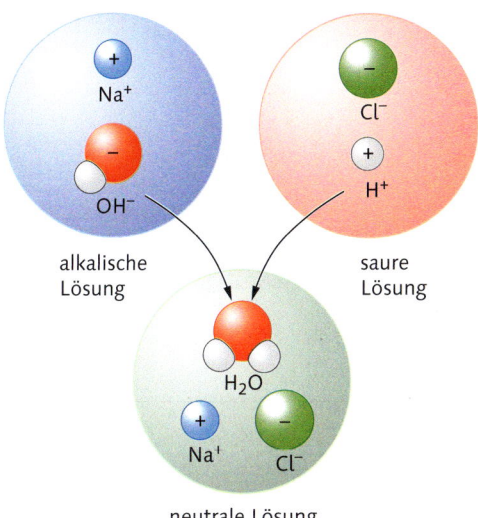

alkalische
Lösung

saure
Lösung

$H_2O$

neutrale Lösung
(Wasser und gelöstes Salz)

**4** *Die Neutralisationsreaktion auf Teilchenebene*

4

**Exkurs Benennung von Salzen**

Der Name eines Salzes wird aus dem Namen des Metalls und des Säurerests gebildet.

| Name der Säure | Formel | Säurerest | Name des Säurerests |
|---|---|---|---|
| Salzsäure | HCl | $Cl^-$ | Chlorid |
| Flusssäure | HF | $F^-$ | Fluorid |
| Schwefelsäure | $H_2SO_4$ | $SO_4^{2-}$ | Sulfat |
| schweflige Säure | $H_2SO_3$ | $SO_3^{2-}$ | Sulfit |
| Salpetersäure | $HNO_3$ | $NO_3^-$ | Nitrat |
| Kohlensäure | $H_2CO_3$ | $CO_3^{2-}$ | Carbonat |
| Schwefelwasserstoffsäure | $H_2S$ | $S^{2-}$ | Sulfid |

**Salz wird gebildet** Nach dem Eindampfen der neutralen Lösung bleibt ein weißer Feststoff übrig. Es handelt sich um ein Salz.

Bei der Neutralisation verbinden sich die Wasserstoff-Ionen der sauren Lösung mit den Hydroxid-Ionen der alkalischen Lösung zu Wasser-Molekülen. Die Säurerest-Ionen der sauren Lösung und die Metall-Ionen der alkalischen Lösungen bilden das Salz.

*Beispiel:* Neutralisation von Natronlauge mit Salzsäure

Natronlauge + Salzsäure → Natriumchlorid + Wasser

$Na^+ + OH^- + H^+ + Cl^- \rightarrow Na^+ + Cl^- + H_2O$

**Bei der Neutralisation reagieren eine saure Lösung und eine alkalische Lösung zu Salz und Wasser.**

saure Lösung + alkalische Lösung ⟶ Salz + Wasser

**Bedeutung der Neutralisation** In der Geschirrspülmaschine wird die ätzende alkalische Lösung des Reinigers mit der sauren Lösung des Klarspülers neutralisiert, damit keine Flecken auf dem Geschirr zurückbleiben.

Die Böden von Wäldern und Feldern sind oft zu sauer, teilweise verursacht durch sauren Regen. Dünger, denen Kalk (Calciumcarbonat) zugesetzt ist, neutralisieren den Boden und schaffen einen günstigen pH-Wert für die Pflanzen.

Im Labor lassen sich mithilfe der Neutralisation die Konzentrationen von sauren und alkalischen Lösungen bestimmen.

**5** *Bestimmung der Konzentration einer Säure durch Neutralisation*

**Aufgaben**

1 Formuliere das Reaktionsschema in Worten und in Symbolschreibweise für die Neutralisation und benenne das gebildete Salz.
a Natronlauge mit Schwefelsäure
b Kalilauge (KOH) mit Salpetersäure
c Natronlauge und Salpetersäure
2 Überlege, wie man Kaliumfluorid durch Neutralisation herstellen könnte. Stelle das Reaktionsschema auf.
3 Es soll konzentrierte Salzsäure entsorgt werden. Beurteile, ob sie in den Abfluss gegeben werden kann. Schlage gegebenenfalls einen sicheren Entsorgungsweg vor und begründe.

# Exkurs  Massenanteil und Stoffmengenkonzentrationen

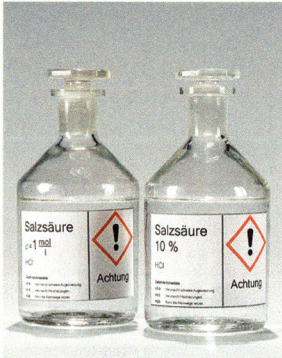

**1** *Zwei Möglichkeiten, das Mischungsverhältnis von Chlorwasserstoff und Wasser anzugeben: als Massenanteil (10%) oder als Stoffmengen-konzentration*

$(c = 1 \frac{mol}{l})$

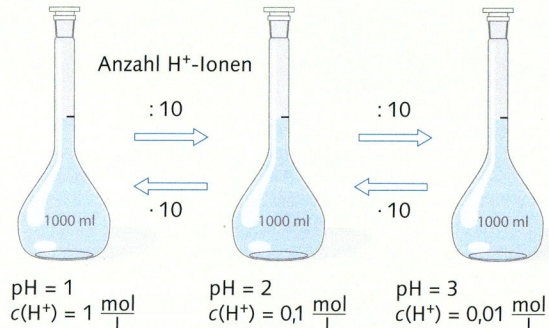

Anzahl H⁺-Ionen

pH = 1
$c(H^+) = 1 \frac{mol}{l}$

pH = 2
$c(H^+) = 0,1 \frac{mol}{l}$

pH = 3
$c(H^+) = 0,01 \frac{mol}{l}$

**2** *pH-Wert der Lösung und Konzentration an H⁺-Ionen*

**Massenanteil** Auf Chemikalienflaschen wird das Mischungsverhältnis oft in Prozent angegeben. Dies ist der Massenanteil eines Stoffes bezogen auf die Masse der gesamten Mischung.
*Beispiele:*
In 100 g einer 10%igen Salzsäure sind 10 g Chlorwasserstoff in 90 g Wasser gelöst.
In 100 g einer 5%igen Natronlauge sind 5 g Natriumhydroxid (NaOH) und 95 g Wasser enthalten.

$$\text{Massenanteil} = \frac{\text{Masse (gelöster Stoff)}}{\text{Masse (Stoffgemisch)}} \cdot 100\,\%$$

**Stoffmengenkonzentration** Mithilfe der Stoffmengenkonzentration kannst du die Stärke einer sauren Lösung beurteilen, denn sie ist abhängig von der Anzahl der H⁺-Ionen in einem bestimmten Volumen. Bei alkalischen Lösungen ist die Stärke der Lösung abhängig von der Anzahl der OH⁻-Ionen in einem bestimmten Volumen. Das Zählmaß des Chemikers ist die Stoffmenge, das Mol. Sie gibt die Anzahl der Teilchen in einer Stoffportion an. Die Konzentration einer Lösung wird durch die Stoffmenge des gelösten Stoffes in einem gegebenen Volumen bestimmt. Sie heißt Stoffmengenkonzentration c und wird in mol pro Liter ($\frac{mol}{l}$) angegeben. In 1 Liter einer Salzsäure-lösung mit der Stoffmengenkonzentration $c = 1 \frac{mol}{l}$ sind also 1 mol an H⁺-Ionen enthalten.

Für den pH-Wert von Lösungen heißt das: Eine saure Lösung mit pH = 1 enthält 10-mal so viele H⁺-Ionen wie die gleiche Menge einer Lösung mit pH = 2, 100-mal so viele wie bei pH = 3, 1000-mal so viele wie bei pH = 4 usw. (Bild 2).

**Herstellen einer Maßlösung** Um Natronlauge mit einer Stoffmengenkonzentration von $c = 1 \frac{mol}{l}$ herzustellen, gehst du folgendermaßen vor:
1. Du benötigst 1 mol der Verbindung Natriumhydroxid, das sind 40 g.
   *Hinweis*: 1 mol NaOH hat die Masse:
   23 g (Na) + 16 g (O) + 1 g (H) = 40 g (NaOH)
2. Wiege 40 g Natriumhydroxid-Plätzchen ab.
3. Gib das Natriumhydroxid in einen Messkolben und fülle diesen mit destilliertem Wasser auf genau 1 Liter auf.

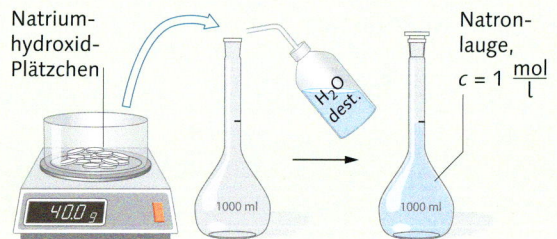

**3** *Herstellen einer Natronlauge mit $c = 1 \frac{mol}{l}$*

## Aufgabe

**1** Es sollen zwei Lösungen hergestellt werden. Stelle dar, wie du vorgehst:
**a** 10%ige Citronensäure-Lösung aus fester Citronensäure
**b** Kalilauge mit $c = 0,5 \frac{mol}{l}$ aus Kaliumhydroxid
**2** Beschreibe, wie du beim Herstellen folgender Maßlösungen vorgehst.
**a** 500 ml einer Natronlauge mit $c = 0,3 \frac{mol}{l}$
**b** 100 ml einer Kalilauge mit $c = 0,1 \frac{mol}{l}$
**c** 200 ml einer 10%igen Natronlauge
**3** Gib an, wie du 10 ml Salzsäure mit pH = 1 so verdünnst, dass pH = 6 erreicht wird.

# Methode   Titration

**Unbekannte Konzentrationen ermitteln** Im Labor ist es immer wieder notwendig, die Konzentration von Säuren oder Laugen zu ermitteln. Dies gelingt mithilfe der Titration, bei der die Konzentration einer unbekannten Lösung (z. B. einer Säure) mittels einer Maßlösung mit bekannter Konzentration (z. B. einer Lauge) bestimmt wird. Diese Methode wird deshalb auch Maßanalyse genannt.

Sie beruht auf der Neutralisation. Dabei wird die Tatsache ausgenutzt, das $H^+$-Ionen der sauren Lösung und $OH^-$-Ionen der alkalischen Lösung sich neutralisieren, wenn sie in gleicher Konzentration vorliegen. Ein zugesetzter Indikator in der Probenlösung zeigt an, wenn die Lösung neutral geworden und das Ende der Titration erreicht ist. Dann wird das Volumen der verbrauchten Maßlösung notiert und die Konzentration der Probenlösung kann berechnet werden.

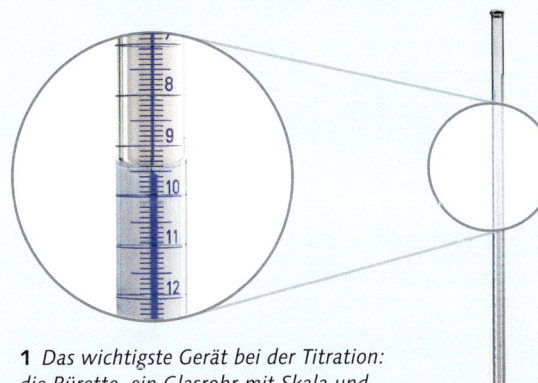

**1** *Das wichtigste Gerät bei der Titration: die Bürette, ein Glasrohr mit Skala und Auslasshahn*

**2** *Farbumschlag des Indikators bei der Neutralisation*

*Vorgehen beim Titrieren:*

**1** Fülle die Bürette mit einer Lösung bekannter Konzentration (Maßlösung).

**2** Lass die Maßlösung so weit in ein leeres Becherglas ab, bis die Eichmarke auf der Bürette erreicht ist. Notiere den Anfangsstand.

**3** Miss ein bestimmtes Volumen der Probenlösung ab. Fülle sie in einen Erlenmeyerkolben und versetze sie mit Universalindikator.

**4** Gib die Maßlösung tropfenweise in die Probenlösung mit unbekannter Konzentration. Bewege die Probenlösung dabei ständig.

**5** Schlägt die Farbe des Universalindikators nach Grün um, ist die Neutralisation erreicht.

**6** Lies den Endstand an der Bürette ab und notiere, wie viel Maßlösung verbraucht wurde.

**7** Errechne mithilfe der Gleichung die Stoffmengenkonzentration der Probenlösung.

*Gleichung:*
$$c\,(\text{Säure}) = \frac{c\,(\text{Lauge}) \cdot V\,(\text{Lauge})}{V\,(\text{Säure})}$$

*Beispiel:*
Stoffmengenkonzentration der Natronlauge (Maßlösung):
$$c\,(\text{NaOH}) = 0{,}1\ \tfrac{\text{mol}}{\text{l}}$$
Volumen der verbrauchten Natronlauge:
$$V\,(\text{NaOH}) = 30\ \text{ml}$$
Volumen der Salzsäure (Probenlösung):
$$V\,(\text{HCl}) = 15\ \text{ml}$$
Stoffmengenkonzentration der Salzsäure:
$$c\,(\text{HCl}) = ?\ \tfrac{\text{mol}}{\text{l}}$$

$$c\,(\text{HCl}) = \frac{0{,}1\ \tfrac{\text{mol}}{\text{l}} \cdot 30\ \text{ml}}{15\ \text{ml}}$$

$$c\,(\text{HCl}) = 0{,}2\ \tfrac{\text{mol}}{\text{l}}$$

Die Probenlösung (Salzsäure) besitzt eine Stoffmengenkonzentration von $c = 0{,}2\ \tfrac{\text{mol}}{\text{l}}$.

4

# Teste dich!

1 Säuren und saure Lösungen haben in der Chemie und im Alltag große Bedeutung.
a Nenne drei Eigenschaften einer sauren Lösung.
b Gib die typischen Teilchen einer sauren Lösung an und erläutere, wie sie entstehen.
c Gib jeweils zwei Beispiele für eine Säure und eine saure Lösung an.

2 Erläutere an einem selbst gewählten Beispiel, wie du saure und alkalische Lösungen nachweisen kannst.

3 Erläutere den Unterschied zwischen Chlorwasserstoff und Salzsäure.

4 Erkläre, warum Salzsäure elektrisch leitfähig ist.

5 Nenne die typischen Reaktionen von sauren Lösungen und belege diese jeweils mit einem Reaktionsschema (Formelschreibweise).

6 Nenne zwei Möglichkeiten, eine Säure zu bilden, und gib dazu jeweils ein Beispiel an.

7 Alkalische Lösungen und Laugen haben in der Chemie und im Alltag große Bedeutung.
a Nenne zwei Beispiele für alkalische Lösungen bzw. Laugen. Welche Eigenschaften haben sie?
b Gib drei Möglichkeiten an, eine Lauge zu bilden.
c Gib die typischen Teilchen einer alkalischen Lösung an und erläutere, wie sie entstehen.

8 Erläutere, welche Informationen über Lösungen dem pH-Wert zu entnehmen sind.

9 Beschreibe die Reaktion von Natrium und Wasser und stelle das Reaktionsschema (Formelschreibweise) auf.

**1** *zu Aufgabe 9*

10 Begründe, warum ein angefeuchtetes Universalindikatorpapier, das in Ammoniakgas gehalten wird, eine blaue Färbung annimmt.

11 Natronlauge und Salzsäure reagieren, wenn sie gemischt werden.
a Stelle das Reaktionsschema (Formelschreibweise) auf.
b Gib den Reaktionstyp an, der dieser Reaktion zugrunde liegt, und formuliere eine allgemeingültige Definition.

12 Berechne, wie viel Gramm Lithiumhydroxid zum Herstellen einer Lithiumhydroxid-Lösung mit den folgenden Stoffmengenkonzentrationen nötig sind.
a $c\,(\text{LiOH}) = 1{,}5\,\frac{\text{mol}}{\text{l}}$
b $c\,(\text{LiOH}) = 4\,\frac{\text{mol}}{\text{l}}$

| Aufgabe | Hilfe findest du auf Seite… |
|---|---|
| 1 | 82, 88/89 |
| 2 | 84 |
| 3 | 88 |
| 4 | 89 |
| 5 | 90 |
| 6 | 88, 92 |
| 7 | 83, 98/99 |
| 8 | 84, 104 |
| 9 | 98 |
| 10 | 100 |
| 11 | 104/105 |
| 12 | 106 |
| **… und die Lösungen findest du im Anhang.** | |

# Im Überblick

Zitronen schmecken bekanntlich sauer. Laugenbrezeln bekommen durch Natronlauge eine ap-
petitliche braune Kruste. Aber auch in Getränken, Lebensmitteln, Waschmitteln, in Pflanzen
oder in technischen Geräten und Industriepro-
dukten begegnen uns Säuren und Laugen. Selbst
in unserem Körper spielen sie eine wichtige Rolle, beispielsweise in der Magensäure oder auf
der Haut. Säuren und Laugen besitzen jeweils
einen typischen pH-Wert und können durch Indikatoren nachgewiesen werden.

## Säuren
- *Beispiel*: Chlorwasserstoff, Formel: HCl
- bilden mit Wasser saure Lösungen

## Saure Lösungen
- *Beispiel*: Chlorwasserstoff in Wasser gelöst
  = „Salzsäure", verkürzte Formel: HCl
- wässrige Lösungen, die Wasserstoff-Ionen
  ($H^+$-Ionen) und Säurerest-Ionen enthalten
  *Beispiel:* $HCl \rightarrow H^+ + Cl^-$
- Eigenschaften: saurer Geschmack (*Achtung*:
  Gefahr!); verändern Farbe von Indikatoren;
  leiten den elektrischen Strom; reagieren mit
  unedlen Metallen, Metalloxiden und Kalk

## Alkalische Lösungen
- *Beispiel*: Natriumhydroxid in Wasser gelöst
  = Natronlauge, verkürzte Formel: NaOH
- wässrige Lösungen, die Hydroxid-Ionen
  ($OH^-$-Ionen) und Metall-Ionen enthalten
  *Beispiel:* $NaOH \rightarrow Na^+ + OH^-$
- Eigenschaften: fühlen sich seifig an (*Ach-
  tung*: Gefahr!); verändern Farbe von Indika-
  toren; leiten den elektrischen Strom

## pH-Wert
- zeigt an, wie stark sauer oder alkalisch eine
  Lösung ist – oder ob sie neutral ist

## Stoffmengenkonzentration
- ist der Quotient aus der Stoffmenge eines gelösten Stoffes und dem Volumen der Lösung
- Formelzeichen: $c$    Einheit: $\frac{mol}{l}$

## Indikatoren
- Indikatoren zeigen durch ihre Farbe an, ob
  eine Lösung sauer, alkalisch oder neutral ist.
  *Beispiele:* Phenolphthalein, Lackmus, Universalindikator, Rotkohlsaft

## Neutralisation
- chemische Reaktion einer sauren mit einer
  alkalischen Lösung
- Säure + Lauge → Salz + Wasser
- Die $H^+$-Ionen der sauren Lösung und die
  $OH^-$-Ionen der alkalischen Lösung reagieren
  zu Wasser-Molekülen. Die Neutralisationsreaktion verläuft exotherm.
  $H^+ + OH^- \rightarrow H_2O$ | exotherm

## pH-Wert-Skala

| Lösung | sauer | | neutral | alkalisch |
|---|---|---|---|---|
| charakteristische Teilchen | Wasserstoff-Ionen | | Wasser-Moleküle | Hydroxid-Ionen |
| | $H^+$ | | $H_2O$ | OH- |
| pH-Wert | 0 bis 6 | | 7 | 8 bis 14 |
| Universalindikator | | | | |

# 5
# Energie aus chemischen Reaktionen

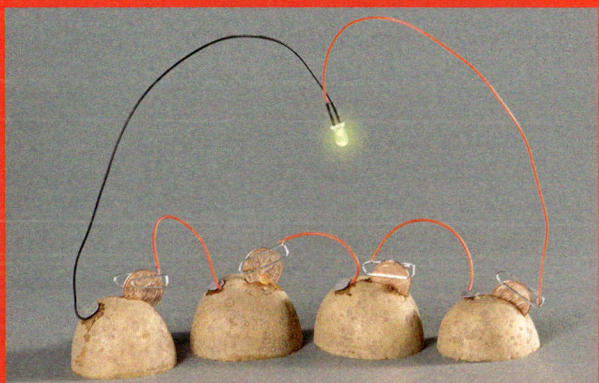

In Kartoffeln und Batterien ist chemische Energie gespeichert. Zum Betreiben des Weckers und zum Antrieb des Segways wird die chemische Energie in elektrische Energie umgewandelt. Umgekehrt wird beim Laden eines Akkus elektrische Energie in chemische Energie überführt. Welche Reaktionen ermöglichen diese Umwandlungen?

# Elektronenübertragung bei chemischen Reaktionen

**1** *Brennendes Magnesium*

**Was geschieht bei der Verbrennung von Magnesium?** Die Frage könnte auch heißen: Warum reagiert Magnesium mit Sauerstoff? Um diese Frage zu beantworten, muss die Teilchenebene betrachtet werden. Ein Magnesiumatom hat das Bestreben, seine beiden Außenelektronen abzugeben. Für die Aufnahme dieser Elektronen findet es im Sauerstoffatom einen idealen Partner. Indem Elektronen vom Magnesiumatom auf das Sauerstoffatom übertragen werden, können beide Atome den angestrebten Edelgaszustand erreichen.

**Redoxreaktion – Elektronenübertragung** Die Reaktion von Magnesium mit Sauerstoff lässt sich in Teilschritten formulieren:
Das Magnesiumatom gibt Elektronen ab, es wirkt als Elektronendonator. Magnesium wird oxidiert.
Oxidation: $Mg \rightarrow Mg^{2+} + 2\,e^-$

Das Sauerstoffatom nimmt die Elektronen auf, es wirkt als Elektronenakzeptor. Sauerstoff wird reduziert.
Reduktion: $O + 2\,e^- \rightarrow O^{2-}$

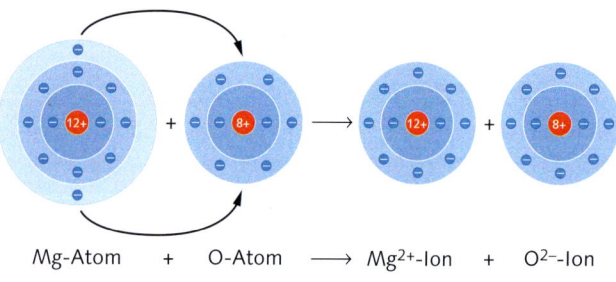

$Mg\text{-Atom} + O\text{-Atom} \longrightarrow Mg^{2+}\text{-Ion} + O^{2-}\text{-Ion}$

**2** *Elektronenübertragung von Magnesium auf Sauerstoff*

Da Oxidation und Reduktion gleichzeitig ablaufen, bezeichnet man die Gesamtreaktion als Redoxreaktion. Als Reaktionsprodukt entsteht Magnesiumoxid (MgO).

Gesamtreaktion:

Oxidation
$$2\,Mg + O_2 \rightarrow 2\,Mg^{2+} + 2\,O^{2-}$$
Reduktion

**Bei einer Oxidation geben Atome Elektronen ab, sie wirken als Elektronendonatoren. Bei einer Reduktion nehmen Atome Elektronen auf, sie wirken als Elektronenakzeptoren. Die Redoxreaktion verläuft nach dem Donator-Akzeptor-Prinzip.**

**Oxidation auch ohne Sauerstoff** Magnesium reagiert sehr heftig mit Chlor zu dem Salz Magnesiumchlorid ($MgCl_2$). Auch bei dieser Reaktion gibt das Magnesiumatom zwei Außenelektronen ab. Es wird zu einem $Mg^{2+}$-Ion oxidiert. Folglich findet bei der Reaktion von Magnesium mit Chlor ebenfalls eine Oxidation statt. Zwei Chloratome nehmen jeweils ein Elektron auf, sie werden zu $Cl^-$-Ionen reduziert. Es handelt sich also auch hier um eine Redoxreaktion.

Gesamtreaktion:

Oxidation
$$Mg + Cl_2 \rightarrow Mg^{2+} + 2\,Cl^-$$
Reduktion

## Aufgaben

**1** Nenne ein Beispiel für eine Oxidation. Beschreibe die Vorgänge auf Teilchenebene mithilfe der Begriffe Elektronendonator und Elektronenakzeptor.

**2** Gib die erweiterten Definitionen für Oxidation und Reduktion an.

**3** Formuliere die zum Reaktionsschema
$2\,Na + S \rightarrow Na_2S$
gehörenden Teilschritte. Kennzeichne: Oxidation, Reduktion, Elektronendonator, Elektronenakzeptor.

**4** Erläutere das Donator-Akzeptor-Prinzip.

# Chemische Reaktionen mithilfe von elektrischer Energie

*1 Elektrolyse einer Zinkiodid-Lösung*

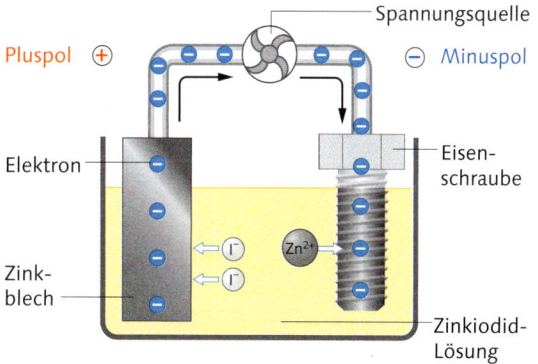

*2 Vorgänge beim Galvanisieren (eine Elektrolyse)*

**Elektrolyse** Zwei Metall- oder Graphitstäbe, Elektroden genannt, werden mit dem Plus- und dem Minuspol einer Spannungsquelle verbunden. Die beiden Elektroden tauchen in eine Zinkiodid-Lösung (Elektrolyt). Beim Anlegen einer Gleichspannung bildet sich an der negativen Elektrode graues, metallisches Zink. Um die positive Elektrode ist gelblich bis braunes Iod zu erkennen (Bild 1). Bei dieser Elektrolyse wird die chemische Verbindung Zinkiodid mithilfe des elektrischen Stroms in die Elemente Zink und Iod zerlegt. Durch eine Elektrolyse können aus einem Salz elementare Stoffe wie Metalle gewonnen werden.

**Die Zerlegung einer chemischen Verbindung mithilfe des elektrischen Stroms bezeichnet man als Elektrolyse.**

**Chemische Vorgänge bei der Elektrolyse** Die Elektrolyse ist eine erzwungene Redoxreaktion: Beim Anlegen einer Gleichspannung wandern die Iodid-Ionen ($I^-$-Ionen) der Zinkiodid-Lösung zum Pluspol und geben dort jeweils ihr „überschüssiges" Elektron ab. Dabei werden die $I^-$-Ionen zu Iodatomen oxidiert. Zwei Iodatome verbinden sich zu einem Iod-Molekül ($I_2$-Molekül). Die von den Iodid-Ionen abgegebenen Elektronen werden durch die Spannungsquelle zum Minuspol „gepumpt".
Die Zink-Ionen ($Zn^{2+}$-Ionen) wandern zum Minuspol. Dort werden sie durch Aufnahme von zwei Elektronen zu Zinkatomen. Dabei setzt sich metallisches Zink am Minuspol ab.

| | | |
|---|---|---|
| Oxidation (Pluspol): | $2\,I^-$ | $\rightarrow I_2 + 2\,e^-$ |
| Reduktion (Minuspol): | $Zn^{2+} + 2\,e^-$ | $\rightarrow Zn$ |

| | | |
|---|---|---|
| Redoxreaktion: | $Zn^{2+} + 2\,I^-$ | $\rightarrow Zn + I_2$ |

**„Veredeln" von Metallen durch Galvanisieren**
Eine Anwendung der Elektrolyse ist das Galvanisieren. Dabei wird ein metallischer Gegenstand mit einer dünnen Schicht eines anderen Metalls überzogen. Dies kann beim Verzinken einer Eisenschraube beobachtet werden.

**Bedeutung des Galvanisierens** Metalle können durch Überzüge anderer Metalle geschützt werden. Die metallischen Überzüge sind härter oder widerstandsfähiger gegen Umwelteinflüsse als das zu schützende Metall. Außerdem kann dem Metallgegenstand ein schöneres Aussehen verliehen werden, beispielsweise ein besonderer Glanz.

**Beim Galvanisieren wird ein metallischer Gegenstand mit einer dünnen Schicht eines anderen Metalls überzogen.**

## Aufgaben
1 Erläutere die Begriffe Elektrolyse und Galvanisieren.
2 Gib die Oxidation und die Reduktion der Elektrolyse von Kupferchlorid ($CuCl_2$) an.
3 Recherchiere Gegenstände (mit Beschichtungsmetallen), die durch Galvanisieren hergestellt wurden. Nenne fünf Beispiele.

# Aus chemischer Energie entsteht elektrische Energie

**1** *Zitronenbatterie aus einem Zinkblech, einem Kupferblech und einer Zitrone.*

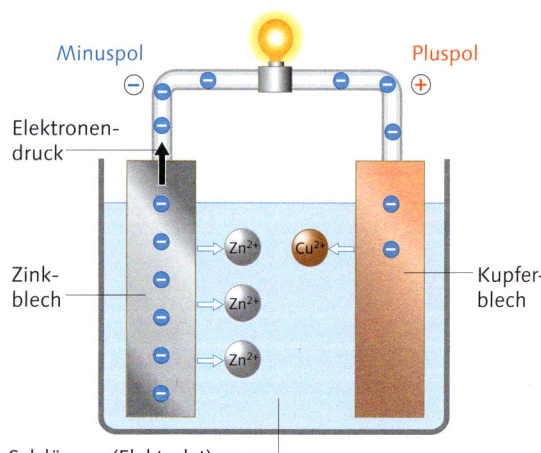

**3** *Elektrische Spannung entsteht zwischen dem unedlen Zink und dem edlen Kupfer.*

**Die Zitronenbatterie, eine galvanische Zelle**
Zwischen einem Zinkblech und einem Kupferblech, die in einer Zitrone stecken und über einen Metalldraht elektrisch leitend verbunden sind, kann eine Spannung von ungefähr 1 V gemessen werden. Eine solche Spannungsquelle bezeichnet man als galvanische Zelle. Sie besteht aus einer Elektrolytlösung, in die zwei Elektroden eintauchen. Bei der Zitronenbatterie ist dies der Zitronensaft. Das Zinkblech und das Kupferblech bilden die Elektroden.

**Eine galvanische Zelle ist eine Spannungsquelle. Sie besteht aus zwei Elektroden, die in einen Elektrolyten tauchen.**

**Reaktionsfähigkeit von Metallen** Metalle lösen sich in sauren Lösungen auf. Beim Lösen geben die Metallatome Elektronen ab und werden zu positiv geladenen Metall-Ionen.

$$Zn \rightarrow Zn^{2+} + 2\ e^-$$

edel                                                   unedel

**2** *Das Bestreben, Elektronen abzugeben, nimmt zu.*

Je unedler ein Metall ist, umso größer ist das Bestreben seiner Atome, Elektronen abzugeben. Daher hat das unedlere Metall auch ein größeres Lösungsbestreben als das edlere.
Das unedle Zink hat ein stärkeres Bestreben, Elektronen abzugeben, als das edlere Kupfer. Deshalb werden an der Zinkelektrode mehr Elektronen gebildet als an der Kupferelektrode (Bild 3). Durch die unterschiedliche Elektronenverteilung entsteht zwischen den beiden Elektroden eine elektrische Spannung.

**Fließende Elektronen „liefern" elektrische Energie** An der Zinkelektrode herrscht ein höherer „Elektronendruck" als an der Kupferelektrode. Wenn man die beiden Elektroden mit einem metallischen Leiter verbindet, findet ein „Druckausgleich" statt, indem die Elektronen von der Zinkelektrode (Minuspol) zur Kupferelektrode (Pluspol) fließen. Über die Elektrolytlösung, in der Ionen frei beweglich sind, wird der Stromkreis geschlossen. Die vom Minus- zum Pluspol fließenden Elektronen sind Energieträger. Sie liefern die elektrische Energie, die eine Glühlampe zum Leuchten oder einen Elektromotor zum Laufen bringt.

**In einer galvanischen Zelle wird durch chemische Reaktionen elektrische Energie gewonnen.**

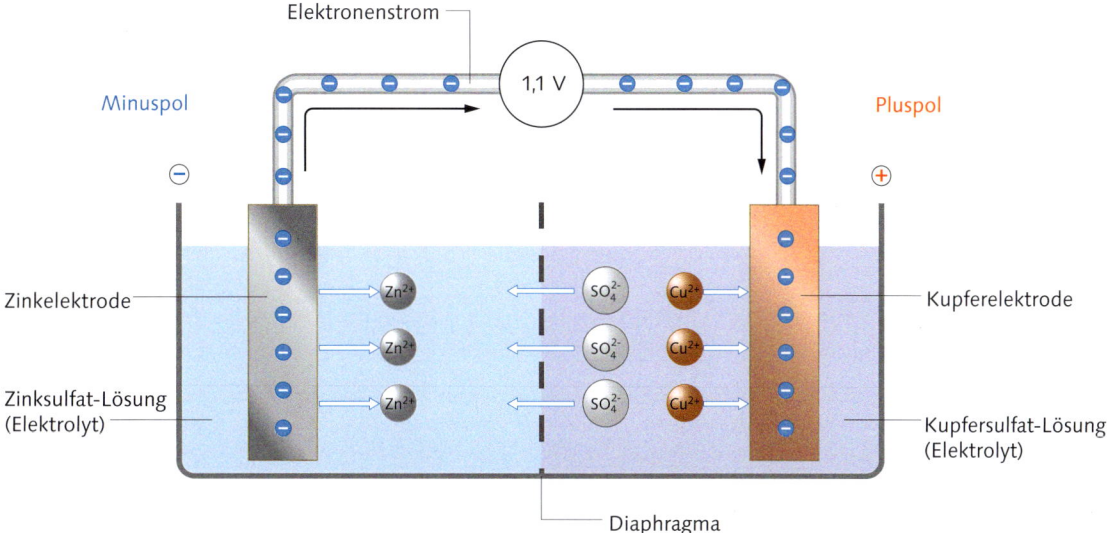

Elektronenstrom

Minuspol

1,1 V

Pluspol

⊖

⊕

Zinkelektrode

Zn²⁺  Zn²⁺  Zn²⁺

SO₄²⁻  SO₄²⁻  SO₄²⁻  Cu²⁺  Cu²⁺  Cu²⁺

Kupferelektrode

Zinksulfat-Lösung
(Elektrolyt)

Kupfersulfat-Lösung
(Elektrolyt)

Diaphragma

**4** *Galvanische Zelle: Fließende Elektronen liefern die Energie für eine Glühlampe.*

## Das Daniell-Element, eine galvanische Zelle

Im Jahre 1836 entwickelte der englische Chemiker und Physiker JOHN FREDERIC DANIELL eine galvanische Zelle, die später als Daniell-Element benannt wurde. Sie setzt sich aus zwei Halbzellen zusammen, die durch eine halbdurchlässige Zwischenwand (Diaphragma) voneinander getrennt sind. Die eine Halbzelle besteht aus einer Zinkelektrode, die in eine Zinksulfat-Lösung taucht. Bei der anderen Halbzelle taucht eine Kupferelektrode in eine Kupfersulfat-Lösung. Werden die beiden Elektroden mit einem Stromkabel verbunden, zeigt das Voltmeter eine Gleichspannung von 1,1 Volt.

## Elektrochemische Vorgänge in einer galvanischen Zelle

Die unedlen Zinkatome (Zn-Atome) geben zwei Elektronen ab und gehen als Zink-Ionen (Zn²⁺-Ionen) in Lösung.
Zn-Atome wirken als Elektronendonatoren.

$$Zn \rightarrow Zn^{2+} + 2\,e^-$$

Die Elektronen fließen über das Stromkabel von der Zinkelektrode (Minuspol) zur Kupferelektrode (Pluspol). Dort werden sie von Kupfer-Ionen (Cu²⁺-Ionen) der Kupfersulfat-Lösung aufgenommen.
Cu²⁺-Ionen wirken als Elektronenakzeptoren.

$$Cu^{2+} + 2\,e^- \rightarrow Cu$$

Die dabei gebildeten Kupferatome setzen sich

an der Kupferelektrode ab. Die Sulfat-Ionen (SO₄²⁻-Ionen) der Kupferhalbzelle wandern durch das Diaphragma zu den Zn²⁺-Ionen.

**Zwischen Atomen und Ionen finden Elektronenübertragungen statt. Dabei geben die Atome unedler Metalle an die Ionen edlerer Metalle Elektronen ab.**

| Galvanische Zelle, Kombination von Elektroden | | Spannung |
|---|---|---|
| edel | unedel | |
| Kupfer | Zink | 1,1 Volt |
| Kupfer | Blei | 0,48 Volt |
| Silber | Eisen | 1,21 Volt |
| Silber | Zink | 1,56 Volt |

**Tab. 1** *Spannungsmesswerte von verschiedenen galvanischen Zellen*

### Aufgaben

**1** Nenne Bestandteile einer galvanischen Zelle.
**2** Ein Eisennagel und ein Silberlöffel bilden die Elektroden einer galvanischen Zelle. Als Elektrolyt wird Zitronensaft verwendet.
**a** Zeichne die galvanische Zelle.
**b** Beschreibe, in welche Richtung die Elektronen fließen. Begründe.
**c** Welche Spannung wird erreicht?
**d** Woran könnte es liegen, wenn kein Strom mehr fließt?

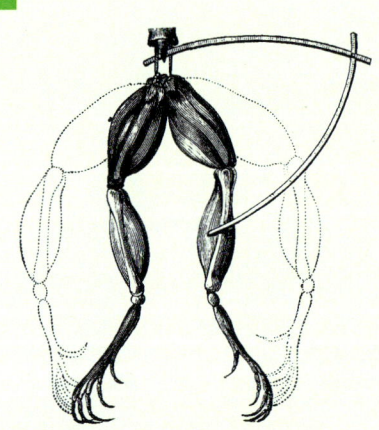

*1 GALVANIS berühmtes Experiment*

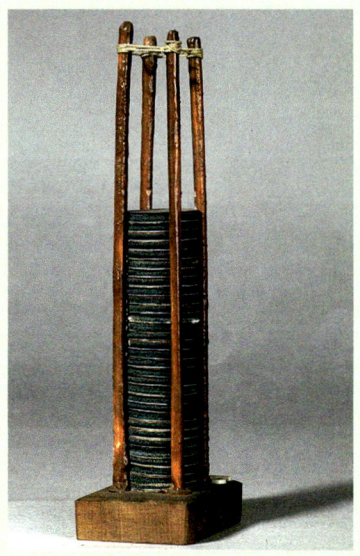

*2 Die Voltasäule zur Erzeugung elektrischer Energie*

**Galvanis „tierische Elektrizität"** Der italienische Arzt und Naturforscher LUIGI GALVANI (1737–1798) forschte an der Universität von Bologna an der Anatomie von Lebewesen. Bei der Zerlegung von Fröschen machte er eine merkwürdige Beobachtung: Die gehäuteten Froschschenkel begannen zu zucken, wenn sie mit zwei verschiedenen Metallen, die miteinander Kontakt hatten, berührt wurden. GALVANI hatte unwissentlich aus den beiden Metallen und der Flüssigkeit im Froschschenkel einen Stromkreis hergestellt. Die zuckenden Froschschenkel waren quasi die „Stromanzeiger". Das wusste GALVANI damals aber noch nicht. Er folgerte aus seiner Beobachtung, dass der elektrische Strom aus den Muskeln und Nerven des Tieres kommt. Deshalb sprach er auch von „tierischer Elektrizität".

**Der „Volta-Effekt" – Strom aus Metallen**
ALESSANDRO VOLTA (1745–1827), Professor für Physik in Pavia (Italien), war von den Froschschenkel-Studien GALVANIS fasziniert. Aber an die Hypothese von der „tierischen Elektrizität" glaubte er nicht. Nach seiner Theorie waren die Metalle für die Elektrizität verantwortlich. Um das zu beweisen, scheute er auch vor Versuchen an seinem eigenen Körper nicht zurück: Wenn er gleichzeitig zwei unterschiedliche Metalle wie Silber und Zink an seine Zunge hielt, spürte er ein eigenartiges Kribbeln. Er fand heraus, dass zwischen verschiedenen Metallen, die in eine leitende Flüssigkeit tauchen, eine elektrische Spannung entsteht. Dieser nach ihm benannte „Volta-Effekt" bildete die Basis für den Bau von Batterien.

**Mit Volta beginnt das elektrische Zeitalter**
Im Jahre 1800 gelang es VOLTA, durch Hintereinanderschalten von galvanischen Zellen leistungsfähige Stromquellen mit höheren Spannungen zu bauen. Damit war er ein wichtiger Wegbereiter für das elektrische Zeitalter. So folgten der „Batterie" von VOLTA die Erfindung der Glühlampe und die Entwicklung von Elektromotoren. Als Anerkennung für seine herausragende Leistung wurde lange nach seinem Tod im Jahre 1881 die Einheit für die elektrische Spannung – das Volt – nach ihm benannt.

**Aufgaben**
1 Erläutere, warum es auf der Zunge von VOLTA kribbelte, als er eine Silber- und eine Zinkmünze an sie hielt.
2 Beschreibe, wie es beim Froschschenkelexperiment zum Zucken der Froschschenkel kommt (Bild 1).
3 Erstelle einen Steckbrief mit den wichtigsten Lebensdaten von:
a LUIGI GALVANI
b ALESSANDRO VOLTA

## 1 Elektrolyse von Zinkiodid-Lösung

*Geräte:* Petrischale, 2 Krokodilklemmen, 2 Stromkabel, Gleichspannungsquelle
*Chemikalien:* 5%ige Zinkiodid-Lösung, 2 Kohleelektroden
*Durchführung:* Gieße die Zinkiodid-Lösung in die Petrischale. Verbinde die Elektroden über Krokodilklemmen und Stromkabel mit einer Gleichspannungsquelle. Lege eine Spannung von 4 V an und halte die Elektroden in die Zinkiodid-Lösung.
*Auswertung:* Was kannst du an den Elektroden beobachten? Deute deine Beobachtung.

## 2 Erzeugen elektrischer Spannung

*Geräte:* zweigeteilte Petrischale, Spannungsmessgerät, Becherglas, Schere, Pinzette, 2 Krokodilklemmen, 2 Stromkabel
*Chemikalien:* Zinkblech, 5%ige Zinkiodid-Lösung, Kupferblech, 10%ige Kupfernitrat-Lösung, 10%ige Kaliumnitrat-Lösung, Pappe
*Durchführung:* Schneide aus Pappe einen „Reiter" mit v-förmigem Einschnitt. Lege diesen in ein Becherglas mit Kaliumnitrat-Lösung. Fülle in eine Petrischalenhälfte Kupfernitrat-Lösung und in die andere Zinkiodid-Lösung. Stecke auf den Teilungssteg den getränkten „Reiter". Tauche ein Kupferblech in die Kupfernitrat-Lösung und ein Zinkblech in die Zinkiodid-Lösung. Miss die Spannung zwischen den beiden Halbzellen.
*Auswertung:* Beschreibe die Vorgänge an den Elektroden. Vergleiche die gemessene Spannung mit dem Wert aus der Literatur.

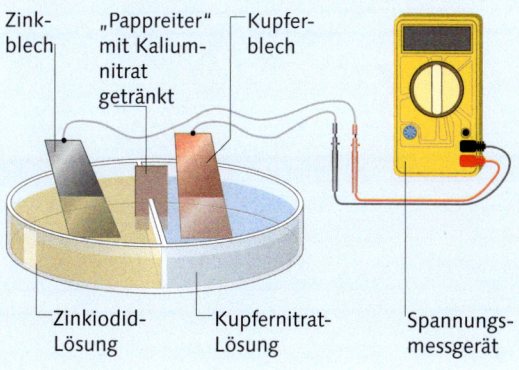

Zink-blech | „Pappreiter" mit Kaliumnitrat getränkt | Kupfer-blech

Zinkiodid-Lösung | Kupfernitrat-Lösung | Spannungs-messgerät

## 3 Zitronenbatterie

*Geräte:* Spannungsmessgerät, 2 Krokodilklemmen, 2 Stromkabel
*Chemikalien:* Zitrone, Zinkblech, Kupferblech
*Durchführung:*

a Stecke ein Zink- und ein Kupferblech in eine Zitrone. Verbinde beide mithilfe der Krokodilklemmen und Stromkabel mit dem Spannungsmessgerät. Die Bleche dürfen sich dabei nicht berühren. Miss mit dem Spannungsmessgerät die Spannung zwischen der Kupfer- und der Zinkelektrode.

b Schließt euch mit drei anderen Arbeitsgruppen zusammen und bringt durch Hintereinanderschaltung von 4 Zitronenbatterien eine Leuchtdiode zum Leuchten.

*Auswertung:* Gib den Elektrolyten in der Zitronenbatterie an.

Kupfer-blech | Zinkblech | Spannungs-messgerät

Zitrone

## 4 Verkupfern durch Galvanisieren

*Geräte:* Becherglas (100 ml), 2 Krokodilklemmen, 2 Stromkabel, Gleichspannungsquelle
*Chemikalien:* Schlüssel, Kupferblech, Kupfer-Elektrolyt-Lösung (2,5 g Kupfersulfat, 10 g Kaliumnatriumtartrat und 1,5 g Natriumhydroxid in 80 ml Wasser gelöst), Spülmittellösung
*Durchführung:* Entfette den Schlüssel mit einer Spülmittellösung. Verbinde ihn mit dem Minuspol und das Kupferblech mit dem Pluspol der Gleichspannungsquelle. Tauche die beiden Elektroden in die Kupfer-Elektrolyt-Lösung. Lege ca. 1 min lang eine Gleichspannung von 4 V an. Bewege den Schlüssel in der Lösung, achte aber darauf, dass Schlüssel und Kupferblech nicht in Kontakt kommen. Spüle nach Beendigung des Galvanisierens den Schlüssel und das Kupferblech mit Wasser ab.
*Auswertung:* Deute die Beobachtung.

# Energiespeicherung in Batterien

**1** *Unterschiedliche Batterietypen für jeden Zweck*

**Batterien – chemische Energiespeicher** Zum Betrieb von elektrischen Geräten wird die chemische Energie einer Batterie in elektrische Energie umgewandelt. Dabei wird die Batterie entladen. Bei den sogenannten Primärbatterien handelt es sich um „Einwegbatterien", die nicht wieder aufgeladen werden können.

**Batterien sind chemische Energiespeicher. Beim Entladen wird chemische Energie in elektrische Energie umgewandelt.**

**Alkalinebatterie** „Alkaline" ist der Handelsname einer Alkali-Mangan-Batterie oder genauer einer Zink-Manganoxid-Batterie. Bei dieser galvanischen Zelle bildet Zink den Minuspol und

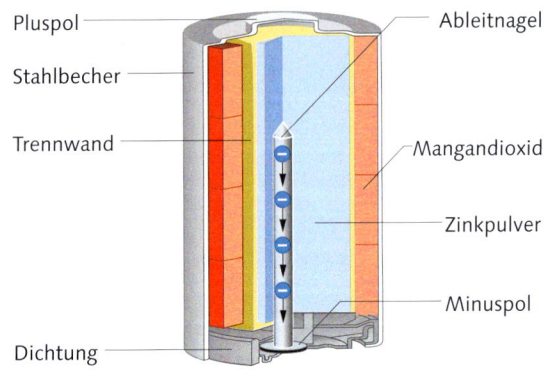

**2** *Aufbau einer Alkali-Mangan-Batterie*

Mangandioxid den Pluspol. Kalilauge dient als Elektrolyt. Beim Entladen der Batterie laufen folgende Reaktionen ab:

Oxidation (Minuspol): $Zn \rightarrow Zn^{2+} + 2\,e^-$
Reduktion (Pluspol): $2\,Mn^{4+} + 2\,e^- \rightarrow 2\,Mn^{3+}$

Die Spannung zwischen einer Zink- und einer Mangandioxidelektrode beträgt 1,5 Volt. Diese kleinste Einheit einer Batterie bezeichnet man auch als Zelle. Bei einem 9-Volt-Block sind sechs Zellen hintereinandergeschaltet.

## Exkurs Das Wasserspeichermodell

Eine Batterie kann mit zwei Wasserbehältern verglichen werden, die sich auf verschiedenen Höhen befinden und mit einer Wasserleitung verbunden sind. Der obere Behälter entspricht dem Minus- und der untere dem Pluspol der Batterie. So wie das Wasser im oberen Behälter einen höheren Wasserdruck ausübt, geht vom Minuspol ein höherer *Elektronendruck* aus. Beim Wasser handelt es sich um eine Druckdifferenz, bei einer Batterie spricht man von *Spannung* zwischen Minus- und Pluspol. Beim Öffnen des Schiebers fließt das Wasser vom oberen in den unteren Behälter und treibt ein Wasserrad an. Verbindet man die beiden Pole einer Batterie mit einem elektrischen Leiter, fließen Elektronen vom Minus- zum Pluspol. Durch die Energie der fließenden Elektronen wird ein Propeller in Bewegung gebracht.

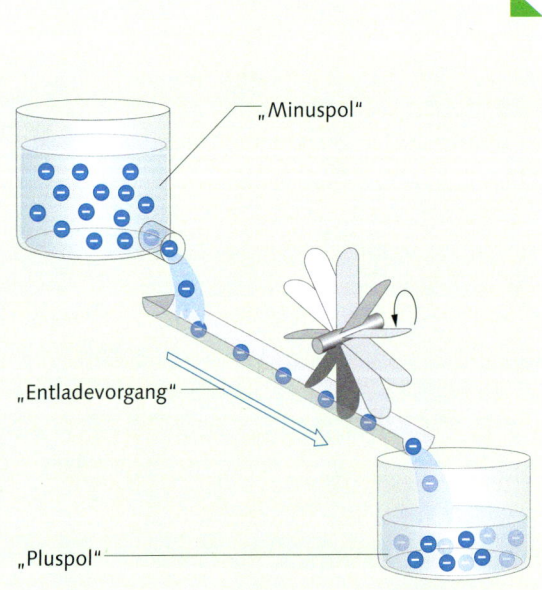

**3** *Modellvorstellung zur Entstehung der Spannung in einer Batterie*

**Lithium-Mangandioxid-Batterie** Batterien, die das unedle Metall Lithium enthalten, gewinnen zunehmend an Bedeutung. Da Lithium sehr unedel ist und damit leicht Elektronen abgeben kann, ist es als Material für den Minuspol hervorragend geeignet. Als Pluspol wird hauptsächlich Mangandioxid verwendet. Da Lithium mit Wasser heftig reagiert, muss in der Batterie ein wasserfreier Elektrolyt eingesetzt werden. Eine Lithiumzelle liefert eine Spannung von 3 Volt. Aufgrund dieser hohen Spannung und der geringen Selbstentladung eignen sich Lithium-Batterien für den Einsatz in Notebooks, Smartphones und Fotoapparaten. Sie sind in allen Bauformen erhältlich, als Zylinder, Knopfzellen, Rundzellen oder quaderförmige Zellen.

**Papierbatterie** Zukünftig werden Lithium-Flachzellen, auch Papierbatterien genannt, zunehmend an Bedeutung gewinnen. Das Grundmaterial dieser nur 1 g schweren und 0,4 mm dünnen Batterie ist Cellulose – ein pflanzlicher Stoff, der auch zur Herstellung von Papier verwendet wird. Ein Celluloseblatt wird in eine Elektrolytlösung getaucht und anschließend auf der einen Seite mit einer Lithiumverbindung und auf der anderen mit Kohlenstoff beschichtet. Lithium-Flachzellen passen in intelligente Smartcards mit integriertem Display und batteriebetriebenem Microchip. Solche Smartcards öffnen Türen und können den Zahlungsverkehr abwickeln, beispielsweise beim Fahrkartenkauf oder beim Einchecken im Hotel.

5

## Exkurs  Ein „Salzwasser"-Auto

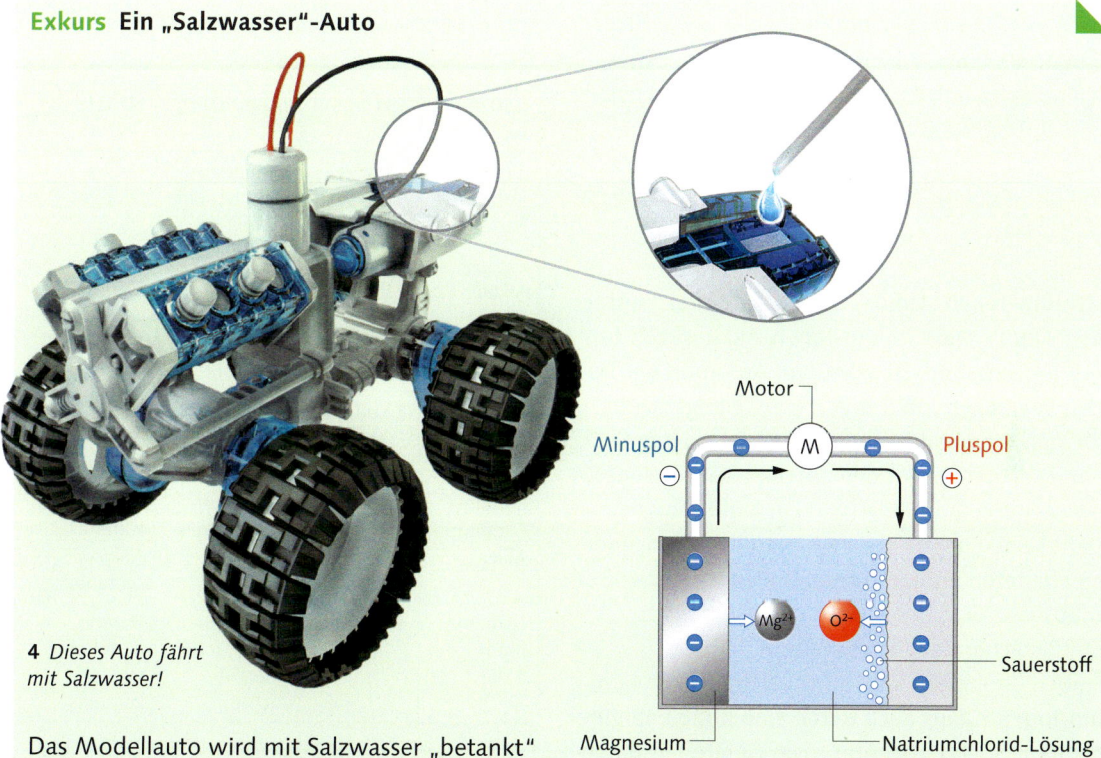

**4** Dieses Auto fährt mit Salzwasser!

**5** Aufbau einer Magnesium-Sauerstoff-Zelle

Das Modellauto wird mit Salzwasser „betankt" und produziert keine schädlichen Abgase. Was für einen Motor hat das Fahrzeug tatsächlich unter der Haube? Es wird von einem Elektromotor angetrieben, der seine Energie aus einer Magnesium-Sauerstoff-Zelle bezieht. Durch Zugabe des Salzwassers, das als Elektrolyt dient, wird folgende elektrochemische Reaktion in Gang gesetzt: Magnesiumatome geben zwei Elektronen ab und werden zu $Mg^{2+}$-Ionen.

Die Elektronen fließen über den Motor zu der mit Sauerstoff umströmten Elektrode. Sauerstoffatome werden durch Elektronenaufnahme zu $O^{2-}$-Ionen. Diese wandern durch den Elektrolyten zur Magnesiumelektrode und verbinden sich dort mit $Mg^{2+}$-Ionen zu Magnesiumoxid ($MgO$).

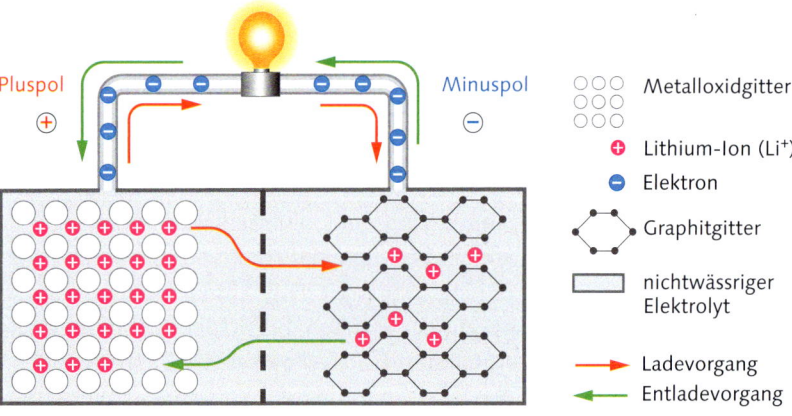

Pluspol
⊕
Minuspol
⊖

○○○
○○○  Metalloxidgitter
○○○

⊕ Lithium-Ion (Li⁺)

⊖ Elektron

Graphitgitter

nichtwässriger Elektrolyt

→ Ladevorgang
← Entladevorgang

**6** *Lithium-Ionen-Akku*

### Akkumulatoren – wiederaufladbare Batterien

Batterien, die man nach dem Entladen durch Zufuhr von elektrischer Energie wieder aufladen kann, werden als Sekundärbatterien oder Akkumulatoren (kurz: Akkus) bezeichnet. Im Unterschied zu den Primärbatterien laufen in Akkus umkehrbare Reaktionen ab.

**Akkumulatoren (Akkus) sind wiederaufladbare Batterien.**

### Lithium-Ionen-Akku – das „Kraftpaket" unter den Akkus

Der Lithium-Ionen-Akku ist der zurzeit leistungsfähigste Akkutyp. Aufgrund der hohen Spannung von 3,6 Volt pro Zelle genügen für viele Anwendungen einzellige Batterien. Mit einer solchen Einzelzelle arbeiten beispielsweise die meisten Mobiltelefone. Ein Notebook bezieht seine Energie aus mehreren hintereinandergeschalteten Lithium-Ionen-Zellen. In der Antriebsbatterie eines Elektroautos sind bis zu 6000 solcher Zellen geschaltet.

Neben der hohen Spannung zeichnen sich Lithium-Ionen-Akkus auch durch eine hohe Energiedichte aus. Das bedeutet, dass Geräte mit ihnen länger betrieben werden können als mit anderen handelsüblichen Akkus wie beispielsweise dem Nickel-Cadmium-Akku.

Beim Lithium-Ionen-Akku wandern Lithium-Ionen (Li⁺) zwischen den Elektroden hin und her. Beim Laden des Akkus werden über den äußeren Leiter Elektronen zum Minuspol gepumpt. Im Elektrolyten wandern Li⁺-Ionen zum Minuspol. Beim Entladen fließen Li⁺-Ionen und Elektronen wieder zum Pluspol zurück.

Besonders leistungsfähige Lithium-Ionen-Akkus können bis zu 5000-mal entladen und wieder geladen werden. Bei anderen Akkus sind nur 500 bis 1000 solcher Zyklen möglich.

| Batterietyp | Spannung | Merkmale | Einsatz |
|---|---|---|---|
| Zink-Kohle-Batterie | 1,5 Volt | Spannung sinkt bei Entladung deutlich ab | Taschenlampen |
| Alkali-Mangan-Batterie | 1,5 Volt | hohe Leistung, auslaufsicher, langlebig | Radios, Kameras, Spielzeug |
| Lithium-Batterie | 3 Volt | Spannung bleibt lange konstant | Fernbedienungen, Rechner |
| Lithium-Cadmium-Akku | 1,2 Volt | wiederaufladbar, preiswert | Videokamera, Akkuschrauber |
| Lithium-Ionen-Akku | 3,6 Volt | wiederaufladbar, hohe Energiedichte | Handys, Notebooks, Digitalkameras |

**Tab. 1** *Batterietypen im Vergleich*

### Aufgaben

**1** Beschreibe die Funktion einer Batterie.

**2** Es gibt Primär- und Sekundärbatterien.

**a** Wodurch unterscheiden sie sich?

**b** Nenne jeweils zwei Beispiele.

**3** Nenne einen geeigneten Akku für ein Handy. Begründe.

**4** Aus welchen Zellen und aus wie vielen Zellen kann eine Flachbatterie (4,5 Volt) bestehen?

# Exkurs  Die Autobatterie – ein Bleiakku

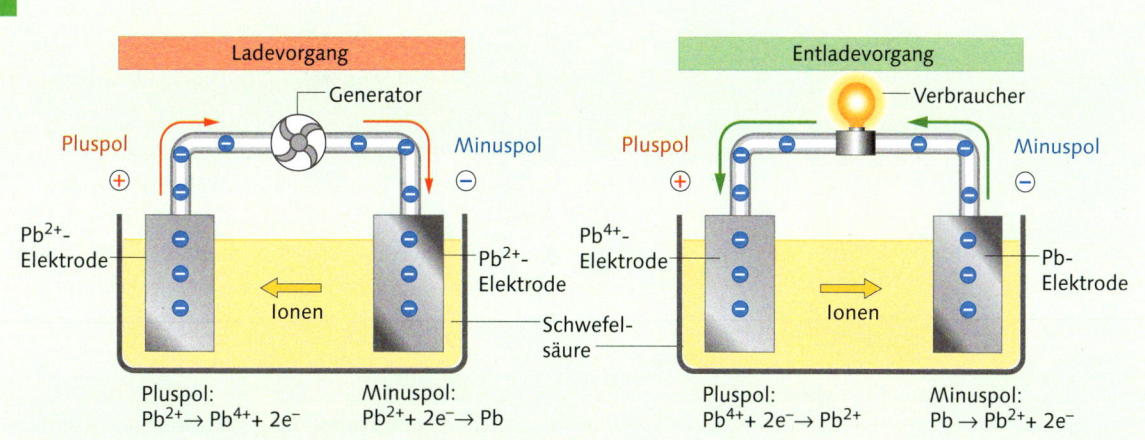

**Ladevorgang**

Generator

Pluspol $\oplus$  Minuspol $\ominus$

Pb²⁺-Elektrode

Pb²⁺-Elektrode

Ionen

Pluspol:
$Pb^{2+} \rightarrow Pb^{4+} + 2e^-$

Minuspol:
$Pb^{2+} + 2e^- \rightarrow Pb$

**Entladevorgang**

Verbraucher

Pluspol $\oplus$  Minuspol $\ominus$

Pb⁴⁺-Elektrode

Pb-Elektrode

Schwefel-säure

Ionen

Pluspol:
$Pb^{4+} + 2e^- \rightarrow Pb^{2+}$

Minuspol:
$Pb \rightarrow Pb^{2+} + 2e^-$

**1** *Elektrochemische Vorgänge im Bleiakku*

**Aufbau** Eine Zelle der Autobatterie enthält zwei Bleielektroden, die in einen Elektrolyten aus Schwefelsäure tauchen. Blei kann verschiedene Ionen bilden: $Pb^{2+}$-Ionen und $Pb^{4+}$-Ionen.

**Laden des Bleiakkus** Wenn der Motor läuft, wird der Bleiakku geladen. Dabei wird elektrische Energie in chemische Energie umgewandelt. Elektronen werden vom Pluspol zum Minuspol „gepumpt": Die $Pb^{2+}$-Ionen am Pluspol werden durch Elektronenabgabe zu $Pb^{4+}$-Ionen oxidiert. Die $Pb^{2+}$-Ionen am Minuspol werden durch Elektronenaufnahme zu Bleiatomen (Pb-Atomen) reduziert. Die pro Zelle erzeugte Spannung beträgt 2 Volt. Eine höhere Spannung, beispielsweise 12 Volt einer normalen Autobatterie, erhält man durch Hintereinanderschaltung von mehreren Zellen.

**Entladen des Bleiakkus** Beim Entladen des Bleiakkus werden die Vorgänge umgekehrt: Chemische Energie wird in elektrische Energie umgewandelt. Da am Minuspol (Pb-Atome) ein höherer „Elektronendruck" herrscht als am Pluspol ($Pb^{4+}$-Ionen), fließen die Elektronen vom Minus- zum Pluspol. Dabei gehen am Minuspol Pb-Atome in $Pb^{2+}$-Ionen über (Elektronenabgabe). Am Pluspol werden aus $Pb^{4+}$-Ionen durch Elektronenaufnahme ebenfalls $Pb^{2+}$-Ionen. Durch die Energie der fließenden Elektronen wird der Motor des Autoanlassers betrieben.

**Laden und Entladen – ein Kreisprozess** Beim Laden wird der Bleiakku durch Zufuhr von Energie auf ein höheres Energieniveau gebracht. Beim Entladen fällt er unter Energieabgabe wieder auf das niedrigere Energieniveau zurück. Dieser Kreisprozess könnte aus chemischer Sicht beliebig lange ablaufen. Da die Bleiplatten sich abnutzen, hat ein Bleiakku aber nur eine begrenzte Lebensdauer.

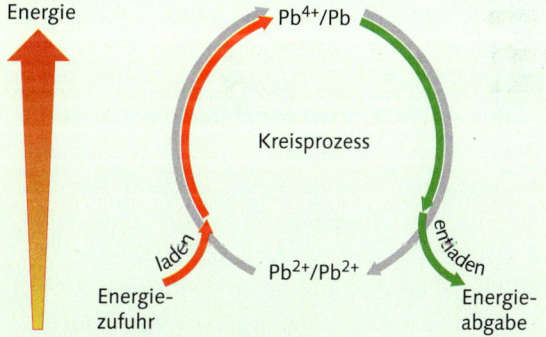

Energie

$Pb^{4+}/Pb$

Kreisprozess

laden

entladen

$Pb^{2+}/Pb^{2+}$

Energie-zufuhr

Energie-abgabe

**2** *Laden und Entladen des Bleiakkus*

## Aufgaben

**1** Schreibe die Reaktionsschemata des Ladevorgangs in Teilschritten auf.

**2** Aus wie vielen Zellen besteht eine Autobatterie?

**3** Recherchiere den Aufbau eines handelsüblichen Bleiakkus. Fertige eine Skizze an.

**4** Der Motor springt nicht an – Batterie leer!

**a** Was könnte die Ursache sein?

**b** Nenne Möglichkeiten, die Batterie zu laden.

# Einsatz und Entsorgung von Batterien und Akkus

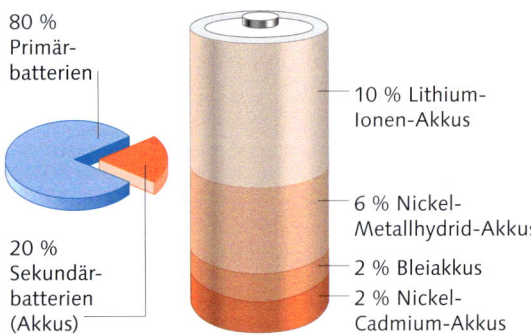

80 % Primärbatterien

20 % Sekundärbatterien (Akkus)

10 % Lithium-Ionen-Akkus

6 % Nickel-Metallhydrid-Akkus

2 % Bleiakkus

2 % Nickel-Cadmium-Akkus

**1** *Anteil der verkauften Batterietypen*

**Batterie oder Akku?** Wiederaufladbare Akkus (Sekundärbatterien) sind für Geräte empfehlenswert, die in kurzer Zeit viel Energie benötigen und häufig in Gebrauch sind, beispielsweise Mobiltelefone, Notebooks, Videokameras und Kinderspielzeug.

Aufgrund der Selbstentladung sind sie für Geräte, die nicht oft benutzt werden, weniger geeignet. Daher ist für die einsatzbereite Taschenlampe oder Fernbedienung die Verwendung einer nicht wiederaufladbaren Primärbatterie vorzuziehen. Auch für Uhren, die über einen längeren Zeitraum eine konstante Spannung benötigen, eignen sich Primärbatterien besser.

**Akkus – der Geldbörse und der Umwelt zuliebe** Akkus sind teurer als Primärbatterien und man benötigt außerdem ein Ladegerät. Der höhere Anschaffungspreis rechnet sich aber, wenn man bedenkt, dass ein Akku etwa 500- bis 1000-mal wieder aufgeladen werden kann. Durch die längere Nutzungsdauer von Akkus können wertvolle Rohstoffe gespart und Entsorgungsprobleme vermindert werden.

**2** *Batterien gehören nicht in den Hausmüll.*

**Sammlung von Altbatterien** Im Jahr 2012 wurden in Deutschland etwa 1,5 Milliarden Batterien (einschließlich Akkus) in den Handel gebracht. Die ausgedienten Altbatterien dürfen nicht über den Hausmüll entsorgt werden. In Batterien sind nicht nur umweltgefährliche Stoffe wie Cadmium und Blei, sondern auch gefährliche Säuren und Laugen enthalten. Nach der Batterieverordnung sind die Hersteller von Batterien gesetzlich dazu verpflichtet, die Produkte zurückzunehmen. Um ihrer Rücknahmepflicht nachzukommen, statten sie Händler und öffentliche Einrichtungen wie Schulen mit Sammelbehältern aus. Über das Rückgabeverfahren wird knapp die Hälfte der verkauften Batterien gesammelt, das entspricht einer jährlichen Menge von etwa 15 000 Tonnen.

**Altbatterien gehören nicht in den Hausmüll, sondern in die Sammelbox für Batterien.**

**Sortieren und recyceln** Nahezu alle gesammelten Batterien und Akkus werden verwertet. Zunächst sortiert man sie nach Batterieart und Gehäuseform. Anschließend kann man durch unterschiedliche Trennverfahren Rohstoffe zurückgewinnen. Spezielle Trennverfahren sind notwendig, um das in Knopfzellen enthaltene giftige Quecksilber aufzuarbeiten. Aufwendig ist auch das Recyceln von Batterien, die das reaktionsfähige Lithium enthalten. Eisen, Nickel, Mangan und Kohlenstoff werden bei der Stahlherstellung verwertet. Blei und Cadmium finden wieder in der Batterieproduktion Verwendung. Zurückgewonnenes Zink nutzt man zum Verzinken von Eisenteilen.

## Aufgaben

1 Du hast zwei Geräte – eine Armbanduhr und einen Laptop. Welche mobile Stromversorgung wählst du jeweils? Begründe deine Antwort.
2 Nenne die Rohstoffe, die aus alten Batterien gewonnen werden können.
3 Warum dürfen gerade Quecksilber, Blei und Cadmium nicht in den Hausmüll gelangen?

# Praktikum   Energiespeicherung

## 1 Voltasäule – Erfindung von Volta

*Geräte:* Spannungsmessgerät, Stromkabel mit blanken Enden, Schere, Becherglas (100 ml), Tropfpipette
*Chemikalien:* Kupfermünzen (5-Cent-Münzen), Alufolie, Filterpapier, Kochsalz, Wasser
*Durchführung:* Schneide aus der Alufolie Kreise aus, die etwa den gleichen Durchmesser haben wie die Münzen. Schneide dann aus dem Filterpapier Kreise mit einem etwas größeren Durchmesser. Fertige aus einer Münze, dem Filterpapier und der Alufolie eine galvanische Zelle. Auf das Filterpapier wird ein Tropfen gesättigte Kochsalzlösung gegeben. Miss die Spannung dieser Kupfer-Aluminium-Zelle. Staple anschließend 2, 3, 4, 5, 6 solcher Zellen übereinander und miss jeweils die Spannung.
*Auswertung:* Welche Gesetzmäßigkeit kannst du erkennen?

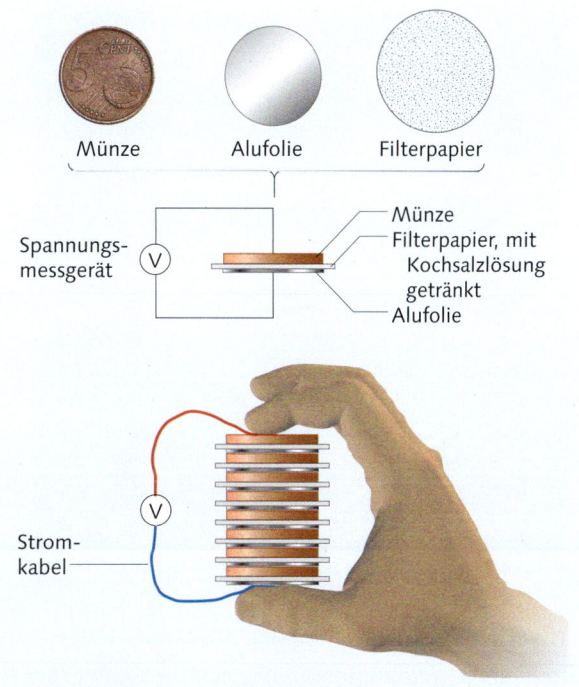

## 2 Aluminium-Iod-Element

*Geräte:* Becherglas (100 ml), 2 Krokodilklemmen, 2 Stromkabel, Spannungsmessgerät, Föhn
*Chemikalien:* Alufolie, Graphitstab, Iodtinktur (z. B. Betaisodona©-Lösung), 10%ige Kaliumchlorid-Lösung
*Durchführung:* Stelle eine Iodelektrode her, indem du einen Graphitstab mit Schmirgelpapier aufraust, ihn anschließend mit Iodtinktur bestreichst und trocknen lässt. Der Trocknungsvorgang kann mit einem Föhn beschleunigt werden. Führe den Beschichtungsvorgang zweimal durch.
Kleide die Innenwand eines Becherglases mit Alufolie aus. Die überstehende Folie wird über den Rand des Becherglases gebogen und mit einer Krokodilklemme befestigt. Anschließend wird in das Becherglas Kaliumchlorid-Lösung gefüllt und die Iodelektrode eingetaucht. Miss die Spannung zwischen der Aluminium- und der Iodelektrode.
*Auswertung:* Welche Vorgänge laufen an den Elektroden ab? Formuliere die Reaktionsschemata für beide Teilreaktionen.

## 3 Erfinderisch wie Robinson Crusoe

Stelle dir vor, es hat dich auf eine einsame Insel im Meer verschlagen. Baue mit folgenden Materialien aus deinem Rucksack eine Batterie:

*Auswertung:* Beschreibe, wie du vorgegangen bist. Was muss beim Experiment beachtet werden? Welche Spannung liefert deine Batterie?

# Wasserstoff – Energiespeicher der Zukunft?

**1** *Energiegewinnung aus regenerativen Quellen*

**Die Sonne als Energiequelle** Als Alternative zu fossilen Energieträgern bieten sich die regenerativen Energiequellen Wasserkraft, Wind und vor allem die Sonne an. Sie liefert uns ungefähr 5000-mal so viel Energie, wie wir auf der Erde brauchen – kostenfrei und umweltfreundlich. Die Schwierigkeit liegt im „Auffangen" dieser Energie, aber auch im Speichern.
In den Fotovoltaikzellen von Solarkollektoren wird Sonnenenergie aufgefangen und in elektrische Energie umgewandelt. Im Windkraftwerk gewinnt man die elektrische Energie aus der Energie des Windes.

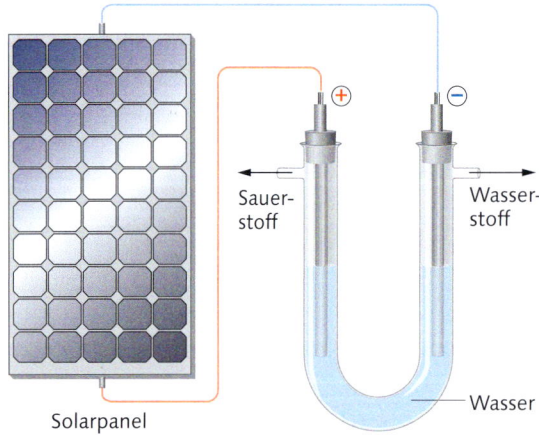

Sauerstoff

Wasserstoff

Wasser

Solarpanel

**2** *Elektrolyse von Wasser mithilfe von Solarstrom*

**Von der elektrischen Energie zur chemischen Energie** Mit der aus der Sonnenenergie gewonnenen elektrischen Energie kann durch eine Elektrolyse Wasser in die Elemente Wasserstoff und Sauerstoff zerlegt werden. Am Pluspol entsteht dabei Sauerstoff, am Minuspol Wasserstoff. Die Elektrolyse von Wasser verläuft endotherm.

$$2\,H_2O \rightarrow 2\,H_2 + O_2 \mid \text{endotherm}$$

Bei dieser chemischen Reaktion wird elektrische Energie in chemische Energie umgewandelt.

**Bei der Elektrolyse von Wasser entstehen Sauerstoff und Wasserstoff. Elektrische Energie wird in chemische Energie umgewandelt.**

**Wasserstoff, ein umweltfreundlicher Energieträger** Der gewonnene Wasserstoff wird verbrannt. Dabei wird die bei der Elektrolyse aufgewendete elektrische Energie in Form von Licht- und Wärmeenergie frei. Da bei dieser Reaktion nur Wasser entsteht, ist Wasserstoff ein umweltfreundlicher Energieträger.

$$2\,H_2 + O_2 \rightarrow 2\,H_2O \mid \text{exotherm}$$

**Wasserstoff ist ein umweltfreundlicher Energieträger, da bei seiner Verbrennung nur Wasser entsteht.**

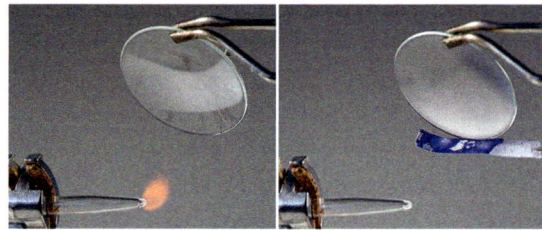

**3** *Beim Verbrennen von Wasserstoff wird Wasser gebildet.*

**Die Wasserstoff-Brennstoffzelle** Auch in der Brennstoffzelle reagiert Wasserstoff mit Sauerstoff zu Wasser. Allerdings läuft diese „Verbrennung" ohne Flammenerscheinung ab und neben wenig Wärmeenergie entsteht vor allem elektrische Energie.

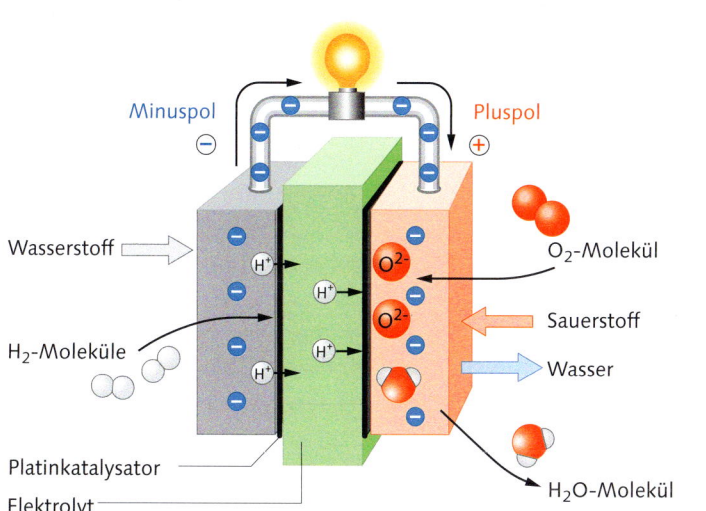

Mehrere Brennstoffzellen
hintereinandergeschaltet (Stack)

Minuspol  Pluspol

Wasserstoff

$O^{2-}$-Molekül

$O_2$-Molekül

$H_2$-Moleküle

Sauerstoff

Wasser

Platinkatalysator

Elektrolyt

$H_2O$-Molekül

**4** *Elektrochemische Vorgänge in der Brennstoffzelle*

**Wie funktioniert eine Brennstoffzelle?** Eine Brennstoffzelle besteht aus einer mit Wasserstoff und einer mit Sauerstoff umströmten Elektrode, die in einen Elektrolyten eintauchen. An der Wasserstoffelektrode werden Wasserstoff-Moleküle in Wasserstoff-Ionen ($H^+$-Ionen) und Elektronen gespalten. Aufgrund des Elektronenüberschusses wird die Wasserstoffelektrode zum Minuspol.
Oxidation (Minuspol):
$$2\,H_2 \rightarrow 4\,H^+ + 4\,e^-$$

Da der Elektrolyt nur für Ionen durchlässig ist, fließen die Elektronen über den elektrischen Leiter zur Sauerstoffelektrode, dem Pluspol. Dabei entsteht ein elektrischer Strom, der den Verbraucher mit elektrischer Energie versorgt. An der Sauerstoffelektrode reagieren Sauerstoff-Moleküle mit den zugeführten Elektronen zu $O^{2-}$-Ionen.
Reduktion (Pluspol):
$$O_2 + 4\,e^- \rightarrow 2\,O^{2-}$$

Die $H^+$-Ionen wandern durch den Elektrolyten und verbinden sich an der Sauerstoffelektrode mit $O^{2-}$-Ionen zu Wasser-Molekülen.
Gesamtreaktion:
$$4\,H^+ + 2\,O^{2-} \rightarrow 2\,H_2O$$

Die Spaltung der Wasserstoff- und der Sauerstoff-Moleküle in Ionen wird durch den Platinkatalysator bewirkt.

Eine Brennstoffzelle liefert eine Spannung von 0,5 bis 1 Volt. Um höhere Spannungen zu erreichen, werden mehrere Brennstoffzellen zu einem Stack (engl. *stack:* stapeln) hintereinandergeschaltet. Ein Stack enthält etwa 150 dicht aneinanderliegende Brennstoffzellen.

**In einer Brennstoffzelle reagiert Wasserstoff mit Sauerstoff zu Wasser. Dabei wird chemische Energie in elektrische Energie umgewandelt.**

**Aufgaben**

**1** Erläutere, warum Wasserstoff als umweltfreundlicher Energieträger bezeichnet werden kann.

**2** Wasserstoff kann an der Luft oder in einer Brennstoffzelle „verbrannt" werden.

**a** Was haben diese beiden „Verbrennungen" gemeinsam?

**b** Worin unterscheiden sie sich?

**3** Wie hoch ist die Spannung, die eine Wasserstoff-Brennstoffzelle liefert?

**4** Erläutere, warum ein Brennstoffzellenauto nur Wasserstoff, aber keinen Sauerstoff tanken muss.

**5** Bei der Synthese von Wasser handelt es sich um eine Redoxreaktion.

**a** Stelle das Reaktionsschema auf.

**b** Erläutere die Vorgänge auf Teilchenebene. Verwende dabei die Begriffe Elektronendonator, Elektronenakzeptor, Oxidation, Reduktion.

5

**1** *Einmal um die Erde – diese Strecke legt ein Mensch in Deutschland durchschnittlich in nur vier Jahren zurück.*

**In vier Jahren um die Welt**  Der Mensch ist mobil, viel mehr als noch vor wenigen Jahrzehnten. Wir empfinden es als selbstverständlich, dass wir mit dem Bus in die Schule fahren, die Eltern uns im Auto zu Freunden bringen oder wir in den Ferien ins Ausland reisen. Jeder Deutsche legt pro Jahr durchschnittlich mehr als 10 000 Kilometer zurück.

**Nachteile der Mobilität**  Die Umwelt leidet unter den Auswirkungen des Verkehrs:
– Die Erdölvorräte schrumpfen.
– Die Konzentration von Kohlenstoffdioxid in der Erdatmosphäre steigt.
– Emissionen wie Schwefeldioxid und Stickoxide in der Luft schaden der Gesundheit von Mensch, Tier und Pflanze.

**Mobilität durch elektrische Energie**  Anstatt mit Benzin- oder Dieselmotoren können Fahrzeuge auch elektrisch angetrieben werden. Die dafür notwendige Energie wird aus dem Stromnetz entnommen und in Akkus im Fahrzeug gespeichert. Elektrische Energie lässt sich aber auch mithilfe von Brennstoffzellen „an Bord", also direkt im Auto gewinnen.

**Brennstoffzellenauto**  Wasserstoff ist der Kraftstoff des Brennstoffzellenautos. Bei der „Verbrennung" von Wasserstoff in der Brennstoffzelle wird die im Wasserstoff gespeicherte chemische Energie in elektrische Energie umgewandelt. Mit dieser wird ein Elektromotor angetrieben.
In der Brennstoffzelle läuft die Reaktion von Wasserstoff mit Sauerstoff ohne Flammenerscheinung und unter geringer Wärmeentwicklung ab. Daher kann man auch von einer „kalten Verbrennung" sprechen. Da als Reaktionsprodukt nur Wasser entsteht, handelt es sich um eine umweltschonende Energiegewinnung.

**Elektroauto**  Bei einem solchen Fahrzeug erfolgt der Antrieb durch elektrische Energie. Der Strom für den Elektromotor kommt aus einem Akku, der nach der Entladung aus dem Stromnetz wieder aufgeladen wird. Derzeit werden in Elektroautos fast ausschließlich Lithium-Ionen-Akkus eingesetzt.

**Die Stärken eines stromgetriebenen Autos**
Benzin hat einen Wirkungsgrad von etwa 35 %. Das bedeutet: Nur ein Drittel der Energie, die im Benzin enthalten ist, kann für den Antrieb des Autos genutzt werden. Die meiste Energie wird als Wärme an die Umwelt abgegeben. Dagegen kann mit Elektromotoren ein Wirkungsgrad von über 90 % erreicht werden. Elektroautos sind leise und erzeugen keine Abgase. So lässt sich insbesondere in den Innenstädten die Luftbelastung durch Schadstoffe erheblich senken.

**2** *Unterschiedliche Antriebsarten – unterschiedliche Emissionen*

**3** *Fährt mit Strom aus der Steckdose*

## „Sauberer" Strom aus der Steckdose?

Es ist richtig, dass der Elektromotor keine Emissionen verursacht. Aber wo kommt der Strom her? Wenn er in einem mit Kohle oder Heizöl betriebenen Kraftwerk erzeugt wird, entstehen dort die umweltbelastenden Abgase. Von „sauberem" Strom oder „Ökostrom" kann man genau genommen nur dann sprechen, wenn erneuerbare Energien wie Sonne oder Wind genutzt werden.

**4** *Fährt mit Energie von der Sonne*

## Warum gibt es nicht mehr Elektroautos?

Um mit einem Elektroauto 100 km fahren zu können, braucht man einen Akku, der 200 kg wiegt. Da der Akku das Auto schwer macht und teuer ist, kann man ihn nicht beliebig vergrößern. Das führt dazu, dass Elektroautos mit 120 bis 150 km nur eine geringe Reichweite haben. Forscher arbeiten daran, Akkus mit einer höheren Energiedichte zu entwickeln. Ihr Ziel ist es, zwischen 2020 und 2030 einen Akku auf den Markt zu bringen, mit dem die 800 km lange Strecke von München nach Hamburg mit einer Batterieladung zurückgelegt werden kann.

## Energiedichte

Die Energiedichte gibt an, wie viel Energie in einem Energieträger pro kg gespeichert ist.

| Energieträger | Energiedichte (pro kg des Energieträgers) |
|---|---|
| Benzin | 12 kWh |
| Erdgas | 13 kWh |
| Steinkohle | 8,5 kWh |
| Lithium-Ionen-Akku | 0,15 kWh |

**Tab. 1** *Energiedichte von verschiedenen Energieträgern*

Mit der Energie von 1 kWh (Kilowattstunde) kann ein Haarföhn mit der Leistung 1 kW (Kilowatt) eine Stunde betrieben werden oder ein Elektroauto etwa 2,5 km zurücklegen.

## Hybridauto

Bei einem Hybridauto wird ein traditioneller Verbrennungsmotor mit einem modernen Elektroantrieb kombiniert. Dabei gibt es die Möglichkeit, dass jede der Antriebsarten das Fahrzeug für sich alleine antreibt oder dass eine Antriebsart die andere unterstützt. So kann beispielsweise der Elektromotor im Stadtverkehr alleine arbeiten. Beim Beschleunigen außerorts unterstützt er den Benzinmotor. Zur Vergrößerung der Reichweite wird bei längeren Fahrten ebenfalls auf den Verbrennungsmotor umgeschaltet.

## Aufgaben

1 Vergleiche ein Benzinauto mit einem Elektroauto. Trage die Vor- und Nachteile in eine Tabelle ein.
2 Man unterscheidet zwischen Elektroauto und Brennstoffzellenauto.
a Beschreibe die Unterschiede der Autotypen.
b Erläutere, unter welchen Bedingungen diese Fahrzeuge als umweltschonend bezeichnet werden können.
3 Eine Ladung der „FutureBatterie 2020" soll für eine Fahrt von Hamburg nach München reichen.
Wie hoch muss ihre Energiedichte sein, wenn sie höchstens 320 kg wiegen soll?

# Teste dich!

◀

**1** Aluminium reagiert mit Chlor zu Aluminium-chlorid ($AlCl_3$).

**a** Stelle die Reaktionsschemata für Oxidation und Reduktion auf.

**b** Gib den Elektronendonator und den Elektro-nenakzeptor an.

**2** Das Bild zeigt eine Elektrolyse.

**a** Beschreibe die dargestellten Vorgänge.

**b** Gib an, für welche technische Anwendung die Elektrolyse genutzt werden kann.

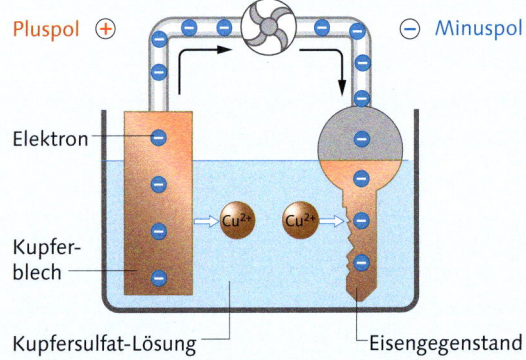

**3** Beschreibe den Aufbau einer galvanischen Zelle. Erläutere, welche elektrochemischen Vorgänge ablaufen. Verwende dabei die folgenden Begriffe: Elektrode, Elektrolyt, Elektron, Ion.

**4** Beschreibe die Energieumwandlung, die in einer galvanischen Zelle stattfindet.

**5** Im Bild ist eine galvanische Zelle dargestellt.

**a** Übertrage die Skizze in dein Heft.

**b** Aus welchen Elektroden könnte das galvani-sche Element bestehen?

**c** Trage in die Skizze die Elektronen und deren Bewegungsrichtung ein.

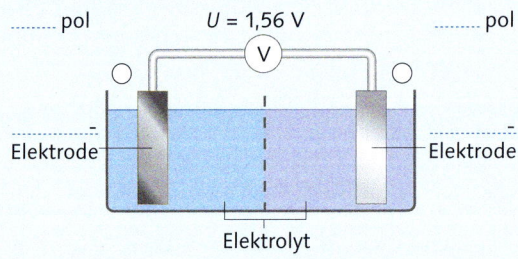

**6** Erstelle eine Tabelle mit mindestens sechs elektrischen Geräten aus deinem Alltag und ordne die dafür gängigen Batterietypen (Primärbatterie oder Akku) zu.

**7** Beschreibe die Energieumwandlungen in einem Akku:

**a** beim Laden

**b** beim Entladen

**8** Batterie oder Akku? Erläutere, für welche Verwendungszwecke der Einsatz von Primär-batterien oder Akkus sinnvoll ist.

**9** Alkalinebatterien müssen recycelt werden.

**a** Welche Wertstoffe werden dabei gewonnen?

**b** Wozu kann man sie verwenden?

**10** „Wasserstoff ist ein umweltfreundlicher Energieträger."

**a** Begründe diese Aussage.

**b** Belege die Aussage durch ein Reaktions-schema.

**c** Beschreibe die Energieumwandlungen bei der Gewinnung und Verbrennung von Wasserstoff.

**d** Beschreibe das Funktionsprinzip einer Brennstoffzelle.

| Aufgabe | Hilfe findest du auf Seite … |
|---------|------------------------------|
| 1 | 112 |
| 2 | 113 |
| 3 | 114/115 |
| 4 | 114/115 |
| 5 | 114/115 |
| 6 | 118–120 |
| 7 | 120 |
| 8 | 118–120 |
| 9 | 118, 122 |
| 10 | 124, 126 |
| **… und die Lösungen findest du im Anhang.** | |

# Im Überblick

Die Elektrolyse ist eine erzwungene chemische Reaktion, bei der mithilfe elektrischer Energie Verbindungen zerlegt werden. Umgekehrt können in galvanischen Zellen (Batterien) freiwillig ablaufende chemische Reaktionen zur Gewinnung von elektrischer Energie genutzt werden. Wasserstoff ist ein umweltfreundlicher Energieträger, da bei seiner Reaktion mit Sauerstoff, beispielsweise in einer Brennstoffzelle, nur Wasser als Reaktionsprodukt entsteht.

## Elektronenübertragung bei Redoxreaktionen

- Oxidation: Elektronenabgabe
  $Zn \rightarrow Zn^{2+} + 2\,e^-$
- Reduktion: Elektronenaufnahme
  $S + 2\,e^- \rightarrow S^{2-}$
- Redoxreaktion: Oxidation (Elektronenabgabe) und Reduktion (Elektronenaufnahme) laufen gleichzeitig ab.

$$\overset{\text{Oxidation}}{Zn + S \rightarrow Zn^{2+} + S^{2-}}$$
Reduktion

- Je unedler ein Metall ist, umso stärker ist sein Bestreben, Elektronen abzugeben.

| Gold | Silber | Kupfer | Eisen | Zink | Aluminium | Magnesium |

edel                    unedel

## Donator-Akzeptor-Prinzip

- Elektronendonator: ein Teilchen, z. B. ein Zinkatom, das Elektronen abgibt
- Elektronenakzeptor: ein Teilchen, z. B. ein Schwefelatom, das Elektronen aufnimmt

## Elektrolyse

- Zerlegung einer chemischen Verbindung mithilfe des elektrischen Stroms (erzwungene Redoxreaktion)
- Anwendung beim Galvanisieren, z. B. beim Verzinken von Eisengegenständen

## Batterien und Akkus als Energiespeicher

- Batterien sind galvanische Zellen, die durch chemische Reaktionen elektrische Energie erzeugen.
- Im Gegensatz zu Primärbatterien sind Sekundärbatterien (Akkus) wiederaufladbar.
- Laden eines Akkus: Umwandlung von elektrischer in chemische Energie
- Entladen eines Akkus: Umwandlung von chemischer in elektrische Energie

| Primärbatterien | Sekundärbatterien |
| --- | --- |
| Alkalinebatterie | Lithium-Ionen-Akku |
| Lithium-Mangan-Batterie | Lithium-Cadmium-Akku |
| Zink-Kohle-Batterie | Bleiakku (Autobatterie) |

## Entsorgung von Batterien und Akkus

- enthalten umweltgefährliche Stoffe und gefährliche Säuren und Laugen
- dürfen nicht über den Hausmüll entsorgt werden
- werden in grünen Boxen gesammelt, sortiert und recycelt

## Wasserstoff, ein umweltfreundlicher Energieträger

- Gewinnung durch Elektrolyse von Wasser
  $2\,H_2O \rightarrow 2\,H_2 + O_2$ | endotherm
- umweltfreundliche Reaktion in der Brennstoffzelle
  $2\,H_2 + O_2 \rightarrow 2\,H_2O$ | exotherm

# 6

# Kohlenwasserstoffe – Energieträger und Rohstoffe

Kohlenwasserstoffe sind vielfältig nutzbare Stoffe: Butangas verbrennt im Campingkocher und wärmt unser Essen. Aus Erdöl können ganz unterschiedliche Produkte wie Kunststoffe, Klebstoffe, Medikamente und Kosmetika hergestellt werden. Wir können Erdöl zur Energiegewinnung verbrennen – dann aber fehlt uns bald der wichtige Rohstoff. Deshalb sind regenerative Energien wie Windkraft für unsere Zukunft so wichtig.

# Entstehung von Erdöl, Erdgas und Kohle

**1** *Erdöl kann unterschiedlich aussehen.*

**„Schwarzes Gold"** Erdöl kann als braun-schwarze, zähe Flüssigkeit auftreten, aber auch strohgelb und dünnflüssig sein. Es lagert unter der Erdoberfläche und muss aus den Erdschichten gewonnen werden. Erdöl wird manchmal auch als „schwarzes Gold" bezeichnet. Aber was macht das Besondere dieses Stoffes aus?

**Entstehung von Erdöl und Erdgas** Vor mehr als 250 Millionen Jahren waren weite Teile der Erdoberfläche von Meeren bedeckt. Darin lebten Kleinstlebewesen wie pflanzliches und tierisches Plankton. Nach ihrem Absterben sanken sie auf den Meeresboden. Dort konnten sie im sauerstoffarmen Wasser nicht verwesen. Es bildete sich Faulschlamm, der von Ablagerungen aus Flüssen bedeckt wurde. Im Laufe von vielen

Millionen Jahren gelangte der Faulschlamm in immer größere Tiefen, wo hoher Druck und hohe Temperaturen herrschen. Im Laufe der Zeit wandelten sich dadurch die von der Luft abgeschlossenen Stoffe in Erdöl um.
Auch Erdgas entstand durch die Zersetzung von Kleinstlebewesen. Daher sind in Lagerstätten häufig Erdöl- und Erdgasvorkommen zu finden. Erdgas ist in die Gesteinsschichten eingelagert wie in die Poren eines Schwamms. Undurchlässige Gesteinsschichten darüber verhindern den Aufstieg des Gases an die Oberfläche.

**Erdöl ist durch die Zersetzung von Kleinstlebewesen am Meeresgrund unter Luftabschluss und der Einwirkung von hohem Druck und Wärme entstanden.**

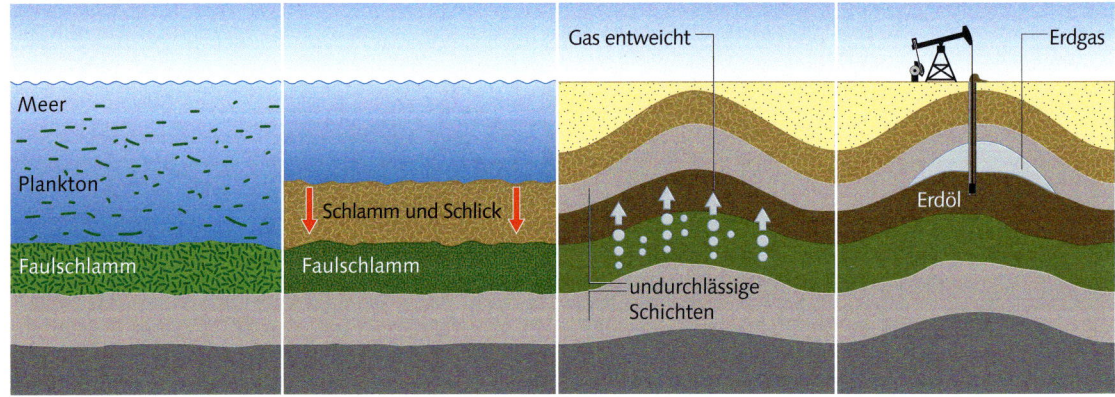

**2** *Entstehung von Erdöl und Erdgas*

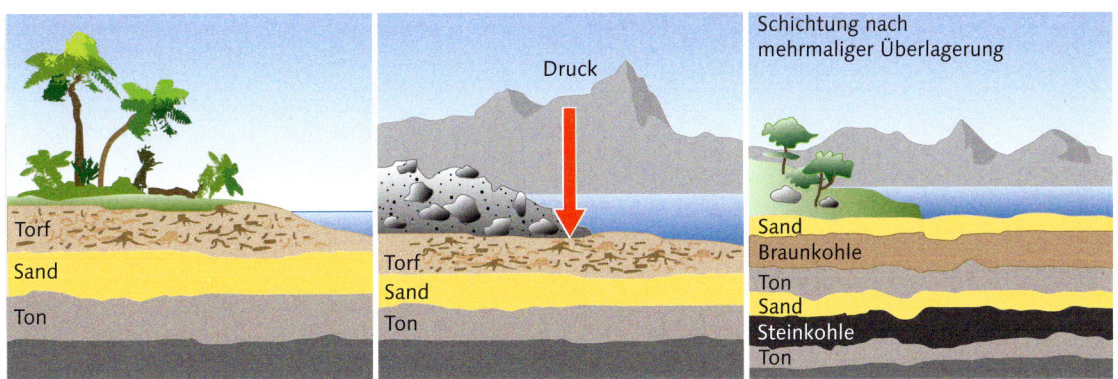

**3** Entstehung von Kohle

**Kohle entstand aus Pflanzen** Aus Sumpfwäldern entstand im feucht-warmen Klima vor mehr als 300 Millionen Jahren Kohle.
In den Urwäldern starben Bäume und Pflanzen ab. Sie fielen auf den sumpfigen Boden. Darüber wuchsen wieder neue Pflanzen. Durch den Sumpf waren die Überreste der abgestorbenen Pflanzen luftdicht abgeschlossen und sie verfaulten nicht. Es bildete sich eine torfartige Schicht. In Moorgebieten sind diese Prozesse auch heute noch zu beobachten.
Im Laufe von Jahrtausenden wurden die Torfschichten von Geröll, Sand und Ton überlagert. Darauf wuchsen immer neue Sumpfwälder, aus denen sich erneut Torfschichten bildeten. Unter Wärme und durch den Druck der überlagernden Erdmassen wurden die unteren Schichten zusammengepresst und es bildete sich Braunkohle. Durch das Anwachsen der Schichten nahmen Druck und Hitze weiter zu. Braunkohle wurde unter erhöhtem Druck zu Steinkohle.

Gelegentlich wurden die Kohleschichten durch Erdbewegungen auseinandergerissen und gelangten so stellenweise an die Erdoberfläche.

**Kohle ist in Jahrmillionen unter Luftabschluss, Druck und Wärme aus abgestorbenen Pflanzen entstanden.**

**Fossile Energieträger** Erdöl, Erdgas und Kohle werden zur Energiegewinnung eingesetzt und daher als Energieträger bezeichnet. Die meisten Kraftfahrzeuge fahren mit Benzin, das aus Erdöl gewonnen wird. Viele Heizungen werden mit Erdöl oder Erdgas betrieben und Strom wird oft durch Verbrennung von Kohle in Kraftwerken erzeugt.
Da diese Energieträger in einem weit zurückliegenden Erdzeitalter aus Abbauprodukten von Kleinstlebewesen und Pflanzen entstanden sind, werden sie als fossile Energieträger bezeichnet.

**Erdöl, Erdgas und Kohle sind Brennstoffe, die in den letzten 250 bis 300 Millionen Jahren entstanden sind. Sie werden als fossile Energieträger bezeichnet.**

### Aufgaben
1 Erkläre, was man unter fossilen Energieträgern versteht.
2 Beschreibe die Entstehung des Energieträgers und fertige jeweils eine beschriftete Skizze an:
a Erdöl
b Erdgas
c Kohle
3 Vergleiche die Entstehung von Erdöl und Kohle.

**4** Torf (oben), Steinkohle (links) und Braunkohle (rechts)

# Erdöl – ein begehrter Stoff

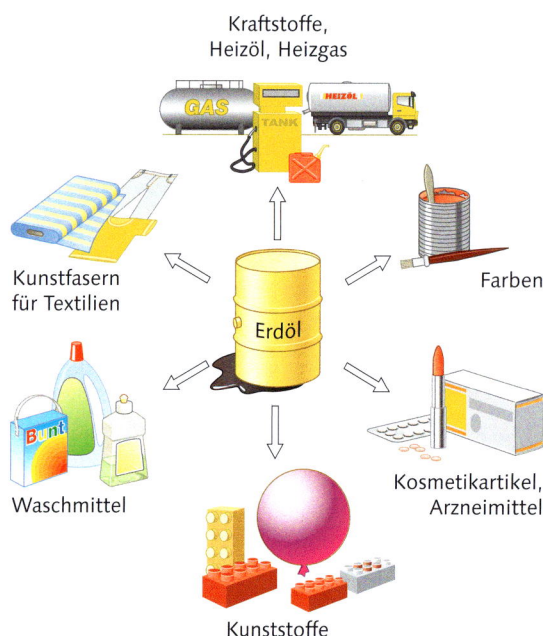

Kraftstoffe, Heizöl, Heizgas

Kunstfasern für Textilien

Erdöl

Farben

Waschmittel

Kosmetikartikel, Arzneimittel

Kunststoffe

**1** *Vielfältige Verwendungsmöglichkeiten für Erdöl*

**Erdöl – zum Verbrennen zu schade** Erdöl ist ein kostbarer Rohstoff. Dennoch denken wir bei Erdöl zunächst meist an den Energieträger, der beispielsweise zum Betrieb von Heizungen oder Kraftfahrzeugen verwendet wird. Aus Erdöl können jedoch zahllose neue Stoffe erzeugt werden. Viele Produkte des täglichen Lebens wie Textilien für Bekleidung, Kunststoffe, Medikamente, Farben und Lösungsmittel werden aus Erdöl hergestellt.

**2** *Ein Leben ohne Erdöl – was wäre wohl anders?*

**Begrenzte Erdölvorräte** Im Jahr 2011 umfassten die bekannten förderbaren Erdölreserven weltweit etwa 168 Milliarden Tonnen Rohöl. Diese Vorräte sind auf der Erde unterschiedlich verteilt und sie sind nicht erneuerbar (Bild 3). Der Jahresverbrauch an Erdöl betrug 2011 weltweit rund 4 Milliarden Tonnen. Bei gleichbleibendem Verbrauch würden die Erdölvorräte also noch etwa bis zum Jahr 2050 reichen.
In den vergangenen Jahrzehnten ist der Verbrauch an Erdöl aber ständig gestiegen. Und es ist mit einer weiter steigenden Erdölnachfrage zu rechnen, weil unser Konsum und unser Energieverbrauch weltweit weiter zunimmt. Weitere auf der Erde vorhandene Erdölvorkommen werden aus technischen oder wirtschaftlichen Gründen derzeit nicht gefördert. Daher kann man in Zukunft mit einer größer werdenden Lücke zwischen Nachfrage und Angebot rechnen. Steigende Ölpreise wären die Folge.

**Aus Erdöl werden viele Produkte des täglichen Lebens hergestellt. Die Vorräte an Erdöl sind begrenzt.**

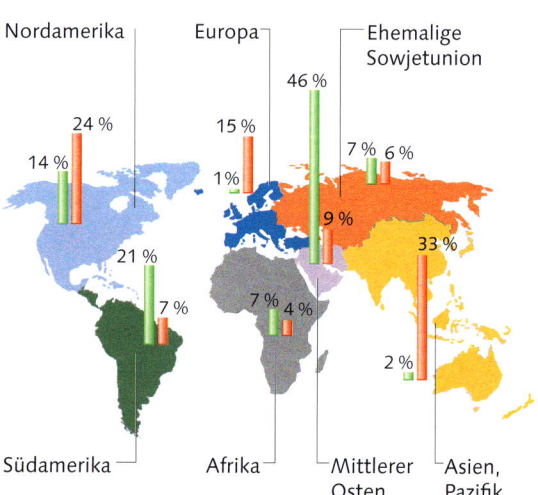

Nordamerika  Europa  Ehemalige Sowjetunion

14 %  24 %  1 %  15 %  46 %  7 % 6 %

9 %

21 %  7 %  7 % 4 %  33 %

2 %

Südamerika  Afrika  Mittlerer Osten  Asien, Pazifik

Anteil an weltweiten Erdölvorkommen

Anteil am weltweiten Erdölverbrauch

**3** *Weltweite Erdölreserven und regionaler Verbrauch (2011)*

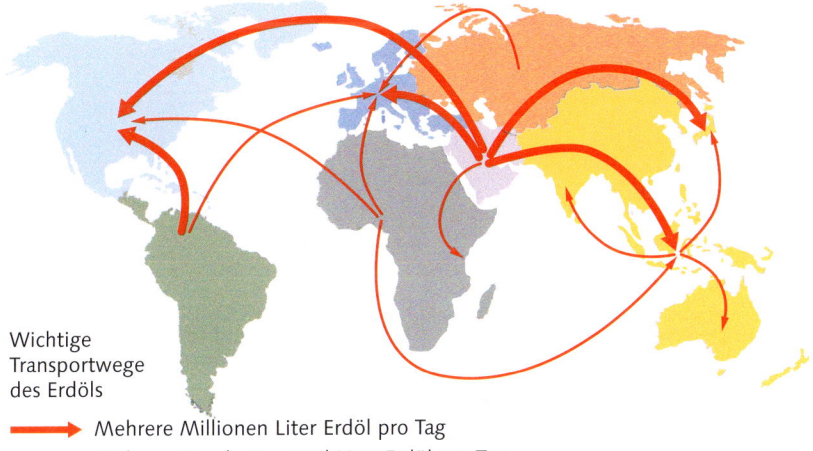

Wichtige
Transportwege
des Erdöls

➡ Mehrere Millionen Liter Erdöl pro Tag
→ Mehrere Hunderttausend Liter Erdöl pro Tag

**4** *Erdöl wird in Tankern und durch Pipelines über weite Strecken transportiert.*

**Schattenseiten des Erdöls** Erdöl ist ein Stoffgemisch aus einer großen Zahl von Verbindungen. Viele dieser Verbindungen sind umweltgefährdend. Daher sind beim Umgang mit Erdöl Sicherheitsvorkehrungen wichtig. Für die weltweit langen Transportwege werden Pipelines und Tanker eingesetzt. Beide Transportwege stellen eine mögliche Gefahr für die Umwelt dar. Pipelines können unbemerkt leckschlagen, sodass das Erdöl ins Erdreich gelangt. Im Fall eines Schiffsunglücks gelangt Erdöl ins Meer. Dadurch bilden sich auf dem Wasser riesige Ölteppiche, die Umweltkatastrophen verursachen. Deshalb sollen alle Tanker bis 2025 einen doppelwandigen Schiffsrumpf haben.

**Erdöl wird in Pipelines und Tankern über weite Strecken transportiert. Der Transport muss sicher sein, da Erdöl umweltgefährdend ist.**

**5** *Ölverschmierter Vogel am Meeresufer*

**Exkurs  Die Folgen von Ölkatastrophen**
Im Jahr 1989 lief der mit Erdöl beladene Tanker „Exxon Valdez" vor Alaska auf ein Riff auf. 40 000 Tonnen Rohöl gelangten damals ins Meer. Es bildete sich ein großer Ölteppich, der 2000 km Küste verschmutzte. Hunderttausende Seevögel und andere Meereslebewesen verendeten. Noch heute ist die Region mit großen Mengen Erdöl verschmutzt. Nach wie vor wirkt es sich schädigend auf die Pflanzen- und Tierwelt aus – und letztlich auch auf die Menschen

**Aufgaben**
1 Nenne sechs Verwendungsmöglichkeiten für Erdöl.
2 Schreibe eine Geschichte zum Thema „Leben ohne Erdöl – ein ganz normaler Tag" (Bild 2) Berücksichtige dabei die verschiedenen Verwendungsmöglichkeiten von Erdöl.
3 In welcher Region liegen die größten Erdölreserven? Nenne drei Länder aus dieser Region.
4 Vergleiche den Erdölverbrauch und das Erdölvorkommen in Europa und im Mittleren Osten. Welche Probleme könnten sich hieraus ergeben?
5 Recherchiere drei Länder, in denen der Verbrauch an Erdöl seit Beginn dieses Jahrtausends deutlich angestiegen ist.
Denke vor allem an Länder, die einen Wandel vom Agrarland zum Industriestaat vollzogen haben.

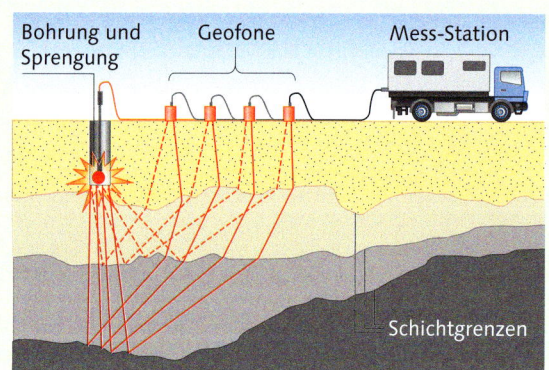

**1** *Seismische Messung*

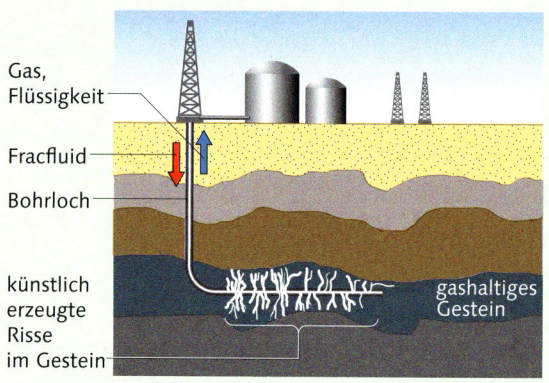

**2** *Frackingverfahren zur Gewinnung von Erdgas*

**Suche nach neuen Lagerstätten** Die Suche nach neuen Erdöl- und Erdgasvorkommen wird durch Satelliten erleichtert. Vom Weltall aus werden Aufnahmen der Erdoberfläche gemacht. Sie werden mithilfe von Computertechnologie ausgewertet. So lassen sich sogar Vorkommen unter der Meeresoberfläche auffinden.

**Schallwellen zur Erdölsuche** Zum Auffinden neuer Lagerstätten werden sogenannte „seismische Messungen" eingesetzt (Bild 1). Durch Sprengungen werden Schallwellen erzeugt, die sich unter der Erde in den verschiedenen Erdschichten unterschiedlich schnell ausbreiten. Der Schall wird an den Schichtgrenzen reflektiert und an der Erdoberfläche gemessen. Hierzu dienen in die Erde eingelassene Geofone. Aufgrund der ermittelten Daten lassen sich Informationen über Ausdehnung und Beschaffenheit der Erdschichten gewinnen. Vermutungen, ob Erdöl oder Erdgas in den Erdschichten enthalten ist, können so bestätigt oder widerlegt werden.

**Weitere Vorkommen und deren Nutzbarkeit** Als Ölschiefer oder Ölsande werden Gesteine bezeichnet, in denen das Rohöl mit Gestein oder Sand sehr stark vermengt ist. Hierdurch ist die Gewinnung erschwert. So gibt es in Baden-Württemberg Ölschiefervorkommen, die Ende des Zweiten Weltkriegs zur Gewinnung von Rohöl genutzt wurden und heute zur kostengünstigen Zementproduktion verwendet werden.

Bei einigen Vorkommen von Erdgas ist die Durchlässigkeit der Gesteinsschichten zu gering. Bohrungen würden nur eine geringe Gasausbeute ergeben. Durch das Frackingverfahren ist eine Erdgasförderung möglich, die ansonsten unwirtschaftlich wäre.

**Fracking** Ein Gemisch aus Wasser, Quarzsand und Chemikalien wird durch Rohre in das Bohrloch eingebracht. Unter hohem Druck wird dieses als Fracfluid bezeichnete Gemisch durch die an mehreren Stellen mit Löchern versehenen Rohre in das Gestein gepresst. Dadurch werden Risse erzeugt, die den Gasfluss ermöglichen. Der Quarzsand dient zur Stabilisierung der Risse. Vor der Förderung des Erdgases wird die Flüssigkeit wieder nach oben gepumpt. Danach strömt das Gas dem Bohrloch zu und kann gefördert werden. Durch die umweltgefährdenden und giftigen Stoffe im zurückgepumpten Fracfluid besteht die Gefahr einer Grundwasserverseuchung.

**Aufgaben**

1 Benenne Untersuchungen, die zur Auffindung neuer Lagerstätten führen.
2 Beschreibe das Frackingverfahren.
3 In Völkersen im Landkreis Verden an der Aller kam es beim Fracking zu Umweltbelastungen. Recherchiere und berichte. Bewerte die von dir genutzten Quellen.
4 Recherchiere in weiteren Quellen Argumente für und gegen das Fracking. Diskutiere die Standpunkte mit deinen Mitschülern.

# Exkurs   Förderung von Erdöl und Erdgas

**Aus tiefen Lagerstätten an die Oberfläche** Vor der Förderung von Erdöl und Erdgas wird zunächst eine Probebohrung durchgeführt. Ist sie erfolgreich, wird ein Doppelrohr in das mehrere Kilometer tiefe Bohrloch eingebracht. Das unter Druck stehende Erdgas strömt meist von alleine nach oben. Erdöl muss jedoch hochgepumpt werden. Um die Ausbeute zu erhöhen, wird über das zweite Rohr Wasser mit hohem Druck in die Erdöl führende Schicht gepresst. So kann mehr Erdöl nach oben transportiert werden. Anschließend werden Erdöl und Erdgas gereinigt und durch Pipelines oder in Tankern zur weiteren Verarbeitung zu den Raffinerien befördert.

Die derzeit längste Pipeline verläuft 4700 Kilometer quer durch Russland. Sie transportiert Erdgas und Erdöl von den Lagerstätten im ostsibirischen Taischet bis nach Kosmino am Japanischen Meer, wo es für den Verkauf in die USA, nach China und Japan auf Tanker verladen wird.

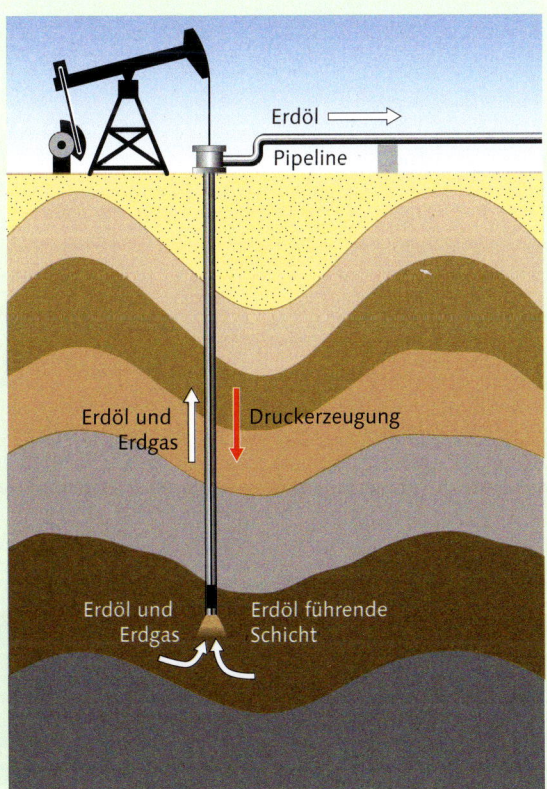

**1** *Förderung von Erdöl und Erdgas*

**Förderung im Meer** Häufig befinden sich Erdöllagerstätten unter dem Meer. Zur Förderung werden künstliche Bohrinseln auf hoher See errichtet. Sie können fest mit dem Meeresboden verankert oder als schwimmende Bohrinseln zu ergiebigen Lagerstätten bewegt werden. Die Förderung im Meer erfolgt im gleichen Verfahren wie an Land über Bohrungen. Neue Technologien ermöglichen die Förderung bis in Tiefen von 4000 bis 6000 m unterhalb des Meeresspiegels.

Die Förderung von Erdöl und Erdgas im Meer wird als Offshore-Förderung (engl. *offshore*: vor der Küste, auf hoher See) bezeichnet.

**2** *Offshore-Förderung*

**Risiken der Offshore-Gewinnung** Im April 2010 ereignete sich auf der Bohrinsel „Deepwater Horizon" im Golf von Mexiko eine schwere Explosion, in deren Folge die Bohrinsel sank. Elf Menschen starben. Monatelang flossen große Mengen Rohöl ins Meer.

Erdöl, das „schwarze Gold", wurde für die an der Südküste der USA lebenden Menschen und Meereslebewesen mit einem Mal zur „schwarzen Pest".

### Aufgaben

1 Beschreibe, wie Erdöl und Erdgas gefördert werden.
2 Erdgas muss bei vielen Lagerstätten nicht extra aus der Tiefe hochgepumpt werden. Erläutere.
3 Finde heraus, wo Erdöl in Deutschland gefördert wird.

# Praktikum  Untersuchen von Erdöl

## 1 Filtration von Erdöl

*Geräte:* Rundfilter, Glastrichter, Einwegspritze (5 ml), Erlenmeyerkolben
*Chemikalien:* Erdöl (Ersatz)
*Durchführung:* Falte das Filterpapier und gib es in den Trichter. Stelle den Trichter auf einen Erlenmeyerkolben. Halte das Filterpapier am oberen Rand des Trichters fest. Gib mit der Einwegspritze ca. 2 ml Erdöl in den Trichter. Wahrscheinlich musst du das Filterpapier dabei weiter festhalten.
*Auswertung:*
**a** Formuliere deine Beobachtungen.
**b** Welche Aussage kannst du nach dem Versuch über Erdöl machen?
*Entsorgung:* Spüle die Geräte nicht aus. Lege die gebrauchte Einwegspritze auf einem saugfähigen Papier ab.

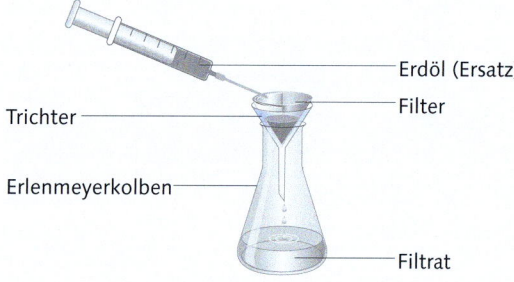

Erdöl (Ersatz)
Filter
Trichter
Erlenmeyerkolben
Filtrat

## 2 Dichtebestimmung

*Geräte:* Einwegspritze mit Verschlusskappe (10 ml), Waage
*Chemikalien:* Erdöl (Ersatz)
*Durchführung:* Wiege die leere Einwegspritze mit Verschlusskappe. Fülle nun 10 ml Erdöl in die Spritze ein. Wiege erneut die befüllte Einwegspritze mit Verschlusskappe. Ermittle die Masse von 10 ml Erdöl. Berechne die Dichte.
*Auswertung:*
**a** Vergleiche die Dichte von Erdöl und Wasser.
**b** Bringe das Ergebnis in Zusammenhang mit Öltankerunfällen.
*Entsorgung:* Spüle die Geräte nicht aus. Lege die gebrauchte Einwegspritze auf einem saugfähigen Papier ab.

## 3 Löslichkeit von Erdöl

*Geräte:* Reagenzglasständer, 8 Reagenzgläser, Schutzplatte aus Kunststoff, Trichter, 8 Stopfen, Einwegspritze (10 ml)
*Chemikalien:* Erdöl (Ersatz), Paraffinöl, Petroleumbenzin, Wasser, Olivenöl, Alkohol, Citronensäure-Lösung, Calciumhydroxid-Lösung, Aceton
*Durchführung:* Fülle in jedes Reagenzglas 1 cm Erdöl. Gib jeweils einen der anderen Stoffe je 3 cm hoch dazu, verschließe mit dem Stopfen und schüttle.
*Auswertung:* Erstelle eine Tabelle und trage deine Beobachtungen ein.
Welcher Stoff würde sich bei der Förderung als Erdölzusatz am besten eignen, um Erdöl mit Druck nach oben zu pressen? Begründe.
*Entsorgung:* Gib die Flüssigkeiten in den Behälter für organische Abfälle. Spüle die Geräte nicht aus. Lege die gebrauchte Einwegspritze auf einem saugfähigen Papier ab.

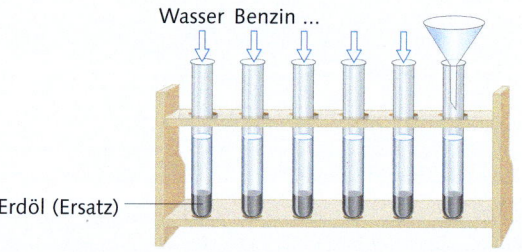

Wasser Benzin ...

Erdöl (Ersatz)

## 4 Viskosität von Erdölbestandteilen

*Geräte:* 3 Reagenzgläser, 3 Büroklammern, Pinzette, Reagenzglasständer, Stoppuhr
*Chemikalien:* Waschbenzin, Petroleum, Schmieröl
*Durchführung:* Fülle in je ein Reagenzglas Benzin, Petroleum und Schmieröl. Achte darauf, dass alle Reagenzgläser gleich hoch befüllt sind. Setze die Büroklammer mit einer Pinzette vorsichtig auf der Oberfläche der Flüssigkeit ab. Miss die Zeit, in der die Büroklammer zu Boden sinkt. Verfahre ebenso mit den anderen Proben.
*Auswertung:* Vergleiche und ordne die Flüssigkeiten nach zunehmender Viskosität.

# Energie nutzbar machen

**Energie im Alltag** Im täglichen Leben ist die Nutzung von Energie für uns selbstverständlich. Jedoch steht sie nicht „einfach so" und nicht unbegrenzt zur Verfügung. Zur Deckung seines Energiebedarfs ist der Mensch auf die in der Natur vorkommenden Energiequellen angewiesen. Sie werden entweder in ihrer ursprünglichen Form (Primärenergie) oder nach Umwandlung (Sekundärenergie) nutzbar gemacht.

**Primärenergie** Erdöl, Erdgas und Kohle sind natürlich vorkommende, fossile Energieträger. Die in ihnen gespeicherte Energie wird als Primärenergie bezeichnet. Sie enthalten energiereiche Kohlenstoffverbindungen, die vor Jahrmillionen durch Fotosynthese von Pflanzen unter Ausnutzung der Energie des Sonnenlichts gebildet wurden.

**Sekundärenergie** Erdöl wird im Haushalt nicht direkt zur Energieerzeugung eingesetzt, sondern muss zu Heizöl aufbereitet werden. Kraftfahrzeuge und Heizungen werden oft mit Benzin oder Diesel angetrieben. Diese aus Erdöl hergestellten Energieträger enthalten Sekundärenergie. Sekundärenergie ist demnach die Energie, die durch Umwandlung aus Primärenergie gewonnen wird.

**Nutzenergie** Computer, Lampen und andere elektrische Geräte benötigen als Nutzenergie elektrischen Strom, damit sie betrieben werden können. Im Kraftwerk kann der elektrische Strom direkt aus Kohle erzeugt werden, die Primärenergie enthält. Automotoren können jedoch nicht mit Erdöl betrieben werden. Die Nutzenergie wird im Pkw aus Benzin gewonnen. Bei jedem Umwandlungsschritt – von Primärenergie in Sekundärenergie und weiter in Nutzenergie – geht allerdings immer Energie verloren.

**In Kraftwerken wird Primärenergie aus natürlich vorkommenden Energieträgern in Sekundärenergie umgewandelt. Nutzenergie ist die Energie, die den Verbrauchern für Anwendungen des Alltags zur Verfügung steht.**

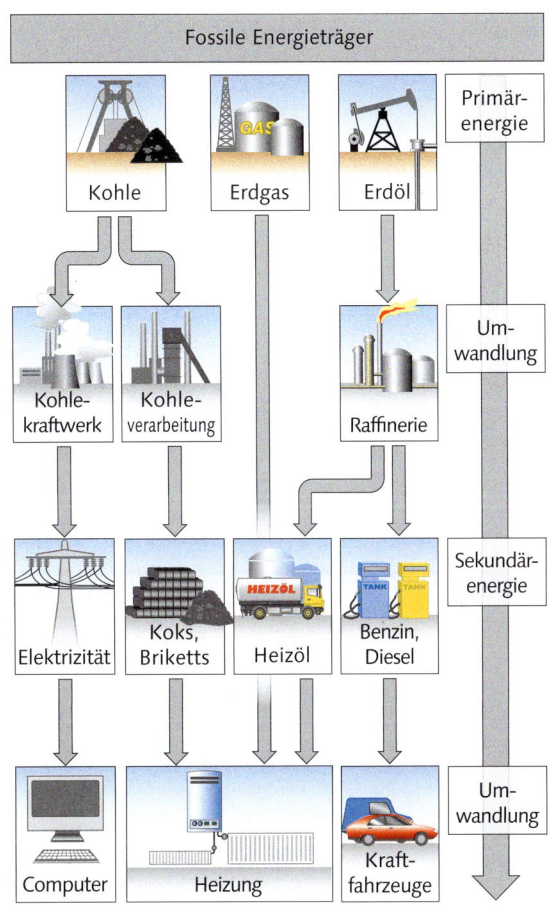

**1** *Fossile Energieträger – Umwandlung von Primärenergie in Sekundärenergie und Nutzenergie*

**Nebenprodukte bei der Gewinnung von Energie** Bei der Verbrennung fossiler Energieträger in Kraftwerken, Heizungsanlagen oder Kraftfahrzeugen werden bei der Erzeugung von Nutzenergie große Mengen an klimaschädlichem Kohlenstoffdioxid als unerwünschtem Nebenprodukt freigesetzt. Außerdem wird Wärmeenergie frei, die oft ungenutzt verloren geht.

### Aufgaben
1 Nenne die wichtigsten Primärenergieträger.
2 Erkläre den Begriff Sekundärenergie.
3 Beschreibe die Umwandlung des Primärenergieträgers Kohle in Sekundär- und Nutzenergie. Vergleiche mit der Nutzung von Erdgas.
4 Veranschauliche an einem selbst gewählten Beispiel, was mit Nutzenergie gemeint ist.

# Erneuerbare Energie

**Neue Konzepte sind gefragt** Neue Technologien und veränderte Lebensgewohnheiten erhöhen weltweit den Bedarf an Energie. Fossile Energieträger sind nicht unbegrenzt vorhanden. Nur wenn wir den Energieverbrauch senken, die Vorräte an Erdöl, Erdgas und Kohle achtsam nutzen und nach alternativen Energiequellen suchen, werden wir unseren Lebensstandard und die Umwelt erhalten können.

**Erneuerbare Energiequellen** In der Natur finden wir viele Energiequellen, die sich der Mensch nutzbar machen kann: Sonnenenergie, Wind- und Wasserkraft, Erdwärme, Gezeitenenergie und Biomasse sind Primärenergiequellen, die sich ständig erneuern. Durch Umwandlung in andere Energieformen wie elektrische Energie sichern sie unsere Energieversorgung.

**Windkraft und Sonnenenergie** Große Windräder erzeugen elektrische Energie aus Windkraft. Sie stellt schon jetzt in Deutschland den größten Anteil unter den erneuerbaren Energien und soll weiter ausgebaut werden. Allerdings werden Windräder manchmal als störend empfunden.
Sonnenenergie wird in Fotovoltaikanlagen in elektrische Energie umgewandelt. Auch diese erneuerbare Energiequelle wird bei uns stark genutzt. Die Anlagen sind in Herstellung und Anschaffung recht teuer, benötigen zur optimalen Nutzung große Flächen und eine geeignete Ausrichtung zu den einfallenden Strahlen.

**Herausforderung Speicherung** Windkraft und Sonnenenergie sind von Wetter und Tageszeit abhängig. Windkraftanlagen erzeugen in Abhängigkeit von der aktuellen Windstärke viel Strom – oder gar keinen Strom. Fotovoltaikanlagen produzieren nur im Tageslicht Strom. Deshalb werden Möglichkeiten zur Energiespeicherung erforscht, damit eine fortlaufende Energieversorgung gesichert ist. Außerdem muss das Stromleitungsnetz weiter ausgebaut werden, damit der Strom vom Produktionsort bis zum Verbraucher gelangen kann.

1 *Energiegewinnung aus Wasser, Wind und Sonne*

**Wasserkraft** Unter Ausnutzung der Wasserkraft wird weltweit in vielen Stauseen, Talsperren und Wasserfällen elektrische Energie erzeugt. Die Nutzung der Wasserkraft ist eines der ältesten Verfahren zur Energieerzeugung.

**Energie aus Biomasse** Pflanzen erneuern sich im Kreislauf der Natur ständig und haben deshalb als nachwachsende Rohstoffe große Bedeutung erlangt. Holz wird als Brennstoff in Heizungsanlagen direkt zur Erzeugung von Wärmeenergie genutzt. Grünschnitt kann für die Produktion von Biogas verwendet werden. Aus Rapsöl hergestellter Biodiesel treibt die Motoren von Kraftfahrzeugen an. Aus einem Rapsfeld mit der Größe von 1 Hektar können etwa 1500 Liter Biodiesel hergestellt werden.

**Erneuerbare Energien wie Wind- und Wasserkraft, Sonnenenergie und Biomasse stehen uns nahezu unbegrenzt zur Verfügung.**

2 *Anbau nachwachsender Rohstoffe in Deutschland*

**Nutzung erneuerbarer Energien** Der Anteil an erneuerbaren Energien zur Deckung des Gesamtenergieverbrauchs konnte in den letzten Jahren stetig gesteigert werden und betrug in Deutschland im Jahr 2012 etwa 11,7 %.

Bis zum Jahr 2020 soll in Europa der Anteil erneuerbarer Energien auf 20 % gesteigert und gleichzeitig der Energieverbrauch um 20 % gesenkt werden.

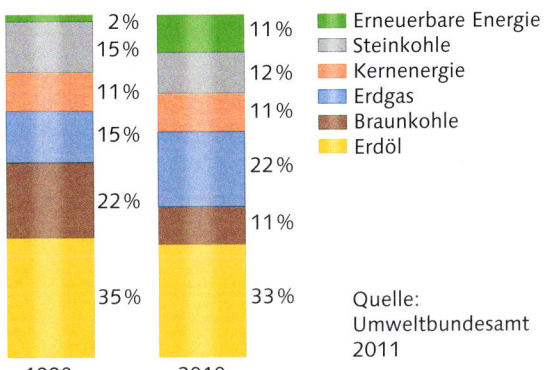

| | |
|---|---|
| ■ | Erneuerbare Energie |
| ■ | Steinkohle |
| ■ | Kernenergie |
| ■ | Erdgas |
| ■ | Braunkohle |
| ■ | Erdöl |

Quelle: Umweltbundesamt 2011

**3** *Entwicklung des Primärenergiebedarfs in Deutschland*

**Exkurs Nachhaltige Energieversorgung**

Der Begriff der Nachhaltigkeit begegnet uns häufig im Zusammenhang mit dem Thema Energieversorgung. Aber was bedeutet *nachhaltig* eigentlich?

Die seit Jahrmillionen auf der Erde vorhandenen fossilen Energieträger wie Erdöl, Erdgas und Kohle werden erst seit wenigen Generationen von uns in hohem Maße zur Energiegewinnung genutzt. Ihre Vorräte schrumpfen rasant und könnten bald aufgebraucht sein. Gleichzeitig entstehen durch das Verbrennen der fossilen Energieträger große Mengen an klimaschädlichem Kohlenstoffdioxid.

Es ist daher eine wichtige gesellschaftliche Aufgabe, mit den Vorräten an Erdöl, Erdgas und Kohle sparsam umzugehen und neue Energiequellen zu erschließen. *Nachhaltige Energieversorgung* sichert den Energiebedarf von heute *und* den Energiebedarf der zukünftigen Generationen. Der Schutz der Umwelt steht dabei im Vordergrund. Soziale, ökologische und wirtschaftliche Bedürfnisse werden bei nachhaltigen Konzepten gleichermaßen berücksichtigt.

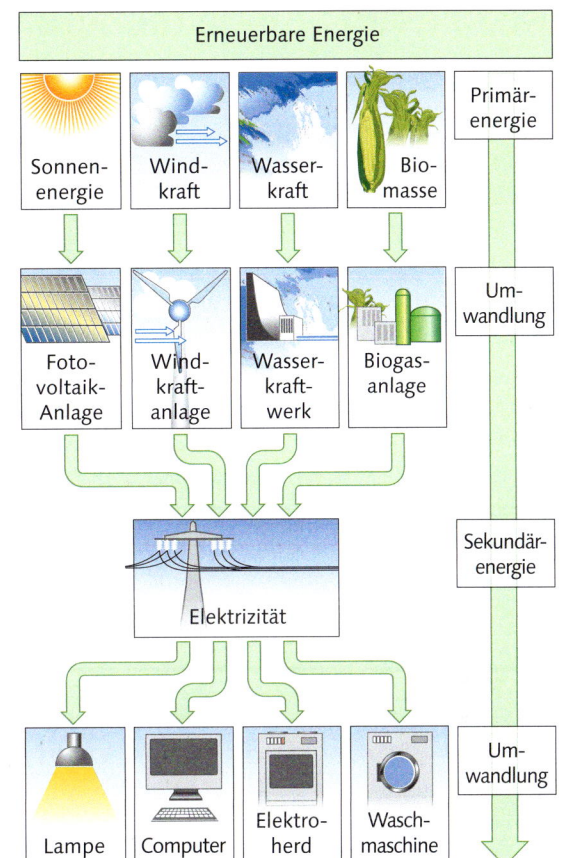

**4** *Erneuerbare Energien – Umwandlung von Primärenergie in Sekundärenergie und Nutzenergie*

**Aufgaben**

1 Nenne Beispiele für erneuerbare Energiequellen.

2 Gib Pflanzenarten an, die als nachwachsende Rohstoffe zur Energiegewinnung genutzt werden.

3 Nenne Beispiele für Möglichkeiten zur Energieeinsparung in deinem Alltag.
Wie sparsam bist du selbst bei der Nutzung von Energie?

4 Betrachte die Diagramme zur Entwicklung des Primärenergieverbrauchs (Bild 3). Welche Entwicklungen lassen sich ablesen?

5 Vergleiche den fossilen Brennstoff Erdöl mit der erneuerbaren Energiequelle Biomasse im Hinblick auf nachhaltige Energieversorgung.

6 Ein Pkw fährt im Jahr 10000 km und verbraucht 6 Liter Biodiesel pro 100 km. Berechne, welche Fläche ein Rapsfeld haben muss, um die benötigte Menge Kraftstoff zu produzieren.

# Kohlenstoff – Baustein organischer Stoffe

**Organische Stoffe und ihre Bestandteile**
Zucker, Stärke, Fette und Eiweiße sind Beispiele für Stoffe, die durch tierische und pflanzliche Organismen gebildet werden. Solche Stoffe werden deshalb als organische Stoffe bezeichnet. Gibt es noch weitere Gemeinsamkeiten?
Zucker karamellisiert beim Erhitzen – er wird erst braun und schließlich schwarz. Bei dem schwarzen Stoff handelt es sich um Kohlenstoff. Auch wenn Holz verbrennt, bleibt ein schwarzer Rückstand zurück, ebenso bei der auf dem Grill angebrannten Bratwurst. Untersucht man weitere organische Stoffe, so stellt man fest: Alle organischen Stoffe enthalten Kohlenstoff.

**Organische Stoffe bestehen aus Verbindungen des Elements Kohlenstoff.**

**Natürlicher Kohlenstoffkreislauf** Kohlenstoffdioxid ist der wichtigste Stoff im Kohlenstoffkreislauf der Erde. Er entsteht beispielsweise bei der Atmung der Tiere oder durch Verbrennen von organischen Stoffen. Das Wachstum der Pflanzen beruht wiederum auf der Bindung von Kohlenstoffdioxid bei der Fotosynthese. Wenn das Holz eines Baums verbrennt, wird dabei genau die Menge an Kohlenstoffdioxid frei, die vorher durch Fotosynthese gebunden wurde. Auch in Meeren, Seen und Flüssen sind große Mengen Kohlenstoffdioxid gelöst. Die größte Menge an gebundenem Kohlenstoff findet sich jedoch in den Gesteinsschichten.

**Kohlenstoffdioxid im Überschuss** Im Laufe der Erdgeschichte entstanden in vielen Millionen Jahren die fossilen Energieträger, wobei Kohlenstoffdioxid gebunden und damit der Erdatmosphäre entzogen wurde. Durch die Verbrennung von Erdöl, Erdgas und Kohle wird in sehr kurzer Zeit eine große Menge Kohlenstoffdioxid wieder freigesetzt. Eine steigende Kohlenstoffdioxidkonzentration in der Atmosphäre und damit eine Verstärkung des Treibhauseffekts ist die Folge. Ölhaltige Pflanzen wie Raps und Sonnenblumen, aber auch Holz sind nachwachsende Rohstoffe, die eine ausgeglichene Kohlenstoffdioxidbilanz aufweisen. Dennoch wird auch bei der Energiegewinnung aus erneuerbaren Energiequellen zusätzliches Kohlenstoffdioxid durch Herstellungsprozesse, Transport und Entsorgung freigesetzt.

## Aufgaben

1 Gib an, was man unter organischen Stoffen versteht.
2 Erkläre am Beispiel von Brennholz, dass bei der Verbrennung von erneuerbaren Energieträgern die Kohlenstoffdioxidbilanz ausgeglichen ist.
3 Die Verbrennung fossiler Brennstoffe weist keine ausgeglichene Kohlenstoffdioxidbilanz auf. Erkläre.
4 Welche Auswirkungen hat eine erhöhte Kohlenstoffdioxidkonzentration in der Erdatmosphäre?

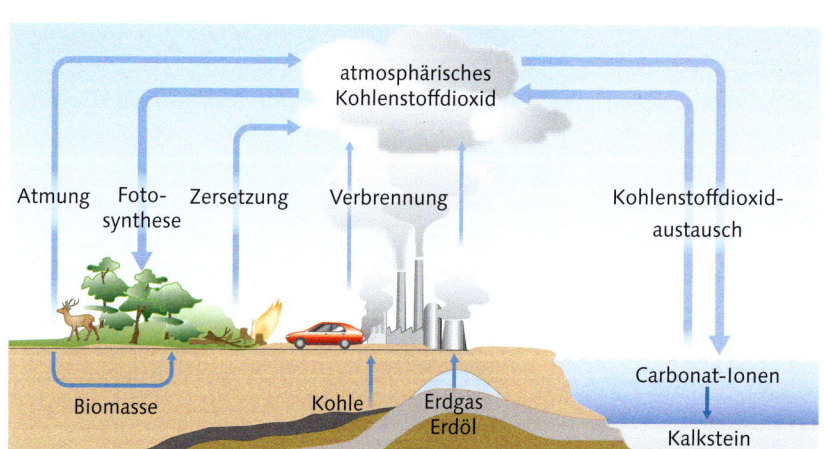

**1** *Natürlicher Kohlenstoffkreislauf*

# Praktikum   Kohlenstoffnachweis

## 1 Enthalten diese Stoffe Kohlenstoff?

*Geräte:* 6 Reagenzgläser, Reagenzglashalter, Gasbrenner, Steinwolle

*Chemikalien:* Brot, Holz, Zucker, Gummibärchen, Kochsalz, Sand

*Durchführung:* Gib ein etwa 1 cm großes Stück Brot in ein Reagenzglas und verschließe es mit etwas Steinwolle. Erhitze es über dem Gasbrenner für etwa 30 s.
Verfahre mit den anderen Chemikalien ebenso.

*Auswertung:* Stelle zuvor eine Vermutung über das Versuchsergebnis auf. Erstelle eine Tabelle und trage deine Beobachtungen ein. Formuliere das Ergebnis.

## 2 Kohlenstoffnachweis durch Einleiten in Calciumhydroxid-Lösung

*Geräte:* Glastrichter, gebogene Glasrohre, U-Rohr, Becherglas (1000 ml), Gaswaschflasche, Wasserstrahlpumpe, 2 durchbohrte Stopfen, Schlauchstücke zum Verbinden, Stativmaterial

*Chemikalien:* Calciumhydroxid-Lösung (Kalkwasser), Erdgas (Methan)

*Durchführung:* Baue die Versuchsapparatur wie abgebildet auf. Entzünde den Gasbrenner und leite die Abgase durch die Waschflasche mit Calciumhydroxid-Lösung.

*Auswertung:* Beschreibe deine Beobachtungen und formuliere das Versuchsergebnis.

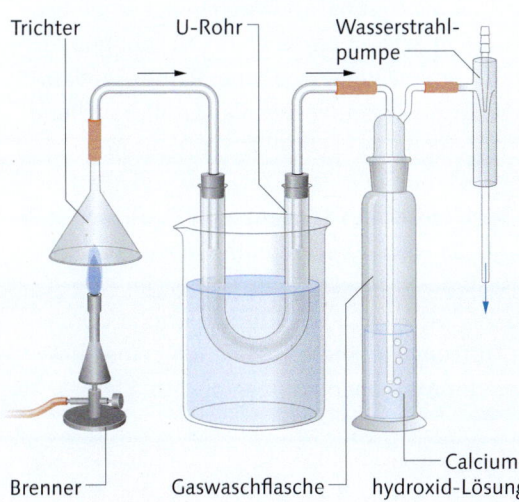

Trichter · U-Rohr · Wasserstrahlpumpe · Brenner · Gaswaschflasche · Calciumhydroxid-Lösung

## 3 Abgabe von Kohlenstoffdioxid bei keimenden Erbsen

*Geräte:* Stehkolben, Standzylinder, 3 gebogene Glasrohre, zweifach durchbohrter Stopfen, Quetschhahn, Gummigebläse, Stativmaterial

*Chemikalien:* gequollene, keimende Erbsen, Calciumhydroxid-Lösung (Kalkwasser)

*Durchführung:* Lege Erbsen in Wasser ein, sodass sie aufquellen und zu keimen beginnen. Fülle den Stehkolben zur Hälfte mit den gequollenen Erbsen. Verschließe den Stehkolben mit einem doppelt durchbohrten Stopfen. Stecke je ein gebogenes Glasrohr in den Stopfen. Schließe über die gebogenen Glasrohre an der einen Seite ein Gummigebläse und auf der anderen Seite einen mit Calciumhydroxid-Lösung gefüllten Standzylinder an. Achte darauf, dass das ableitende Glasrohr in die Calciumhydroxid-Lösung reicht.

*Auswertung:* Erkläre das Ergebnis.

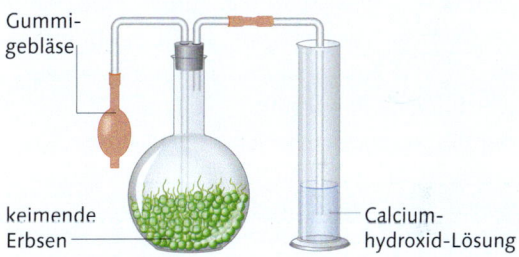

Gummigebläse · keimende Erbsen · Calciumhydroxid-Lösung

## 4 Verbrennen von Petroleum

*Geräte:* Verbrennungslöffel, Standzylinder, Abdeckglas, Pipette

*Chemikalien:* Petroleum, Calciumhydroxid-Lösung (Kalkwasser)

*Durchführung:* Gib wenige Tropfen Petroleum auf den Verbrennungslöffel und entzünde es. Halte den Verbrennungslöffel mit dem brennenden Petroleum in den Standzylinder und decke ihn mit der Abdeckplatte ab. Nimm den Verbrennungslöffel heraus, nachdem die Flamme erloschen ist. Gib einige Tropfen Calciumhydroxid-Lösung in den Standzylinder, verschließe ihn und schüttle um.

*Auswertung:* Beschreibe deine Beobachtungen und erkläre sie.

**6**

# Methan

**Methan mischt immer mit** Faulgas, Grubengas, Sumpfgas, Biogas, Erdgas – alle diese Gasgemische enthalten Methan. Die vielfältigen Namen weisen auf die Entstehung und die unterschiedlichen Zusammenhänge hin, in denen das Gas Methan eine Rolle spielt.

**Biogas als Energieträger** Aus Biomasse, beispielsweise Grasschnitt, sowie aus organischen Abfällen und Gülle wird in Biogasanlagen Gas erzeugt. Wegen seiner biologischen Ausgangsstoffe wird es als Biogas bezeichnet.
Die organischen Stoffe werden dazu in einen beheizten Faulbehälter geleitet. Bakterien zersetzen diese Stoffe unter Luftabschluss und bei einer Temperatur von 40 °C. Es bildet sich Faulgas – ein Gasgemisch, das überwiegend aus Methan und Kohlenstoffdioxid besteht.
Auch auf Mülldeponien oder in Kläranlagen entsteht durch Verfaulen von Biomasse unter Luftabschluss Biogas. Es wird gereinigt, wodurch der Methananteil steigt. Somit erhält das Biogas eine ähnliche Zusammensetzung und einen vergleichbaren Energiegehalt wie Erdgas. In einem der Biogasanlage angeschlossenen Blockheizkraftwerk kann das Biogas direkt zur Wärme- und Stromproduktion verwendet werden.
Biogas lässt sich verflüssigen und kann als Heizgas oder als Kraftstoff für Autos eingesetzt werden.

**Methan entsteht bei der bakteriellen Zersetzung organischer Stoffe unter Luftabschluss und Wärme.**

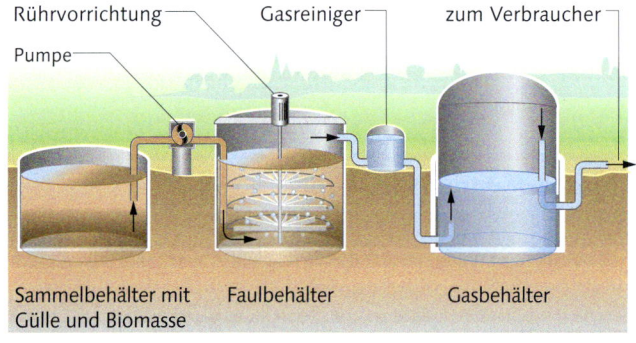

Rührvorrichtung — Gasreiniger — zum Verbraucher

Pumpe

Sammelbehälter mit Gülle und Biomasse — Faulbehälter — Gasbehälter

**1** *Aufbau einer Biogasanlage*

**2** *Ein Rind erzeugt bei der Verdauung pro Tag etwa 300 Liter des Treibhausgases Methan.*

**Methan ist ein Treibhausgas** In der Atmosphäre hat Methan eine etwa 25-mal stärkere Wirkung auf den Treibhauseffekt als Kohlenstoffdioxid. In Deutschland ist die Landwirtschaft mit über 50 % die größte Emissionsquelle für Methan. Die Herstellung von 1 kg Rindfleisch hat daher eine ähnlich schädliche Wirkung auf das Klima wie eine Fahrt von 250 km mit dem Auto.

**Methan wirkt als starkes Treibhausgas.**

**Eigenschaften von Methan** Methan ist ein farb- und geruchloses, brennbares Gas. Es hat eine geringere Dichte als Luft. Als Bestandteil von Grubengas kann es mit dem Sauerstoff der Luft explosive Gemische bilden, die in Bergwerken zu gefährlichen Explosionen, sogenannten „schlagenden Wettern", führen können.

**Methan als Brennstoff** Methan hat einen hohen Energiegehalt und eignet sich sehr gut zur Strom- und Wärmeerzeugung. Reines Methan verbrennt vollständig zu Kohlenstoffdioxid und Wasser, wobei es nicht rußt. Wird ein Teil des Erdgases durch Biogas ersetzt, so verändert sich die Kohlenstoffdioxidbilanz zum Positiven, da Biogas bei seiner Verbrennung nur so viel Kohlenstoffdioxid freisetzt, wie vorher der Atmosphäre entzogen wurde. Zudem erfolgt durch die Nutzung zur Energiegewinnung eine Senkung der Methanemissionen aus Abfällen.

**Methan ist ein brennbares Gas, das vollständig verbrennt und als Energielieferant dient.**

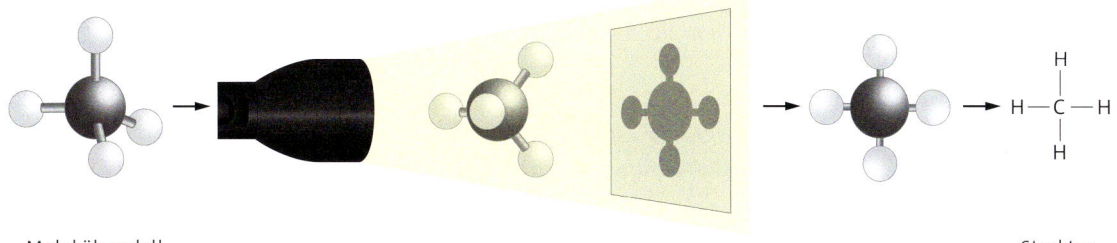

Molekülmodell
von Methan
(Tetraederstruktur)

Schattenbild

Struktur-
formel von
Methan

**3** *Molekülmodell, Schattenbild und Strukturformel von Methan*

## Methan, eine Kohlenwasserstoffverbindung

Beim Verbrennen von Methan lässt sich im Versuch aufgrund der Trübung von Calciumhydroxid-Lösung die Bildung von Kohlenstoffdioxid nachweisen. An den Glaswänden der Apparatur kondensieren Wassertröpfchen als weiteres Oxidationsprodukt. Die chemische Verbindung Methan besteht aus den Elementen Kohlenstoff und Wasserstoff, es ist eine Kohlenwasserstoffverbindung. Der zur Verbrennung notwendige Sauerstoff stammt aus der Luft.

Methan + Sauerstoff

$\rightarrow$ Kohlenstoffdioxid + Wasser

**Summenformel von Methan** Ein Methan-Molekül besteht aus einem Kohlenstoffatom, das mit vier Wasserstoffatomen verbunden ist. Seine Summenformel lautet: $CH_4$.

**Die Moleküle der Kohlenwasserstoffverbindung Methan ($CH_4$) bestehen aus einem Kohlenstoffatom und vier Wasserstoffatomen.**

**Vom Molekülmodell zur Strukturformel** Die räumliche Anordnung der Atome im Methan-Molekül wird mithilfe eines Modells veranschaulicht. Das Kohlenstoffatom nimmt eine zentrale Stellung ein. Die vier Wasserstoffatome sind jeweils in gleichem Abstand um das Kohlenstoffatom angeordnet. Dadurch ergibt sich die dreidimensionale Form eines Tetraeders. Um die Struktur des Methan-Moleküls zeichnen zu können, verwendet man das Schattenbild. Dazu hält man das Molekülmodell von Methan vor eine Lichtquelle. Dieses Schattenbild stellt eine Vereinfachung des Methan-Moleküls dar.

6

**Exkurs Bau des Methan-Moleküls – Elektronenpaarabstoßungsmodell**
Das Kohlenstoffatom geht vier Elektronenpaarbindungen zu vier Wasserstoffatomen ein. Alle Elektronenpaare besitzen eine negative Ladung. Deshalb stoßen sich die Elektronenpaare gegenseitig ab und nehmen im Molekül den größtmöglichen räumlichen Abstand voneinander ein. Dabei zeigen die Elektronenpaare in die Ecken eines Tetraeders.

## Aufgaben

1 Beschreibe den Stoff Methan, seine Eigenschaften und Verwendungsmöglichkeiten.
2 Methan ist eine Kohlenwasserstoffverbindung. Erkläre, was das bedeutet.
3 Erstelle das Reaktionsschema in Symbolschreibweise für die Verbrennung von Methan.
4 Beschreibe den Prozess zur Herstellung von Biogas.
5 Aus der Ernte von einem Hektar Mais kann man ungefähr 22 000 kWh elektrische Leistung im Jahr gewinnen. Ermittle, wie viele Hektar notwendig sind, um den Strombedarf eurer Familie für ein Jahr zu decken.
6 In Biogasanlagen wird Biogas erzeugt.
a Nenne Verwendungsmöglichkeiten für das in einer Biogasanlage gewonnene Biogas.
b Recherchiere, wo es in der Nähe deines Wohnorts Biogasanlagen gibt.
7 Informiere dich über Maßnahmen zur Reduzierung von Methan-Emissionen. Was wurde bereits erreicht und welche Herausforderungen gibt es?

# Die Reihe der Alkane

**1** *Brennstoff für die Campingküche: Butan und Propan*

**2** *In Feuerzeugen befindet sich das Flüssiggas Butan.*

**Propan und Butan sind Brennstoffe** In den blauen Kartuschen, die häufig beim Camping zum Kochen verwendet werden, befindet sich ein Gemisch der Gase Butan und Propan. Werden sie im Campingkocher verbrannt, wird Wärmeenergie frei. In Feuerzeugen wird reines Butan als Brennstoff verwendet.

Propan und Butan sind bei Raumtemperatur gasförmig, können jedoch durch Druck verflüssigt werden. Solche Gase werden daher als Flüssiggase bezeichnet.

Propan und Butan werden aus Erdgas und Erdöl gewonnen. Wie Methan gehören sie zu den Kohlenwasserstoffen.

**Homologe Reihe der Alkane** Innerhalb der umfangreichen Stoffgruppe der Kohlenwasserstoffe gehören die Gase Methan, Propan und Butan zur Gruppe der Alkane.

Die Moleküle der Alkane haben einen regelmäßigen Aufbau und lassen sich ordnen. Dazu betrachtet man die Anzahl der Kohlenstoffatome in ihren Molekülen: Methan besitzt ein Kohlenstoffatom, Ethan zwei, Propan drei und Butan vier Kohlenstoffatome. Zwei in Reihe aufeinanderfolgende Alkan-Moleküle unterscheiden sich um ein C-Atom und zwei H-Atome, also um ein $CH_2$-Kettenglied. Die Reihe lässt sich weiter fortsetzen. Eine solche Reihe von Kohlenwasserstoffen wird als homologe Reihe bezeichnet.

**Alkane sind Kohlenwasserstoffe. Sie bilden eine homologe Reihe. Ihre Moleküle unterscheiden sich jeweils um ein $CH_2$-Kettenglied. Die allgemeine Summenformel der Alkane lautet $C_nH_{2n+2}$.**

| Alkane | Summen-formel | Aggregatzustand bei Raumtemperatur | Siede-temperatur | Viskosität | Verwendung |
|---|---|---|---|---|---|
| Methan | $CH_4$ | gasförmig | −161,4 °C | | Heizgas, Brennstoff für Motoren |
| Ethan | $C_2H_6$ | gasförmig | −88,6 °C | | Ausgangsstoff für Ethen und Essigsäure |
| Propan | $C_3H_8$ | gasförmig | −42,1 °C | | Heizgas, Campinggas, Treibgas in Spraydosen |
| Butan | $C_4H_{10}$ | gasförmig | −0,5 °C | | |
| Pentan | $C_5H_{12}$ | flüssig | 36,1 °C | | Bestandteil des Benzins, Lösungsmittel für Lacke und Klebstoffe, Extraktionsmittel |
| Hexan | $C_6H_{14}$ | flüssig | 68,7 °C | | |
| Heptan | $C_7H_{16}$ | flüssig | 98,4 °C | | |
| Octan | $C_8H_{18}$ | flüssig | 125,6 °C | | Bestandteil des Benzins |
| Nonan | $C_9H_{20}$ | flüssig | 150,6 °C | | Diesel, Kerosin |
| Decan | $C_{10}H_{22}$ | flüssig | 174,0 °C | | |
| ... | ... | ... | ... | | |
| Hexadecan | $C_{16}H_{34}$ | flüssig | 287,0 °C | | Diesel, Kerosin, Schmieröl |
| Heptadecan | $C_{17}H_{36}$ | fest | 303,0 °C | | Paraffin, Kerzen, Wachse |

**Tab. 1** *Homologe Reihe der Alkane*

| Methan | | $H-\overset{\displaystyle H}{\underset{\displaystyle H}{C}}-H$ | $CH_4$ |

| Ethan | | $H-\overset{\displaystyle H}{\underset{\displaystyle H}{C}}-\overset{\displaystyle H}{\underset{\displaystyle H}{C}}-H$ | $C_2H_6$ |

| Propan | | | $C_3H_8$ |

| Butan | | | $C_4H_{10}$ |

**3** *Die ersten vier Alkane der homologen Reihe*

kleine Moleküle        große Moleküle

geringe Anziehung        starke Anziehung

**4** *Die Anziehungskräfte zwischen Molekülen mit langen Kohlenstoffketten sind höher als die Anziehungskräfte zwischen Molekülen mit kurzen Kohlenstoffketten.*

**Nomenklatur** Alle Namen der Alkane besitzen die Endsilbe -*an*. Der Wortstamm von Verbindungen mit fünf oder mehr Kohlenstoffatomen im Molekül geht auf griechische und lateinische Zahlwörter zurück, z. B. Pent-an, Hept-an, Hex-an usw.

**Siedetemperaturen der Alkane** Innerhalb der homologen Reihe zeigen die Alkane eine gleichmäßige Abstufung ihrer Eigenschaften (Tab. 1): Die Alkane Methan, Ethan, Propan und Butan mit kurzkettigen Molekülen (1 bis 4 Kohlenstoffatome) sind gasförmig. Die Alkane ab Pentan mit 5 bis 16 Kohlenstoffatomen sind flüssig und Alkane ab 17 Kohlenstoffatomen im Molekül sind fest. Mit zunehmender Kettenlänge der Moleküle steigen die Siedetemperaturen der Alkane an. Das ist darauf zurückzuführen, dass schwache Anziehungskräfte zwischen den Molekülen wirken. Diese Anziehungskräfte müssen beim Sieden durch Energiezufuhr überwunden werden.

**Viskosität** Vergleicht man verschiedene flüssige Alkane, so fällt auf, dass kurzkettige Alkane (5 bis 10 Kohlenstoffatome im Molekül) dünnflüssig sind, Schmieröle (11 bis 16 Kohlenstoffatome) sind dagegen zähflüssig. Die Zähflüssigkeit, auch Viskosität genannt, nimmt mit wachsender Kettenlänge der Moleküle zu. Die Viskosität beruht auf den Anziehungskräften zwischen den Molekülen.

**Van-der-Waals-Kräfte** Die zwischen den Molekülen bestehenden Anziehungskräfte werden Van-der-Waals-Kräfte genannt. Diese Kräfte sind deutlich schwächer als die Anziehungskräfte zwischen Ionen und schwächer als die Kräfte, die bei Elektronenpaarbindungen wirken. Je länger die Molekülketten sind, desto größer sind auch die Van-der-Waals-Kräfte. Die Siedetemperaturen und die Viskosität der Alkane beruhen auf Van-der-Waals-Kräften.

**Die Eigenschaften der Alkane werden von den zwischen den Molekülen herrschenden Anziehungskräften bestimmt. Diese Kräfte heißen Van-der-Waals-Kräfte. Die Anzahl der Kohlenstoffatome im Molekül bestimmt den Aggregatzustand und die Viskosität der Alkane.**

**Aufgaben**

**1** Alkane können bei Raumtemperatur fest, flüssig oder gasförmig sein.

**a** Nenne je ein Beispiel für ein gasförmiges, ein flüssiges und ein festes Alkan und zeichne jeweils die Strukturformel des Alkan-Moleküls.

**b** Nenne Verwendungsmöglichkeiten für diese Alkane.

**2** Warum haben Alkane bei Raumtemperatur unterschiedliche Aggregatzustände?

**3** Erläutere, was unter Van-der-Waals-Kräften verstanden wird.

**4** Vergleiche die Wirkung der Van-der-Waals-Kräfte von Propan und Decan.

Kurz nach dem Mischen

... und einige Zeit später

**5** *Hexan und Wasser lassen sich nicht mischen.*

**6** *Brennende Alkane*

**Lösungsmittel** Die Kohlenwasserstoffketten der Alkane sind unpolar. Aus diesem Grund sind sie gute Lösungsmittel für andere unpolare Stoffe wie Wachse, Öle und Fette. Man sagt, sie sind lipophil (= fettliebend). Polare Lösungsmittel wie Wasser lösen Fette nicht, sie sind lipophob (= fettabstoßend). Aufgrund ihrer geringeren Dichte schwimmen die Alkane auf der Wasseroberfläche.

**Reaktionsverhalten der Alkane** Alle Alkane sind brennbar, meist leicht entzündlich und feuergefährlich. Bei vollständiger Verbrennung entstehen Kohlenstoffdioxid und Wasser. Dabei wird Wärme abgegeben.

$$CH_4 + 2\,O_2 \rightarrow CO_2 + 2\,H_2O \mid \text{exotherm}$$

Ist nicht genügend Sauerstoff vorhanden, kommt es zu einer unvollständigen Verbrennung, wobei auch Ruß (Kohlenstoff) entsteht. Bei der Verbrennung der Alkane wird die Rußbildung der Flammen stärker, je länger die Molekülketten sind (Bild 6).
Benzindämpfe bilden bereits bei niedrigen Temperaturen ein brennbares Gasgemisch mit Luft, sodass an Tankstellen ein Funke ausreichen kann, um einen Brand zu verursachen. Telefonieren mit Handys ist deshalb dort verboten. Diesel- und Motorenöl entwickeln erst beim Erhitzen entzündbare Dämpfe. Aufgrund ihrer höheren Siedetemperaturen verdampfen sie bei Raumtemperatur nicht und haben höhere Flammtemperaturen als Benzin.
Gegenüber vielen Chemikalien zeigen Alkane

ein reaktionsträges Verhalten. Unter besonderen Bedingungen können sie jedoch mit anderen Stoffen reagieren, z. B. mit Halogenen.

**Alle Alkane sind brennbar. Bei der vollständigen Verbrennung enstehen Kohlenstoffdioxid und Wasser. In Wasser sind sie nicht löslich.**

**Exkurs Cycloalkane**
Alkane bilden auch Moleküle mit ringförmiger Struktur. In diesen Molekülen sind die beiden Kohlenstoffatome am Kettenende jeweils miteinander verbunden. Daher weist die Summenformel der Cycloalkane zwei Wasserstoffatome weniger auf als die des kettenförmigen Moleküls.

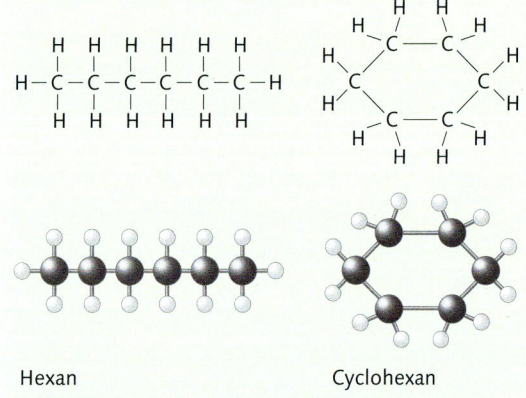
Hexan                    Cyclohexan
**7** *Strukturformeln von Hexan und Cyclohexan*

**Aufgabe**
1 Stelle das Reaktionsschema für die vollständige Verbrennung von Hexan auf.
2 Befindet sich das Hexan in Bild 5 ober- oder unterhalb der Wasserphase? Begründe.

# Praktikum  Eigenschaften und Verwendung von Alkanen

## 1 Untersuchen der Verbrennungsgase einer Kerze

*Geräte:* Becherglas, Spritze, 2 Uhrgläser, Pipette

*Chemikalien:* Kerze, Calciumhydroxid-Lösung (Kalkwasser), wasserfreies Kupfersulfat

*Durchführung:* Entzünde die Kerze und lass sie unter dem Becherglas brennen. Fange von unten vorsichtig nach dem Erlöschen der Flamme die Verbrennungsgase auf. Leite das Gas in einige Tropfen Calciumhydroxid-Lösung auf einem Uhrglas. Entnimm mit einer Pipette einen Tropfen der Flüssigkeit, die sich bei der Verbrennung im Inneren des Becherglases niedergeschlagen hat, und tropfe sie auf wasserfreies Kupfersulfat auf einem Uhrglas.

*Auswertung:* Beschreibe deine Beobachtungen und erkläre sie.

## 2 Untersuchen von Feuerzeuggas

*Geräte:* Einwegspritze, pneumatische Wanne, Waage …

*Chemikalien:* Feuerzeuggas, Wasser …

*Durchführung:* Entwickle gemeinsam mit einer Mitschülerin oder einem Mitschüler einen Versuch, der Aufschluss darüber geben kann, um welches Gas es sich in Feuerzeugen handelt. Die Tabelle zur Dichte von Gasen kann dir dabei helfen. Zeige deine Versuchsanleitung deiner Lehrerin oder deinem Lehrer.

| Gas | Dichte in $\frac{g}{l}$ |
| --- | --- |
| Methan | 0,72 |
| Ethan | 1,36 |
| Propan | 2,01 |
| Butan | 2,70 |
| Sauerstoff | 1,43 |

## 3 Alkane und Wasser als Lösungsmittel für Fette, Öle, Wachse

*Geräte:* 6 Reagenzgläser, Reagenzglasständer, 4 Pipetten, Spatel

*Chemikalien:* Wasser, Waschbenzin, Petroleum, Dieselöl, Paraffin (Kerzenwachs)

*Durchführung:* Fülle je drei Reagenzgläser mit Wasser und Benzin. Gib jeweils Petroleum, Dieselöl und Paraffin hinzu.

*Auswertung:* Protokolliere deine Beobachtungen und erkläre sie unter Verwendung der Begriffe hydrophil und lipophil.

## 4 Fettfleck – mit Heptan schnell weg

*Geräte:* Uhrglas, Glasstab, Pipette, Spatel, ein Stück Stoff oder Papier, Schuh- oder Kleiderbürste

*Chemikalien:* Magnesiumoxid, Heptan, Fett (z. B. Butter)

*Durchführung:* Gib einen Spatel Magnesiumoxid auf das Uhrglas und füge eine Pipette Heptan hinzu. Verrühre die Stoffe nun mit einem Glasstab zu einer Paste.

Bringe einen Fettfleck auf das Stück Stoff oder auf das Papier. Verteile die Paste gut auf dem Fettfleck.

Lass alles trocknen und bürste die Stelle dann aus.

*Auswertung:* Erläutere, wie die Fettfleckpaste funktioniert. Berücksichtige dabei, dass Magnesiumoxid lediglich die Flüssigkeit aufsaugt. Notiere, welches Vorgehen du zur Entfernung eines Fettflecks im Alltag empfiehlst.

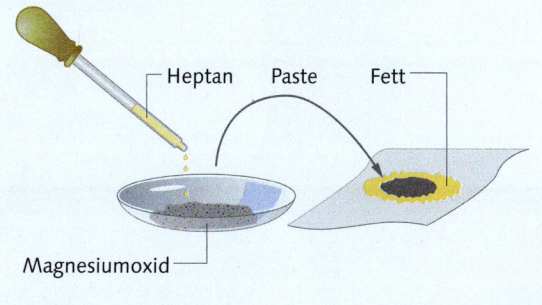

Heptan    Paste    Fett

Magnesiumoxid

# Funktionsweise einer Erdölraffinerie

**Raffinieren von Rohöl** Um wertvolle Produkte aus Erdöl zu gewinnen, wird das geförderte Erdöl in Raffinerien aufgearbeitet. Dazu wird es zunächst von Stoffen wie Schwefel gereinigt und anschließend destilliert.

**Destillation bei Normaldruck**

Fraktionen:

**Raffineriegase**
**Heizgas, Flüssiggas**
<30°C,
1 bis 4 C-Atome
je Molekül

**Glockenböden**

Dampf

Dampf

Erdöl-
fraktionen

**Benzine**
35 °C bis 150 °C,
5 bis 12 C-Atome
je Molekül

**Petroleum, Kerosin**
150 °C bis 250 °C,
10 bis 15 C-Atome
je Molekül

**Dieselöl,**
**leichtes Heizöl**
250 °C bis 350 °C,
>12 C-Atome
je Molekül

**schweres Heizöl**
>350 °C,
>20 C-Atome
je Molekül

Röhrenofen

<350 °C

Rohöl

**Rückstand,**
zur Vakuum-
destillation

**1** *Raffinerieturm*

**Trennung im Destillationsturm** In einem Röhrenofen wird das Rohöl zunächst auf mehr als 350°C erhitzt. So entsteht ein Gemisch aus Öldämpfen und flüssigem Öl. Dieses wird in einen bis zu 50 m hohen Destillationsturm geleitet. Bei Rohöl handelt es sich um ein Gemisch sehr vieler verschiedener Kohlenwasserstoffe. Die Bestandteile des Rohöls können aufgrund der unterschiedlichen Siedetemperaturen voneinander getrennt werden.

Durch Zwischenböden ist der Destillationsturm in mehrere Stockwerke unterteilt. Die Temperatur nimmt im Turm von unten nach oben ab. Die Bestandteile des Rohöls kondensieren auf den einzelnen Böden und werden schließlich abgezogen und in Tanks gesammelt.

**Fraktionierte Destillation** Die Siedetemperaturen vieler im Rohöl enthaltener Stoffe liegen sehr dicht beieinander. Daher kondensieren immer mehrere Stoffe auf einer Ebene und man gewinnt jeweils Stoffgemische. Das bezeichnet man als fraktionierte Destillation. Als Produkte werden Raffineriegase, Benzine, Petroleum, Kerosin, leichtes und schweres Heizöl gewonnen.

**Gewinnung der Fraktionen** Die aufsteigenden Dämpfe im Destillationsturm werden zum Kondensieren durch Flüssigkeiten geleitet. Dazu besitzen die einzelnen Böden im Destillationsturm Öffnungen, die oben durch glockenförmige Deckel abgedeckt sind. Wegen ihrer Form werden sie auch als Glockenböden bezeichnet. Die Dämpfe steigen durch die Öffnung auf und werden durch den Glockendeckel so umgelenkt, dass sie durch die auf dem Boden kondensierte Flüssigkeit strömen. Dabei verflüssigen sich die Gase, die einen höheren Siedepunkt besitzen als die Flüssigkeit im Glockenboden. Die anderen Gase steigen weiter nach oben. Gase mit Siedetemperaturen unter 30°C steigen im Destillationsturm bis nach ganz oben auf.

**In einer Raffinerie werden aus Rohöl Stoffgemische mit ähnlichen Siedetemperaturen gewonnen. Solche Gemische heißen Fraktionen.**

**2** *Raffinerie*

**Raffineriegas** Aus dem oberen Teil des Destillationsturms werden Gase aufgefangen. Diese werden in Flaschen abgefüllt oder direkt in der Raffinerie als Heizgas genutzt. Eine Fackel, die an der Spitze eines Raffinerieturms brennt, soll die Entstehung von Überdruck in der Anlage verhindern.

**Benzin** Auf dem darunterliegenden Glockenboden sammeln sich Benzine. Diese dünnflüssigen Stoffe kondensieren in einem Temperaturbereich von 30 bis 150 °C. Erdöl besteht zu etwa einem Viertel aus Benzinen. Sie sind leicht entzündlich und werden als Treibstoff für Kraftfahrzeuge verwendet.

**Petroleum und Kerosin** Im Temperaturbereich zwischen 150 und 250 °C werden Petroleum und Kerosin, die sogenannten Mitteldestillate, gewonnen. Diese zähflüssigen Stoffe sind schwerer entzündlich. Kerosin wird als Flugzeugbenzin verwendet, Petroleum als Lampenbrennstoff.

**Schweröl und leichtes Heizöl** Zu mehr als einem Drittel enthält Erdöl Stoffe, die bei 250 bis 350 °C kondensieren. Es handelt sich dabei um zähflüssige Öle, die schwer entzündlich sind. Sie finden als Heizöl zum Heizen in Ölbrennern oder als Dieselkraftstoff Verwendung.

**Bodenrückstand** Am Boden des Destillationsturms bildet sich ein zähflüssiger Rückstand. Dieser würde sich bei Erhitzen auf höhere Temperaturen zersetzen. Daher wird er bei vermindertem Druck destilliert (Vakuumdestillation), denn dann ist eine Trennung der Stoffe auch bei niedrigeren Temperaturen möglich.

**Exkurs Vakuumdestillation**

Die verbleibenden Rückstände werden in einen weiteren Destillationsturm geleitet. Der verminderte Druck bewirkt, dass die Bestandteile bereits bei Temperaturen unterhalb der Siedetemperaturen bei Normaldruck kondensieren. So werden Schmieröle für Motoren und Getriebe sowie Bitumen für den Straßenbau gewonnen. Schweres Heizöl, das ebenfalls aus dem Rückstand gewonnen wird, wird in Kraftwerken oder Schiffsmotoren zur Energiegewinnung verbrannt.

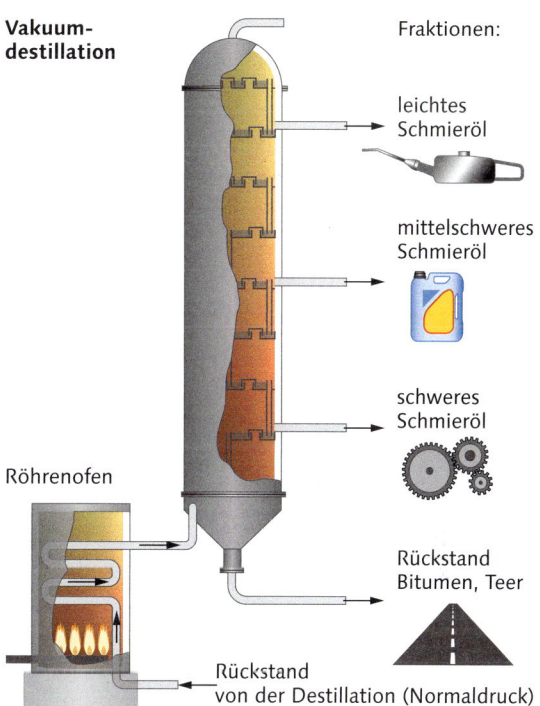

**3** *Vakuumdestillation*

### Aufgaben

1 Gib an, was man unter einer Fraktion versteht.
2 Liste für die Erdölfraktionen in einer Tabelle jeweils Siedebereiche, Eigenschaften und Verwendung auf.
3 Erläutere, wie aus Erdöl verschiedene Fraktionen gewonnen werden.
4 Welcher Zusammenhang zwischen der Größe der Moleküle der einzelnen Fraktionen und ihren Eigenschaften lässt sich feststellen?
5 Neben dem Destillationsturm brennt eine Fackel. Erläutere den Grund.

# Isomere

**Zwei Molekülstrukturen von Butan** Beim Zeichnen oder Bauen eines Modells für das Butan-Molekül stellt man fest, dass sich für die Summenformel $C_4H_{10}$ zwei Molekülstrukturen ergeben. Die Kohlenstoffkette eines Moleküls aus vier Kohlenstoffatomen und zehn Wasserstoffatomen kann entweder unverzweigt (in einer Reihe) oder mit einer Verzweigung angeordnet werden.

Das Butan-Molekül mit geradliniger Kohlenstoffkette wird als Normal-Butan (kurz: n-Butan) bezeichnet. Das Butan-Molekül mit verzweigter Kette heißt Isobutan (kurz: i-Butan). Isomere sind Verbindungen, die die gleiche Summenformel haben, sich aber in ihrer Molekülstruktur und damit in den Strukturformeln unterscheiden.

**Isomere sind chemische Verbindungen mit gleicher Summenformel, aber unterschiedlichen Molekülstrukturen.**

Summenformel $C_4H_{10}$

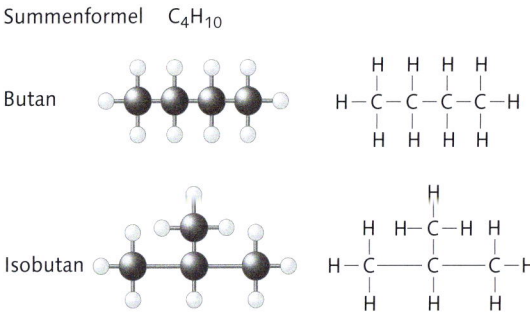

**1** *Butan – unterschiedliche Moleküle, eine Summenformel*

**Isomere – verschiedene Eigenschaften** Auch von Pentan und den weiteren Alkanen gibt es Isomere. Sie unterscheiden sich in ihren Eigenschaften voneinander. So haben Alkane mit verzweigten Kohlenstoffketten niedrigere Siedetemperaturen als Alkane mit unverzweigten Kohlenstoffketten (Tab. 1).

### Exkurs Oktanzahl

Benzin enthält Kohlenwasserstoffverbindungen aus verzweigten und unverzweigten Kohlenstoffketten. Im Zylinder eines Motors wird ein Gemisch aus Benzin und Luft mithilfe des Kolbens zusammengepresst. Bei Benzinsorten, die viele unverzweigte Alkane enthalten, kommt es vor, dass sich das Benzin-Luft-Gemisch schon entzündet, bevor die Zündkerze zündet. Diese Fehlzündungen sind als „Klopfen" zu hören und schädigen den Motor. Die Oktanzahl macht Angaben zur Klopffestigkeit von Benzin. Je höher sie ist, desto höher ist der Anteil an verzweigten Kohlenwasserstoffketten.

**2** *Die Oktanzahl wird an der Zapfsäule angegeben.*

### Aufgaben

1 Gib an, was man unter Isomeren versteht.
2 Wie viele verschiedene Moleküle von Hexan kannst du als Modell bauen? Zeichne die Strukturformeln aller Isomere des Hexans.
3 Erkläre die unterschiedlichen Siedetemperaturen der Isomere des Pentans (Tab. 1).

| Strukturformel | Name | Siede-temp. | Verwendung |
|---|---|---|---|
| $-C-C-C-C-C-$ | n-Pentan | 36,2 °C | Kühlmittel in Kühlschränken |
| $-C-C-C-C-$ mit $-C-$ oben | 2-Methyl-butan oder Isopentan | 28 °C | Benzin |
| $-C-C-C-$ mit $-C-$ oben und $-C-$ unten | 2,2-Dimethyl-propan oder Neopentan | 9,5 °C | Treibgas in Spraydosen |

**Tab. 1** *Stoffeigenschaften der Isomere des Pentans ($C_5H_{12}$)*

# Methode   Regeln zur Benennung organischer Stoffe

Wie heißt diese Verbindung?

| Anzahl | Vorsilbe |
|--------|----------|
| 2 | di |
| 3 | tri |
| 4 | tetra |
| 5 | penta |
| 6 | hexa |

**Tab. 1** *Griechische Zahlwörter*

## Verzweigungen machen Namen kompliziert

Zur Summenformel $C_{10}H_{22}$ lassen sich 75 Isomere bauen, für $C_{20}H_{42}$ sogar 366 319. Um alle Stoffe eindeutig benennen zu können, hat man sich auf international gültige Regeln zur Nomenklatur geeinigt. Diese Regeln der *International Union of Pure and Applied Chemistry,* kurz IUPAC-Regeln genannt, ermöglichen eine wissenschaftliche und weltweit eindeutige Benennung.

**1** *Strukturformel einer organischen Verbindung mit der Summenformel $C_{10}H_{22}$*

### 1 Benenne die Hauptkette.

Finde die längste zusammenhängende Kohlenstoffkette und zähle deren Kohlenstoffatome. Aus der Anzahl ergibt sich der Name der Hauptkette.
*Beispiel:* Die längste Kette besteht aus sieben Kohlenstoffatomen, woraus sich der Name Heptan ableiten lässt.

### 2 Benenne die Seitenketten.

Die Namen der Seitenketten leiten sich von den entsprechenden Alkanen ab. Wird von einem Alkan-Molekül ein Wasserstoffatom entfernt, wird im Namen des Alkans die Endung *-an* durch *-yl* ersetzt.
Sie werden in alphabetischer Reihenfolge angegeben. Entscheidend ist dafür der Anfangsbuchstabe des Namens.
*Beispiel:* Die Strukturformel besitzt drei Methyl-Seitenketten.

### 3 Bestimme die Anzahl der gleichen Seitenketten.

Gib mit griechischen Zahlwörtern (Tab. 1) die Anzahl der gleichen Seitenketten an. Stelle dafür dasjenige Zahlwort der Seitenkette voran, das angibt, wie viele gleiche Seitenketten es gibt. Wenn die Seitenkette nur einmal im Molekül vorhanden ist, wird das Zahlwort weggelassen.
*Beispiel:* Es gibt drei Methyl-Seitenketten, deshalb wird das Zahlwort *tri-* vorangestellt: Trimethyl.

### 4 Gib die Nummern der Kohlenstoffatome an, an denen die Seitenketten gebunden sind.

Nummeriere die Kohlenstoffatome der längsten Kette so, dass die Verzweigungsstellen kleinstmögliche Zahlen erhalten. Hierbei bekommt nach alphabetischer Reihenfolge die erste Seitenkette die niedrigere Nummer.
*Beispiel:*
Der Name der Verbindung lautet:

## 2,3,5-Trimethylheptan

# Reinigung der Autoabgase

**Schadstoffe bei der Benzinverbrennung** Bei der Verbrennung von Autobenzin im Motor entstehen schädliche Abgase: Der Kohlenstoff der Kohlenwasserstoffe verbindet sich mit dem Luftsauerstoff zu hochgiftigem Kohlenstoffmonooxid. Aus dem in der Luft enthaltenen Stickstoff entstehen Stickstoffmonooxid und Stickstoffdioxid (kurz: $NO_x$). Dazu kommen noch unverbrannte Kohlenwasserstoffe. Um die Umwelt so wenig wie möglich mit Schadstoffemissionen zu belasten, müssen die Autoabgase gereinigt werden.

**Aufbau eines Abgaskatalysators** Ein Abgaskatalysator besteht aus einem Metallgehäuse, in dem sich ein Keramikkörper befindet. Dieser wabenförmige Körper ist von vielen feinen Kanälchen durchzogen. Die Wände dieser Kanälchen sind mit den Edelmetallen Platin, Rhodium und Palladium beschichtet. Wenn auch in der Umgangssprache das ganze Gerät als Katalysator bezeichnet wird, so sind aus chemischer Sicht nur diese 2 bis 3 Gramm Edelmetalle katalytisch wirksam. An ihrer Oberfläche können über 90 % der giftigen Autoabgase in unschädliche oder weniger schädliche Stoffe umgewandelt werden.

**Chemische Vorgänge im G-Kat** Ein Auto mit Benzinmotor besitzt heute standardmäßig einen geregelten Drei-Wege-Katalysator, auch G-Kat genannt. Geregelt wird die Verbrennung im Motor. Dies geschieht mithilfe der Lambdasonde, die zwischen Motor und Abgaskatalysator eingebaut ist. Die Lambdasonde misst die Zusammensetzung der Abgase und regelt das Verhältnis zwischen Luftsauerstoff und Kraftstoff. Auf „drei Wegen", d.h. durch drei wesentliche chemische Reaktionen, die an der Oberfläche der Edelmetalle stattfinden, werden die Abgase umgewandelt:

1 *Reduktion:* Stickstoffoxide werden zu Stickstoff reduziert.
2 *Oxidation:* Kohlenstoffmonooxid wird zu Kohlenstoffdioxid oxidiert.
3 *Oxidation:* Kohlenwasserstoffe werden zu Kohlenstoffdioxid und Wasser oxidiert.

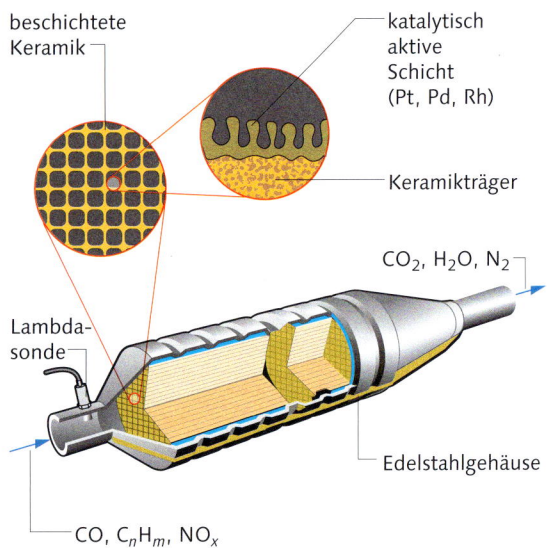

**1** *Aufbau eines Autoabgaskatalysators*

**Im Abgaskatalysator werden giftige Autoabgase in weniger schädliche Stoffe umgewandelt.**

**Rußpartikelfilter** Bei der unvollständigen Verbrennung von Diesel entstehen Rußpartikel, die maßgeblich zur Feinstaubbelastung der Luft beitragen. Daher werden die Abgase von Dieselfahrzeugen durch Rußpartikelfilter gereinigt. Nach 500 bis 1000 km ist der Filter mit Ruß vollständig besetzt. Durch eine kurzfristige Temperaturerhöhung werden die festgesetzten Rußteilchen zu Kohlenstoffdioxid verbrannt.

## Aufgaben

1 Nenne die Namen und Formeln von 3 schädlichen Autoabgasen.
2 Beschreibe den Aufbau eines Abgaskatalysators und erkläre, warum er viele feine Kanälchen besitzt.
3 „Ein Abgaskatalysator filtert die Autoabgase." Nimm zu dieser Aussage Stellung.
4 Im Abgaskatalysator wird Stickstoffmonooxid durch Kohlenstoffmonooxid reduziert. Formuliere das Reaktionsschema in Worten und in der Symbolschreibweise.
5 Beschreibe die Wirkungsweise eines Rußpartikelfilters.

# Kohlenstoffdioxid schafft Probleme

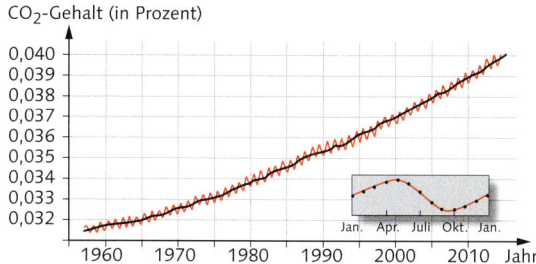

**1** *Kohlenstoffdioxidgehalt in der Atmosphäre (Messstation Mauna Loa, Hawaii)*

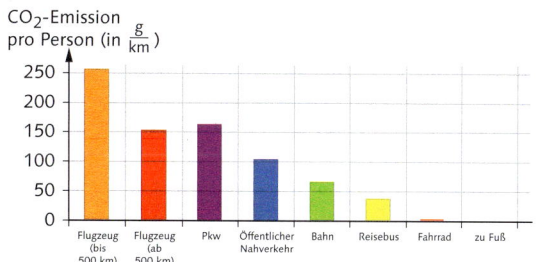

**3** *Durchschnittliche Kohlenstoffdioxidemissionen verschiedener Fortbewegungsmittel*

**Emissionen belasten die Erdatmosphäre** Bei der Verbrennung fossiler Energieträger, beispielsweise im Automotor, werden Abgase ausgestoßen. Diese gesundheitsschädlichen Emissionen können mithilfe von Abgaskatalysatoren und Rußpartikelfiltern vermindert werden. Allerdings kann ein Katalysator oder Rußfilter die Abgase nicht vom Kohlenstoffdioxid befreien.

**Klimaveränderung durch den Treibhauseffekt**
Die Lufthülle der Atmosphäre speichert Sonnenenergie und ermöglicht somit menschliches Leben auf der Erde. Dieser natürliche Treibhauseffekt wird durch die Emissionen verstärkt. Der vom Menschen verursachte anthropogene Treibhauseffekt führt zu einem Temperaturanstieg, der für alle Erdbewohner schwerwiegende langfristige Folgen haben könnte: Gletscherschmelze, Anstieg des Meeresspiegels, Ausdehnung der Wüstengebiete.

**Die Verbrennung fossiler Energieträger verursacht Emissionen, die zur Erhöhung des Treibhauseffekts beitragen.**

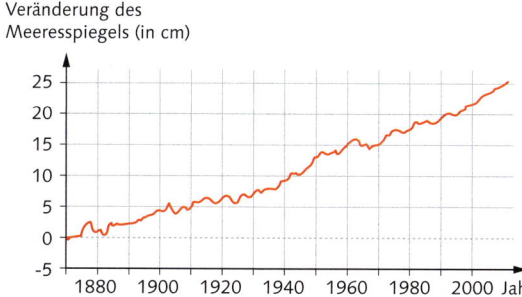

**2** *Veränderung des Meeresspiegels*

**Kohlenstoffdioxidausstoß von Verkehrsmitteln**
Die Kohlenstoffdioxidbilanz eines Verkehrsmittels ergibt sich aus dem Kohlenstoffdioxidausstoß, der bei der Herstellung des Fahrzeugs, dem Treibstoffverbrauch beim Fahren und der Entsorgung des Fahrzeugs anfällt. Kohlenstoffdioxidemissionen können in Gramm pro Kilometer pro Person angegeben werden. So lassen sich verschiedene Verkehrsmittel vergleichen.

**Aufgaben**

**1** Bei der vollständigen Verbrennung von Alkanen entstehen Kohlenstoffdioxid und Wasser.
**a** Erstelle das Reaktionsschema in Symbolschreibweise für die Verbrennung von Pentan.
**b** Erläutere, warum auch eine vollständige Verbrennung von Pentan problematisch für das Klima ist.
**2** Der Einfluss des Menschen auf das Klima lässt sich messen und darstellen.
**a** Beschreibe den Verlauf der Kurve in Bild 1.
**b** Beschreibe den Verlauf der Kurve in Bild 2. Welche Folgen könnte ein weiterer Anstieg des Meeresspiegels haben? Recherchiere.
**c** Recherchiere in verschiedenen Informationsquellen aktuelle Daten und Informationen zur Gletscherschmelze. Werte deine Recherche aus: Wie bist du vorgegangen? Welche Quellen waren vertrauenswürdig?
**3** Wähle ein Fortbewegungsmittel aus und begründe deine Wahl. Berücksichtige dabei Komfort, Zeit und Kohlenstoffdioxidausstoß.
**a** Treffen mit Freunden (Entfernung 2 km)
**b** Urlaub mit der Familie in Amsterdam
**c** Schüleraustausch in den USA

# Mehr Benzin durch Cracken

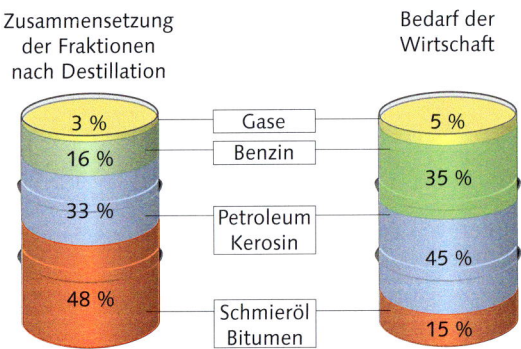

Zusammensetzung der Fraktionen nach Destillation

Bedarf der Wirtschaft

| | |
|---|---|
| 3 % Gase | 5 % |
| 16 % Benzin | 35 % |
| 33 % Petroleum Kerosin | 45 % |
| 48 % Schmieröl Bitumen | 15 % |

**1** *Der Bedarf an Erdölprodukten kann nicht durch die fraktionierte Destillation gedeckt werden.*

**Benzinbedarf** Durch fraktionierte Destillation des Rohöls in den Raffinerien kann nur etwa die Hälfte des benötigten Benzins hergestellt werden. Um den Bedarf an Benzin und anderen Stoffen decken zu können, werden die festen und zähflüssigen Erdölprodukte umgewandelt.

**Umwandlung von Erdölbestandteilen** Die zähflüssigen und festen Produkte wie Schmieröle oder Paraffin bestehen aus Kohlenwasserstoffen mit langen Kohlenstoffketten in ihren Molekülen. Durch eine chemische Reaktion werden sie in Stoffe mit kurzkettigen Molekülen gespalten. Dieses technische Verfahren wird als Cracken (engl. *to crack:* zerbrechen) bezeichnet. Zum Aufbrechen der Kohlenstoffketten wird ein Katalysator zugesetzt, damit die Reaktion auch bei niedrigeren Temperaturen ablaufen kann.

**Durch Cracken werden langkettige Kohlenwasserstoff-Moleküle in Moleküle mit kürzeren Ketten umgewandelt.**

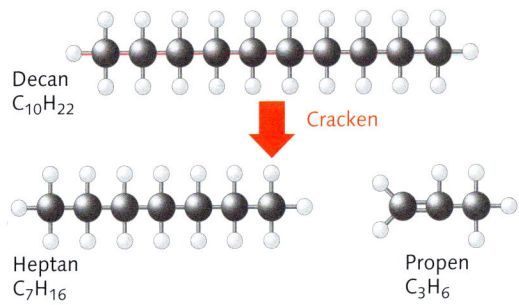

Decan
$C_{10}H_{22}$

Cracken

Heptan
$C_7H_{16}$

Propen
$C_3H_6$

**2** *Cracken von Decan*

**Wie funktioniert Cracken?** In einer Crack-Anlage werden die zähflüssigen Kohlenwasserstoffe erhitzt. Die entstehenden Gase werden über einen 650 °C heißen Katalysator geleitet. Ein Katalysator muss eingesetzt werden, da die chemischen Reaktionen sonst noch höhere Temperaturen erfordern würden. Benzin, Heizöl und Gase entstehen.

**Spaltung der Moleküle** Durch die hohen Temperaturen in der Crack-Anlage geraten die langen Kohlenwasserstoff-Moleküle sehr stark in Schwingungen. Dies bewirkt das Auseinanderbrechen der Ketten. Die unterschiedlichen Reaktionsprodukte werden durch Destillation voneinander getrennt.

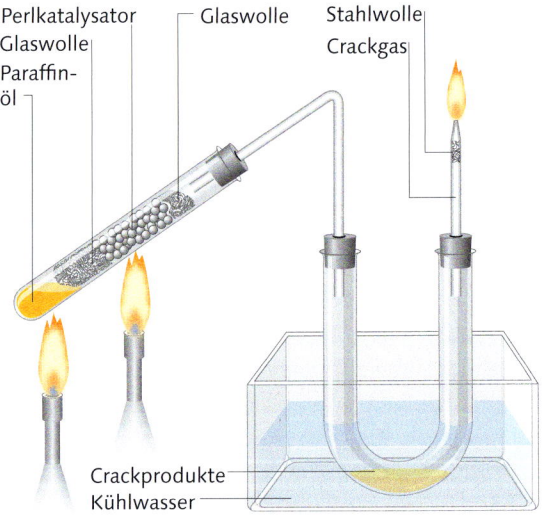

Perlkatalysator
Glaswolle
Paraffinöl
Glaswolle
Stahlwolle
Crackgas
Crackprodukte
Kühlwasser

**3** *Cracken von Paraffinöl im Schulversuch*

## Aufgaben

**1** Vergleiche die Mengen an benötigten Rohstoffen mit denen, die in der Raffinerie gewonnen werden (Bild 1).

**2** Beschreibe das technische Verfahren, mit dem man die Benzinausbeute aus Rohöl steigern kann.

**3** Beim Cracken handelt es sich um eine chemische Reaktion. Die fraktionierte Destillation von Erdöl ist dagegen eine Trennung von Stoffgemischen, also ein physikalischer Vorgang. Begründe.

# Exkurs    Halogenalkane – eine besondere Stoffgruppe

**Halogene reagieren mit Alkanen** Alkane sind reaktionsträge Stoffe: Mischt man Hexan mit Brom, so färbt sich die Flüssigkeit rotbraun, weil sich Halogene in flüssigen Alkanen lösen.
Wird die Lösung jedoch Sonnenlicht ausgesetzt oder mit einer UV-Lampe beleuchtet, so entfärbt sie sich. Ein feuchtes Universalindikatorpapier, das man über die Flüssigkeitsoberfläche hält, verfärbt sich orange.
Als gasförmiges Reaktionsprodukt entweicht Bromwasserstoff und farbloses Bromhexan wird gebildet. Die Entfärbung und das entweichende Gas weisen auf eine chemische Reaktion hin.

**1** *Brom reagiert mit Hexan.*

Bei der Reaktion wird am Hexan-Molekül ein Wasserstoffatom durch ein Bromatom ersetzt. Eine Reaktion, bei der Atome durch andere Atome ersetzt werden, heißt Substitution (lat. *substituere:* ersetzen, austauschen). Jedes Wasserstoffatom eines Alkan-Moleküls kann durch ein Halogenatom substituiert werden. Es gibt daher viele Halogenverbindungen der Alkane, die kurz Halogenalkane genannt werden.

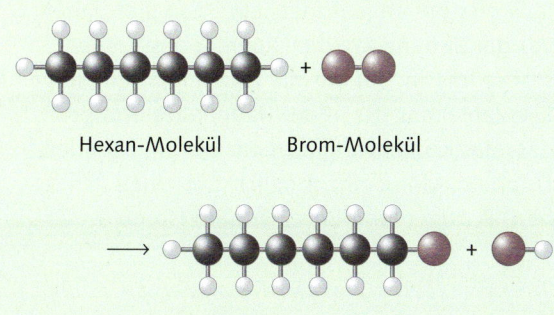

Hexan-Molekül    Brom-Molekül

Bromhexan-Molekül    Bromwasserstoff-Molekül

**2** *Bildung von Bromhexan (Substitution)*

**Halogenalkane und Ozonproblematik** Die Ozonschicht in der Atmosphäre schützt vor schädlicher UV-Strahlung. Gelangt sie ungehindert bis auf die Erde, sind Sonnenbrände, schwere Haut- und Augenschäden sowie Schädigungen der Pflanzen die Folgen.

**3** *UV-Strahlung kann schwere Hautschäden verursachen.*

Fluorchlorkohlenwasserstoffe (kurz FCKWs) sind eine Gruppe von Halogenalkanen, die bis in die 1990er Jahre als Kühlmittel und Treibgas verwendet wurden. Gelangen sie in die Atmosphäre, so reagieren sie mit Ozon. Dadurch wird die schützende Ozonschicht teilweise abgebaut. Man sagt auch, die schützende Ozonschicht bekommt ein „Loch". Deshalb gilt jetzt für die meisten FCKWs ein Einsatzverbot. Der massenhafte Einsatz der FCKWs in den 1970er bis 1990er Jahren ist auch heute noch für den Abbau der Ozonschicht mitverantwortlich.

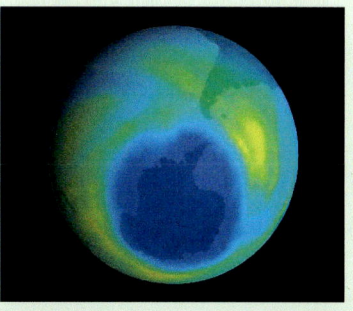

**4** *Satellitenaufnahme vom „Ozonloch" (dunkelblaue Bereiche) über der Antarktis*

**Aufgaben**

1 Erstelle das Reaktionsschema für die Substitution von Heptan mit Chlor.
2 Beschreibe die Folgen, die Halogenalkane in der Atmosphäre verursachen.

# Alkene – ungesättigte Kohlenwasserstoffe

**1** *Unreif geerntete Früchte werden in Ethengas gelagert und reifen dadurch nach.*

**Ethen – das einfachste Alken** Beim Cracken von Erdöl entsteht neben Benzin und anderen Stoffen auch das Gas Ethen. In der Industrie dient es als Ausgangsstoff für die Herstellung von Kunststoffen, Lösungsmitteln, Klebstoffen und Farbstoffen.

In der Natur wird Ethen beim Reifen von Früchten wie Äpfeln abgegeben. Es beschleunigt die weitere Fruchtreifung.

Ethen ist bei Raumtemperatur gasförmig. Es brennt mit leuchtender, rußender Flamme, bildet mit Luft explosive Gemische und wirkt beim Einatmen narkotisierend – in höheren Dosen sogar erstickend.

**Doppelbindung im Ethen-Molekül** Ethen ist wie Ethan ein Kohlenwasserstoff mit zwei Kohlenstoffatomen im Molekül. Im Unterschied zum Ethan-Molekül hat das Ethen-Molekül zwei Wasserstoffatome weniger im Molekül. Die Summenformel von Ethen lautet $C_2H_4$. Die beiden Kohlenstoffatome gehen eine Bindung mit jeweils zwei bindenden Elektronenpaaren ein. Die dadurch gebildete Bindung heißt Doppelbindung. In der Strukturformel wird die C=C-Doppelbindung durch einen Doppelstrich dargestellt. Ethen gehört zu den ungesättigten Kohlenwasserstoffen, weil seine Moleküle weniger Wasserstoffatome enthalten, als sie aufgrund der möglichen Anzahl an Atombindungen binden können.

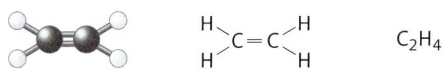

**2** *Molekülmodell und Strukturformel von Ethen*

**Homologe Reihe der Alkene** Ethen ist der erste Vertreter in der homologen Reihe der Alkene. Alkene haben die allgemeine Summenformel $C_nH_{2n}$. Die Namen der Alkene werden gebildet, indem die Endung *-an* der Alkane durch die Endung *-en* ersetzt wird: Propen, Buten usw.

| Alkene | Summen-formel | Strukturformel |
|--------|--------------|----------------|
| Ethen | $C_2H_4$ | |
| Propen | $C_3H_6$ | |
| Buten | $C_4H_8$ | |
| ... | ... | ... |

**Tab. 1** *Homologe Reihe der Alkene*

**Die Alkene sind ungesättigte Kohlenwasserstoffe, deren Moleküle eine C=C-Doppelbindung enthalten. Sie bilden eine homologe Reihe. Die allgemeine Summenformel lautet $C_nH_{2n}$.**

**Nomenklatur** Beim Buten-Molekül kann die C=C-Doppelbindung zwischen dem ersten und zweiten Kohlenstoffatom oder in der Mitte der Kette zwischen dem zweiten und dritten Kohlenstoffatom angeordnet sein. Man gibt daher vor der Endung *-en* die Nummer des Kohlenstoffatoms an, auf das die Doppelbindung folgt. Die Zahlenangabe in der Hauptkette erfolgt so, dass das Kohlenstoffatom mit der anliegenden Doppelbindung eine möglichst niedrige Zahl erhält. But-1-en und But-2-en sind Isomere.

But-1-en

But-2-en

**Eigenschaften der Alkene** Die Aggregatzustände der Alkene werden durch die Länge der Kohlenstoffketten ihrer Moleküle bestimmt. Alkene mit zwei bis vier Kohlenstoffatomen im Molekül sind gasförmig, Alkene mit mittellangen Ketten ($C_5H_{10}$ bis $C_{15}H_{30}$) sind flüssig und höhere Alkene sind fest.

Sie haben niedrigere Schmelz- und Siedetemperaturen als die vergleichbaren Alkane. Die Entzündungstemperaturen liegen dagegen etwas höher als bei den Alkanen, da zum Aufspalten der Doppelbindung mehr Energie nötig ist.

**Reaktionsfähigkeit der Alkene** Im Vergleich zu den Alkanen sind Alkene reaktionsfreudiger. Dies zeigt sich an der Reaktion von Ethen mit Brom. Mischt man Ethen mit Brom, so verschwindet die Braunfärbung sofort: Ethen reagiert mit Brom zu dem farblosen Reaktionsprodukt 1,2-Dibromethan, einem Halogenalkan.

Gibt man jedoch Brom zu Ethan, bleibt die Braunfärbung erhalten. Ethan und Brom reagieren nicht ohne Weiteres. Der Versuch mit Brom zeigt, dass Kohlenwasserstoffe mit einer Doppelbindung in ihren Molekülen reaktionsfähiger sind als Kohlenwasserstoffe, deren Moleküle nur Einfachbindungen enthalten.

**Additionsreaktion** Bei der Reaktion von Brom und Ethen werden zwei Bromatome an das Ethen-Molekül gebunden. Weil dann das Ethen-Molekül zwei Atome zusätzlich gebunden hat, spricht man von einer Additionsreaktion. Dabei entsteht aus der C–C-Doppelbindung eine C–C-Einfachbindung.

**3** Reaktion von Brom und Ethen

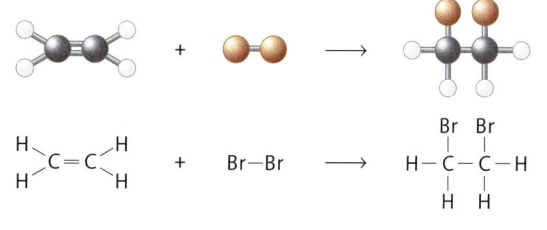

Ethen · Brom · 1,2-Dibromethan

**4** Additionsreaktion von Ethen mit Brom

Alle ungesättigten Verbindungen können weitere Bindungspartner addieren. So kann an Ethen Wasserstoff addiert und dadurch Ethan gebildet werden. Somit entsteht aus einer ungesättigten Verbindung eine gesättigte.

Alkane dagegen sind gesättigte Verbindungen – an sie können keine weiteren Bindungspartner angelagert werden.

Die Reaktion mit Brom kann als Nachweis von Doppelbindungen im Molekül genutzt werden.

**Bei der Additionsreaktion von Alkenen mit Halogenen entstehen gesättigte Verbindungen (Halogenalkane). Die Addition von Brom ist eine Nachweisreaktion für ungesättigte Kohlenwasserstoffe.**

**Exkurs Beilsteinprobe**

Ob eine Verbindung Halogene enthält, kann mit der Beilsteinprobe herausgefunden werden. Zuerst wird ein Kupferblechstreifen so lange ausgeglüht, bis keine Blau- oder Grünfärbung der Flamme mehr zu erkennen ist. Dann wird die zu untersuchende Substanz auf den Kupferblechstreifen aufgebracht. Den Streifen hält man in die nicht leuchtende Brennerflamme. Sind in der geprüften Substanz Halogene enthalten, so färbt sich die Flamme grün.

**Aufgaben**

1 Warum kann es in der homologen Reihe der Alkene „Methen" nicht geben?

2 Erkläre, wie man im Experiment das Vorliegen einer C=C-Doppelbindung nachweist.

3 Stelle die Additionsreaktion von Buten mit Chlor dar. Zeichne dazu die Molekülmodelle der Reaktionspartner.

# Alkine

**1** *Wenn Ethin verbrannt wird, kann es zum Schneidbrennen von Stahl verwendet werden.*

**Ethin, ein vielseitiges Gas** Zum Schneiden und Schweißen von Eisen und Stahl wird das Gas Ethin verwendet, weil beim Verbrennen von Ethin sehr hohe Temperaturen von mehr als 3000 °C erreicht werden.

Ethin, das auch Acetylen genannt wird, verbrennt mit heller Flamme. Deshalb wurde es früher in Carbidlampen zur Beleuchtung eingesetzt – beispielsweise in Bergwerken und als Fahrzeugleuchten an Autos und Fahrrädern. In diesen Lampen reagiert Calciumcarbid mit Wasser zu Ethin, das beim Verbrennen helles Licht erzeugt. Heute ist Ethin in der chemischen Industrie ein wichtiger Grundstoff zur Herstellung von Kunststoffen, Kunstfasern und vielen weiteren Produkten.

**Dreifachbindung im Ethin-Molekül** Ethin ist wie Ethan und Ethen ein Kohlenwasserstoff mit zwei Kohlenstoffatomen im Molekül. Die Summenformel von Ethin ist $C_2H_2$. Im Ethin-Molekül sind die beiden Kohlenstoffatome durch eine Dreifachbindung verbunden. Sie besitzen also drei gemeinsame Elektronenpaare. Jedes Kohlenstoffatom ist mit nur einem Wasserstoffatom verbunden. Ethin gehört deshalb zu den ungesättigten Kohlenwasserstoffen.

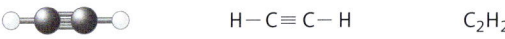

H – C ≡ C – H          $C_2H_2$

**2** *Molekülmodell und Strukturformel eines Ethin-Moleküls*

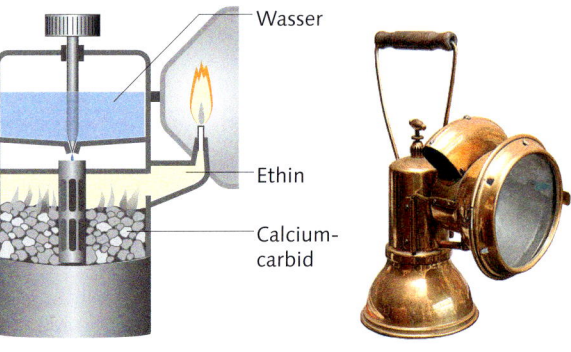

**3** *Aufbau einer Carbidlampe*

Wasser

Ethin

Calcium-carbid

**Die homologe Reihe der Alkine** Ethin ist das einfachste Alkin. Es ist damit der erste Vertreter in der homologen Reihe der Alkine. Sie werden wie die Alkane und Alkene benannt, mit dem Unterschied, dass ihre Namen auf die Silbe *-in* enden.

Die allgemeine Summenformel der Alkine lautet $C_nH_{2n-2}$.

Ethin und Propin sind gasförmig, die folgenden Alkine sind flüssig und höhere Alkine sind fest.

**Alkine sind Kohlenwasserstoffe, deren Moleküle eine Kohlenstoff-Dreifachbindung enthalten. Sie bilden eine homologe Reihe mit der allgemeinen Summenformel $C_nH_{2n-2}$.**

**Reaktionsverhalten von Ethin** Aufgrund der Dreifachbindung in den Molekülen der Alkine sind Additionsreaktionen möglich. So kann Brom ähnlich wie bei Ethen auch an Ethin addiert werden. Diese Reaktion dient als Nachweis für Alkine.

Unter Druck oder bei Verflüssigung neigt Ethin zu explosionsartigem Zerfall. Die Reaktionsfähigkeit mit anderen Stoffen ist im Vergleich zu den Alkenen etwas geringer. Sie liegt aber über der der Alkane.

## Aufgaben

1 Gib an, welches Merkmal für Alkin-Moleküle typisch ist.

2 Zeichne die Strukturformeln von Propin und Pentin.
  Gibt es Isomere?

3 Nenne Verwendungsmöglichkeiten für Ethin.

4 Beschreibe die Funktionsweise einer Carbidlampe anhand von Bild 3.

# Exkurs Benzol – aromatische Kohlenwasserstoffe

1 *An einer Tankstelle weisen Symbole auf Gefahren hin.*

**Warnhinweis an Tankstellen** An Tankstellen sind neben Warnungen zu hochentzündlichen Stoffen auch Gefahrensymbole angebracht. Diese sind erforderlich, da das Stoffgemisch Benzin neben anderen Stoffen die gesundheitsgefährdende Verbindung Benzol enthält.

**Entdeckung des Benzols** Der Reinstoff Benzol mit der Summenformel $C_6H_6$ ist eine klare Flüssigkeit. Sie wurde im Jahr 1825 im Steinkohlenteer entdeckt. In der Verbindung sind sechs Kohlenstoff- und sechs Wasserstoffatome enthalten. Man vermutete deshalb, dass es sich um eine ringförmige, ungesättigte Verbindung handelt. Für die Strukturformel nahm man drei Einfachbindungen und drei Doppelbindungen an. Wenn Benzol ähnlich einem Alken Doppelbindungen besäße, würde es eine Brom-Lösung entfärben. Die Additionsreaktion bleibt aber aus.

**Struktur des Benzol-Moleküls** Im Jahr 1865 gelang es AUGUST KEKULÉ, eine Strukturformel für Benzol zu entwickeln. Die sechs Kohlenstoffatome sind in einem Ring wie ein Sechseck angeordnet. Sechs der Bindungselektronen sind zwischen den Kohlenstoffatomen gleichmäßig über das Molekül verteilt. Als Symbol hierfür verwendet man die Schreibweise eines Ringes im Inneren eines Sechsecks für ein Benzol-Molekül.

$C_6H_6$

Benzol | vereinfachte Schreibweise

2 *Strukturformeln für das Benzol-Molekül*

**Aromatische Verbindungen** Neben Benzol enthalten auch andere Stoffe wie Toluol, Naphthalin, Styrol und Benzpyren in ihrem Molekülaufbau mindestens einen Benzolring. Man bezeichnet diese Verbindungen als aromatische Kohlenwasserstoffe, da sie oft süßlich aromatisch riechen. Viele dieser Stoffe sind giftig.

**Benzol**
– farblose Flüssigkeit, süßlich aromatischer Geruch
– brennt mit stark rußender Flamme
– Zusatz im Benzin
– Ausgangsstoff für andere aromatische Verbindungen

**Naphthalin**
– farbloser Feststoff, Geruch nach Teer
– als Insektenschutzmittel, z. B. in Holzschutzmitteln
– Verwendung als Lösungsmittel
– Ausgangsstoff für Kunststoffe

**Styrol**
$HC = CH_2$
– farblose Flüssigkeit, stechender Geruch
– Ausgangsstoff für den Kunststoff Polystyrol (Styropor®)
– Verwendung als Lösungsmittel

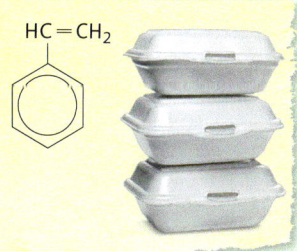

## Aufgaben

1 Erstelle eine Mindmap für Benzol.
2 Gib an, was man unter aromatischen Kohlenwasserstoffen versteht.
3 Ethylvanillin ist ein aromatischer Kohlenwasserstoff. Finde heraus, wofür es verwendet wird und was man beim Genuss beachten sollte.

# ˉTeste dich!

**1** Das Bild zeigt eine Lagerstätte von Erdöl und Erdgas, wie sie heute vorkommt. Beschreibe, wie sie sich während der Erdgeschichte gebildet hat.

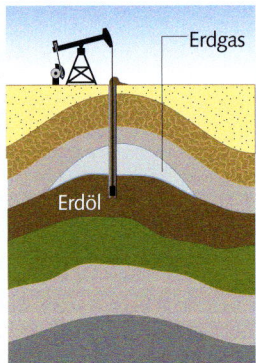

**2** Nenne drei Regionen der Welt, in denen große Mengen Erdöl gefördert werden.

**3** Gib mindestens fünf verschiedene Verwendungsmöglichkeiten für Erdöl an.

**4** Erkläre, warum man nach Alternativen für Erdöl sucht.

**5** „Von der Primärenergie über die Sekundärenergie zur Nutzenergie"
**a** Beschreibe die nötigen Schritte der Energieumwandlung.
**b** Definiere den Begriff Nutzenergie.

**6** Erkläre, was man unter erneuerbaren Energiequellen versteht.

**7** Zeichne einen Destillationsturm zur Verarbeitung von Rohöl und beschrifte ihn. Gib für die einzelnen Fraktionen Verwendungsmöglichkeiten an.

**8** Nenne das Element, das in allen Verbindungen der organischen Stoffe gebunden ist.

**9** Erstelle eine Mindmap für das Gas Methan.

**10** Was versteht man unter einer homologen Reihe? Erläutere an einem Beispiel.

**11** Zeichne die Strukturformeln von Propin, 1,1-Dibrom-3-methylbutan, 3-Methylpent-1-en.

**12** Gib die Namen der folgenden Verbindungen an und nenne die jeweilige Stoffklasse:

a)

$$-\overset{|}{\underset{|}{C}}-\overset{\overset{|}{C}-\ \overset{|}{C}-}{\underset{\underset{|}{C}-\ \underset{|}{C}-}{\overset{|}{C}-\overset{|}{C}-\overset{|}{C}-\overset{|}{C}-\overset{|}{C}-\overset{|}{C}-\overset{|}{C}-}}$$

b)

$$-\overset{|}{\underset{|}{C}}-\overset{|}{C}=C\overset{<}{}$$

c)

$$-C\equiv C-\overset{|}{\underset{|}{C}}-\overset{|}{\underset{|}{C}}-$$

**13** Definiere den Begriff Isomer. Erkläre ihn am Beispiel des Stoffes mit der Summenformel $C_4H_{10}$.

**14** Hexen reagiert mit Chlor. Stelle das Reaktionsschema auf.

**15** Erläutere, was man unter einer ungesättigten Verbindung versteht.

| Aufgabe | Hilfe findest du auf Seite … |
|---|---|
| 1 | 132 |
| 2 | 134 |
| 3 | 134 |
| 4 | 134/135 |
| 5 | 139, 141 |
| 6 | 140/141 |
| 7 | 150/151 |
| 8 | 142 |
| 9 | 144/145 |
| 10 | 146 |
| 11 | 152, 153, 158–160 |
| 12 | 152, 153, 158–160 |
| 13 | 152 |
| 14 | 158/159 |
| 15 | 158 |
| **… und die Lösungen findest du im Anhang.** | |

# Im Überblick

Erdöl, Erdgas und Kohle sind im Laufe der letzten 300 Millionen Jahre aus dem Material von abgestorbenen Tieren und Pflanzen entstanden. Die Vorräte sind begrenzt, sodass alternative Energieträger gesucht werden. Aus Erdöl lassen sich durch fraktionierte Destillation Treibstoffe und Ausgangsstoffe für die chemische Industrie gewinnen. Das Stoffgemisch Erdöl enthält verschiedene Kohlenwasserstoffe – organische Verbindungen, die nur die Elemente Kohlenstoff und Wasserstoff enthalten.

## Fossile Energieträger
- Erdöl, Erdgas und Kohle
- Nutzung als Brennstoffe, stehen nur begrenzt zur Verfügung
- Beim Verbrennen wird Kohlenstoffdioxid freigesetzt, das als Treibhausgas wirkt.

## Erneuerbare Energiequellen
- Wind- und Wasserkraft, Sonnenenergie, Biomasse
- erneuern sich laufend, stehen nahezu unbegrenzt zur Verfügung

## Erdöl und Erdgas
- Stoffgemische aus verschiedenen Kohlenwasserstoffen
- bedeutende Energieträger und Rohstoffe für die Industrie

## Kohlenwasserstoffe
- organische Verbindungen, die nur die Elemente Kohlenstoff und Wasserstoff enthalten
- Die Einteilung der Kohlenwasserstoffe erfolgt nach der Struktur ihrer Moleküle, zum Beispiel in gesättigte und ungesättigte.

## Van-der-Waals-Kräfte
- Anziehungskräfte, die zwischen den Molekülen wirken
- erklären die Eigenschaften von Kohlenwasserstoffen: Schmelz- und Siedetemperatur, Viskosität

## Alkane
- gesättigte Kohlenwasserstoffe
- Ihre Moleküle enthalten Kohlenstoffatome und Wasserstoffatome, die nur durch Einfachbindung verbunden sind.
- allgemeine Summenformel $C_nH_{2n+2}$
- *Beispiel:*

$$H-\overset{\displaystyle H}{\underset{\displaystyle H}{C}}-\overset{\displaystyle H}{\underset{\displaystyle H}{C}}-H$$

## Abgaskatalysator
- Reinigung von Autoabgasen an einer katalytisch aktiven Oberfläche
- die katalytisch aktive Schicht besteht aus den Edelmetallen Platin, Palladium und Rhodium
- Umwandlung von mehr als 90 % giftiger Abgase in ungiftige oder weniger schädliche Stoffe
- Wesentliche chemische Reaktionen:
  - Reduktion von Stickstoffoxiden zu Stickstoff
  - Oxidation von Kohlenstoffmonooxid zu Kohlenstoffdioxid
  - Oxidation von Kohlenwasserstoffen zu Kohlenstoffdioxid und Wasser

## Kohlenstoffdioxid als Treibhausgas
- entsteht bei der Verbrennung fossiler Brennstoffe
- Gehalt in der Erdatmosphäre steigt
- Emissionsquellen: u. a. Industrie, Stromerzeugung, Verkehr

# 7

# Von den Alkoholen zu den Carbonsäuren

Seit Jahrtausenden wird aus Traubensaft durch Gärung Alkohol gewonnen. Neben Trinkalkohol finden auch andere Alkohole in verschiedenen Alltagsprodukten, beispielsweise in Cremes, Verwendung. Aus Wein kann Essig werden, wenn er eine Zeit lang offen steht. Dabei bildet sich aus dem Trinkalkohol ein neuer Stoff, die Essigsäure.

# Von der Traube zu Wein und Branntwein

**Mosten der Trauben** Nach der Weinlese im Herbst werden die Trauben in der Weinkelterei abgeliefert. Zunächst wird aus den Weintrauben die Maische hergestellt, das heißt, die Trauben werden von den Stielen getrennt, zerkleinert und zerdrückt. Die Maische wird dann in einer großen Presse ausgepresst und so die Flüssigkeit, der Most, von den festen Rückständen, dem Trester, getrennt. Dieser Vorgang wird als Mosten oder Keltern bezeichnet.

**1** *Beim Maischen werden die Trauben zerdrückt und der Saft tritt aus.*

**2** *Durch das Pressen wird der Most vom festen Rückstand getrennt.*

**Aus Traubenmost wird Wein** Der Most wird nun in Fässer oder Tanks umgepumpt. Jetzt lässt der Kellermeister die Natur für sich arbeiten. Die Umwandlung von Traubensaft in Wein geschieht durch alkoholische Gärung. Dies ist ein biochemischer Vorgang, der durch Lebewesen bewirkt wird und in den der Kellermeister lediglich steuernd eingreift.

**3** *Weinkeller mit traditionellen Holzfässern*

**Alkoholische Gärung** Wenn es im Gärkeller blubbert, ist die alkoholische Gärung in vollem Gange. Bei der Gärung, die unter Sauerstoffausschluss erfolgt, wandeln Hefepilze den Traubenzucker des Mostes in Alkohol um. Bei dem entstandenen Alkohol handelt es sich um Ethanol. Die Hefepilze befanden sich bereits auf den Schalen der Trauben. Durch Zugabe von Reinzuchthefe kann der Kellermeister den Gärprozess beschleunigen und Geschmack und Aroma des Weines beeinflussen. Das Blubbern beruht auf der Bildung des Gases Kohlenstoffdioxid. Der Gärprozess dauert je nach Temperatur und Art der Hefe zwischen einer und drei Wochen.

$$\text{Trauben-zucker} \xrightarrow{\text{Hefe}} \text{Ethanol} + \text{Kohlenstoff-dioxid}$$

**Bei der alkoholischen Gärung wandeln Hefepilze Traubenzucker in den Trinkalkohol Ethanol und Kohlenstoffdioxid um.**

**Klären und Lagern des jungen Weines** Nach dem Gärprozess werden Schwebstoffe, die den Wein trüben, entfernt. Dies geschieht durch Sedimentieren, Filtrieren oder Zentrifugieren. Um ihn haltbar zu machen, kann er mit Schwefeldioxid versetzt werden, das weitere Gärung verhindert. Bevor der geklärte Wein in Flaschen abgefüllt wird, muss er in Holzfässern oder Stahltanks noch einige Zeit ruhen, damit er durch Reifung weitere Aromen entwickeln kann.

**Exkurs** **Rot- oder Weißwein?**
Woher kommt die Farbe des Weines? Der Traubensaft, auch der von blauen Trauben, ist weiß. Der rote Farbstoff befindet sich in der Schale der Weintrauben. Zur Rotweinherstellung wird eine sogenannte Maischegärung durchgeführt, bei der der Saft mit den Schalen vergärt. Dabei werden der rote Farbstoff und die Aroma- und Geschmacksstoffe aus den Schalen extrahiert. Möchte man Weißwein erzeugen, so lässt man den Saft weißer oder roter Trauben ohne Schalen vergären.

Der Zuckergehalt des Traubensafts ist ein entscheidendes Kriterium für die Qualität und den Alkoholgehalt des Weines. Er wird nach CHRISTIAN OECHSLE, dem Erfinder des Messverfahrens, in Grad Oechsle gemessen. Die Oechsle-Grade geben an, um wie viel Gramm ein Liter Most schwerer als ein Liter Wasser ist. Früher hat man dazu die Dichte des Mostes bestimmt. Heute ermittelt man die Oechsle-Grade der Trauben mithilfe eines optischen Messgeräts, dem Refraktometer.

| Kategorie | Zuckergehalt | Alkoholgehalt |
|---|---|---|
| Qualitätswein | 60–70° Oechsle | 9 Vol.-% |
| Spätlese | 90° Oechsle | 12 Vol.-% |
| Eiswein | 120° Oechsle | 16 Vol.-% |

**Tab. 1** *Zusammenhang zwischen Zuckergehalt und Alkoholgehalt eines Weines*

**Branntwein** Durch alkoholische Gärung erhält man einen Alkoholgehalt von maximal 18 Vol.-%. Bei einem höheren Alkoholgehalt sterben die Hefepilze an „Alkoholvergiftung" und der Gärprozess wird gestoppt. Hochprozentige Branntweine wie Weinbrand, Birnenbrand, Kirschwasser, Wodka oder Whisky werden durch Destillation hergestellt.

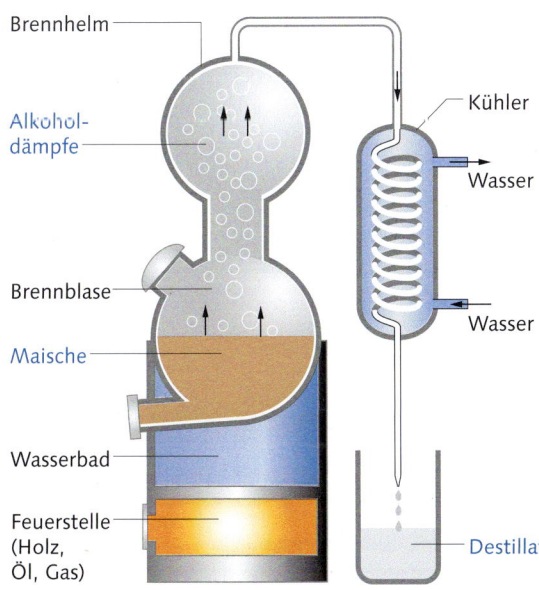

**4** *Schematischer Aufbau einer Destillationsanlage*

Brennhelm
Alkoholdämpfe
Kühler
Wasser
Brennblase
Wasser
Maische
Wasserbad
Feuerstelle (Holz, Öl, Gas)
Destillat

**Destillation einer Birnenmaische** Reife Birnen werden zerdrückt und in einem Gefäß eingemaischt. Nach der alkoholischen Gärung enthält die Birnenmaische einen Alkoholgehalt von ungefähr 5 Vol.-% Ethanol. Der Alkohol wird von den Fruchtrückständen und vom Wasser durch Destillation abgetrennt. Ethanol (Siedetemperatur: 78°C) und Wasser (Siedetemperatur: 100°C) können aufgrund ihrer unterschiedlichen Siedetemperaturen getrennt werden. Dazu wird das Gemisch auf etwa 85°C erhitzt. Bei dieser Temperatur verdampft aber nicht nur Ethanol, sondern auch ein Teil des Wassers. Daher erhält man keinen reinen, sondern ungefähr 75%igen Alkohol. Durch Verdünnen mit Wasser wird dieser auf die gewünschte Trinkstärke, beispielsweise 40 Vol.-%, herabgesetzt.

**5** *Destillationsanlage zur Herstellung von Branntwein*

## Aufgaben

1 Nenne die Reaktionsprodukte der alkoholischen Gärung.
2 Stelle eine Vermutung an, warum ein Kellermeister zur Sicherheit mit einer brennenden Kerze in den Gärkeller geht, obwohl der Keller ausreichend beleuchtet ist.
3 Ein Stoffgemisch aus Ethanol und Wasser soll getrennt werden.
a Nenne das Trennverfahren, mit dem die Stofftrennung durchgeführt werden kann.
b Aufgrund welcher Stoffeigenschaften wird getrennt? Erläutere.
4 Wie viel ml Ethanol enthält eine 0,5-Liter-Flasche Branntwein mit einem Alkoholgehalt von 38 Vol.-%?
5 Informiere dich über die Herstellung von Rosé-wein und beschreibe den Prozess.

# Exkurs  Bierherstellung

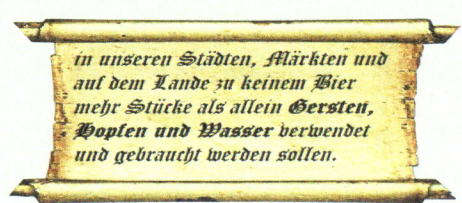

*in unseren Städten, Märkten und auf dem Lande zu keinem Bier mehr Stücke als allein Gersten, Hopfen und Wasser verwendet und gebraucht werden sollen.*

**1** *Auszug aus dem Reinheitsgebot von 1516*

**Reinheitsgebot** Das Reinheitsgebot für die Bierherstellung ist das älteste Lebensmittelgesetz in Deutschland. Seit etwa 500 Jahren gilt, dass Bier nur aus Gerste, Hopfen, Wasser und Hefe hergestellt werden darf. Im Reinheitsgebot von 1516 wurde die Hefe zwar nicht erwähnt, weil ihre Bedeutung noch nicht bekannt war – verwendet wurde sie aber auch bereits damals.

**Mälzen** Der erste Schritt bei der Bierherstellung ist das Mälzen. Gerste und andere Getreidesorten wie Weizen, Roggen oder Dinkel werden durch Wasserzugabe zum Keimen gebracht. Der Keimprozess wird nach einer bestimmten Zeit durch Trocknen, auch Darren genannt, unterbrochen – es ist Malz entstanden.

**Maischen** Wenn man geschrotetes Malz mit Wasser auf etwa 75 °C erhitzt, erhält man die Maische. Beim Maischen wandeln Enzyme die Getreidestärke in Malzzucker um.

**Läutern** Im Läuterbottich werden die festen Bestandteile der Maische von der Lösung, der Würze, getrennt. Die Würze kommt anschließend in die Würzepfanne. Die abgetrennten Feststoffe, der sogenannte Treber, werden als Viehfutter weiterverwertet.

**Sieden und Kühlen** In der Würzepfanne wird die Würze unter Zugabe des Hopfens rund eine Stunde gekocht. Dabei werden dem Hopfen Aromastoffe entzogen, die dem Bier seinen charakteristisch herben Geschmack verleihen. Durch das Kochen und die aus dem Hopfen extrahierten Gerbstoffe wird das Bier haltbar gemacht. Anschließend wird die Würze auf etwa 10 °C abgekühlt.

**Gären** Im Gärbottich wird der Würze die Hefe beigegeben. Die Hefebakterien wandeln den Zucker in den Trinkalkohol Ethanol und in Kohlenstoffdioxid um. Ein Teil des gasförmigen Kohlenstoffdioxids verbindet sich mit Wasser zur Kohlensäure, die das Bier „spritzig" macht und zur Schaumbildung beiträgt. Die Gärzeit beträgt ungefähr eine Woche.

**Lagern und Abfüllen** Nach Entfernung der Hefe wird das Jungbier in Tanks gefüllt, um dort bei Temperaturen von 0 bis 1 °C etwa drei Wochen zu lagern. Nach Abschluss des Reifungsprozesses wird es in Fässer oder Flaschen abgefüllt.

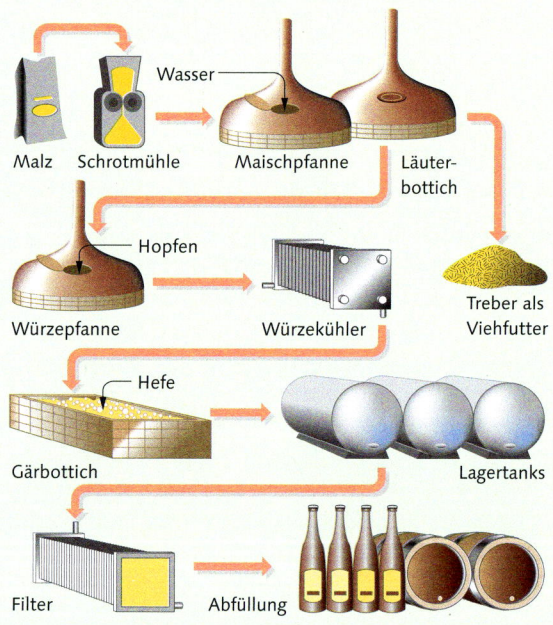

**2** *Der Prozess des Bierbrauens*

## Aufgaben

1 Welche Stoffe dürfen nach dem Reinheitsgebot zur Bierherstellung verwendet werden?
2 Nenne die biologischen und chemischen Vorgänge, die beim Mälzen und Maischen ablaufen.
3 Informiere dich über unter- und obergärige Biere.
a Beschreibe die Unterschiede.
b Nenne Beispiele für unter- und obergärige Biere.

## Tödlicher Unfall unter Alkoholeinfluss

**Auf der A40 sterben vier Menschen durch einen betrunkenen Falschfahrer**

(*Essen*) Gestern Nacht sind bei einem Unfall auf der A40 bei Essen ein 19-jähriger Falschfahrer und die drei Insassen des von ihm frontal gerammten Fahrzeugs getötet worden. Nach Aussagen von Zeugen war der Unfallverursacher vor dem Unglück durch mehrere Kneipen gezogen. Wie die Obduktion ergab, hatte er zum Unfallzeitpunkt 1,8 Promille Alkohol im Blut.

**1** *Ein Alkoholrausch mit tödlichen Folgen*

**Genuss mit Folgen** Dass junge Erwachsene alkoholische Getränke kennenlernen möchten, ist verständlich. Allerdings ist nur ein gelegentlicher Genuss geringer Mengen an Alkohol gesundheitlich unbedenklich. Häufiger oder gar täglicher Konsum und Betrunkenheit können zur Abhängigkeit und zu erheblichen gesundheitlichen Schäden führen. In Deutschland sind etwa 1,3 Millionen Menschen alkoholabhängig.

| Was wird geschädigt? | Folgen der Schädigung |
|---|---|
| Gehirn | Zerstörung von Millionen von Nervenzellen bei jedem Rausch; Beeinträchtigung von Gedächtnis und Intelligenz bis zu völligem geistigem Abbau |
| Leber | Leberschwellung, Leberverfettung bis zur Leberzirrhose |
| Verdauungsorgane | Entzündungen von Bauchspeicheldrüse, Magen und Darm; Krebserkrankungen |
| Psyche | Aggressivität, Depressionen |

**Tab. 1** *Gesundheitliche Schäden durch Alkoholkonsum*

**Blutalkoholkonzentration** Mithilfe einer Faustformel kann die Alkoholkonzentration des Blutes näherungsweise berechnet werden. Durch Müdigkeit oder wenn man wenig gegessen hat, kann sich die Wirkung des Alkohols verstärken. Dann ist die Reaktionsfähigkeit auch bei geringen Promillewerten stark eingeschränkt.

$$\frac{\text{Ethanolmenge (in g)}}{\text{Körpergewicht (in kg)} \cdot F} = \text{Blutalkoholkonzentration (in ‰)}$$

Faktor für Männer $F = 0{,}7$

Faktor für Frauen und Jugendliche $F = 0{,}6$

Beispiel: Ein 78 kg schwerer Mann hat zwei Flaschen Bier (40 g Ethanol) getrunken:

$$\frac{40\ g}{78\ kg \cdot 0{,}7} = 0{,}73\ \frac{g}{kg} \triangleq 0{,}73\ ‰$$

**Abbau des Alkohols** Der Alkohol wird von der Leber abgebaut. Die Alkoholkonzentration des Blutes sinkt dabei bei Männern um durchschnittlich 0,15 Promille pro Stunde. Bei Frauen beträgt dieser Wert 0,13 Promille. Bis eine Blutalkoholkonzentration von 1 Promille abgebaut ist, dauert es etwa sieben bis acht Stunden.

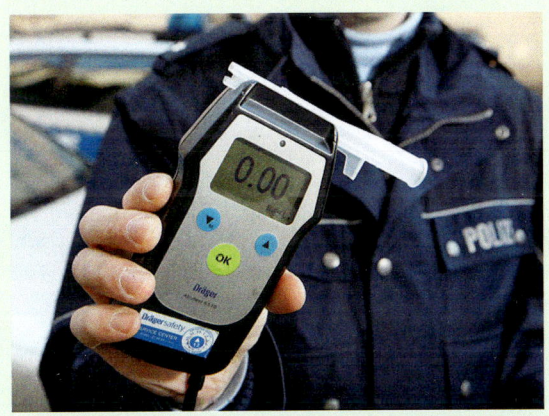

**2** *Am besten 0,0! Ab 0,5 Promille ist der Führerschein weg.*

### Aufgaben

**1** Nenne mindestens drei Organe, die durch Alkoholkonsum geschädigt werden können.

**2** Ein Wein hat eine Alkoholkonzentration von 13,0 Vol.-%.

**a** Wie viel Gramm Alkohol sind in einer 1-Liter-Flasche dieses Weines enthalten, wenn Alkohol (Ethanol) eine Dichte von $0{,}79\ \frac{g}{cm^3}$ hat?

**b** Eine 60 kg schwere Frau trinkt ein Glas Wein (0,2 l). Mit welchen Konsequenzen muss sie rechnen, wenn sie als Verkehrsteilnehmerin in eine Alkoholkontrolle kommt?

# Praktikum  Gewinnung und Eigenschaften von Ethanol

### 1 Gärung von Zuckerwasser

*Geräte:* Erlenmeyerkolben (500 ml), Becherglas (100 ml), durchbohrter Stopfen, gewinkeltes Glasrohr

*Chemikalien:* Leitungswasser, Traubenzucker, Backhefe, Calciumhydroxid-Lösung

*Durchführung:* Fülle in einen Erlenmeyerkolben 200 ml lauwarmes Wasser und löse darin 20 g Traubenzucker. Rühre in die Zuckerlösung 3 g Backhefe ein. Verschließe den Kolben mit einem durchbohrten Stopfen. Ein U-förmig gewinkeltes Glasrohr führt vom Kolben zum Becherglas mit Calciumhydroxid-Lösung. Lass den Gäransatz einige Tage an einem warmen Ort stehen.

*Auswertung:* Welche Veränderung des Gär-ansatzes erkennst du? Woran erkennst du, ob die Gärung abgeschlossen ist? Notiere Beginn und Ende der Gärung.

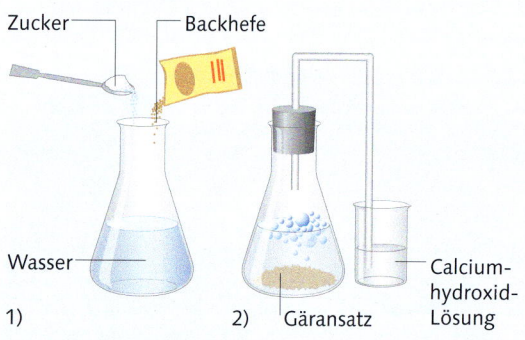

Zucker — Backhefe

Wasser

1)

2)  Gäransatz

Calcium-hydroxid-Lösung

### 2 Gärung von Fruchtsaft

*Geräte:* Rundkolben (500 ml), Becherglas (500 ml), durchbohrter Stopfen, Gärröhrchen

*Chemikalien:* Fruchtsaft, Backhefe, Calciumhy-droxid-Lösung

*Durchführung:* Rühre in ein Becherglas 3 g Backhefe in 200 ml Fruchtsaft ein. Fülle das Gemisch in einen Rundkolben. Verschließe den Rundkolben mit einem Stopfen mit aufgesetz-tem Gärröhrchen. Fülle Calciumhydroxid-Lö-sung in das Gärröhrchen. Lass den Gäransatz ein paar Tage an einem warmen Ort stehen.

*Auswertung:* Welche Veränderung des Gär-ansatzes erkennst du? Notiere Beginn und Ende der Gärung. Die Gärflüssigkeit kann für Versuch 5 weiterverwendet werden.

### 3 Nachweis von Ethanol

*Geräte:* Gasbrenner, Erlenmeyerkolben (500 ml), durchbohrter Stopfen, Glasrohr (*d* = 8 mm, *l* = 40 cm), Dreifuß, Drahtnetz

*Chemikalien:* Gärflüssigkeit von Versuch 1, Siedesteinchen, Holzspan

*Durchführung:* Gib in die Gärflüssigkeit von Versuch 1 ein paar Siedesteinchen. Setze auf den Erlenmeyerkolben einen Stopfen mit einem Glasrohr. Erhitze die Gärflüssigkeit lang-sam und halte sie einige Minuten am Sieden. Versuche die am Glasrohr entweichenden Dämpfe mit einem brennenden Holzspan zu entzünden.

*Auswertung:* Welche Eigenschaften des Etha-nols werden bei diesem Versuch genutzt?

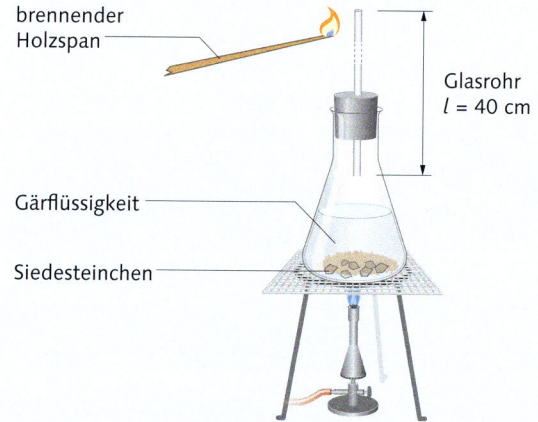

brennender Holzspan

Glasrohr *l* = 40 cm

Gärflüssigkeit

Siedesteinchen

### 4 Hefepilze unter dem Mikroskop

*Geräte:* Mikroskop, Objektträger, Deckglas, Becherglas (100 ml), Spatel

*Chemikalien:* Traubenzucker, Backhefe, Wasser

*Durchführung:* Verrühre eine Spatelspitze Hefe in 30–40 ml lauwarmer Traubenzuckerlösung. Gib einen Tropfen der Lösung auf einen Ob-jektträger und lege ein Deckglas darüber. Be-trachte unter dem Mikroskop. Beginne bei 100-facher Vergrößerung und gehe dann zu stärkeren Vergrößerungen über. Halte das Prä-parat bei 35 °C (z. B. im Trockenschrank) und mikroskopiere nach einer Stunde erneut.

*Auswertung:* Zeichne die Hefezellen. Welche Veränderung stellst du nach einer Stunde fest?

### 5 Kirschbrannt aus Kirschwein

*Geräte:* Gasbrenner, Dreifuß, Drahtnetz, Erlenmeyerkolben (500 ml), doppelt durchbohrter Stopfen, Thermometer, gewinkeltes Glasrohr, Reagenzglas, Becherglas (250 ml), Stativmaterial
*Chemikalien:* Kirschwein oder Gärflüssigkeit von Versuch 2, Eiswasser, Siedesteinchen
*Durchführung:* Fülle 200 ml Kirschwein oder Gärflüssigkeit in den Erlenmeyerkolben und gib ein paar Siedesteinchen dazu. Führe das Thermometer und das gewinkelte Glasrohr in die Bohrungen des Stopfens ein und setze den Stopfen auf den Erlenmeyerkolben. Erhitze den Kirschwein und halte ihn bei etwa 80–90°C am Sieden. Fange das Destillat im Reagenzglas auf.
*Auswertung:* Prüfe das Destillat auf Geruch und Brennbarkeit.

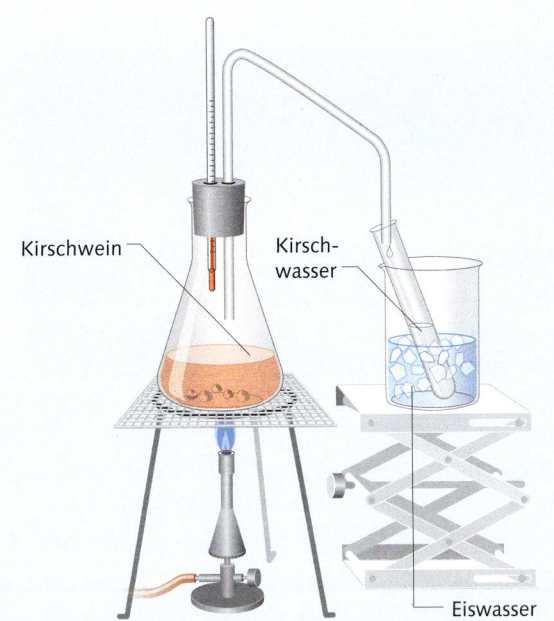

Kirschwein — Kirschwasser — Eiswasser

### 6 Siedetemperatur von Ethanol

*Geräte:* Gasbrenner, Becherglas (250 ml), Reagenzglas, Thermometer, Dreifuß, Drahtnetz, Stativmaterial
*Chemikalien:* Ethanol (Spiritus), Wasser
*Durchführung:* Erhitze das Wasser im Becherglas, bis es zu sieden beginnt. Fülle das Reagenzglas zu etwa einem Drittel mit Ethanol und stelle ein Thermometer hinein. Befestige das Reagenzglas am Stativ und hänge es in das heiße, aber nicht mehr siedende Wasser, sodass sich das Ethanol vollständig im Wasserbad befindet. Notiere die Temperatur, wenn diese nicht mehr steigt.
*Auswertung:* Vergleiche die gemessene Siedetemperatur mit der in Tabellenwerken.

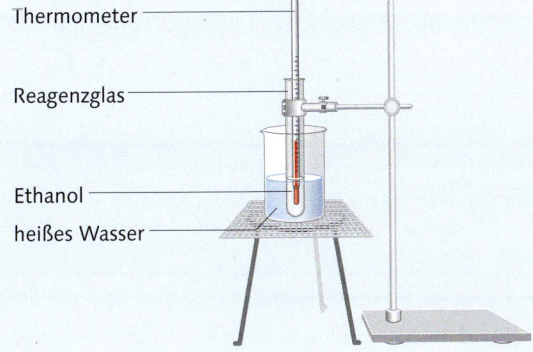

Thermometer — Reagenzglas — Ethanol — heißes Wasser

### 7 Ein einfaches Aräometer

*Geräte:* Trinkhalm, Knetmasse, Standzylinder, Lackstift
*Chemikalien:* Wasser, Ethanol (Spiritus), alkoholische Getränke, z. B. Branntwein
*Durchführung:* Verschließe ein Ende eines Trinkhalms mit einem kugelförmigen Stück Knetmasse. Tauche den Trinkhalm in einen mit Ethanol gefüllten Standzylinder ein. Bringe an der Eintauchstelle eine Markierung am Trinkhalm an. Wiederhole den Vorgang mit Wasser und erhalte so eine zweite Markierung. Die Markierungen auf dem Trinkhalm entsprechen einem Alkoholgehalt von 0 Vol.-% bzw. 100 Vol.-% (bei Ethanol). Trage zwischen beiden Markierungen eine Skala ein. Prüfe nun die anderen alkoholischen Getränke auf ihren Alkoholgehalt.
*Auswertung:* Auf welcher Eigenschaft beruht die Messung mit dem Aräometer?

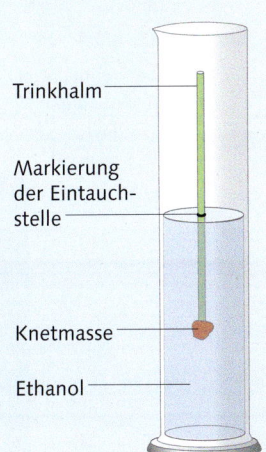

Trinkhalm — Markierung der Eintauchstelle — Knetmasse — Ethanol

# Ethanol

1 *Obst wird mit Ethanol flambiert.*

**Eigenschaften von Ethanol** Der Trinkalkohol Ethanol ist in Bier, Wein und Schnaps in unterschiedlichen Anteilen enthalten. Reines Ethanol ist eine farblose Flüssigkeit, die rasch verdunstet und einen charakteristischen Geruch hat. Beim Flambieren von Speisen zeigt sich, dass Ethanol mit bläulicher Flamme verbrennt.
Ethanol zerstört Eiweiße. Deshalb hat es eine gesundheitsschädliche Wirkung auf Nervenzellen und auf innere Organe wie die Leber.

2 *Ethanol verbrennt. Dabei entstehen Wasserdampf, der an der Glaswand kondensiert und Watesmopapier blau färbt, sowie Kohlenstoffdioxid, das Calciumhydroxid-Lösung trübt.*

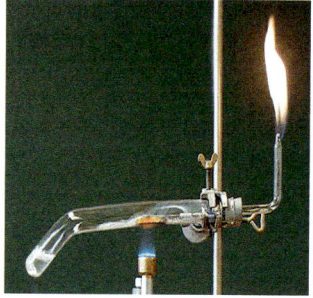

3 *Ethanol reagiert mit Magnesium auch unter Luftabschluss zu Magnesiumoxid.*

## Eine organische Verbindung mit Sauerstoff
Aus welchen Elementen ist Ethanol aufgebaut? Beim Verbrennen von Ethanol entstehen zwei Reaktionsprodukte: Wasser und Kohlenstoffdioxid (Bild 2). Aber auch Sauerstoff kann nachgewiesen werden: Wenn man Ethanoldämpfe über heißes Magnesium leitet, entsteht weißes Magnesiumoxid (Bild 3). Diese Reaktion findet unter Luftabschluss statt. Daher muss der Sauerstoff, der das Magnesium oxidiert, ein Element der Verbindung Ethanol sein.

**Ethanol ist eine Verbindung aus den Elementen Kohlenstoff, Wasserstoff und Sauerstoff.**

**Zwei mögliche Strukturformeln** Ein Ethanol-Molekül besteht aus zwei Kohlenstoff-, sechs Wasserstoff- und einem Sauerstoffatom. Folglich lautet die Summenformel von Ethanol $C_2H_6O$. Zu dieser Summenformel gibt es aber zwei isomere Strukturen. Durch unterschiedliche Verknüpfung der Atome entsteht entweder ein Ethanol-Molekül oder ein Ether-Molekül.

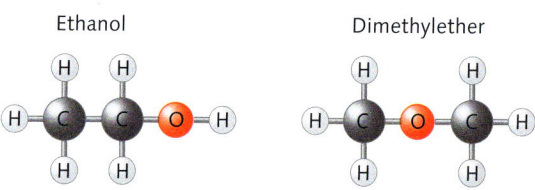

Ethanol          Dimethylether

4 *Isomere zur Summenformel $C_2H_6O$*

## Aufbau des Ethanol-Moleküls
Ethanol ist im Gegensatz zu Ether wasserlöslich. Daraus kann man schließen, dass Ethanol auch im Molekülbau dem Wasser ähnlich sein muss. Beim Ethanol-Molekül nimmt ein Wasserstoffatom eine Sonderstellung ein: Es ist wie beim Wasser-Molekül an ein Sauerstoffatom gebunden. Die besondere Bedeutung dieser OH-Gruppe, Hydroxyl-Gruppe genannt, wird durch eine hervorgehobene Stellung auch in der Summenformel betont.

$C_2H_5OH$

**Polare OH-Gruppe** Bei der Bindung zwischen dem Wasserstoffatom und dem Sauerstoffatom der OH-Gruppe handelt es sich um eine polare Elektronenpaarbindung. Aufgrund der größeren Elektronegativität des Sauerstoffatoms entsteht am Sauerstoffatom eine negative und am Wasserstoffatom eine positive Teilladung. Die OH-Gruppe (Hydroxyl-Gruppe) ist polar.

$$\overset{\delta-}{\underline{\text{O}}}\blacktriangleright\overset{\delta+}{\text{H}} \quad \text{vereinfacht:} \quad -\overset{\delta-}{\text{O}}-\overset{\delta+}{\text{H}}$$

**5** *Die Hydroxyl-Gruppe ist polar.*

**Wasserstoffbrückenbindungen** Für die gute Wasserlöslichkeit des Ethanols ist die OH-Gruppe verantwortlich. Die polare OH-Gruppe des Ethanol-Moleküls und das polare Wasser-Molekül ziehen einander an. Solche zwischenmolekulare Anziehungskräfte bezeichnet man als Wasserstoffbrückenbindungen oder einfach als Wasserstoffbrücken.

**6** *Wasserstoffbrücken zwischen Wasser- und Ethanol-Molekülen*

**Siedetemperatur von Ethanol** Im Vergleich zum Ethan mit einer Siedetemperatur von –89 °C hat Ethanol mit 78 °C eine relativ hohe Siedetemperatur. Sie ist auf die zwischenmolekularen Anziehungskräfte zwischen den Ethanol-Molekülen zurückzuführen, denn auch zwischen Ethanol-Molekülen bilden sich Wasserstoffbrücken aus. Beim Übergang vom flüssigen in den gasförmigen Zustand müssen diese zwischenmolekularen Anziehungskräfte überwunden werden. Dazu wird viel Energie benötigt.

**7** *Wasserstoffbrücken zwischen Ethanol-Molekülen*

**Die polare OH-Gruppe (Hydroxyl-Gruppe) bewirkt die relativ hohe Siedetemperatur und die gute Wasserlöslichkeit des Ethanols.**

**Exkurs  Ether – eine eigene Stofffamilie**
Das Wort Ether kommt von dem griechischen *aither,* was „Feuerluft" bedeutet. Ether sind brennbare organische Verbindungen, bei denen ein Sauerstoffatom mit zwei Kohlenstoffatomen verbunden ist. Beim Dimethylether – dem Isomer des Ethanols – ist das Sauerstoffatom mit zwei Methyl-Gruppen verbunden.

$$\text{CH}_3\text{OCH}_3$$

Dimethylether bildet mit Luft explosive Gemische. Im Vergleich zum Ethanol hat es nur eine geringe Wasserlöslichkeit und eine deutlich niedrigere Siedetemperatur (–25 °C). Es wird als Treibmittel für Haarsprays oder Lacksprays verwendet. Diethylether ist ein gutes Lösungsmittel für organische Stoffe. Es wirkt betäubend und wurde daher früher als Narkosemittel eingesetzt. Heute verwendet man andere, weniger gesundheitsschädliche Narkosemittel.
Daneben laufen Versuche, Dimethylether als Alternative für Dieselkraftstoff einzusetzen.

**Aufgaben**
1 Aus welchen Elementen ist die chemische Verbindung Ethanol aufgebaut?
2 Stelle die Summenformel und die Strukturformel von Ethanol auf.
3 Erkläre, warum Ethanol gut wasserlöslich ist.
4 Vergleiche die Siedetemperaturen von Ethan und Ethanol und begründe die Unterschiede.
5 Erkläre, warum der Ethanolstrahl durch einen geladenen Kunststoffstab abgelenkt wird (Bild 8).

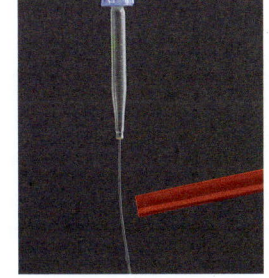

**8** *Der Ethanolstrahl wird durch einen elektrisch geladenen Stab abgelenkt.*

# Exkurs Bioethanol – Kraftstoff mit Zukunft?

1 *Ernte von Zuckerrohr*

2 *Der Kraftstoff E10 enthält 10 % Ethanol.*

**Kraftstoff aus Zuckerrohr** In Brasilien tanken die meisten Autos Ethanol oder ein Gemisch aus Ethanol und Benzin. Das ist möglich, weil fast alle neu verkauften Autos sogenannte FlexFuel-Motoren haben, die sowohl mit Ethanol als auch mit Benzin oder einem Gemisch aus beiden betrieben werden können. Warum spielt Ethanol als Autokraftstoff gerade in Brasilien eine so große Rolle?
In Brasilien wird auf riesigen Flächen Zuckerrohr angebaut, das aufgrund des warmen Klimas dort sehr gut wächst. Aus dem im Zuckerrohr enthaltenen Rohrzucker wird Ethanol gewonnen. Aus Pflanzen hergestelltes Ethanol, das zur Energiegewinnung eingesetzt wird, bezeichnet man auch als Bioethanol.

**Bioethanol – ein umweltschonender Energieträger** Bei der Verbrennung von Ethanol werden nur Wasser und Kohlenstoffdioxid frei. Es entsteht die gleiche Menge an Kohlenstoffdioxid, wie die Pflanze, aus der das Ethanol gewonnen wird, bei der Fotosynthese aufnimmt.

$$C_2H_5OH + 3\ O_2 \rightarrow 2\ CO_2 + 3\ H_2O \mid \text{exotherm}$$

Allerdings muss berücksichtigt werden, dass bei der Bestellung der Felder, bei der Ernte und bei der Verarbeitung von Zucker zu Ethanol Energie aufgewendet werden muss. Auch diese Energie stammt aus Verbrennungen, sodass zusätzliches Kohlenstoffdioxid in die Umwelt gelangt.

**Autofahren mit Ethanol** In Deutschland enthält das Autobenzin E10 bis zu 10 % Ethanol. Durch Beimischung von Ethanol soll der Kohlenstoffdioxidausstoß reduziert werden. Außerdem soll der Abhängigkeit vom immer knapper werdenden Erdöl entgegengewirkt werden. Das bei uns genutzte Bioethanol wird etwa zur Hälfte im Inland gewonnen, der Rest wird importiert.

**Ein Tropfen auf den heißen Stein?** Bioethanol wird in Deutschland aus Getreide und Zuckerrüben gewonnen. Solche Pflanzen, die zur Energiegewinnung angebaut werden, bezeichnet man als Energiepflanzen. Mit etwa 2 % nehmen sie derzeit nur einen kleinen Teil der landwirtschaftlichen Fläche in Anspruch. Wollte man aber Benzin komplett durch Bioethanol ersetzen, sähe die Situation anders aus: Selbst wenn die gesamte Fläche Deutschlands mit Getreide bepflanzt wäre, würde das daraus herstellbare Bioethanol nicht für alle Autos reichen.

**Konflikt zwischen Tank und Teller** Neben der Bewertung wirtschaftlicher Aspekte muss man sich eine weitere Frage stellen: Ist es ethisch vertretbar, Nahrungsmittel zur Energiegewinnung zu verbrennen, während in anderen Ländern Menschen Hunger leiden? Grundnahrungsmittel werden knapper und damit auch teurer, wenn auf landwirtschaftlichen Flächen verstärkt Energiepflanzen angebaut werden.

### Aufgabe

1 „Bioethanol ist ein umweltfreundlicher Energieträger."
a Woraus wird Bioethanol gewonnen?
b Wofür wird Bioethanol eingesetzt?
c Nimm zu obiger Aussage Stellung.

# Einige Alkohole im Vergleich

**1** *Methanol als Treibstoff für Modellflugzeuge*

**Nicht alle Alkohole sind genießbar** Bei der alkoholischen Gärung entstehen neben dem Trinkalkohol Ethanol weitere Alkohole, die jedoch ungenießbar oder giftig sind.

**Methanol, ein giftiger Alkohol** Methanol (Methylalkohol) ist der einfachste Alkohol.

$$\begin{array}{c} H \\ | \\ H-C-O-H \\ | \\ H \end{array} \qquad \begin{array}{c} \text{Methanol} \\ CH_3OH \end{array}$$

Methanol ist eine farblose, leicht entzündliche, giftige Flüssigkeit mit einer Siedetemperatur von 65 °C. Unglücklicherweise ist Methanol in Geruch und Geschmack dem Ethanol ähnlich. Wiederholt kommt es vor, dass alkoholische Getränke aus dubiosen Quellen mit dem billigen, aber giftigen Methanol gepanscht sind. 10 ml Methanol führen zum Erblinden, eine Schnapsglasfüllung mit 20 ml kann bereits tödlich sein.

## Schüler stirbt an Methanol-Vergiftung

*(Dortmund)* Der Schock sitzt tief: Ein 18-jähriger Schüler starb nach einem Trinkgelage während einer Klassenfahrt. Nach der Obduktion des Leichnams am Universitätsklinikum Dortmund steht nun eindeutig fest: Eine Methanol-Vergiftung hat seinen Tod verursacht. Im Blut des verstorbenen Schülers wurden 1,2 Promille hochgefährliches Methanol nachgewiesen.

**2** *Zeitungsmeldung über eine Methanolvergiftung*

Methanol wird meist aus Erdgas, aber auch aus Kohle oder Erdöl gewonnen. Es ist ein wichtiger Grundstoff für die chemische Industrie. Man benötigt es als Lösungsmittel und zur Kunststoffherstellung. Daneben wird es auch als Treibstoff oder Treibstoffzusatz im Benzin verwendet.

**Ethanol – nicht nur zum Trinken** Da Ethanol (Ethylalkohol) in alkoholischen Getränken vorkommt, wird es auch als Weingeist bezeichnet.

$$\begin{array}{c} H \quad H \\ | \quad | \\ H-C-C-O-H \\ | \quad | \\ H \quad H \end{array} \qquad \begin{array}{c} \text{Ethanol} \\ C_2H_5OH \end{array}$$

Hochprozentige alkoholische Getränke, die durch Destillation hergestellt werden, sind teuer, da sie mit der Branntweinsteuer belegt sind. Bei Spiritus, mit einem Ethanolgehalt von 96 %, entfällt diese Steuer, weil er durch den Zusatzstoff Pyridin vergällt, also ungenießbar gemacht wird. Spiritus findet Verwendung als Reinigungsmittel oder Brennstoff. Bei der Arzneimittel- und Kosmetikherstellung ist Ethanol ein unverzichtbares Lösungsmittel.

**3** *Pflanzliche Wirkstoffe werden in Ethanol gelöst.*

**Propanol, Butanol, Pentanol – Fuselalkohole** Minderwertige alkoholische Getränke werden umgangssprachlich als Fusel bezeichnet.

$$\begin{array}{c} H \quad H \quad H \\ | \quad | \quad | \\ H-C-C-C-O-H \\ | \quad | \quad | \\ H \quad H \quad H \end{array} \qquad \begin{array}{c} \text{Propanol} \\ C_3H_7OH \end{array}$$

$$\begin{array}{c} H \quad H \quad H \quad H \\ | \quad | \quad | \quad | \\ H-C-C-C-C-O-H \\ | \quad | \quad | \quad | \\ H \quad H \quad H \quad H \end{array} \qquad \begin{array}{c} \text{Butanol} \\ C_4H_9OH \end{array}$$

Sie enthalten Propanol, Butanol und Pentanol. Diese gesundheitsschädlichen Fuselalkohole haben einen unangenehmen Geruch und können beim Genuss Kopfschmerzen und Übelkeit verursachen. In der Technik werden sie als Lösungsmittel für Farbstoffe, Fette und kosmetische Produkte verwendet.

# Stofffamilie der Alkohole

**Funktionelle Gruppe der Alkohole** Allen Alkoholen ist gemeinsam, dass ihre Moleküle eine OH-Gruppe (Hydroxyl-Gruppe) besitzen. Da diese für die Eigenschaften und Reaktionen der Alkohole entscheidend ist, bezeichnet man sie als die funktionelle Gruppe der Alkohole.

**Die OH-Gruppe (Hydroxyl-Gruppe) ist die funktionelle Gruppe der Alkohole.**

**Homologe Reihe der Alkanole** Wie die Alkane bilden auch die Alkohole eine homologe Reihe mit ähnlichen Molekülstrukturen: die homologe Reihe der Alkanole.
Ein Alkanol-Molekül wird gebildet, indem man bei dem entsprechenden Alkan-Molekül ein H-Atom durch eine OH-Gruppe ersetzt. Die Alkanole haben die allgemeine Summenformel $C_nH_{2n+1}OH$ ($n$ = 1, 2, 3 …).

**1** *Bau eines Alkanol-Moleküls, z. B. das Pentanol-Molekül*

Bei der Benennung wird an den Namen des Alkans die Endung *-ol* angehängt. Da die Alkanol-Moleküle aus einer Kohlenwasserstoffkette, auch Alkylrest genannt, und einer OH-Gruppe bestehen, sind auch die Namen Methyl-, Ethyl-, Propyl-, Butylalkohol … gebräuchlich.

**Isomere** Auch bei den Alkanolen gibt es Isomere. So kann sich beispielsweise beim Propanol die OH-Gruppe am ersten oder am zweiten Kohlenstoffatom befinden. Bei der Benennung wird angegeben, an welches Kohlenstoffatom die OH-Gruppe gebunden ist. Die Nummer dieses Kohlenstoffatoms wird im Namen als Ziffer angegeben, also Propan-1-ol oder Propan-2-ol.

**2** *Isomere des Propanols*

**Löslichkeit der Alkanole in Wasser** Die ersten drei Vertreter der homologen Reihe der Alkanole sind gut wasserlöslich. Bei den folgenden Alkanolen nimmt die Wasserlöslichkeit mit der länger werdenden Kohlenwasserstoffkette ab. Bei der polaren OH-Gruppe handelt es sich um eine hydrophile, das heißt wasserliebende Gruppe. Die unpolare Kohlenwasserstoffkette ist hydrophob, also wasserabstoßend, und dafür lipophil (fettliebend). Bei den kurzkettigen Alkanolen ist die hydrophile OH-Gruppe für die Wasserlöslichkeit bestimmend. Mit zunehmender Länge der Kohlenwasserstoffkette nimmt der Einfluss der OH-Gruppe gegenüber der lipophilen Kohlenwasserstoffkette ab. Deshalb sind Alkanole ab dem Butanol nur noch teilweise bzw. nicht mehr in Wasser löslich.

| Name | Trivialname (Alltagsname) | Summenformel | Schmelztemperatur (in °C) | Siedetemperatur (in °C) | Löslichkeit | Viskosität |
|---|---|---|---|---|---|---|
| Methanol | Methylalkohol | $CH_3OH$ | –98 | 65 | | |
| Ethanol | Ethylalkohol | $C_2H_5OH$ | –114 | 78 | | |
| Propanol | Propylalkohol | $C_3H_7OH$ | –126 | 97 | | |
| Butanol | Butylalkohol | $C_4H_9OH$ | –89 | 118 | | |
| Pentanol | Pentylalkohol | $C_5H_{11}OH$ | –78 | 138 | | |
| … | | | | | | |
| Dodecanol | Laurylalkohol | $C_{12}H_{25}OH$ | 24 | 258 | | |

**Tab. 1** *Homologe Reihe der Alkanole*

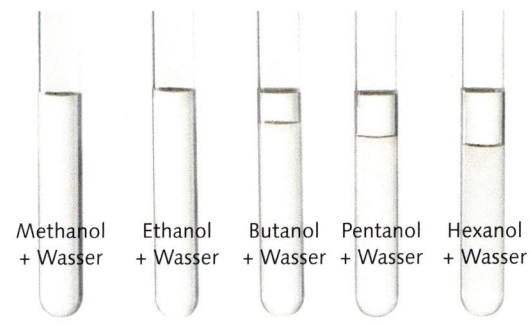

Methanol + Wasser    Ethanol + Wasser    Butanol + Wasser    Pentanol + Wasser    Hexanol + Wasser

**3** *Wasserlöslichkeit verschiedener Alkanole im Vergleich*

**5** *„Gleich und Gleich gesellt sich gern."*

**Alkanole bilden eine homologe Reihe. Die polare Hydroxyl-Gruppe und die unpolare Kohlenwasserstoffkette der Moleküle bestimmen die Eigenschaften der Alkanole.**

**Löslichkeit der Alkanole in Hexan** Außer Methanol sind alle anderen Alkanole mit Hexan mischbar. Die Löslichkeit in Hexan nimmt mit länger werdender Kohlenwasserstoffkette zu. Nach dem Grundsatz „Gleich und Gleich gesellt sich gern" passt die unpolare Kohlenwasserstoffkette des Hexanol-Moleküls zu unpolaren Lösungsmitteln wie Hexan.

**Polare Stoffe sind in polaren Lösungsmitteln wie Wasser löslich. Unpolare Stoffe lösen sich in unpolaren Lösungsmitteln wie Hexan.**

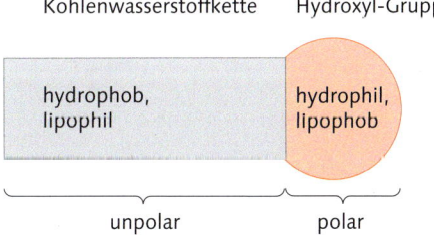

Kohlenwasserstoffkette     Hydroxyl-Gruppe

hydrophob, lipophil     hydrophil, lipophob

unpolar     polar

**4** *Modelldarstellung eines Alkanol-Moleküls*

Die Begriffe hydrophil und hydrophob kommen aus dem Griechischen –
griech. *hydro*: Wasser; *phil*: anziehend, liebend; *phob*: fürchtend, abstoßend.

Merke dir die Bedeutung der Begriffe über die Betonung der hervorgehobenen Silben:

hydroph*i*l = wasserl*ie*bend
hydroph*o*b = wasserabst*o*ßend

**Schmelz- und Siedetemperaturen** Im Vergleich zu den Alkanen haben die Alkanole deutlich höhere Schmelz- und Siedetemperaturen, da sich zwischen den polaren OH-Gruppen der Alkanol-Moleküle Wasserstoffbrückenbindungen bilden können.

**Viskosität** Die Größe der Alkanol-Moleküle nimmt in der homologen Reihe von oben nach unten zu. Mit zunehmender Länge der Kohlenwasserstoffkette nimmt die Zähflüssigkeit, die Viskosität, der Alkanole zu. Der Grund hierfür sind die stärkeren Anziehungskräfte, die Van-der-Waals-Kräfte, die zwischen den langen Kohlenwasserstoffketten herrschen.

**Aufgaben**

1 Erstelle eine Mindmap zu wichtigen Alkanolen und zeige ihre Verwendungen auf.
2 Nenne die funktionelle Gruppe der Alkohole. Welche Eigenschaften bewirkt sie?
3 Gib die allgemeine Summenformel der Alkanole an.
4 Erläutere die Begriffe hydrophil und lipophil anhand eines Beispiels.
5 Als Hausmittel zum Fensterputzen wird Spiritus empfohlen. Führe diese Verwendung auf Eigenschaften des Spiritus zurück.
6 Begründe, warum der Scheibenwischanlage des Autos im Winter häufig Ethanol oder Propanol zugesetzt wird.
7 Wie verändert sich die Löslichkeit der Alkanole innerhalb der homologen Reihe? Begründe.
8 Zeichne die Strukturformeln von allen Isomeren des Butanols und benenne sie.
9 Wie kommt die größere Viskosität von Decanol im Vergleich zu Ethanol zustande?

# Mehrwertige Alkohole

**Alkohole mit mehreren OH-Gruppen** Alkohole, deren Moleküle mehr als eine OH-Gruppe (Hydroxyl-Gruppe) besitzen, bezeichnet man als mehrwertige Alkohole. Die OH-Gruppen sind dabei jeweils an verschiedene Kohlenstoffatome gebunden. Je mehr OH-Gruppen vorhanden sind, umso mehr Wasserstoffbrückenbindungen können sich ausbilden. Das hat zur Folge, dass mit zunehmender Zahl an OH-Gruppen die Wasserlöslichkeit zunimmt, die Alkohole zähflüssiger (viskoser) werden und ihre Siede- und Schmelztemperaturen steigen.
Bei der Benennung wird die Zahl der OH-Gruppen mithilfe von griechischen Zahlwörtern (di-, tri-) vor der Endung -ol angegeben.

**Alkohole mit mehreren OH-Gruppen im Molekül werden mehrwertige Alkohole genannt.**

**Glykol – ein zweiwertiger Alkohol** *Glykos* kommt aus dem Griechischen und bedeutet süß. Glykol ist ein anderer Name für Ethan-1,2-diol. Dieser Alkohol ist dickflüssig, hat eine Siedetemperatur von 197 °C und besitzt einen süßlichen Geruch und Geschmack. Verbotenerweise wurde das giftige Glykol vor Jahren von kriminellen Winzern als Süßungsmittel für Wein missbraucht. Den beschlagnahmten Wein hat man im darauffolgenden Winter auf Straßen versprüht. Ein Glykol-Wasser-Gemisch im Verhältnis 1 : 1 gefriert erst bei –40 °C. Daher eignet sich Glykol als Frostschutzmittel in Scheibenwaschanlagen und zur Enteisung von Flugzeugen.

**1** *Glykol wird zur Enteisung von Flugzeugen eingesetzt.*

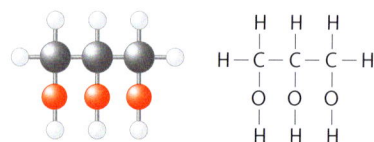

**2** *Molekülmodell und Formel von Glycerin (Propan-1,2,3-triol)*

**Glycerin – ein dreiwertiger Alkohol** Glycerin, das Propan-1,2,3-triol, hat eine Siedetemperatur von 290 °C, ist dickflüssig und stark wasseranziehend (hygroskopisch). Es eignet sich als „Feuchthaltemittel" für Salben, Zahnpasta und Hautcremes. Wird eine Feuchtigkeitscreme auf der Haut aufgetragen, verhindert das Glycerin durch seine hygroskopische Wirkung ein Austrocknen der Haut. Es wird wie das Glykol als Frostschutzmittel verwendet. In Autos dient es auch als Bremsflüssigkeit. Seine hohe Siedetemperatur gewährleistet, dass die Bremsflüssigkeit in den Bremsschläuchen von Autos beim Heißwerden nicht verdampft. In der Sprengstoffindustrie wird es zur Herstellung von Nitroglycerin verwendet.

**3** *Einige Insekten und Pflanzen tragen Glycerin als „Frostschutzmittel" in sich, damit sie im Winter nicht erfrieren.*

**Sorbit – ein „Zuckeralkohol"** In vielen Süßigkeiten wie in Kaugummi oder Lutschbonbons kommt der süße Geschmack von Sorbit, einem Alkohol mit sechs OH-Gruppen im Molekül (Hexanhexol). In Senf, Ketchup und Mayonnaise hält Sorbit auch gleichzeitig feucht, weil es stark wasseranziehend ist.

## Aufgaben

**1** Was sind mehrwertige Alkohole?

**2** Stelle die Eigenschaften und das Vorkommen von Glycerin mithilfe einer Mindmap dar.

**3** Gib die Funktionen von Glycerin in Pflanzen und in einer Hautcreme an.

**4** Zeichne die Strukturformel von Sorbit.

# Exkurs   Vom Alkanol zum Alkanal

**1** *Beim Rauchen entsteht giftiges Ethanal.*

**Kopfweh nach Alkoholkonsum** Kopfschmerzen nach einem Alkoholrausch sind unter anderem auf Ethanal zurückzuführen. Ethanal entsteht beim Abbau von Ethanol in der Leber. Regelmäßiger hoher Alkoholkonsum kann zu Leberschädigungen bis zur hin zur Leberzirrhose führen. Weil Ethanal auch im Zigarettenrauch enthalten ist, besteht für Raucher ein erhöhtes Risiko, an Krebs zu erkranken.

**Eigenschaften von Ethanal** Die farblose, gesundheitsschädliche Flüssigkeit Ethanal, auch Acetaldehyd genannt, hat einen stechenden Geruch. Weil es mit einer Siedetemperatur von 20 °C leicht flüchtig ist, muss es gekühlt aufbewahrt werden. Ethanaldämpfe bilden mit Luft explosive Gemische mit einer niedrigen Zündtemperatur.
Ethanal ist ein wichtiger Grundstoff für die Herstellung von Farbstoffen, Kunststoffen, Konservierungsstoffen und Arzneimitteln.

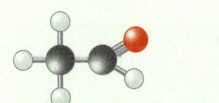

**Methanal** Das farblose, stechend riechende, giftige Gas Methanal mit einer Siedetemperatur von −19 °C wird auch Formaldehyd genannt. Methanaldämpfe reizen Haut und Atemwege und stehen im Verdacht, krebserregend zu sein. Methanal ist Bestandteil von Kunstharzen und Leimen, die man zur Herstellung von Spanplatten für Möbel verwendet. Bei Möbelstücken besteht die Gefahr, dass aus diesen Methanal entweicht und die Raumluft belastet.

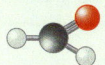

**Formalin** Methanal ist gut wasserlöslich, seine wässrige Lösung bezeichnet man als Formalin. Da Formalin die Zersetzung von organischem Gewebe verhindert, wird es zur Konservierung von biologischen Präparaten verwendet. Obwohl es umstritten ist, wird es nach wie vor als Konservierungsmittel in kosmetischen Produkten wie Duschgel oder Schaumbad eingesetzt.

**2** *In Formalin konservierte biologische Präparate*

**Homologe Reihe der Alkanale** Methanal und Ethanal gehören zu den Alkanalen. Diese bilden eine homologe Reihe. Sie bestehen aus einer Kohlenwasserstoffkette (Alkylrest) und der funktionellen Aldehyd-Gruppe. Da die Aldehyd-Gruppe polar ist, sind die kurzkettigen Alkanale wasserlöslich. Bei der Benennung wird an den Namen des entsprechenden Alkans die Endung *-al* angehängt.

Kohlenwasserstoffkette          funktionelle Gruppe

Aldehyd-Gruppe

### Aufgaben
**1** Alkanale bilden eine homologe Reihe.
**a** Wie heißt ihre funktionelle Gruppe?
**b** Zeichne die Strukturformel von Propanal.
**2** Nenne drei Verwendungsmöglichkeiten von Methanal.
**3** Erläutere, welche gesundheitlichen Gefahren von Ethanal ausgehen.

# Exkurs   Geschichte des Essigs

**Essig – durch Zufall entdeckt** Bereits vor etwa 8000 Jahren war bei den Babyloniern, Assyrern und alten Ägyptern Essig bekannt. Da Essig durch biologische Vorgänge ohne Zutun des Menschen entsteht, kann man davon ausgehen, dass ihn die Menschen zufällig entdeckt haben – beispielsweise dadurch, dass Wein oder Bier sauer geworden ist. Wenn ein alkoholisches Getränk längere Zeit offen steht und Luft dazukommt, wird der Alkohol zu Essig.

**2** *Im Mittelalter versuchte der Pestarzt vergeblich, sich durch eine vogelartige Maske zu schützen. Der Schnabel enthielt einen mit Essig getränkten Schwamm.*

**1** *Essigkrug eines römischen Legionärs*

**Erfrischungsgetränk des Altertums** In früheren Zeiten spielte Essig in Getränken eine große Rolle. Römische Soldaten schätzten den Essig so sehr, dass sie ein Fässchen mit einem Essig-Wasser-Gemisch bei sich trugen. Das Essigwasser war für die Soldaten ein erfrischender Durstlöscher und der Essig diente gleichzeitig der Konservierung des Wasservorrats.

**Essig als Konservierungsmittel** Essig war ein wichtiges Konservierungsmittel. Die Babylonier legten ihre Jagdbeute in Essig, damit sie länger haltbar blieb. In Essig eingelegtes Gemüse ist nicht nur länger haltbar, sondern erhält durch den Essig außerdem eine geschätzte Würze.

**Essig im Medizinschrank der Antike** Die Babylonier und alten Ägypter schätzten auch die heilende Wirkung des Essigs. Man verwendete ihn zum Desinfizieren von Wunden, als Umschlag bei Prellungen und Blutergüssen und gegen Insektenstiche oder Schlangenbisse. Essigwasser trank man gegen Fieber, zur Wundheilung und zur Verdauungsförderung.

**Essigherstellung durch offene Gärung** Zur Herstellung von Essig ließ man ein alkoholisches Getränk, meist Wein, in einem offenen Gefäß an der Luft zu Essig vergären. Die Frage, wie aus Wein Essig wird, konnte erst Mitte des 19. Jahrhunderts von dem französischen Chemiker LOUIS PASTEUR beantwortet werden. Er fand heraus, dass Bakterien für die Umwandlung von Ethanol in Essig verantwortlich sind. Diese Bakterien werden über die Luft verbreitet und gelangen so in den offen gelagerten Wein.

**Essigmutter** Mit dem Wissen um die Funktion der Bakterien kann das Verfahren zur Essigherstellung gezielt gesteuert und beschleunigt werden. Dazu impft man den Wein mit Essigbakterien. Die Bakterien vermehren sich und bilden eine zusammenhängende, glibberige gallertartige Masse, die sogenannte Essigmutter. Sie kann nach der Essigsäuregärung abgeschöpft und für eine spätere Wiederverwendung über Jahre aufbewahrt werden. In früheren Zeiten hatten viele Haushalte eine solche Essigmutter.

## Aufgaben

1 Beschreibe, wie die Menschen den Essig entdeckt haben.
2 Nenne mindestens vier Anwendungsbereiche für Essig im Altertum.
3 Viele Anwendungsmöglichkeiten von Essig spielen auch heute noch eine Rolle. Wo war der Einsatz von Essig nicht sinnvoll?
4 Nenne die Entdeckung von LOUIS PASTEUR.

# Exkurs  Vom Alkohol zum Essig

**Wein wird zu Essig** Wenn man Wein längere Zeit offen stehen lässt, wird der Wein sauer. Bei diesem biologischen Vorgang wandeln Essigsäurebakterien in Gegenwart von Sauerstoff Ethanol in Ethansäure, Essigsäure genannt, um. Diese Stoffumwandlung mithilfe von Bakterien bezeichnet man als Fermentation oder Essigsäuregärung.

**Herstellung von Essig** Da man sich bei der Essigherstellung biologische Vorgänge zunutze macht, spricht man von einem biotechnologischen Prozess. Allen Herstellungsverfahren liegt dasselbe Prinzip zugrunde: Ausgangsstoff ist eine alkoholische Flüssigkeit, die Maische, die mit Essigsäurebakterien in Kontakt kommt. Da Essigsäurebakterien aerob arbeiten, das heißt Sauerstoff benötigen, muss für eine gute Belüftung gesorgt werden.

**Spanbildner-Verfahren** Bei diesem älteren Verfahren lässt man die Maische über Buchenholzspäne rieseln, auf denen Bakterien angesiedelt sind. Durch Gebläse wird ständig Luft zugeführt. Die großflächige Verteilung der Bakterien auf den Spänen ermöglicht eine ideale Aufnahme des Sauerstoffs aus der Luft. Ein Nachteil ist, dass dieses Verfahren fast eine Woche dauert.

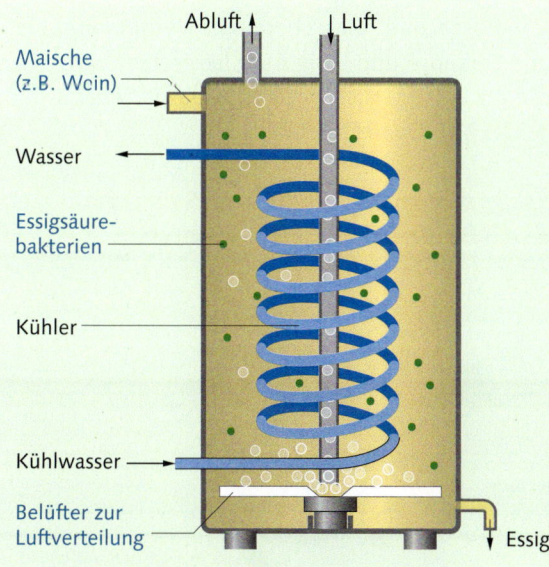

1 *Submersverfahren zur Herstellung von Essig*

**Submersverfahren** Bei dieser neueren und schnelleren Methode befinden sich die Bakterien in der Maische. Sie sind sozusagen abgetaucht, daher auch der Name Submersverfahren. Durch Belüfter werden die Bakterien ständig mit Sauerstoff versorgt. Da dieses Verfahren nur noch 24 Stunden dauert, wird es heute vorwiegend eingesetzt.

2 *Kräuteressig erhält man, wenn Kräuter über mehrere Wochen in Essig einlegt werden.*

3 *Obstessig hat einen fruchtigen Geschmack und wird hauptsächlich aus Äpfeln hergestellt.*

4 *Balsamicoessig ist ein edler italienischer Weinessig, der sich durch seine dunkle Farbe und einen süß-sauren Geschmack auszeichnet.*

**Essig und Essigessenz** Es ist gesetzlich festgelegt, dass Speiseessig zwischen 5 und 15,5 % Essigsäure enthalten muss. Normaler Haushaltsessig enthält zwischen 5 und 6 % Essigsäure. Hochkonzentrierter Essig wird künstlich hergestellt. Durch Verdünnen des so gewonnenen Essigs mit Wasser erhält man Essigessenz mit einem Essigsäuregehalt von 15,5 bis 25 %.

### Aufgaben

1 Nenne die Stoffe, die zur Essigherstellung notwendig sind.
2 Wodurch unterscheiden sich Speiseessig und Essigessenz?
3 Wie kann man verhindern, dass Wein sauer wird?
4 Nenne die wesentlichen Unterschiede zwischen dem Spanbildner- und dem Submersverfahren.

# Essigsäure, die wichtigste organische Säure

**Aus Ethanol entsteht Essigsäure** Alkoholische Flüssigkeiten wandeln sich an der Luft mithilfe von Essigsäurebakterien in Essig um. Bei dieser Reaktion wird Ethanol durch den Luftsauerstoff zu Essigsäure oxidiert.

$$H-\overset{\overset{\displaystyle H}{|}}{\underset{\underset{\displaystyle H}{|}}{C}}-\overset{\overset{\displaystyle H}{|}}{\underset{\underset{\displaystyle H}{|}}{C}}-O-H \;+\; O=O \;\rightarrow\; \overset{\displaystyle O}{\underset{\displaystyle H\quad H}{}} \;+\; H-\overset{\overset{\displaystyle H}{|}}{\underset{\underset{\displaystyle H}{|}}{C}}-C\!\!\begin{array}{l}^{\displaystyle\nearrow O}\\_{\displaystyle\searrow O-H}\end{array}$$

| Ethanol | Sauerstoff | Wasser | Ethansäure (Essigsäure) |

**1** *Vom Ethanol zur Ethansäure*

**Bau des Essigsäure-Moleküls** Das Essigsäure-Molekül enthält zwei Kohlenstoffatome. An einem Kohlenstoffatom ist ein Sauerstoffatom und eine OH-Gruppe gebunden, die zusammen die funktionelle COOH-Gruppe bilden. Sie wird als Carboxyl-Gruppe bezeichnet. Weil Essigsäure zwei Kohlenstoffatome im Molekül besitzt, lautet ihr wissenschaftlicher Name Ethansäure. Sie gehört zu den Alkansäuren.

$$H-\overset{\overset{\displaystyle H}{|}}{\underset{\underset{\displaystyle H}{|}}{C}}-C\!\!\begin{array}{l}^{\displaystyle\nearrow O}\\_{\displaystyle\searrow O-H}\end{array}$$
Carboxyl-Gruppe

vereinfacht: $-COOH$

**Eigenschaften der Essigsäure** Reine Essigsäure ist eine farblose Flüssigkeit, die bei einer Temperatur von unter 17 °C eisartige Kristalle bildet und deshalb auch als Eisessig bezeichnet wird. Eisessig ist stark ätzend und seine Dämpfe sind brennbar. Wässrige Essigsäure-Lösung hat den vom Speiseessig her bekannten stechend scharfen Essiggeruch. Da es sich bei der Carboxyl-Gruppe um eine polare Gruppe handelt, ist sie gut wasserlöslich. Die Wasserstoffbrückenbindungen zwischen den Carboxyl-Gruppen sind dafür verantwortlich, dass die Essigsäure mit 118 °C eine relativ hohe Siedetemperatur hat.

**Saure Reaktion** Essigsäure-Lösung besitzt typische Eigenschaften von Säuren, die sich beispielsweise in der Rotfärbung von Universalindikator zeigen. Wegen ihrer ätzenden Wirkung zersetzt sie Stoffe wie unedle Metalle. Für die saure Reaktion ist die Carboxyl-Gruppe verantwortlich. In einer wässrigen Lösung zerfällt das Ethansäure-Molekül in das Wasserstoff-Ion $H^+$ und ein Säurerest-Ion, das Acetat-Ion $CH_3COO^-$.

$$H-\overset{\overset{\displaystyle H}{|}}{\underset{\underset{\displaystyle H}{|}}{C}}-C\!\!\begin{array}{l}^{\displaystyle\nearrow O}\\_{\displaystyle\searrow O-H}\end{array} \xrightarrow{\text{in Wasser}} H-\overset{\overset{\displaystyle H}{|}}{\underset{\underset{\displaystyle H}{|}}{C}}-C\!\!\begin{array}{l}^{\displaystyle\nearrow O}\\_{\displaystyle\searrow O^-}\end{array} \;+\; H^+$$

| Ethansäure-Molekül | Acetat-Ion | Wasserstoff-Ion |

**3** *Zerfall des Ethansäure-Moleküls in Ionen*

**Verwendung** Essigsäure ist Bestandteil von Speiseessig. In der chemischen Industrie ist die Essigsäure ein wichtiger Grundstoff zur Herstellung von Kunststoffen, Farben, Dichtungsmitteln wie Fugendichter, kosmetischen Produkten und Medikamenten wie Aspirin. Celluloseacetat, eine chemische Verbindung, die aus Cellulose und Essigsäure hergestellt wird, dient der Herstellung von Kunstseide (Acetatseide) und Zigarettenfiltern.

**Essigsäure ist eine organische Säure, die durch Oxidation von Ethanol entsteht.**

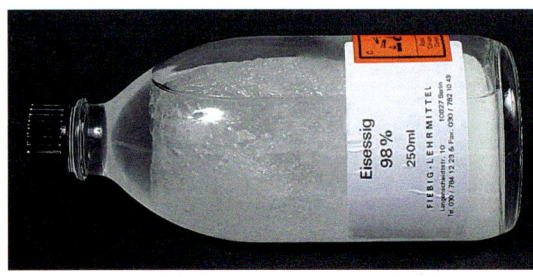

**2** *Eisessig – reine Essigsäure*

**4** *Geschenkband aus Acetatseide*

## Exkurs  Essig – ein Problem für die Römer?

Es gibt Historiker, die dem Essig eine Mitschuld am Niedergang des Römischen Reiches zuschieben. In Untersuchungen von Zähnen und Skeletten von alten Römern wurden sehr hohe Bleiwerte nachgewiesen. Wie kam das Blei in die Körper der Menschen? Das Problem war, dass sie ihren Essig in Gefäßen aus Blei aufbewahrten. Die Essigsäure reagiert mit dem Blei zu wasserlöslichem Bleiacetat. Dieser „Bleizucker" war aufgrund seines süßen Geschmacks sogar willkommen. Leider ist er aber sehr giftig und so sind viele Römer an Bleivergiftung gestorben.

Da die gesundheitsschädliche Wirkung des Bleizuckers unbekannt und er einfach und günstig herzustellen war, wurde Bleizucker noch bis zum 19. Jahrhundert als Süßungsmittel verwendet. Er wurde vor allem genutzt, um den Geschmack von minderwertigen Weinen angenehmer zu machen.

Als der große karthagische Feldherr HANNIBAL 218 v. Chr. mit seinen Kriegselefanten die Alpen überquerte, versperrten riesige Felsbrocken seinen Weg. HANNIBAL ließ um die Felsen herum Holzfeuer entzünden. Als die Steine sehr heiß waren, übergoss man sie mit Essig. Durch den Essig wurden die Steine so „mürbe", dass sie auseinanderbrachen und aus dem Weg geräumt werden konnten.

5 HANNIBAL bei der Alpenüberquerung – damit überraschte er die Römer.

**Acetate – Salze der Essigsäure**  Kalkablagerungen auf Fliesen, in Töpfen, der Kaffeemaschine oder auf den Perlatorsieben von Wasserhähnen können mit Essigsäure entfernt werden. Dabei verbinden sich Acetat-Ionen der Essigsäure mit Calcium-Ionen des Kalks zu Calciumacetat, einem wasserlöslichen Salz der Essigsäure.

7 Kupferacetat-Kristalle

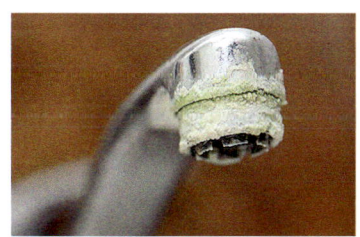

6 Verkalktes Perlatorsieb

**Essig – nicht ins Kupfergefäß**  Warum dürfen Speisen, die Essig enthalten, nicht in einer Schüssel aus Kupfer zubereitet oder aufbewahrt werden? Die Essigsäure reagiert mit Kupfer zu dem grünen Salz Kupferacetat, das umgangssprachlich auch als Grünspan bezeichnet wird. Weil Kupferacetat gesundheitsschädlich ist, darf es nicht in die Speisen kommen. Man verwendet es als grünes Farbpigment und als Fungizid, das heißt als pilztötendes Mittel.

### Aufgaben

1 Essigsäure ist eine organische Säure.
a Wie lautet ihr wissenschaftlicher Name?
b Zeichne die Strukturformel.
c Nenne fünf Verwendungsmöglichkeiten.
2 Erstelle einen Steckbrief zur Essigsäure.
3 Was versteht man unter Eisessig?
4 Natrium wird in Essigsäure gegeben.
a Was kann man beobachten?
b Stelle ein Reaktionsschema auf.
c Nenne das entstandene Salz.

# Stofffamilie der Carbonsäuren

**1** *Säure spritzende Waldameisen*

**Ameisensäure, die einfachste Alkansäure** Die einfachste Alkansäure ist die Methansäure, da sie nur ein Kohlenstoffatom im Molekül aufweist. Sie wird in der Alltagssprache als Ameisensäure bezeichnet, weil sie im Gift von Ameisen vorkommt. Ihre ätzende Wirkung kennen wir auch von den Brennhaaren der Brennnessel. Ameisensäure ist eine farblose, wasserlösliche Flüssigkeit mit einem stechenden Geruch. Sie reizt Augen und Atemwege und verursacht Verätzungen auf der Haut. In der Medizin dient Ameisensäure als Mittel gegen Rheuma. Sie wird auch als Konservierungsstoff für Lebensmittel genutzt.

Methansäure
HCOOH

**Homologe Reihe der Alkansäuren** Die Moleküle von Alkansäuren wie der Essigsäure bestehen aus der funktionellen Carboxyl-Gruppe –COOH und einem Alkylrest. Die allgemeine Summenformel der Alkansäuren lautet: $C_nH_{2n+1}COOH$ ($n$ = 0, 1, 2, 3 …).

Kohlenwasserstoffkette · funktionelle Gruppe

Carboxyl-Gruppe

**2** *Das Hexansäure-Molekül – eine Alkansäure*

Wie Alkane und Alkanole bilden auch Alkansäuren eine homologe Reihe. Zur Benennung einer Alkansäure hängt man an den Namen des entsprechenden Alkans die Endung *-säure* an. Ne-

ben den so gebildeten systematischen Namen sind auch alltagssprachliche Namen verbreitet.

**Alkansäuren bilden eine homologe Reihe. Die Carboxyl-Gruppe –COOH ist die funktionelle Gruppe der Alkansäure-Moleküle.**

**Propionsäure** Propansäure, auch Propionsäure genannt, wird eingesetzt, um das Wachstum von Bakterien, Schimmel- und Hefepilzen einzudämmen. Propionsäure ist als Konservierungsstoff E 280 zugelassen und wird beispielsweise in industriell produzierten Backwaren wie Aufbackbrot verwendet.

**Buttersäure – nein danke!** Butansäure, umgangssprachlich als Buttersäure bezeichnet, hat einen unangenehmen ranzigen Geruch. Buttersäure entsteht, wenn Schweiß oder Fette durch Bakterien zersetzt werden. Erstaunlicherweise kann man aus Buttersäure aber wohlriechende Duft- und Aromastoffe, zum Beispiel Ananasaroma, herstellen.

Butansäure
$C_3H_7COOH$

**3** *Ranzige Butter riecht sehr unangenehm.*

**Langkettige Alkansäuren – Fettsäuren** Palmitinsäure und Stearinsäure sind bei Raumtemperatur fest. Da sie wie viele längerkettige Alkansäuren am Aufbau von Fetten beteiligt sind, werden sie als Fettsäuren bezeichnet.

**Säurestärke und Wasserlöslichkeit** Die Carboxyl-Gruppe ist für die saure Reaktion der Alkansäuren verantwortlich. Die Ameisensäure ist die stärkste Alkansäure. Mit zunehmender Ketten-

| Systemat. Name | Alltagsname | Summenformel | Siedetemperatur (in °C) | Wasserlöslichkeit | Säurestärke |
|---|---|---|---|---|---|
| Methansäure | Ameisensäure | HCOOH | 101 | | |
| Ethansäure | Essigsäure | $CH_3COOH$ | 118 | | |
| Propansäure | Propionsäure | $C_2H_5COOH$ | 141 | | |
| Butansäure | Buttersäure | $C_3H_7COOH$ | 163 | | |
| Pentansäure | Valeriansäure | $C_4H_9COOH$ | 185 | | |
| Hexansäure | Capronsäure | $C_5H_{11}COOH$ | 206 | | |
| … | | | | | |
| Hexadecansäure | Palmitinsäure | $C_{15}H_{31}COOH$ | 351 | | |
| Octadecansäure | Stearinsäure | $C_{17}H_{35}COOH$ | 370 | | |

**Tab. 1** *Homologe Reihe der Alkansäuren*

länge nimmt der Einfluss der Carboxyl-Gruppe und damit die Säurestärke ab. Daher reagiert die langkettige Palmitinsäure nur schwach sauer. Weil die polare Carboxyl-Gruppe auch Ursache für die Wasserlöslichkeit ist, nimmt diese mit zunehmender Kettenlänge ebenfalls ab.

**Die polare Carboxyl-Gruppe und die unpolare Kohlenwasserstoffkette der Moleküle bestimmen die Eigenschaften der Alkansäuren.**

**Mehrwertige Carbonsäuren** Hat ein Carbonsäure-Molekül mehrere Carboxyl-Gruppen, spricht man von einer mehrwertigen Carbonsäure. Je mehr Carboxyl-Gruppen ein Molekül besitzt, umso stärker sauer reagiert die Säure und umso besser ist sie in Wasser löslich.

**Oxalsäure, eine Dicarbonsäure** Das Oxalsäure-Molekül enthält zwei Carboxyl-Gruppen. Es handelt sich daher um eine Dicarbonsäure mit dem systematischen Namen Ethandisäure. Ihre farblosen Salze, die Oxalate, kommen in Zwiebeln, Sauerklee, Sauerampfer, Spinat und Rhabarber vor. Im menschlichen Körper können sie sich mit

**4** *Rhabarber enthält Oxalsäure.*

Calcium zu Calciumoxalat verbinden. Bei übermäßiger Aufnahme kann es zur Bildung von Nierensteinen beitragen.

**Citronensäure, eine Tricarbonsäure** Die Citronensäure ist eine feste, weiße, wasserlösliche Carbonsäure. Als Fruchtsäure kommt sie in Äpfeln, Beeren und Zitrusfrüchten wie Orangen oder Zitronen vor. Sie wird als Säuerungsstoff für Lebensmittel, beispielsweise in Limonaden, Eistee oder Brausepulver, aber auch zur Entkalkung von Wasserkochern, Duschköpfen und Waschmaschinen verwendet.

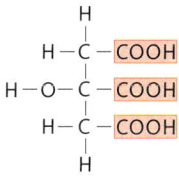

**5** *Formel von Citronensäure*

**Aufgaben**

1 Nenne die ersten sechs Vertreter der homologen Reihe der Alkansäuren.

2 Beschreibe, wo die Ameisensäure in der Natur vorkommt, und erläutere die Verwendung.

3 Zeichne die Strukturformel der Pentansäure.

4 Vergleiche die Säurestärke von Essigsäure, Buttersäure und Palmitinsäure. Begründe.

5 Es gibt Lebensmittel, die den Zusatzstoff E 280 enthalten.

a Welcher Stoff verbirgt sich hinter dieser Nummer?

b Beschreibe die Funktion dieses Stoffes.

c Nenne Lebensmittel, die E 280 enthalten.

# Exkurs  Konservierung von Lebensmitteln

**Lebensmittel länger haltbar machen** Das lateinische Wort *conservare* bedeutet: erhalten, bewahren. Bei der Lebensmittelkonservierung soll der Verwesungsvorgang verhindert oder wenigstens verlangsamt werden. Für die Verwesung sind Mikroorganismen wie Bakterien, Schimmelpilze oder Hefen verantwortlich. Wenn diese Mikroorganismen die Lebensmittel zersetzen, entstehen für uns schädliche Zersetzungsprodukte. Durch Konservieren wird die Aktivität der Mikroorganismen eingeschränkt.

**Kühlen und Erhitzen** Im Kühlschrank vermehren sich die Mikroorganismen langsamer als bei Raumtemperatur. Tiefkühlkost, die unter −18 °C gelagert wird, ist monatelang haltbar. Auch durch Erhitzen kann konserviert werden. Beim Pasteurisieren wird die Milch kurzzeitig so hoch erhitzt, dass die Mikroorganismen absterben.

**1** *Durch Trocknen können Lebensmittel haltbar gemacht werden.*

**Trocknen, Salzen, Zuckern, Räuchern** Salz und Zucker binden Wasser. Dadurch hemmen sie das Wachstum von Mikroorganismen. Fleisch und Fisch können auch durch Räuchern konserviert werden.

**Vakuum und Schutzgas** Durch den Ausschluss von Sauerstoff können manche Mikroorganismen nicht mehr wachsen. Deshalb werden viele Lebensmittel unter Vakuum oder einem Schutzgas wie Kohlenstoffdioxid oder Stickstoff verpackt und aufbewahrt.

**2** *Unter Schutzgas verpackt*

**Chemische Konservierung durch Säuern** Die für Lebensmittel zugelassenen Zusatzstoffe werden mit E-Nummern gekennzeichnet. Zur Konservierung werden vor allem organische Säuren eingesetzt. Diese hemmen vorwiegend das Wachstum von Schimmel- und Hefepilzen. Bakterien können mit Schwefeldioxid (E 220) bekämpft werden, das gleichzeitig auch als Antioxidationsmittel wirkt. Schwefeldioxid schützt das Lebensmittel vor dem Verderb durch Oxidation mit Luftsauerstoff.

**Biologische Konservierung** Weißkohl kann durch Milchsäuregärung in Sauerkraut umgewandelt und so konserviert werden. Im eingestampften Kohl wandeln Milchsäurebakterien Kohlenhydrate in Milchsäure um. Durch die Milchsäure erhält das Sauerkraut ein säuerliches Aroma und wird haltbar gemacht. Ebenso wie die Milchsäure tötet auch Ethanol Mikroorganismen ab. Daher sind in hochprozentigem Alkohol eingelegte Früchte vor dem Verderben geschützt.

**3** *Sauerkraut enthält Milchsäure.*

## Aufgaben

1 Nenne Möglichkeiten, wie man Erdbeeren vor dem Verderb schützen kann.

2 Untersuche frisch geschnittene Apfelstückchen. Gib zu einigen Apfelstücken sofort etwas Zitronensaft, zu anderen nicht. Beobachte und vergleiche nach 30 min. Erkläre.

3 Ascorbinsäure ist ein Konservierungsmittel.

a Recherchiere, welche Lebensmittel damit konserviert werden.

b Wie nennt man die Ascorbinsäure noch?

4 Lebensmittel können durch „Schwefeln" konserviert werden. Beschreibe das Verfahren.

# Praktikum   Eigenschaften der Carbonsäuren

## 1 Omas Rezept zur Essigherstellung

Ansatz für 1 Liter Essig:
600 ml Wein (möglichst schwefelarm)
300 ml Wasser
100 ml Essigsäurebakterien (Essigmutter)

1. Fülle ein Gemisch aus Wein und Wasser in ein großes Einmachglas. Gib danach die Essigsäurebakterien hinzu.
2. Spanne über die Öffnung des Glases ein Baumwoll- oder Leinentuch und befestige es mit einem Gummiring.
3. Bewahre den Ansatz bei etwa 25 °C auf. Nach ungefähr zwei Wochen bildet sich an der Oberfläche eine dünne Haut. Durch eine weitere Zugabe von verdünntem Wein kann der Essig gestreckt werden.
4. Der junge Rohessig wird filtriert und zur Reifung etwa 2 bis 3 Monate an einem kühlen, dunklen Ort gelagert.
5. Der klare Essig wird abgegossen und in Flaschen aufbewahrt. Die Essigmutter kann zur weiteren Essigherstellung verwendet werden.

*Auswertung:* Prüfe den Ansatz regelmäßig auf Geschmack.

## 2 Magnesium reagiert mit Essigsäure

*Geräte:* Reagenzglas, Reagenzglashalter
*Chemikalien:* Essigessenz, Magnesiumband
*Durchführung:* Gib ein 2 cm langes Stück Magnesiumband in Essigessenz.
*Auswertung:* Erkläre deine Beobachtungen. Wie kannst du eines der Reaktionsprodukte nachweisen?

## 3 Entkalken mit Essigsäure

*Geräte:* Becherglas (100 ml)
*Chemikalien:* Essigessenz, verkalkter Gegenstand
*Durchführung:* Gib einen verkalkten Gegenstand in Essigessenz.
*Auswertung:* Erkläre deine Beobachtungen.

## 4 Wasserlöslichkeit von Fettsäuren

*Geräte:* 2 Reagenzgläser, Reagenzglashalter
*Chemikalien:* Wasser, Heptan, Palmitinsäure, Stearinsäure
*Durchführung:* Prüfe Palmitinsäure und Stearinsäure auf ihre Löslichkeit in Wasser und Heptan.
*Auswertung:* Was kannst du über die Löslichkeit der Fettsäuren aussagen?

## 5 Joghurt selbst gemacht

Zutaten:
1 Liter Milch
1 Esslöffel Joghurt mit lebenden Kulturen

Zubereitung:
Bringe 1 l Milch zum Kochen, bis sich auf der Haut Bläschen bilden. Nimm die Milch vom Herd und lass sie abkühlen, bis sie handwarm ist. Rühre mit dem Schneebesen 1 Esslöffel Joghurt ein. Stelle die Mischung in verschließbaren Glasgefäßen etwa 6 Stunden bei etwa 30 °C warm, z.B. neben der Heizung, in eine Wolldecke gewickelt. Gib den Joghurt anschließend 3 Stunden in den Kühlschrank. Mische ihn vor dem Verzehr z.B. mit frischem Obst, Marmelade oder Zucker.

## 6 Bildung von Grünspan

*Geräte:* Pipette
*Chemikalien:* Kupfermünze, Essigessenz
*Durchführung:* Tropfe auf eine Kupfermünze Essigessenz.
*Auswertung:* Wie heißt der systematische Name für Grünspan?

# Teste dich!

1 Wein enthält Trinkalkohol.
a Um welchen Alkohol handelt es sich?
b Durch welchen Vorgang entsteht er? Gib das Reaktionsschema in Worten an.
c Wie wird das Nebenprodukt nachgewiesen?

2 Begründe, warum Ethanol als Lösungsmittel vielseitig einsetzbar ist.

3 Nenne die ersten sechs Vertreter der homologen Reihe der Alkanole.

4 Methanol wird jeweils in Wasser und Hexan gegeben.
a Beschreibe, welche Beobachtungen in Bezug auf die Löslichkeit gemacht werden können.
b Begründe die Unterschiede.

5 Methan siedet bei –161 °C.
a Vergleiche die Siedetemperaturen von Methan und Methanol. Welchen Unterschied stellst du fest?
b Erkläre, wie dieser zustande kommt.

6 Zeichne die Strukturformeln von drei Isomeren des Pentanols und benenne sie.

7 Gib an, was unter mehrwertigen Alkoholen verstanden wird, und nenne Beispiele.

8 Eine Porzellanschale mit Glycerin wird auf die Waage gestellt. Erkläre die Gewichtszunahme nach einem Tag.

9 Welche organischen Stoffe sind in den abgebildeten Lebensmitteln enthalten? Nenne für jedes Lebensmittel einen Bestandteil.

10 Welche zwei Funktionen hat der Essig im Gurkenglas?

11 Vergleiche die Säurestärke von Essigsäure und Buttersäure. Begründe.

12 Was versteht man unter mehrwertigen Carbonsäuren? Nenne ein Beispiel und zeichne die dazugehörige Strukturformel.

13 Die Abbildung zeigt die Strukturformeln von zwei verschiedenen Molekülen.
a Benenne die Moleküle.
b Zu welchen Stofffamilien gehören sie?
c Wie heißen die funktionellen Gruppen dieser Moleküle?

14 Zeichne die Strukturformeln der folgenden Verbindungen: Propan-1,3-diol, Butanol, Methansäure, Hexansäure.

| Aufgabe | Hilfe findest du auf Seite … |
|---|---|
| 1 | 166/167 |
| 2 | 172/173 |
| 3 | 176 |
| 4 | 176/177 |
| 5 | 176/177 |
| 6 | 176 |
| 7 | 178 |
| 8 | 178 |
| 9 | 166, 182, 185 |
| 10 | 186 |
| 11 | 184/185 |
| 12 | 185 |
| 13 | 176, 184/185 |
| 14 | 176, 184/185 |
| …und die Lösungen findest du im Anhang. | |

# Im Überblick

Alkohole und Carbonsäuren sind wichtige Bestandteile von Nahrungsmitteln. Sie machen Getränke und Essen schmackhaft und sorgen als Konservierungsstoffe dafür, dass Lebensmittel länger haltbar sind. Einige von ihnen, wie Ethanol oder Essigsäure, sind als natürliche Stoffe schon seit Jahrtausenden bekannt. Heute werden Alkohole und Carbonsäuren auch im Labor hergestellt. Sie finden vielseitige Verwendungen, sei es als Grundstoffe für die chemische Industrie, als Lösungsmittel oder als Treibstoff.

## 7

## Alkohole
- Ihre Moleküle bestehen aus einer Kohlenwasserstoffkette (Alkylrest) und einer oder mehreren OH-Gruppen (Hydroxyl-Gruppen).

## Ethanol
- trinkbarer Alkohol; entsteht z. B. durch alkoholische Gärung

$$H-\underset{\underset{H}{|}}{\overset{\overset{H}{|}}{C}}-\underset{\underset{H}{|}}{\overset{\overset{H}{|}}{C}}-O-H \qquad C_2H_5\,OH$$

## Homologe Reihe der Alkanole
- Die Moleküle der Alkanole weisen eine OH-Gruppe an der Kohlenwasserstoffkette auf.
- Methanol, Ethanol, Propanol, Butanol … bilden eine homologe Reihe.
  - Name: Name des Alkans + Endung -ol
  - allgemeine Summenformel: $C_nH_{2n+1}OH$
  - Löslichkeit und Viskosität hängen von der Länge der Kohlenwasserstoffkette ab.

Kohlenwasserstoffkette          funktionelle Gruppe

$$H-\underset{\underset{H}{|}}{\overset{\overset{H}{|}}{C}}-\underset{\underset{H}{|}}{\overset{\overset{H}{|}}{C}}-\underset{\underset{H}{|}}{\overset{\overset{H}{|}}{C}}-\underset{\underset{H}{|}}{\overset{\overset{H}{|}}{C}}-\underset{\underset{H}{|}}{\overset{\overset{H}{|}}{C}}-OH$$

Hydroxyl-Gruppe

unpolar          polar

## Mehrwertige Alkohole
- Alkohole mit mehreren OH-Gruppen im Molekül, z. B. Glycerin, Glykol oder Sorbit

## Carbonsäuren
- Carbonsäure-Moleküle bestehen aus einer Kohlenwasserstoffkette und einer oder mehreren COOH-Gruppen (Carboxyl-Gruppen).
  *Beispiel:* Butansäure

$$H-\underset{\underset{H}{|}}{\overset{\overset{H}{|}}{C}}-\underset{\underset{H}{|}}{\overset{\overset{H}{|}}{C}}-\underset{\underset{H}{|}}{\overset{\overset{H}{|}}{C}}-C\!\!\begin{array}{c}{\overset{O}{\diagup}}\\{\diagdown O-H}\end{array} \qquad C_3H_7\,COOH$$

## Homologe Reihe der Alkansäuren
- Die Moleküle der Alkansäuren weisen eine COOH-Gruppe am Alkylrest auf.
- Methansäure, Ethansäure, Propansäure … bilden die homologe Reihe der Alkansäuren.
  - Name: Name des Alkans + Endung -säure
  - allgemeine Summenformel: $C_nH_{2n+1}COOH$
  - Mit zunehmender Kettenlänge nehmen Säurestärke und Wasserlöslichkeit ab.

Kohlenwasserstoffkette          funktionelle Gruppe

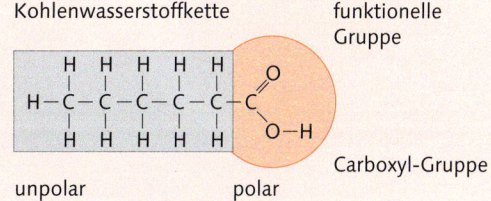

unpolar          polar          Carboxyl-Gruppe

## Funktionelle Gruppe
- Atomgruppe in Molekülen, die weitgehend die chemischen Eigenschaften von organischen Stoffen bestimmt
  *Beispiele für funktionelle Gruppen:*
  Hydroxyl-Gruppe –OH: Alkohole
  Carboxyl-Gruppe –COOH: Carbonsäuren

# 8
# Produkte der Chemie

Was ist drin in unseren Lebensmitteln? Ist in Obst, Gemüse oder Käse wirklich „keine Chemie"? Dass Kunststoffe Produkte eines chemischen Verfahrens sind, daran besteht kein Zweifel. Wie aber werden sie hergestellt? Und was können wir von der Natur lernen, wenn es um neue Produkte wie in der Nanotechnologie geht?

# Ester – Multitalente im vielseitigen Einsatz

**1** *Natürliche Aromastoffe sind beispielsweise in Früchten und Blüten, synthetische Aromastoffe in manchen industriell hergestellten Lebensmitteln enthalten.*

**Ester, eine duftende Stofffamilie** Für das angenehme Aroma von Früchten und den Duft von Blüten sind neben vielen anderen Stoffen vor allem Ester verantwortlich. Solche Ester sind natürliche Aromastoffe. Einige der in den Pflanzen enthaltenen Aromastoffe können auch im Labor hergestellt werden. Solche Aromastoffe heißen synthetische Aromastoffe. Es werden aber auch künstliche Aromastoffe erzeugt, die es in der Natur nicht gibt.

**Veresterung** Ester entstehen bei der Reaktion von Säuren mit Alkoholen. Bei der Veresterung verbindet sich eine Säure mit einem Alkohol unter Abspaltung von Wasser. Die Verbindung von Molekülen unter Wasserabspaltung bezeichnet man als Kondensationsreaktion.

Kondensationsreaktion:
Säure + Alkohol $\rightarrow$ Ester + Wasser

**Die Veresterung ist eine Kondensationsreaktion. Dabei reagiert Säure mit Alkohol zu Ester und Wasser.**

**Esterspaltung** Die bei der Veresterung entstehenden Reaktionsprodukte Ester und Wasser reagieren in einer Rückreaktion, der Esterspaltung, wieder zu Säure und Alkohol.

Den Vorgang der Esterspaltung bezeichnet man auch als Hydrolyse, weil er unter Wasseraufnahme erfolgt.

Hydrolyse:
Ester + Wasser $\rightarrow$ Säure + Alkohol

**Die Esterspaltung ist eine Hydrolyse. Dabei reagiert Ester mit Wasser zu Säure und Alkohol.**

**Umkehrbare chemische Reaktionen** Bei der Veresterung reagiert jeweils ein Säure-Molekül mit einem Alkohol-Molekül. Dabei entstehen ein Ester-Molekül und ein Wasser-Molekül. Umgekehrt kann das Ester-Molekül durch das Wasser-Molekül gespalten werden. Veresterung und Esterspaltung sind also umkehrbare chemische Reaktionen. Das drücken wir durch einen Doppelpfeil in der Reaktionsgleichung aus.

$$\text{Säure + Alkohol} \underset{\text{Esterspaltung}}{\overset{\text{Veresterung}}{\rightleftharpoons}} \text{Ester + Wasser}$$

Bei der Veresterung und bei der Esterspaltung befinden sich zu jedem Zeitpunkt alle an der Reaktion beteiligten Stoffe im Reaktionsgefäß. Hin- und Rückreaktion laufen gleichzeitig ab. Da die Rückreaktion aber sehr viel schneller abläuft als die Hinreaktion, wird so gut wie kein Ester gebildet.

**Veresterung und Esterspaltung sind umkehrbare chemische Reaktionen.**

**2** *Hin- und Rückreaktion laufen unterschiedlich schnell ab. Erst mithilfe eines Katalysators wird die Hinreaktion beschleunigt.*

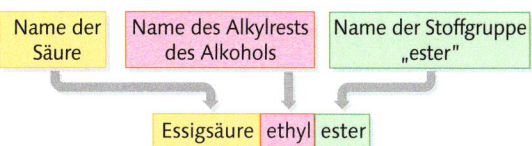

Ester-Gruppe

H O          H H                    H O   H H
|  ||         | |                    |  ||  | |
H—C—C—O—H  +  H—O—C—C—H  ⟶  H—C—C—O—C—C—H  +  H₂O
|            | |                    |      | |
H            H H                    H      H H

Essigsäure        Ethanol           Essigsäureethylester        Wasser

**3** *Bildung von Essigsäureethylester*

**Schwefelsäure als Katalysator** Soll möglichst viel von dem gewünschten Ester erzeugt werden, muss die Hinreaktion, also die Reaktion der Säure mit dem Alkohol, beschleunigt werden. Dies gelingt durch Zugabe von Schwefelsäure, die als Katalysator wirkt.

Reaktionsverlauf ohne Katalysator:
**Säure + Alkohol** ⇄ Ester + Wasser

Reaktionsverlauf mit Katalysator:

Säure + Alkohol ⇄ (Schwefelsäure) **Ester + Wasser**

**Essigsäureethylester** Durch eine Kondensationsreaktion von Essigsäure mit Ethanol (Ethylalkohol) wird Essigsäureethylester gebildet. Bei der Benennung eines Esters wird zuerst die Säure genannt, dann der Name des Alkylrests des Alkohols und abschließend die Bezeichnung *-ester* angefügt.
Essigsäureethylester ist im Gegensatz zu den Ausgangsstoffen Essigsäure und Ethylalkohol sehr schlecht wasserlöslich. Bei der Veresterung werden die hydrophilen funktionellen Gruppen – die Carboxyl-Gruppe der Essigsäure und die OH-Gruppe des Alkohols – verändert. Das gebildete Ester-Molekül besitzt eine Ester-Gruppe. Wie die meisten Ester-Moleküle ist das Essigsäureethylester-Molekül unpolar und damit hydrophob, also wasserabstoßend. Auf der anderen Seite ist der Ester aber ein gutes Lösungsmittel für Harze, Farbstoffe und Fette. Auch in Klebstoffen wird Essigsäureethylester häufig als Lösungsmittel eingesetzt. Der typische Geruch von Klebstoffen stammt von diesem Ester. Da man ihn zum Auswaschen von Farbpinseln und zum Verdünnen von Lacken verwendet, bezeichnet man ihn umgangssprachlich auch als Verdünner.

| Name der Säure | Name des Alkylrests des Alkohols | Name der Stoffgruppe „ester" |
|---|---|---|

| Essigsäure | ethyl | ester |

**4** *Benennung eines Esters*

| Ester | Aroma |
|---|---|
| Ameisensäureethylester | Rum |
| Essigsäurepentylester | Birne |
| Buttersäuremethylester | Apfel |
| Buttersäureethylester | Ananas |
| Buttersäurepropylester | Erdbeere |

**Tab. 1** *Einige Ester und ihr typisches Aroma*

**Ananasaroma aus Buttersäure?** Es ist tatsächlich möglich, aus der übel riechenden Buttersäure einen Ester mit Ananasaroma herzustellen. Auch aus anderen kurzkettigen Carbonsäuren kann man Ester mit fruchtartigem Duft und Aroma gewinnen.

**Ester – vielseitig einsetzbar** Durch die vielfältigen Kombinationsmöglichkeiten von Säuren mit Alkoholen gibt es ein breites Spektrum an Estern. Als Aromastoffe werden sie bei der Herstellung von Limonaden, Bonbons, Gummibären und anderen Süßigkeiten verwendet. Ester werden auch als Konservierungsstoffe eingesetzt.

**5** *Essigsäureethylester wird als Lösungsmittel verwendet.*

**8**

**Fette und Wachse sind Ester** Tierische und pflanzliche Fette gehören zur Stoffgruppe der Ester. Sie bestehen aus längerkettigen Carbonsäuren wie Palmitinsäure und Stearinsäure sowie dem dreiwertigen Alkohol Glycerin. Wachse schützen Blätter, Nadeln und Blüten vor dem Austrocknen. Ein Hauptbestandteil von Bienenwachs, das zur Herstellung von kosmetischen Produkten verwendet wird, ist ein Ester aus Palmitinsäure und einem längerkettigen Alkohol.

**6** *Fette und Wachse sind Ester.*

**Ester werden als Lösungsmittel, Konservierungsstoffe, Duft- und Aromastoffe verwendet. Bei den Fetten und Wachsen handelt es sich um Ester.**

**Biodiesel, ein Ester** Die Silbe *Bio-* weist darauf hin, dass dieser Kraftstoff im Gegensatz zum mineralischen Diesel pflanzlichen Ursprungs ist. Unter Fachleuten wird Biodiesel auch als RME-Diesel bezeichnet. Die Abkürzung RME steht für Rapsölmethylester. In Europa wird Biodiesel hauptsächlich durch Veresterung von Rapsöl mit Methanol gewonnen. In den USA stammt Biodiesel fast ausschließlich aus Sojaöl. Biodiesel kann in geeigneten Motoren in reiner Form – als B100 bezeichnet – oder im Gemisch mit Mineralöldiesel verwendet werden.

**7** *Zum Tanken fast zu schade.*

## Exkurs  Nitroglycerin, ein hochexplosiver Ester

Auch anorganische Säuren wie Salpetersäure können Ester bilden. Durch Veresterung des dreiwertigen Alkohols Glycerin mit Salpetersäure entsteht Trisalpetersäureglycerinester, der auch als Glycerintrinitrat und in der Umgangssprache als Nitroglycerin bekannt ist. Nitroglycerin ist ein farbloser oder leicht gelblicher, dünnflüssiger Sprengstoff. Da er bereits bei kleinsten Erschütterungen explodiert, ist der Umgang mit diesem Sprengstoff sehr gefährlich. Im Jahr 1867 entwickelte ALFRED NOBEL ein Verfahren, bei dem das brisante Nitrolgycerin durch Kieselgur, ein saugfähiges Steinmehl, gebunden wird. Damit war das Dynamit erfunden. Da Dynamit gegen Schläge und Stöße unempfindlich ist, kann man es viel besser handhaben als Nitroglycerin.

Die Pharmaindustrie stellt aus Nitroglycerin Medikamente gegen verengte Blutgefäße her.

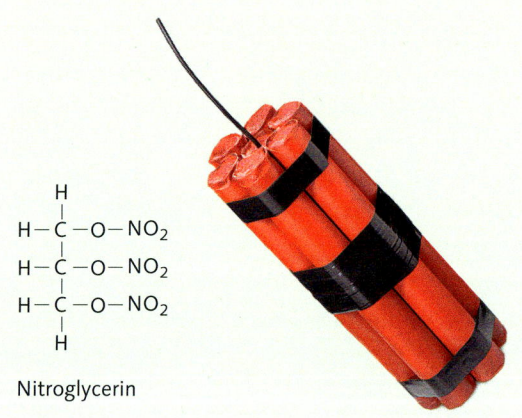

$$\begin{array}{c} \phantom{H-}H \\ \phantom{H-}| \\ H-C-O-NO_2 \\ \phantom{H-}| \\ H-C-O-NO_2 \\ \phantom{H-}| \\ H-C-O-NO_2 \\ \phantom{H-}| \\ \phantom{H-}H \end{array}$$

Nitroglycerin

### Aufgaben

1 Nenne Beispiele für die Verwendung von Estern.
2 Was versteht man unter den Begriffen?
a Kondensationsreaktion
b Hydrolyse
3 Plane einen Versuch zur Herstellung eines Esters aus Tab. 1, vorige Seite.
4 Nenne die Funktion der Schwefelsäure bei der Esterbildung.
5 Stelle ein Reaktionsschema mit Strukturformeln für die Bildung eines Esters mit Birnenaroma auf.

# Praktikum   Herstellung und Eigenschaften von Estern

## 1 Estersynthese

*Geräte:* Gasbrenner, 2 Reagenzgläser, Becherglas (250 ml), Stativmaterial

*Chemikalien:* a) Essigessenz (25%ige Essigsäure), Ethanol, Natriumhydrogensulfat, Wasser; b) Essigessenz (25%ige Essigsäure), Pentanol, Natriumhydrogensulfat, Wasser

*Durchführung:* Gib in ein Reagenzglas:

**a** 4 ml Essigessenz, 2 ml Ethanol und 1 Spatel Natriumhydrogensulfat

**b** 4 ml Essigessenz, 2 ml Pentanol und 1 Spatel Natriumhydrogensulfat

Erhitze im Wasserbad etwa 5 min.

*Auswertung:* Führe bei beiden Reaktionsprodukten eine Geruchsprobe durch.

## 2 Wasserlöslichkeit

*Geräte:* Reagenzglasständer, 3 Reagenzgläser, 4 Pipetten

*Chemikalien:* Ethanol, Essigsäure, Essigsäureethylester, Wasser

*Durchführung:* Fülle in 3 Reagenzgläser 2 cm hoch Wasser und gib in jeweils eines dieser Reagenzgläser 1 cm hoch Ethanol, Essigsäure und Essigsäureethylester.

*Auswertung:* Was kannst du über die Wasserlöslichkeit der Stoffe aussagen? Begründe.

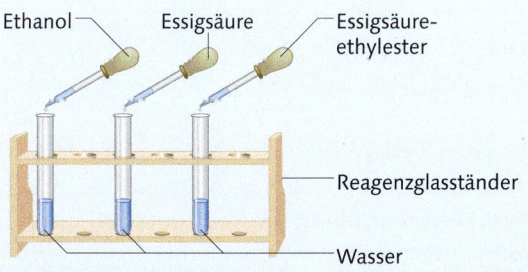

## 3 Kleben von Styropor®

*Chemikalien:* Styropor-Stücke, Styropor-Kleber, Alleskleber

*Durchführung:* Gib auf ein Stück Styropor® jeweils einen Tropfen der beiden Klebstoffe.

*Auswertung:* Vergleiche die Inhaltsstoffe der beiden Klebstoffe. Erkläre deine Beobachtungen.

## 4 Entflammbarkeit

*Geräte:* Porzellanschale, Pipette, Feuerzeug

*Chemikalien:* Essigsäureethylester, Holzspan

*Durchführung:* Gib 10 Tropfen Essigsäureethylester in eine Porzellanschale. Führe den brennenden Holzspan langsam und vorsichtig an die Flüssigkeit heran.

*Auswertung:* Welche Aussage kannst du über die Entflammbarkeit von Essigsäureethylester machen?

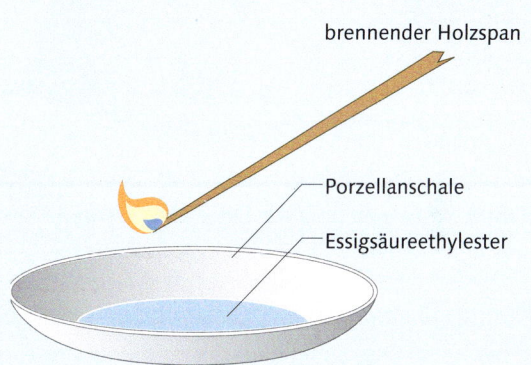

## 5 Essigsäureethylester als Lösungsmittel

*Geräte:* Reagenzglasständer, 3 Reagenzgläser, 2 Pipetten, Pinzette

*Chemikalien:* Essigsäureethylester, Heptan, Kerzenwachs, Speiseöl, Magnesiumband

*Durchführung:* Fülle in 4 Reagenzgläser 2 cm hoch Essigsäureethylester. Überprüfe, ob sich Heptan, Kerzenwachs, Speiseöl und Magnesium in Essigsäureethylester lösen.

*Auswertung:* Für welche Stoffe eignet sich Essigsäureethylester als Lösungsmittel?

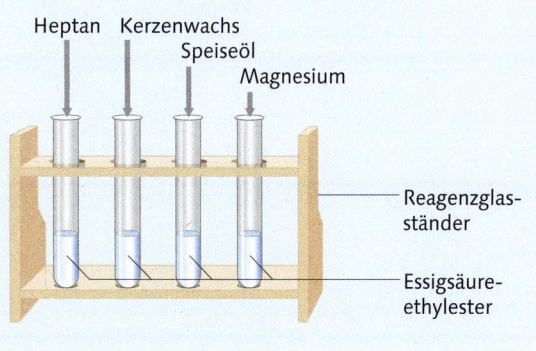

# Fette – verführerische Ester

**1** *Beispiele für fetthaltige Lebensmittel*

| Lebensmittel | Fettgehalt (in g pro 100 g) |
|---|---|
| Erdnüsse | 50 |
| Haselnussschokolade | 38 |
| Waffeln | 36 |
| Chips | 30 |
| Camembert, 60 % | 33 |
| Wiener Würstchen | 24 |
| gekochter Schinken | 13 |
| Joghurt, 3,5 % | 3,5 |
| Hähnchenbrust | 1,5 |
| Roggenbrot | 1 |
| Joghurt mager | 0,1 |

**Tab. 1** *Fettgehalt in 100 g Lebensmittel*

**Ohne Fette geht nichts** Fette sind für den Körper lebensnotwendig. Sie sind die energiereichsten Nährstoffe. Aus 1 g Fett werden durch Stoffumwandlung in den Zellen 39 kJ Energie gewonnen. Dagegen liefert 1 g Kohlenhydrate nur halb so viel Energie.

Einen Überschuss an zugeführten Nährstoffen speichert der Körper als Fett für Mangelphasen. Die Ablagerung von Fetten unter der Haut dient zudem als Wärmeschutz. Fettgewebe schützt außerdem die Organe vor Erschütterungen.

Fett ist ein Geschmacksträger. Lebensmittel mit hohem Fettanteil schmecken uns meist besonders gut, weil sich Geschmacks- und Aromastoffe gut in Fett lösen. Fette sorgen auch dafür, dass die lebenswichtigen fettlöslichen Vitamine A, D, E und K vom Körper aufgenommen und verarbeitet werden können. Eine völlig fettfreie Ernährung führt zu Stoffwechselerkrankungen.

**Verführerische Fette** Schokolade, Kuchen, Wurst, Chips und Nüsse führen uns täglich in Versuchung. Gerade diese Lebensmittel enthalten viel Fett. Eine Packung mit 200 g Chips enthält beispielsweise 60 g Fett. Dagegen sollten wir insgesamt nur 60 bis 80 g Fett täglich zu uns nehmen. Weil Fette so energiereich sind, nimmt man durch Genuss von fettreichen Snacks schnell an Körpergewicht zu, wenn nicht gleichzeitig auch mehr Energie verbraucht wird.

**Bau eines Fett-Moleküls** Fette sind Ester, die durch die Reaktion des dreiwertigen Alkohols Glycerin (systematischer Name: Propan-1,2,3-triol) mit Fettsäuren entstehen.

Bei der Bildung eines Fett-Moleküls verbindet sich ein Glycerin-Molekül mit drei Fettsäure-Molekülen unter Abspaltung von drei Wasser-Molekülen (Veresterung, Bild 2). Der Fachbegriff für das gebildete Fett heißt Triglycerid. In einem Triglycerid-Molekül können entweder drei gleiche Fettsäuren oder unterschiedliche Fettsäuren gebunden sein.

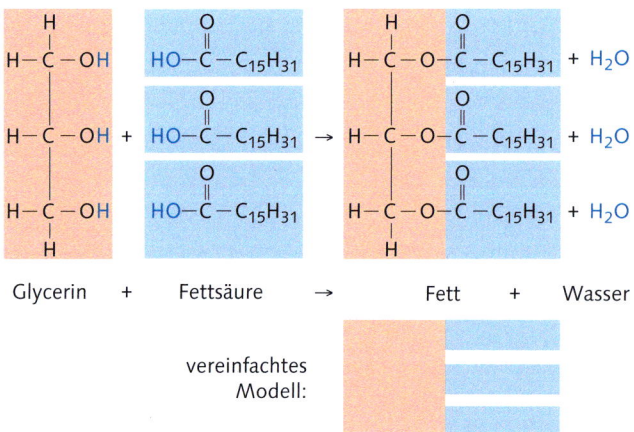

Glycerin + Fettsäure → Fett + Wasser

vereinfachtes Modell:

**2** *Bildung eines Fett-Moleküls, eine Veresterung*

**Fette sind Ester aus Glycerin und Fettsäuren.**

| Fettsäure | Summen-formel | Schmelz-temperatur | Anteil in … (restliche Anteile: andere Fettsäuren) | | | | | |
|---|---|---|---|---|---|---|---|---|
| | | | Butter | Schweine-schmalz | Rindertalg | Olivenöl | Sonnen-blumenöl | Leinöl |
| Buttersäure | $C_3H_7COOH$ | –5 °C | 3 % | – | – | – | – | – |
| Palmitinsäure | $C_{15}H_{31}COOH$ | 63 °C | 27 % | 27 % | 30 % | 15 % | 5 % | 7 % |
| Stearinsäure | $C_{17}H_{35}COOH$ | 72 °C | 10 % | 14 % | 20 % | 2 % | 2 % | 3 % |
| Ölsäure | $C_{17}H_{33}COOH$ | 16 °C | 30 % | 45 % | 39 % | 71 % | 27 % | 18 % |
| Linolsäure | $C_{17}H_{31}COOH$ | –5 °C | 4 % | 8 % | 3 % | 8 % | 65 % | 14 % |

**Tab. 2** *Wichtige Fettsäuren (gelb – gesättigte Fettsäuren, grün – ungesättigte Fettsäuren)*

**Eigenschaften von Fetten** Fette hinterlassen auf Papier einen durchscheinenden Fettfleck. Diese Fettfleckprobe ist ein Nachweis für Fette. Fette sind wasserabweisend (hydrophob). Sie lösen sich nicht im polaren Lösungsmittel Wasser, jedoch gut in unpolaren Lösungsmitteln wie Hexan oder Benzin. Werden Wasser und Speiseöl gemischt, erkennt man im Wasser schwebende Öltröpfchen. Nach einiger Zeit schwimmt das Speiseöl wieder auf der Wasseroberfläche, weil Fett eine geringere Dichte als Wasser hat. Brennendes Fett darf keinesfalls mit Wasser gelöscht werden, denn das Wasser sinkt im Fett ab und verdampft dort sofort. Die Folge ist, dass brennendes Fett nach allen Seiten verspritzt. Fettbrände dürfen nur durch Ersticken gelöscht werden, z. B. durch Abdecken mit einer Decke!

**Gesättigte und ungesättigte Fettsäuren** Fettsäuren werden in gesättigte und ungesättigte Fettsäuren eingeteilt. Je höher der Anteil an gesättigten Fettsäuren, desto fester ist ein Fett. Flüssige Fette wie Sonnenblumenöl oder Leinöl haben einen hohen Anteil an ungesättigten Fettsäuren.
Einfach ungesättigte Fettsäuren wie die Ölsäure besitzen eine C=C-Doppelbindung in ihren Molekülen. Mehrfach ungesättigte Fettsäuren wie die Linolsäure enthalten mehrere Doppelbindungen im Molekül.

**Fettverdauung** Damit die Fette aus der Nahrung für unseren Körper zu verwerten sind, müssen die Triglyceride zerlegt werden. Die Fettverdauung beginnt bereits im Magen, wo etwa 30 % der Nahrungsfette in kleinere Bestandteile aufgespalten werden. Fette werden jedoch hauptsächlich im Zwölffingerdarm und

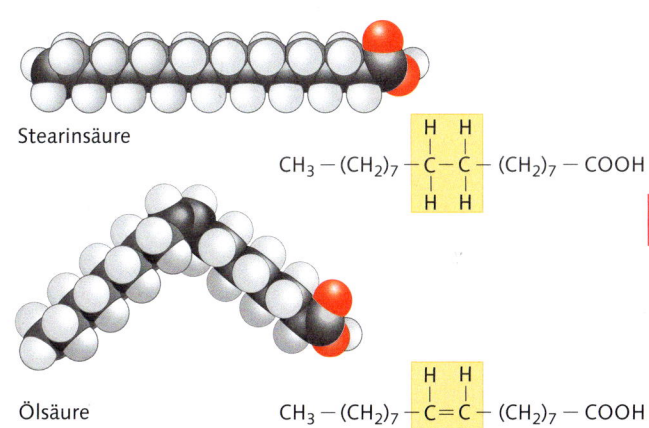

Stearinsäure

$CH_3 - (CH_2)_7 - \begin{matrix} H & H \\ | & | \\ C & C \\ | & | \\ H & H \end{matrix} - (CH_2)_7 - COOH$

Ölsäure

$CH_3 - (CH_2)_7 - \begin{matrix} H & H \\ | & | \\ C = C \end{matrix} - (CH_2)_7 - COOH$

**3** *Oben: Stearinsäure, eine gesättigte Fettsäure; unten: Ölsäure, eine ungesättigte Fettsäure*

im oberen Dünndarm verdaut. Dabei unterstützen Gallensäure und Enzyme aus der Bauchspeicheldrüse diesen Vorgang.

**Essenzielle Fettsäuren** Einige Fettsäuren sind für den Organismus essenziell (lat. *essentialis*: lebensnotwendig). Sie sind beispielsweise am Aufbau von Zellmembranen beteiligt. Essenzielle Fettsäuren müssen mit der Nahrung aufgenommen werden, weil der Körper sie nicht selbst herstellen kann. Sie sind vor allem in pflanzlichen Speiseölen enthalten.

**Aufgaben**
1 Erkläre, warum Fette für uns so wichtig sind.
2 Nenne Eigenschaften von Fetten.
3 Beschreibe den Aufbau eines Fett-Moleküls.
4 In welchem Lösungsmittel löst sich Fett am besten: in Wasser, Ethanol oder Heptan? Zeichne dazu die Strukturformeln der genannten Stoffe auf und begründe.

# Exkurs  Gewinnung von Fetten und Ölen

**Tierische Fette**  Tierische Fette gewinnt man aus Kuhmilch, Fischabfällen und Schlachttieren. Zu den Schlachttierfetten wird beispielsweise das Fett von Schweinen und Rindern gezählt. Die Gewinnung von Schweineschmalz und Rindertalg erfolgt in Schmalzsiedereien, in denen die fettreichen Teile von Schlachttieren erhitzt werden. Dadurch wird das Fett verflüssigt und kann durch Filtrieren abgetrennt werden.

**1** *Pflanzliche Fette – Speiseöle*

**Pflanzliche Fette**  Pflanzliche Fette wie Oliven- oder Rapsöl sind meist flüssig. Sie werden aus Früchten und Samen gewonnen. Die Pflanzenteile werden in Mühlen gemahlen oder zerquetscht. Danach wird das Öl durch Pressen oder Extrahieren gewonnen. Beim Extrahieren entzieht man dem ölhaltigen Brei das Öl durch bestimmte Lösungsmittel, z. B. Heptan. Dadurch lässt sich die Ausbeute an Öl erhöhen.

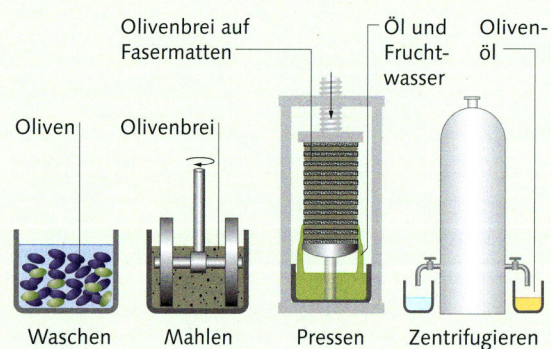

**2** *Gewinnung von Olivenöl durch Pressen*

**Fetthärtung**  Pflanzenöl lässt sich nicht auf eine Scheibe Brot streichen. Dazu muss das Öl erst gehärtet werden. Dies geschieht durch ein von dem deutschen Chemiker WILHELM NORMANN im Jahr 1902 entwickeltes Verfahren. Mithilfe eines Nickelkatalysators werden Wasserstoffatome an die Doppelbindungen der ungesättigten Fettsäure-Moleküle angelagert. Dadurch entstehen gesättigte Fettsäuren und aus den flüssigen Ölen werden feste Fette.

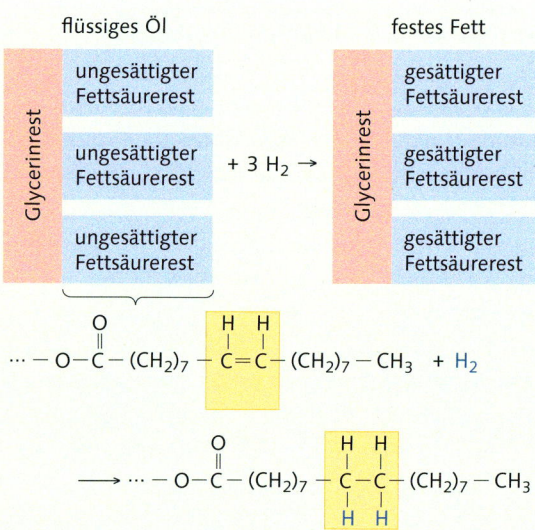

**Herstellung von Margarine**  Bei Margarine handelt es sich um eine Emulsion aus Fett, Eiweißen und Wasser. Zur Herstellung von Margarine werden gehärtetes pflanzliches Fett, pflanzliches Öl, Magermilch, Wasser und Salz gemischt. Anschließend werden die fettlöslichen Vitamine A, D und E sowie Aromen zugegeben. Lecithin als Emulgator bewirkt, dass sich Wasser und Fett mischen. Für die gelbliche Farbe verwendet man den Farbstoff Betacarotin. Die Mischung wird geknetet, gekühlt und anschließend verpackt.

## Aufgaben

1 Beschreibe, wie Olivenöl gewonnen wird.
2 Recherchiere im Internet über die Erfindung der Margarine. Schreibe einen kurzen Bericht.
3 Welche chemischen Vorgänge laufen bei der Fetthärtung ab? Beschreibe die Veränderungen in ungesättigten Fettsäure-Molekülen.

## 1 Fettfleckprobe

*Geräte:* Butterbrotpapier oder Filterpapier, 4 Reagenzgläser, 4 Reagenzglasstopfen, Pipetten

*Chemikalien:* Kartoffel, Avocado, Banane, Erdnüsse, Heptan

*Durchführung:*

**a** Zerdrücke kleine Proben der zu untersuchenden Nahrungsmittel auf einem Butterbrot- oder Filterpapier. Halte das Papier gegen das Licht.

**b** Gib in die Reagenzgläser jeweils 2 ml Heptan. Gib nun in das Lösungsmittel jeweils etwas von der zerdrückten Probe der zu untersuchenden Nahrungsmittel. Verschließe mit einem Stopfen. Schüttle kräftig und lass dann die Reagenzgläser kurz stehen. Gib jeweils einen Tropfen des Lösungsmittelgemischs auf Butterbrot- oder Filterpapier.

*Auswertung:* Notiere deine Beobachtungen. Welche Nahrungsmittel enthalten Fett?

## 2 Löslichkeit von Butter und Pflanzenöl

*Geräte:* 6 Reagenzgläser, 6 Reagenzglasstopfen, Reagenzglasständer, Pipetten, Spatel

*Chemikalien:* Pflanzenöl (z.B. Rapsöl), Butter, Wasser, Waschbenzin, Ethanol (Spiritus)

*Durchführung:* Bereite immer 2 Reagenzgläser mit je 3 ml der folgenden Flüssigkeiten vor: Wasser, Benzin und Spiritus. In die Lösungsmittel gibst du jeweils 1 ml Pflanzenöl bzw. ein erbsengroßes Stückchen Butter. Verschließe mit einem Stopfen. Schüttle kräftig und lass dann die Reagenzgläser kurz stehen.

*Auswertung:* Erstelle eine Tabelle über deine Beobachtungen. Erkläre das Löslichkeitsverhalten von Pflanzenöl und Butter.

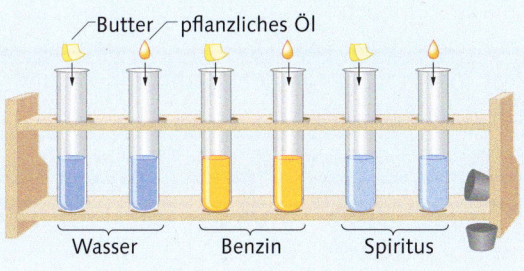

Butter — pflanzliches Öl

Wasser    Benzin    Spiritus

## 3 Fettgehalt von Kartoffelchips und Kartoffelchips light im Vergleich

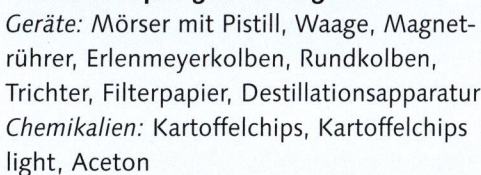

*Geräte:* Mörser mit Pistill, Waage, Magnetrührer, Erlenmeyerkolben, Rundkolben, Trichter, Filterpapier, Destillationsapparatur

*Chemikalien:* Kartoffelchips, Kartoffelchips light, Aceton

*Durchführung:* Bestimme die Masse des Erlenmeyerkolbens (für die Berechnung der Masse der Chips). Bestimme dann die Masse des Rundkolbens (für die Berechnung der Masse des extrahierten Fettes).

Zerreibe eine Handvoll Chips im Mörser. Gib die zerriebenen Chips in den (gewogenen) Erlenmeyerkolben und bestimme ihre Masse. Füge 50 ml Aceton hinzu und rühre etwa 10 min. Filtriere das Gemisch in einen zweiten Erlenmeyerkolben und hebe das Filtrat auf. Fülle 40 ml Aceton in einen dritten Erlenmeyerkolben. Gib den Filterrückstand in den dritten Erlenmeyerkolben. Rühre etwa 10 min und filtriere in den zweiten Erlenmeyerkolben. Gib das gewonnene Filtrat in den Rundkolben. Destilliere im Abzug das Aceton weitgehend ab. Anschließend wird der Rückstand im Abzug durch Verdampfen getrocknet.

Bestimme die Masse des extrahierten Fettes im Rundkolben. Berechne den Fettgehalt der Kartoffelchips aus der Masse der eingesetzten Chips und der Masse des extrahierten Fettes. Wiederhole die Schritte anschließend mit Kartoffelchips light.

*Auswertung:* Vergleiche den Fettgehalt von Kartoffelchips und Kartoffelchips light. Welche Konsequenzen ziehst du aus den Ergebnissen?

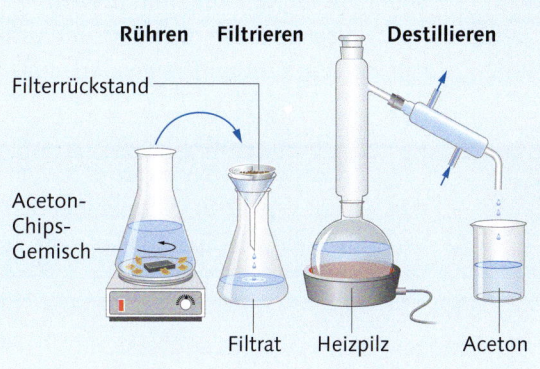

**Rühren    Filtrieren    Destillieren**

Filterrückstand

Aceton-Chips-Gemisch

Filtrat    Heizpilz    Aceton

8

# Kohlenhydrate

**Kohlenhydrate in unserer Nahrung** Brot, Kartoffeln, Nudeln und Obst enthalten viele Kohlenhydrate. Sie machen den größten Bestandteil in der Nahrung aus. Weil aus Kohlenhydraten im Stoffwechsel leicht Energie gewonnen wird, sind sie der „Treibstoff" für Muskeln und Gehirn. 1 g Kohlenhydrate liefern 17 kJ Energie.

9 g Zucker      54 g Zucker

15 g Zucker      24 g Zucker

**2** *Zuckergehalt in 100 g Lebensmitteln*

**1** *Lebensmittel, die viele Kohlenhydrate enthalten*

**Welche Kohlenhydrate gibt es?** Zu den Kohlenhydraten gehören unterschiedliche Stoffe:

*Traubenzucker (Glucose)* und *Fruchtzucker (Fructose)* sind für den süßen Geschmack vieler Früchte verantwortlich. Unser Körper kann diese Zucker besonders leicht verwerten.

*Rohr- oder Rübenzucker (Saccharose)* kommt beispielsweise in Zuckerrohr und Zuckerrüben vor. Er findet als Haushaltszucker Verwendung.

*Stärke* ist der Vorratsstoff der Pflanzen und kommt unter anderem in Kartoffeln, Hülsenfrüchten, Getreide und deshalb auch in Brot und Teigwaren vor.

*Cellulose* ist der Baustoff, aus dem alle Pflanzen bestehen. Sie ist für den Menschen nicht verwertbar, jedoch bei der Verdauung ein wichtiger Ballaststoff.

**Zu den Kohlenhydraten gehören verschiedene Zuckerarten, Stärke und Cellulose.**

**Zu viel Süßes** Pro Jahr verbraucht jeder Deutsche mehr als 34 kg Zucker. Durch Werbekampagnen für süße Lebensmittel werden wir immer wieder zum Verzehr zuckerreicher Nahrung angeregt. Viele industriell gefertigte Lebensmittel enthalten sehr viel Zucker, ohne dass wir dies bewusst wahrnehmen. Versteckter Zucker befindet sich beispielsweise in Limonaden, Fruchtsäften, Ketchup und Soßen.

Ein zu hoher Zuckerkonsum kann zu erheblichen gesundheitlichen Schäden führen. An erster Stelle steht Karies, die durch stark zuckerhaltige Nahrung und schlechte Zahnpflege verursacht wird. Die Bakterien in unserem Mund wandeln Zucker in Säuren um, die den Zahnschmelz angreifen und den Zahn zerstören können. Ein hoher Zuckerkonsum kann auch zu Übergewicht führen. Im Körper wird der nicht benötigte Zucker in Fett umgewandelt und gespeichert.

**Chemische Gemeinsamkeiten** Zucker, Stärke und Cellulose sind Verbindungen aus den Elementen Kohlenstoff, Wasserstoff und Sauerstoff. Unter Einwirkung von Schwefelsäure werden diese Verbindungen in Kohlenstoff und Wasser zerlegt (Bild 3).

**Zucker, Stärke und Cellulose sind aus den Elementen Kohlenstoff, Wasserstoff und Sauerstoff aufgebaut.**

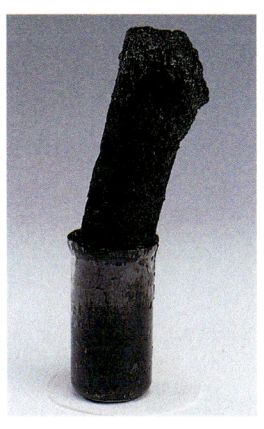

**3** Konzentrierte Schwefelsäure zersetzt Zucker. Dabei entstehen Kohlenstoff und Wasserdampf, der den Kohlenstoff aufbläht.

Saccharose

CH$_2$OH    O    H

H

HO    OH    H

H    OH

CH$_2$OH    O    H

H    OH

OH    H    CH$_2$OH

OH    H

Summenformel:
C$_{12}$H$_{22}$O$_{11}$

**5** Strukturformel des Saccharose-Moleküls, ein Zweifachzucker

**Einfachzucker – Monosaccharide** Glucose, in der Alltagssprache Traubenzucker genannt, und Fructose, die auch als Fruchtzucker bezeichnet wird, sind Zucker mit der gleichen Summenformel C$_6$H$_{12}$O$_6$. Sie unterscheiden sich aber in ihrem Molekülaufbau: Das Glucose-Molekül ist ein 6-Ring aus fünf Kohlenstoffatomen und einem Sauerstoffatom. Das Fructose-Molekül ist ein 5-Ring. Beide Zucker-Moleküle sind Isomere, das heißt, sie haben die gleiche Summenformel, jedoch eine unterschiedliche Struktur. Aufgrund ihres Molekülbaus zählen Glucose und Fructose zu den Einfachzuckern, den Monosacchariden.

Saccharose dient als Süßungsmittel in Süßigkeiten und als Konservierungsmittel, beispielsweise in Marmelade.

**Vielfachzucker – Polysaccharide** Wenn sich viele Tausend Glucose-Moleküle unter Abspaltung von Wasser-Molekülen zu Makromolekülen verbinden, entstehen Vielfachzucker, die Polysaccharide. Stärke und Cellulose sind Mehrfachzucker. Obwohl beide Stoffe aus Glucose-Molekülen aufgebaut sind, haben Stärke und Cellulose unterschiedliche Eigenschaften. Dies lässt sich mit der unterschiedlichen Anordnung der Glucose-Moleküle in der Stärke und in der Cellulose erklären: Viele Stärke-Moleküle sind spiralförmig gewunden. Dagegen bilden Cellulose-Moleküle lang gestreckte Ketten.

Stärke dient dem Menschen als Nahrungsmittel, sie ist der Hauptbestandteil in Getreide und Kartoffeln. Aus besonders cellulosehaltigen Pflanzenteilen wie Holz und Stroh kann reine Cellulose gewonnen werden, der Zellstoff. Daraus können Cellulosefasern für Textilien (Viskose) und vor allem Papier hergestellt werden.

Glucose

CH$_2$OH    O

H    OH

HO    OH    H

H    H

H    OH

Summenformel:
C$_6$H$_{12}$O$_6$

Fructose

CH$_2$OH    O

OH

H    H    OH

CH$_2$OH

OH    H

Summenformel:
C$_6$H$_{12}$O$_6$

**4** Glucose und Fructose: gleiche Summenformel – unterschiedliche Strukturformeln

**Zweifachzucker – Disaccharide** Verbindet sich ein Glucose-Molekül mit einem Fructose-Molekül, so entsteht Saccharose, ein Zweifachzucker oder Disaccharid. Bei dieser Reaktion wird ein Wasser-Molekül abgespalten.

C$_6$H$_{12}$O$_6$ + C$_6$H$_{12}$O$_6$ $\longrightarrow$ C$_{12}$H$_{22}$O$_{11}$ + H$_2$O
Glucose + Fructose $\longrightarrow$ Saccharose + Wasser

Stärke

Cellulose

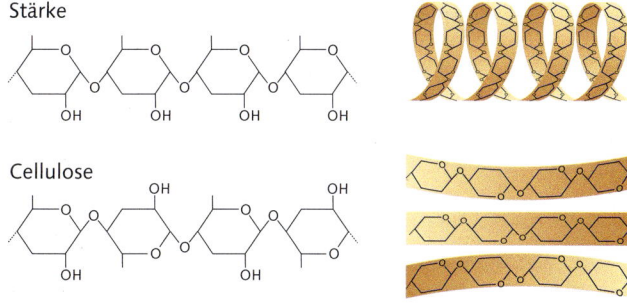

**6** Stärke und Cellulose: gleiche Bausteine – unterschiedlicher Aufbau

Mit Iod-Kaliumiodid-Lösung lässt sich Stärke beispielsweise in Kartoffeln nachweisen. Die Iodid-Ionen können sich in die spiralförmig gewundenen Makromoleküle der Stärke einlagern. Dabei tritt eine typische Blaufärbung bei der zu untersuchenden Probe auf.

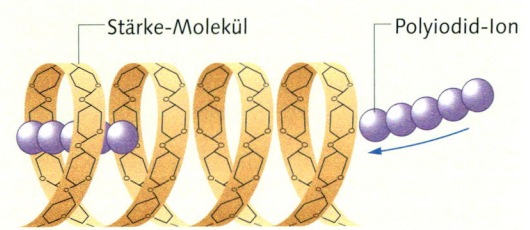

**7** *Iodid-Ionen lagern sich in einem Stärke-Molekül ein.*

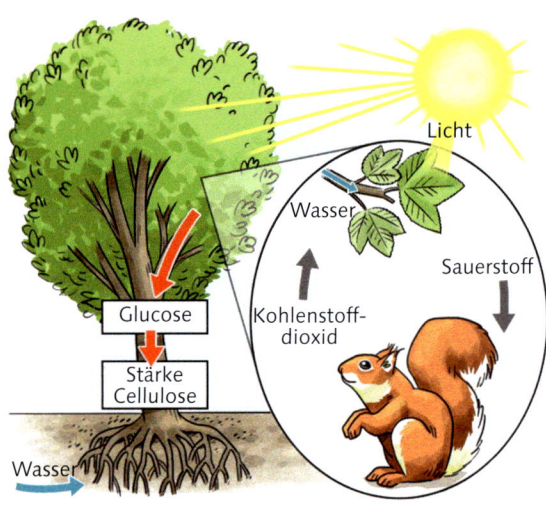

**8** *Vorgänge bei der Fotosynthese*

**Verdauung** Damit die Stärke aus der Nahrung für den Körper verwertbar wird, müssen die Stärke-Moleküle zerlegt werden. Dieser Vorgang beginnt bereits im Mund mithilfe des Speichelenzyms Amylase. Hauptsächlich erfolgt die Verdauung der Kohlenhydrate jedoch im Dünndarm. Hier werden die Kohlenhydrate durch weitere Enzyme zu Einfachzuckern, vor allem zu Glucose, abgebaut. Denn nur die Einfachzucker können im Dünndarm aufgenommen und an den Blutkreislauf abgegeben werden. Glucose stellt die benötigte Energie für fast alle Stoffwechselvorgänge im Körper zur Verfügung.

**Bei der Ernährung dienen Stärke und Zucker als wichtige Energielieferanten.**

**Kein Zucker ohne Fotosynthese** Nur Pflanzen sind in der Lage, aus Kohlenstoffdioxid und Wasser Glucose aufzubauen. Dazu benötigen sie Sonnenlicht und den grünen Blattfarbstoff Chlorophyll. Bei diesem Vorgang geben die Pflanzen Sauerstoff an die Atmosphäre ab.

$$6\ CO_2 + 6\ H_2O \xrightarrow{\text{Licht, Chlorophyll}} C_6H_{12}O_6 + 6\ O_2$$

In den Pflanzen wird ein Großteil der Glucose als Vorratsstoff Stärke oder als Gerüststoff Cellulose gespeichert.

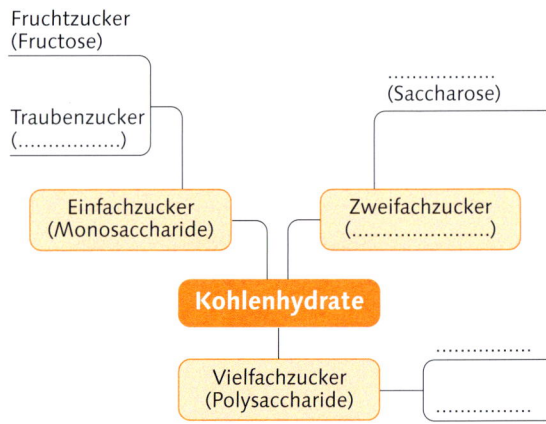

**9** *Mindmap zum Thema Kohlenhydrate*

**Aufgaben**

1 Nenne einige Kohlenhydrate. Ordne sie den Einfachzuckern, Zweifachzuckern und Vielfachzuckern zu.
2 Nenne medizinische Risiken, die durch hohen Zuckerkonsum entstehen können.
3 Haushaltszucker, Stärke und Cellulose sind miteinander verwandt. Erkläre, weshalb diese Aussage zutrifft.
4 Vervollständige die Mindmap in Bild 9 zum Thema Kohlenhydrate.
5 Einige Nahrungsmittel haben einen besonders hohen Anteil an Stärke.
a Nenne einige dieser Lebensmittel.
b Wie kannst du die Stärke darin nachweisen?
6 Beschreibe mithilfe von Bild 8 den Vorgang der Fotosynthese.

# Praktikum   Kohlenhydrate

## 1 Teste den Geschmack von Kohlenhydraten (Heimversuch)

*Zutaten: eine gekochte Kartoffel, ein Stück Traubenzucker, ein Stück Körnerbrötchen, ein Stück Toast, etwas Haushaltszucker*

*Durchführung: Zerkaue hintereinander sehr gründlich die oben aufgeführten Lebensmittel.*

*Auswertung: Notiere deine Beobachtungen beim Kauen. Bemerkst du bei längerem Kauen Geschmacksveränderungen? Erkläre.*

## 2 Nachweis von Monosacchariden in Lebensmitteln

*Geräte:* Reagenzgläser, Reagenzglasständer, Spatel, großes Becherglas, Mörser, Pistill, Messer, Trichter, Filterpapier, Heizplatte
*Chemikalien:* Fehling'sche Lösungen I und II, dest. Wasser, Traubenzucker, Fruchtzucker, Honig, süße Früchte, rohe Möhre, Stärke, Kartoffel, Glucose-Teststäbchen
*Durchführung:* Gib jeweils eine Spatelspitze Traubenzucker, Fruchtzucker, Honig und Stärke in je ein Reagenzglas und füge je 3 ml dest. Wasser hinzu. Zerkleinere feste Lebensmittel, gib sie dann ins Reagenzglas und füge 3 ml dest. Wasser hinzu. Gib in jedes Reagenzglas 1 ml Fehling I und 1 ml Fehling II. Erhitze vorsichtig und unter ständigem Schütteln die Flüssigkeiten im Wasserbad bis zum Sieden. Überprüfe die Lebensmittel mit Glucose-Teststäbchen auf ihren Gehalt an Glucose.
*Auswertung:* Notiere deine Beobachtungen in Form einer Tabelle. In welchen Lebensmitteln findest du Monosaccharide?

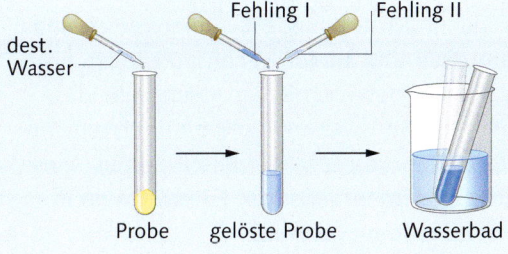

dest. Wasser | Fehling I | Fehling II

Probe | gelöste Probe | Wasserbad

## 3 Stärkenachweis

*Geräte:* Pipette, Messer, mehrere Uhrgläser
*Chemikalien:* Iod-Kaliumiodid-Lösung, etwas Toast, eine rohe Kartoffel, Haushaltszucker, Traubenzucker, Stärke
*Durchführung:* Gib mit einer Pipette einige Tropfen Iod-Kaliumiodid-Lösung auf etwas Stärke. Untersuche weitere Lebensmittel auf Stärke.
*Auswertung:* Notiere alle deine Beobachtungen in Form einer Tabelle.

## 4 Stärkeabbau durch Enzyme im Speichel

*Geräte:* Reagenzlas, Becherglas (250 ml), Heizplatte, Thermometer, Stativmaterial, Siedesteinchen
*Chemikalien:* Stärkelösung, Wasser, Fehling'sche Lösungen I und II
*Durchführung:* Mische 3 ml Stärkelösung im Reagenzglas mit reichlich Speichel. Halte die Mischung 10 min lang im Wasserbad bei etwa 40 °C warm. Gib 1 ml Fehling I und 1 ml Fehling II hinzu und erhitze die Mischung vorsichtig.
*Auswertung:* Notiere deine Beobachtungen. Welche Schlussfolgerung kannst du aus den Beobachtungen ziehen?

## 5 Schoko-Knusperpralinen (Heimversuch)

*Geräte: großer Kochtopf, kleiner Kochtopf, Holzlöffel, 2 Teelöffel, Alufolie, Herd*

*Zutaten: 5 Tafeln Schokolade, 1 Riegel Kokosfett, etwa 100 g Cornflakes, Leitungswasser*

*Durchführung: Gib 5 Tafeln Schokolade und einen Riegel Kokosfett in einen kleinen Kochtopf und schmilz alles im Wasserbad (großer Kochtopf). Rühre etwa 100 g Cornflakes vorsichtig unter. Lege mit zwei Teelöffeln kleine Schokohäufchen auf die Alufolie.*

*Nach etwa 12 Stunden sind die Pralinen hart.*

# Eiweiße

1 *Lebensmittel, die eiweißhaltig sind*

| Lebensmittel | Eiweißgehalt (in g pro 100 g) |
|---|---|
| Schweineschnitzel, natur | 30,8 |
| Bergkäse, 45 % Fett | 29 |
| Linsen, rot, getrocknet | 27 |
| Hühnerfleisch | 26,6 |
| Erbsen, grün, getrocknet | 22,9 |
| Camembert, 45 % Fett | 21 |
| Cashewnüsse, gesalzen, geröstet | 20,5 |
| Lachsfilet, roh | 20 |

Tab. 1 *Eiweißgehalt in 100 g Lebensmittel*

**Eiweiße in unserer Nahrung** Lebensmittel wie Eier, Käse, Erbsen, Fisch und Fleisch enthalten Eiweiße. Eiweiße, auch Proteine genannt, haben den gleichen Energiegehalt wie Kohlenhydrate. Allerdings haben Eiweiße in unserem Körper eine andere Funktion als Kohlenhydrate.

**Eiweiße – echte Multitalente** Ohne Eiweiße ist kein Leben möglich. Unser Körper benötigt Eiweiße für den Zellaufbau. Dadurch bleiben Haut und Muskeln elastisch, und Haare und Nägel können wachsen. Als Baustoff von Hormonen beeinflussen Eiweiße unseren gesamten Stoffwechsel. Auch die Übertragung von Nervenimpulsen und der Transport von Sauerstoff ist ohne Eiweiße nicht möglich.

**Eiweiße sind für alle Vorgänge in unserem Körper lebensnotwendig.**

**Pflanzliche und tierische Eiweiße** Bei der Nahrung unterscheiden wir zwischen tierischen und pflanzlichen Eiweißen. Zu den pflanzlichen Eiweißquellen zählen Hülsenfrüche wie Erbsen, Linsen und Bohnen. Auch in Sojaprodukten und Nüssen ist pflanzliches Eiweiß enthalten. Tierische Eiweißquellen sind beispielsweise alle Milchprodukte, Eier, Wurst, Fleisch, Geflügel und Fisch. Wenn wir zu viel Eiweiß zu uns nehmen, stellt dies eine Belastung für unseren Körper dar. Das überflüssige Eiweiß muss nämlich unter hohem Energieaufwand in unserem Körper in Glucose umgewandelt werden. Die Deutsche Gesellschaft für Ernährung empfiehlt eine tägliche Eiweißaufnahme von etwa 0,8 g Eiweiß pro kg Körpergewicht.

**Eiweiß im Wandel** Wenn du ein Frühstücksei kochst, wird das flüssige Eiklar innerhalb einiger Minuten fest und weiß. Dabei verändern die Eiweiße ihre Struktur. Diese Strukturänderung nennt man auch Denaturierung. Denaturierte Eiweiße kann unser Körper leichter verdauen. Auch durch die Zugabe von Säuren, Alkohol oder Schwermetallen wird die Struktur der Eiweiße verändert. In der Regel sind Denaturierungen nicht umkehrbar, die ursprüngliche Eiweißstruktur kann nicht wieder erzeugt werden.

2 *Flüssiges Eiklar, denaturiertes Eiweiß*

**Bausteine der Eiweiße** Das Eiweiß, das wir mit der Nahrung zu uns nehmen, wird verdaut und dabei in viele kleine Teile, die sogenannten Aminosäuren, zerlegt. Unser Körper kann sich dann aus diesen Aminosäuren körpereigenes Eiweiß aufbauen. 20 verschiedene Aminosäuren sind am Aufbau und an den Lebensvorgängen unseres Körpers beteiligt. Einige essenzielle, das heißt lebensnotwendige Aminosäuren müssen mit der Nahrung aufgenommen werden. Diese sind vor allem in tierischen Eiweißen und in Hülsenfrüchten enthalten.

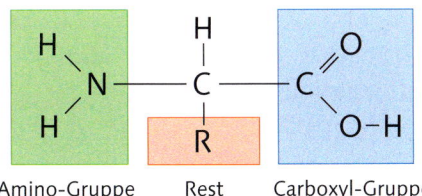

Amino-Gruppe    Rest    Carboxyl-Gruppe

**3** *Allgemeiner Aufbau eines Aminosäure-Moleküls*

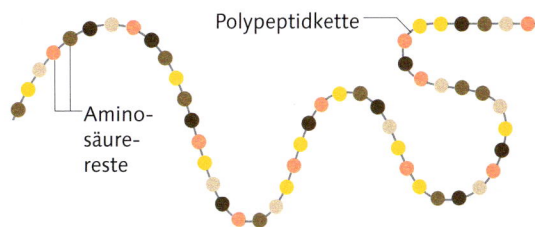

Polypeptidkette

Amino-
säure-
reste

**5** *Kettenförmiges Polypeptid*

**Gruppe der Aminosäuren** Aminosäuren sind organische Verbindungen, die alle nach dem gleichen allgemeinen Bauplan zusammengesetzt sind. Ihre Moleküle enthalten eine Carboxyl-Gruppe (–COOH) und eine Amino-Gruppe (–NH$_2$). Sie unterscheiden sich voneinander durch eine Seitenkette, die auch als Rest (Abkürzung: R) bezeichnet wird.

**Eiweiße sind aus Aminosäuren aufgebaut. Funktionelle Gruppen sind die Carboxyl- (–COOH) und die Amino-Gruppe (–NH$_2$).**

**Peptidbindung** Wenn zwei Aminosäure-Moleküle reagieren, verbindet sich die COOH-Gruppe des einen Moleküls mit der NH$_2$-Gruppe des anderen Moleküls. Da bei diesem Vorgang Wasser abgespalten wird, handelt es sich um eine Kondensationsreaktion. Aus zwei Aminosäuren wird ein Dipeptid gebildet. Die Bindung zwischen den Aminosäure-Molekülen heißt Peptidbindung. Sie ist ein wichtiges Strukturmerkmal.

**Polypeptide – Makromoleküle** Aminosäure-Moleküle können sich zu langen Ketten, den Polypeptiden, verbinden. Weil die Aminosäuren beliebig miteinander verknüpft werden können, ergeben sich fast unbegrenzt viele Kombinationsmöglichkeiten. Polypeptide sind aus mindestens 10 Aminosäuren aufgebaut. Proteine sind Polypeptide mit über 100 Aminosäuren. Sie gehören deshalb zu den Makromolekülen.

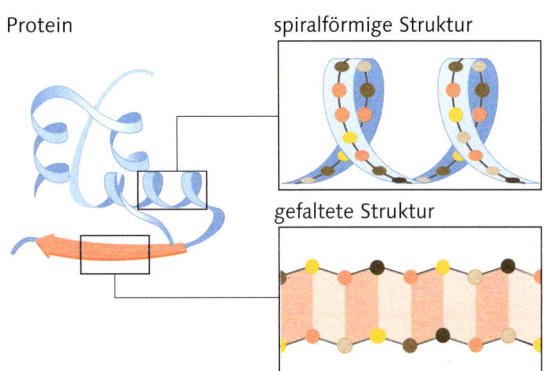

Protein    spiralförmige Struktur

gefaltete Struktur

**6** *Räumliche Struktur eines Proteins*

**Eiweißstruktur** Polypeptidketten liegen nicht als gerade Stränge vor, sondern sind meistens spiralförmig angeordnet oder bilden gefaltete Strukturen. Wasserstoffbrückenbindungen zwischen den COOH- und NH$_2$-Gruppen sind unter anderem für die räumliche Struktur der Proteine verantwortlich.

**Aufgaben**

1 Nenne Nahrungsmittel pflanzlicher und tierischer Herkunft, die Eißweiße enthalten.
2 Nenne wichtige Funktionen der Eiweiße.
3 Eine Portion Putenfleisch (150 g) liefert dem Körper 36 g Eiweiß. Berechne, wie viel Gramm Putenfleisch ausreichen, um deinen Tagesbedarf an Eiweiß zu decken.
4 Formuliere die Bildung eines Dipeptids aus zwei Molekülen der Aminosäure Glycin in Formelschreibweise (Strukturformeln).

Aminosäure (Alanin)    Aminosäure (Glycin)    Dipeptid    Peptidbindung    Wasser

**4** *Bildung eines Dipeptids – eine Kondensationsreaktion*

# Praktikum  Eiweiß

## 1 Herstellung einer Eiweißlösung

*Geräte:* Becherglas (250 ml), Spatel
*Chemikalien:* Hühnerei, Natriumchlorid, Wasser
*Durchführung:* Vermische in einem Becherglas das Eiweiß eines Hühnereies mit 2 Spatelspitzen Natriumchlorid und 100 ml Wasser. Rühre gut um. Die Eiweißlösung kann für weitere Experimente verwendet werden.
*Auswertung:* Notiere deine Beobachtungen.

## 2 Denaturieren von Eiweiß

*Geräte:* 4 Reagenzgläser, Reagenzglasständer, 2 Tropfpipetten, 2 Messpipetten (10 ml), Gasbrenner
*Chemikalien:* Salzsäure (10%ig), Kupfersulfat-Lösung, Spiritus, Eiweißlösung
*Durchführung:* Gib in 4 Reagenzgläser jeweils 5 ml Eiweißlösung. Erhitze das erste Reagenzglas.
Gib in das zweite Reagenzglas 2 ml Spiritus. Füge in das dritte Reagenzglas etwa 10 Tropfen 10%ige Salzsäure hinzu. In das vierte Reagenzglas gibst du etwa 10 Tropfen Kupfersulfat-Lösung.
*Auswertung:* Notiere deine Beobachtungen. Was kannst du über die Empfindlichkeit von Eiweiß gegenüber Hitze, Alkohol (Spiritus), Salzsäure und Kupfersulfat-Lösung aussagen?

## 3 Biuret-Reaktion – Nachweis für Eiweiß

*Geräte:* Reagenzglas, Reagenzglasstopfen, Becherglas (400 ml), 2 Messpipetten (10 ml), Tropfpipette, Heizplatte
*Chemikalien:* Eiweißlösung, verdünnte Natronlauge (3%ig), Kupfersulfat-Lösung (5%ig)
*Durchführung:* Gib 5 ml Eiweißlösung in ein Reagenzglas und füge 5 ml verdünnte Natronlauge und etwa 10 Tropfen Kupfersulfat-Lösung hinzu. Schüttle das Reagenzglas. Stelle das Reagenzglas in ein Becherglas mit heißem Wasser.
*Auswertung:* Notiere deine Beobachtungen.

## 4 Untersuchen von Lebensmitteln mithilfe der Biuret-Reaktion

*Geräte:* 7 Reagenzgläser, Reagenzglasständer, Spatel, Reibeisen, Becherglas (100 ml), Becherglas (400 ml), Trichter, Filterpapier, Erlenmeyerkolben (100 ml), Messpipetten (50 ml und 10 ml), Tropfpipette, Reagenzglasstopfen, Heizplatte
*Chemikalien:* verdünnte Natronlauge (3%ig), Kupfersulfat-Lösung (5%ig), Wasser, rohe Kartoffel, Quark, Joghurt, Zucker, Milch, Sojamilch, Eiweißshake
*Durchführung:*

a *Eiweißnachweis in Kartoffeln:* Zerreibe eine rohe Kartoffel mit einem Reibeisen und versetze sie im Becherglas mit 50 ml Wasser. Filtriere das Gemisch nach 15 min in einen Erlenmeyerkolben. Gib 5 ml des Filtrats in ein Reagenzglas. Überprüfe das Filtrat mithilfe der Biuret-Reaktion auf Eiweiß.

b *Eiweißnachweis in Quark, Milch, Joghurt, Zucker, Sojamilch und Eiweißshake:* Bereite die Proben wie in der Abbildung gezeigt vor. Die Reagenzgläser 1, 2 und 3 werden gut geschüttelt. Füge in die Reagenzgläser 1–6 jeweils 5 ml verdünnte Natronlauge und einige Tropfen Kupfersulfat-Lösung hinzu und schüttle vorsichtig. Stelle alle Reagenzgläser in ein Becherglas mit heißem Wasser und warte 5 min.

*Auswertung:* Notiere deine Beobachtungen. In welchen Lebensmitteln ist Eiweiß enthalten?

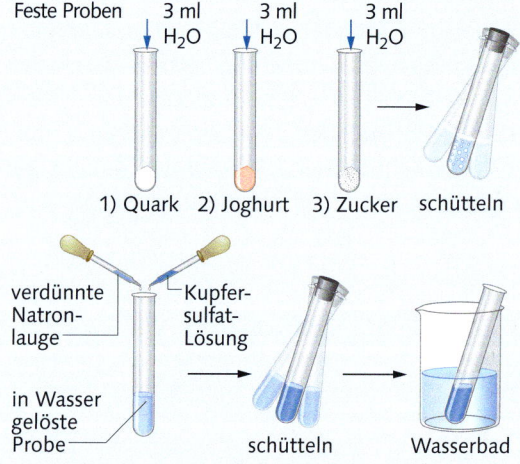

# Zusatzstoffe in Lebensmitteln

**1** *Lebensmittel mit Zusatzstoffen*

| Zusatzstoff | E-Nummer | Funktion |
|---|---|---|
| Mononatrium-glutamat | 621 | Geschmacksverstärker |
| Riboflavin | 101 | Farbstoff (gelb) |
| Benzoesäure | 210 | Konservierungsstoff |
| Essigsäure | 260 | Säuerungsmittel, Konservierungsstoff |
| Äpfelsäure | 296 | Säuerungsmittel |
| Aspartam | 951 | Süßstoff |

**Tab. 1** *Einige Zusatzstoffe und ihre E-Nummern*

**Warum Zusatzstoffe?** Viele Lebensmittel wie Obst, Gemüse oder Nüsse schmecken uns von Natur aus gut. Sie sind aber oft nur begrenzt haltbar. Um die Haltbarkeit von Lebensmitteln zu verlängern, kann man sie beispielsweise durch Kochen, Einsalzen oder Einzuckern konservieren. Durch besondere Zusatzstoffe, die Konservierungsstoffe, kann die Haltbarkeit ebenfalls verlängert werden. In der Lebensmittelindustrie benutzt man auch weitere Zusatzstoffe, um beispielsweise die Farbe und den Geschmack von Nahrungsmitteln zu beeinflussen.

**E-Nummern** Wenn du die Zutatenliste von industriell hergestellten Lebensmitteln ansiehst, findest du oft E-Nummern. Was verbirgt sich hinter diesen Abkürzungen? E-Nummern kennzeichnen die Zusatzstoffe in Lebensmitteln.

**Geschmacksverstärker** Viele Fertigprodukte und Chips haben eins gemeinsam: Sie enthalten den Geschmacksverstärker Glutamat (Mononatriumglutamat). Die Chips schmecken dadurch intensiver nach Paprika oder einer anderen Geschmacksrichtung. Allerdings steht Glutamat im Verdacht, bei manchen Menschen gesundheitliche Nebenwirkungen hervorzurufen.

**Farbstoffe** Viele Lebensmittel erhalten erst durch die Zugabe von Farbstoffen ihre typische Farbe. Carotinoide färben beispielsweise Butter und Margarine gelb. Patentblau V verleiht vielen Süßwaren ihre blaue Farbe.

**Konservierungsstoffe** Das Wachstum von Bakterien und Schimmelpilzen wird durch Konservierungsstoffe gehemmt. Dadurch kann die Haltbarkeit von Lebensmitteln verlängert werden.

Der Konservierungsstoff Sorbinsäure wird in Marmeladen und Brot verwendet. Benzoesäure findet sich oft in Fischerzeugnissen.

**Säuerungsmittel** Um Lebensmitteln einen sauren Geschmack zu verleihen, werden Säuerungsmittel verwendet. Gleichzeitig haben diese Stoffe auch eine konservierende Wirkung. Essigsäure findet sich in Fertigsalaten, Gewürzsoßen oder Gemüseprodukten. Äpfelsäure wird in Backwaren, Säften und Suppen eingesetzt.

**Süßstoffe** Um Lebensmitteln einen süßen Geschmack zu verleihen, werden auch Süßstoffe verwendet. Sie ersetzen in manchen Lebensmitteln den Haushaltszucker (Saccharose). Aspartam ist ein künstlicher Süßstoff, der in Kaugummi und Getränken eingesetzt wird. Auch Süßstofftabletten bestehen oft aus Aspartam.

**Geschmacksverstärker, Farbstoffe, Konservierungsstoffe, Säuerungsmittel und Süßstoffe werden als Zusatzstoffe in der Lebensmittelindustrie verwendet.**

### Aufgaben
1 Erläutere, warum in der Lebensmittelherstellung Zusatzstoffe verwendet werden.
2 Welche Bedeutung haben E-Nummern auf Lebensmittelverpackungen?
3 Zu den Zusatzstoffen gehören auch Verdickungsmittel und Emulgatoren. Recherchiere, welche Stoffe verwendet werden, und beschreibe ihre Funktion.

8

# Geschichte und Herstellung der Seife

**1** *Seife – einst Luxusartikel, heute Alltagsgegenstand*

**Die ersten Seifen** Eine kleine Tontafel aus Mesopotamien, aus der Zeit um 2500 v. Chr., gilt als erste schriftliche Überlieferung für die Verwendung eines seifenähnlichen Gemischs. Die Tontafel enthält in Keilschrift Anweisungen zum Waschen von Wolle mit einem Gemisch aus Pottasche, einer alkalischen Verbindung, und Pflanzenöl. Im Altertum wurde Seife zunächst für kosmetische Zwecke und zur Wundheilung, beispielsweise bei Hautausschlägen, genutzt. Die Römer verwendeten sie erst ab dem 2. Jh. n. Chr. zum Waschen und zur Körperhygiene. Weil die Reinigungswirkung überzeugte, wurde sie bald zu einem begehrten Handelsartikel. Vom lateinischen Wort *sapo* leiten sich das deutsche Wort „Seife", das englische *soap* und das französische *savon* ab.

**Exkurs** **Vom Luxusartikel zum Alltagsgegenstand**

Im 7. Jahrhundert wurden die ersten Zünfte der Seifensieder gegründet und im fränkischen Reich von KARL DEM GROSSEN (747 bis 814 n. Chr.) gefördert. Trotzdem dauerte es noch rund 1000 Jahre, bis die Seife im alltäglichen Leben Einzug fand. Dies lag einerseits daran, dass Seife im Mittelalter als Luxusartikel nur der oberen Bevölkerungsschicht zugänglich war. Zudem vertraten im 16. und 17. Jahrhundert viele Menschen die Meinung, Wasser schade dem Körper. Man puderte die Haut lieber, als sich mit Seife und Wasser zu waschen. Die Folge waren mangelhafte hygienische Zustände, die die Ausbreitung von Seuchen förderten. Erst im 18. Jahrhundert wurde die Seife als Mittel zur Körperreinigung wiederentdeckt. Damit begann auch die industrielle Seifenproduktion.

**2** *Seifensieder bei der Arbeit, Kupferstich aus dem 18. Jahrhundert*

**Fette zur Seifenherstellung** Zur Seifenherstellung können pflanzliche und tierische Fette verwendet werden. Die Verwendung unterschiedlicher Fette führt zu unterschiedlichen Seifen und verschiedenen Seifeneigenschaften. Marseiller Seife wird beispielsweise aus Olivenöl hergestellt, während man zu CAESARS Zeiten Ziegentalg verwendete. Die meisten Seifen werden heute aus Palmöl, Palmkernöl oder Kokosöl hergestellt.

**Seifensieden** Um Seife herzustellen, wird das Fett mit einer Lauge gekocht. Diesen Vorgang bezeichnet man als Seifensieden. Dabei wandelt sich das Gemisch aus Fett und Lauge in Glycerin und Seife um. Verwendet man beim Seifensieden Natronlauge, so entsteht feste Kernseife. Setzt man Kalilauge ein, entsteht keine feste Seife, sondern weiche Schmierseife (Bild 3).

Fett + Lauge $\rightarrow$ Seife + Glycerin

**Beim Seifensieden wird durch Erhitzen von Fett und Lauge Seife und Glycerin hergestellt.**

**3** *Feste Kernseife (links) und weiche Schmierseife (rechts)*

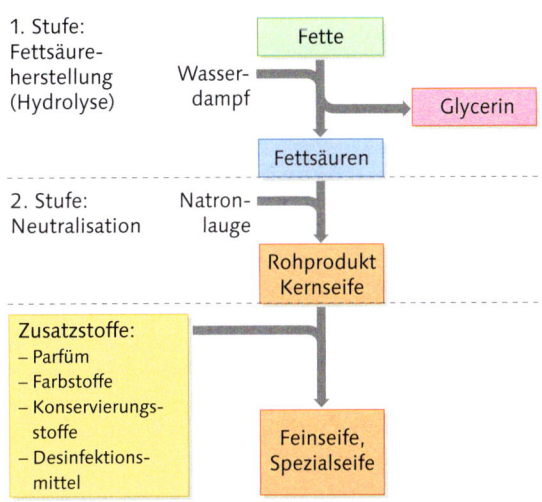

**4** *Reaktionsschema der Verseifung*

Fett + Natronlauge → Glycerin + Seife

**Verseifung** Fette sind Ester, die aus dem dreiwertigen Alkohol Glycerin und verschiedenen Fettsäuren (langkettigen Alkansäuren) bestehen. Beim Kochen in alkalischen Lösungen wie Natronlauge oder Kalilauge werden die Fette gespalten. Dabei entstehen Glycerin und die Alkalimetallsalze der Fettsäuren. Solche Salze von Fettsäuren heißen Seifen. Die chemische Reaktion wird als Verseifung bezeichnet (Bild 4).

**Seifen sind Natrium- oder Kaliumsalze der Fettsäuren. Sie entstehen durch Verseifung eines Fettes mit einer alkalischen Lösung.**

**Trennung von Seife und Glycerin** Bei der Verseifung entsteht ein „Seifenleim" aus Glycerin und Seife – eine klare, homogene und fadenziehende Masse. Um Seife und Glycerin voneinander zu trennen, muss gegen Ende der Verseifungsreaktion Kochsalz hinzugegeben werden. Da sich die Seife in der Kochsalzlösung schlecht löst, scheidet sie sich an der Oberfläche ab.

**Technische Herstellung** Die moderne technische Seifenherstellung aus Fetten erfolgt in zwei getrennten Stufen (Bild 5):
In der *ersten Stufe* werden aus Fetten und Wasser durch Hydrolyse Fettsäuren hergestellt, die sich leicht vom wasserlöslichen Glycerin abtrennen lassen. Dies stellt einen Vorteil gegenüber dem traditionellen Verfahren der Verseifung dar, weil es zu einer besseren Ausbeute des begehrten Rohstoffs Glycerin führt.
Die *zweite Stufe* ist die Neutralisation, bei der die gebildeten Fettsäuren mit einer Lauge behandelt werden, wodurch die Seife entsteht.

**5** *Technische Seifenherstellung*

1. Stufe: Fettsäureherstellung (Hydrolyse) — Wasserdampf — Fette → Glycerin → Fettsäuren

2. Stufe: Neutralisation — Natronlauge → Rohprodukt Kernseife

Zusatzstoffe:
– Parfüm
– Farbstoffe
– Konservierungsstoffe
– Desinfektionsmittel
→ Feinseife, Spezialseife

Die Rohseife kann mit verschiedenen Zusatzstoffen angereichert werden. Anschließend wird die Seife in Formen eingefüllt und verpackt. Durch Auswahl und Zusammenstellung der verwendeten Fette und Zusatzstoffe wie Parfüm, Farbstoffe oder Konservierungsstoffe lässt sich die Vielfalt der im Handel erhältlichen Fein- und Spezialseifen herstellen.

**Aufgaben**

1 Nenne die Ausgangsstoffe und die Reaktionsprodukte der Seifenherstellung.

2 Welche Lauge muss zur Herstellung von Kernseife und welche zur Herstellung von Schmierseife verwendet werden?

3 Erkläre, warum am Ende der Herstellung von Seife etwas Kochsalz zum Seifenleim gegeben werden muss.

4 Worin unterscheidet sich die technische von der traditionellen Seifenherstellung?

# Bau und Eigenschaften der Seife

**1** *Das rot gefärbte Öl kann nur entweichen, wenn es von Seifenlösung umgeben ist.*

**Sonderbare Seife** Aus einer Flasche mit Öl, die in einem Becherglas mit Wasser steht, entweicht kein einziger Öltropfen. Wenn aber dem Wasser Seife zugesetzt wird, strömt Wasser in die Ölflasche hinein und Öl aus ihr heraus. Wie kann das sein?

**Bau der Seifenteilchen** Der Bau der Seifenteilchen ist entscheidend für die Eigenschaften der Seife. In Wasser zerfallen Seifen in positiv geladene Natrium- oder Kalium-Ionen und negativ geladene Fettsäure-Ionen. Diese Fettsäure-Ionen nennt man Seifen-Anionen.

$$C_{15}H_{31}\text{–COONa} \xrightarrow{\text{Wasser}} C_{15}H_{31}\text{–COO}^- + Na^+$$

Seifenteilchen $\rightarrow$ Seifen-Anion + Natrium-Ion

**Gegensätzliche Eigenschaften** Für die Waschwirkung der Seife ist das Seifen-Anion verantwortlich. Man kann es sich aus zwei verschiedenen Teilen zusammengesetzt vorstellen: einem negativ geladenen „Kopf" und einer langen Kohlenwasserstoffkette. Der „Kopf" ist polar

und besitzt daher hydrophile (wasserliebende) Eigenschaften. Die Kohlenwasserstoffkette besteht aus 10 bis 18 Kohlenstoffatomen. Sie ist unpolar und hydrophob (wasserabstoßend) – und zugleich lipophil (fettliebend).

**Seifen-Anionen bestehen aus einem hydrophilen „Kopf" und einer hydrophoben Kohlenwasserstoffkette.**

**Lösevorgang von Seife in Wasser** An der Grenzfläche zwischen Wasser und Luft wird der hydrophile „Kopf" des Seifen-Anions von Wasser-Molekülen umlagert. Die hydrophoben Kohlenwasserstoffketten werden aus dem Wasser verdrängt und ragen aus der Grenzfläche heraus. Wird der Flüssigkeit vermehrt Seife zugesetzt, so ist die Grenzfläche schließlich besetzt und es gelangen auch Seifen-Anionen ins Wasserinnere. Da die unpolaren Kohlenwasserstoffketten anderer Seifen-Anionen eine unpolare Umgebung darstellen, drängen sich diese zusammen. Die hydrophilen „Köpfe" ragen in das Wasser hinein. Solche Zusammenschlüsse aus Seifen-Anionen heißen Mizellen.

**Herabsetzung der Oberflächenspannung** Durch die Anwesenheit der Seifen-Anionen werden die Anziehungskräfte der Wasser-Moleküle und ihr Zusammenhalt an der Oberfläche verringert. Die Oberflächenspannung wird herabgesetzt. Eine Seifenlösung hat also eine geringere Oberflächenspannung als Wasser. Die Flüssigkeit wird dadurch beweglicher und das Öl kann aus der Flasche entweichen (Bild 1).

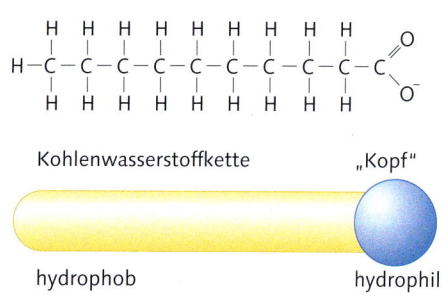

Kohlenwasserstoffkette       „Kopf"

hydrophob                 hydrophil

**2** *Bau des Seifen-Anions, Modellvorstellung*

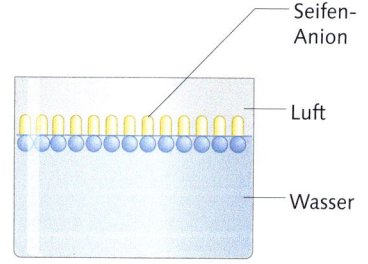

**3** *Seifen-Anionen an der Grenzfläche von Wasser und Luft*

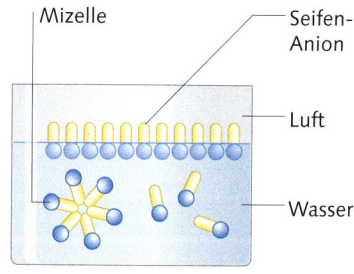

**4** *Bildung von Mizellen aus einer Vielzahl von Seifen-Anionen*

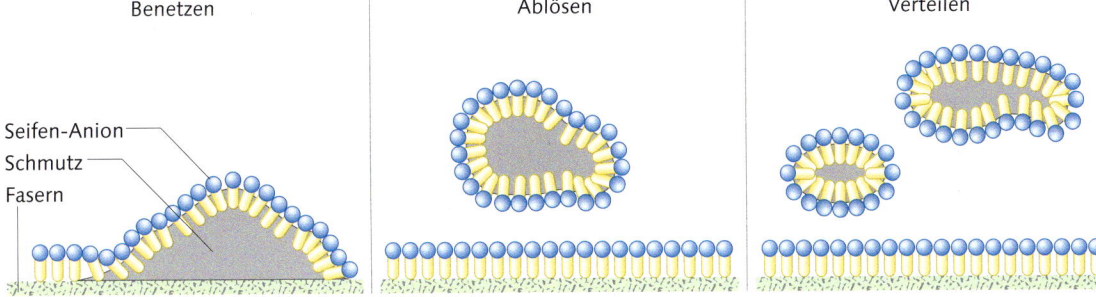

| Benetzen | Ablösen | Verteilen |

Seifen-Anion
Schmutz
Fasern

**5** *Phasen des Waschvorgangs*

Seifenlösung kann leichter als das reine Wasser in feine Räume wie Gewebefasern eindringen.

**Seife ist gut in Wasser löslich und setzt die Oberflächenspannung des Wassers herab.**

**Phasen des Waschvorgangs** Beim Wäschewaschen müssen die Gewebefaser von Wasser benetzt und der zumeist fetthaltige Schmutz abgelöst werden. Beim Waschvorgang verläuft dies in drei Phasen:

1. *Benetzen:* Die Oberflächenspannung des Wassers wird herabgesetzt, wodurch Schmutz und Fasern benetzt werden können. Seifen-Anionen lagern sich an den Grenzflächen Wasser-Schmutz beziehungsweise Wasser-Faser an.
2. *Ablösen:* An der Schmutzoberfläche weisen die „Köpfe" der Seifen-Anionen nach außen. Weil sie elektrisch gleich geladen sind, stoßen sie sich gegenseitig ab. So wird der Schmutz von der Faseroberfläche abgelöst.
3. *Verteilen:* Durch weitere Abstoßung der Seifen-Anionen kommt es zu einer immer feineren Zerteilung und schließlich zur Verteilung des Schmutzes im Wasser. Solch eine Lösung von Schmutz in Wasser heißt Suspension.

**pH-Wert einer Seifenlösung** Löst sich Seife in Wasser, so reagieren die Seifen-Anionen mit den Wasser-Molekülen. Dabei bilden sich Hydroxid-Ionen. Diese Hydroxid-Ionen sind für die alkalische Reaktion der Seifenlösung verantwortlich. Sie hat einen pH-Wert zwischen 8,5 und 10,5. Hydroxid-Ionen greifen den Säureschutzmantel der Haut an, was zur Schädigung der natürlichen Schutzfunktion führt. Deshalb sollte empfindliche Haut nicht mit Seife gewaschen werden.

**Wasserhärte** Leitungswasser enthält Erdalkalimetall-Ionen in unterschiedlicher Zusammensetzung. Sie werden als Härtebildner bezeichnet. Je mehr Härtebildner im Wasser enthalten sind, umso „härter" ist es.
Calcium- und Magnesium-Ionen reagieren mit Seifen-Anionen und bilden dabei schwer lösliche Calcium- und Magnesiumsalze. Diese schwer löslichen Salze werden als Kalkseife bezeichnet. Seifen-Anionen, die als Kalkseife gebunden werden, stehen nicht mehr für den Waschvorgang zur Verfügung.

$$2\ C_{15}H_{31}\text{--}COO^- + Ca^{2+} \rightarrow (C_{15}H_{31}\text{--}COO)_2Ca$$
Seifen-Anion + Calcium-Ion $\rightarrow$ Kalkseife

Kalkseife trübt die Seifenlösung, vermindert ihre Reinigungswirkung und lagert sich auf Textilien ab. Dadurch werden Gewebe grau und spröde.

**Seife reagiert in Wasser alkalisch und kann dadurch unsere Haut schädigen. In hartem Wasser verliert Seife ihre Reinigungswirkung.**

**Aufgaben**

1 Beschreibe den Bau eines Seifenteilchens. Fertige ein Modell aus Zahnstochern und Knetmasse an, das die wesentlichen Merkmale des Seifenteilchens darstellt.
2 Nenne die gegensätzlichen Eigenschaften eines Seifen-Anions.
3 Erkläre, wie Seife die Oberflächenspannung des Wassers herabsetzt.
4 Beschreibe die Phasen des Waschvorgangs.
5 Nenne Nachteile des Waschens mit Seife.
6 Informiere dich über die Zusammensetzung und die Eigenschaften einer Waschlotion mit der Aufschrift „pH-neutral".

# Waschmittel

**1** *Waschmittel sind Gemische aus verschiedenen Bestandteilen.*

**Moderne waschaktive Substanzen** Das erste „selbsttätige" Vollwaschmittel aus Seife, Natriumcarbonat, Natriumperborat und Natriumsilicat wurde 1907 entwickelt. Dieses Waschmittel reinigte und bleichte in einem Waschvorgang und machte eine starke mechanische Bearbeitung des Waschguts, beispielsweise durch Wäschestampfer, entbehrlich. Die Entwicklung moderner waschaktiver Substanzen war für die Hausfrauen zu dieser Zeit eine sensationelle Erleichterung, weil sie die Wäsche mit weniger Mühe und Kraftaufwand reinigen konnten.

**Zusammensetzung von Waschmitteln** Heutige Waschmittel sind Gemische aus 10 bis 15 Bestandteilen. Je nachdem, welcher Stoff gereinigt und welche Art Schmutz entfernt werden soll, variiert die Zusammensetzung.

Die Bestandteile moderner Waschmittel lassen sich in drei unterschiedliche Gruppen einteilen:
– Tenside
– Enthärter
– Zusatzstoffe

**Tenside** Sie sind durch ihre waschaktive, schmutzlösende Wirkung die wichtigsten Bestandteile von Waschmitteln. Der Aufbau der Tenside ist mit dem der Seife vergleichbar. Tensid-Moleküle unterscheiden sich jedoch in den hydrophilen Gruppen von den Seifen-Anionen. Sie werden aufgrund ihres Baus in verschiedene Tensidklassen eingeteilt (Tab. 1).

**Enthärter** Waschmittel enthalten als Enthärter oder Gerüstsubstanzen bezeichnete Stoffe. Enthärter sind anorganische Salze, die in ihre Kristallgitter Calcium- und Magnesium-Ionen, die Härtebildner, einlagern können. Die Ionen werden dem Waschwasser entzogen, wodurch das Wasser wieder „weicher" wird. So werden Kalkablagerungen an den Fasern der Wäsche und an Waschmaschinenbauteilen verhindert.

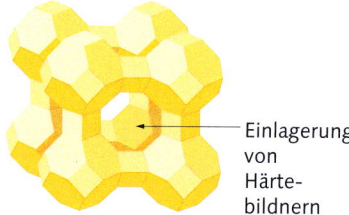

Einlagerung von Härtebildnern

**2** *Zeolith – ein Enthärter*

| Tensidklasse | Modelldarstellung | Bau, Eigenschaften, Verwendung |
|---|---|---|
| Anionische Verbindungen | | die hydrophile Gruppe besitzt eine negative Ionenladung; gute Waschwirkung und gute Schaumbildung; wichtigste Tensidklasse in Waschmitteln; Seifen bilden mit hartem Wasser Kalkseifen |
| Kationische Verbindungen | | die hydrophile Gruppe besitzt eine positive Ionenladung; geringe Waschwirkung; glätten Fasern, deshalb Verwendung in Weichspülern; außerdem in Desinfektionsmitteln und Trocknungshilfen |
| Amphotere Verbindungen | | positive und negative Ionenladung im gleichen Molekül; gute Hautverträglichkeit und antibakterielle Wirkung; Verwendung in Kosmetikprodukten, als Schaumstabilisatoren, in Spezialwaschmitteln |
| Nichtionische Verbindungen | | keine Ionenladung; wegen guter Waschwirkung bei geringer Temperatur Verwendung in Wasch- und Reinigungsmitteln; als Emulgatoren in Lebensmitteln |

**Tab. 1** *Einteilung der Tenside in Tensidklassen*

| Enzym | Wirkung | Beispiel |
|-------|---------|----------|
| Protease | spaltet Eiweiße | Blut, Kakao, Eigelb |
| Amylase | spaltet Stärke und Glykogen | Speisereste aus kohlenhydrathaltigen Lebensmitteln wie Kartoffeln oder Nudeln |
| Lipase | spaltet Fette in freie Fettsäuren | fettige Speisereste, Cremes, Kosmetika |

**Tab. 2** *In Waschmitteln eingesetzte Enzyme*

**Zusatzstoffe** In Waschmitteln sind nicht nur waschaktive Substanzen und Enthärter enthalten, sondern auch Zusatzstoffe, die weitere Funktionen übernehmen. Wichtige Beispiele für Zusatzstoffe sind Bleichmittel, Enzyme, optische Aufheller und Stabilisatoren.

**Waschmittel bestehen aus waschaktiven Substanzen, den Tensiden, sowie Enthärtern und Zusatzstoffen.**

**Bleichmittel** Farbige Verschmutzungen wie Obst-, Gemüse- oder Weinflecke werden durch Bleichmittel entfernt. Bleichmittel sind Sauerstoffverbindungen mit einer oxidierenden Wirkung. In wässriger Lösung wird der Sauerstoff freigesetzt und reagiert mit Schmutz- und Farbstoffen, die dadurch abgebaut werden. Zusätzlich besitzen sie eine antibakterielle Wirkung. Das wichtigste Bleichmittel ist Natriumperborat.

**Enzyme** Enzyme sind Eiweiße, die als Katalysatoren wirken. Sie fördern den Abbau von organischen Verschmutzungen wie Speiseresten oder Kosmetika (Tab. 2). Die in modernen Waschmitteln enthaltenen Enzyme entfernen schon bei niedrigen Temperaturen geringste Mengen von Verschmutzungen, indem sie den Schmutz in kleine Bestandteile spalten. Die Spaltprodukte werden anschließend durch die Tenside gelöst.

**Vollwaschmittel, Tabs und Co.** Man unterscheidet zwischen Universal- oder Vollwaschmitteln sowie Spezial- und Feinwaschmitteln. Universal- oder Vollwaschmittel sind für fast alle Textilien, Waschtemperaturen von 30 bis 95 °C und Schmutzarten geeignet.

**Exkurs  Optische Aufheller**

Optische Aufheller sind organische Fluoreszenzfarbstoffe, die nicht sichtbares UV-Licht aufnehmen und als sichtbares blaues Licht wieder abstrahlen. Bei vergilbten Fasern wird das Tageslicht nicht mehr gleichmäßig zurückgestrahlt. Der Blauton wird geschluckt, sodass der Gelbton hervorsticht. Durch die optischen Aufheller wird der fehlende Blauanteil ersetzt und ergibt mit dem Gelbanteil durch additive Farbmischung ein strahlendes Weiß. Ein blaustichiges Weiß wird vom menschlichen Auge weißer als ein gelbstichiges Weiß empfunden.

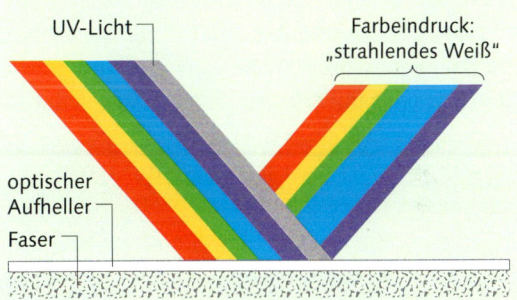

Feinwaschmittel sind für empfindliche und bunte Wäsche geeignet, die nur bei mäßigen Temperaturen bis 60 °C gewaschen werden darf. Sie enthalten keine Bleichmittel und optischen Aufheller, damit Farbe und feines Gewebe geschont werden. Starke Verschmutzungen werden von solchen Waschmitteln weniger gut gelöst.

**Aufgaben**

1 Wie sind moderne Waschmittel zusammengesetzt? Nenne die Hauptbestandteile.

2 Erkläre, was man unter Tensiden versteht.

3 Begründe, warum heute andere Tenside als Seife in Waschmitteln eingesetzt werden.

4 Beschreibe die Funktion von Enthärtern in Waschmitteln.

5 Tim hat beim Frühstück auf sein weißes T-Shirt Kakao verschüttet. Welchen Bestandteil muss das Waschmittel enthalten, damit dieser Fleck optimal entfernt werden kann?

6 Informiere dich, wie du bei der Verwendung von Waschmitteln die Umwelt schonen kannst. Nutze und vergleiche mindestens zwei Quellen.

# Praktikum   Seifen und Waschmittel

## 1  Herstellen von Seife

*Geräte:* Gasbrenner, Becherglas (600 ml, hoch), Dreifuß, Drahtnetz, langer Glasstab, Waage, Messpipette, Spatel, Spatellöffel
*Chemikalien:* Kokosfett, Natronlauge (10%ig), Natriumchlorid, dest. Wasser
*Durchführung:* Gib 15 g Kokosfett und 15 ml Natronlauge in ein Becherglas. Erhitze das Gemisch vorsichtig unter ständigem Umrühren für etwa 15 min.
Ersetze das verdampfende Wasser durch vorsichtiges Zugeben von dest. Wasser. Gib nach 15 min zwei Spatelspitzen Natriumchlorid hinzu. Erhitze noch weitere 5 min, aber gib kein destilliertes Wasser mehr hinzu. Fülle das Reaktionsprodukt in ein kleines Becherglas ab.
*Auswertung:* Wie kannst du die entstandene Seife nachweisen?

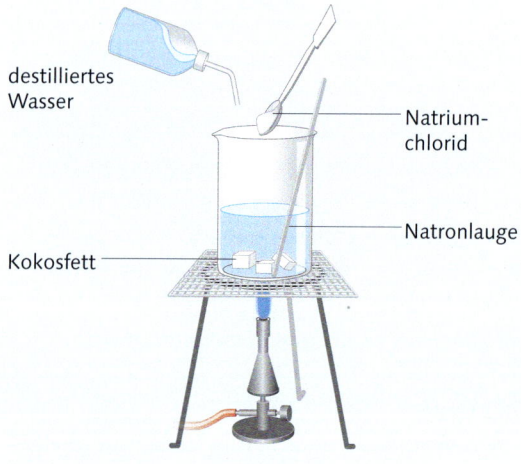

destilliertes Wasser
Natriumchlorid
Natronlauge
Kokosfett

## 2  Der „Wasserberg"

*Geräte:* Tropfpipette, Glasstab, Münzen
*Chemikalien:* dest. Wasser, Seifenlösung
*Durchführung:* Tropfe mit der Pipette Wasser auf die Münze, bis ein „Wasserberg" entstanden ist. Berühre nun mit einem Glasstab vorsichtig die Wasseroberfläche.
*Auswertung:* Beschreibe, was mit der Wasseroberfläche geschieht. Erkläre deine Beobachtungen. Verändert sich etwas, wenn der Glasstab vor der Berührung kurz in Seifenlösung getaucht wird? Erkläre.

## 3  Die Moosgummischlange

*Geräte:* Schale, Moosgummi (kreisförmig), Zahnstocher, Schere
*Chemikalien:* Wasser, Seifenlösung
*Durchführung:* Schneide aus dem Moosgummi eine Spirale. Fülle die Schale mit Wasser und lege die Moosgummischlange auf die Wasseroberfläche. Tauche den Zahnstocher in die Seifenlösung und berühre damit die Wasseroberfläche in der Mitte der Moosgummischlange.
*Auswertung:* Was kannst du beobachten? Erkläre.

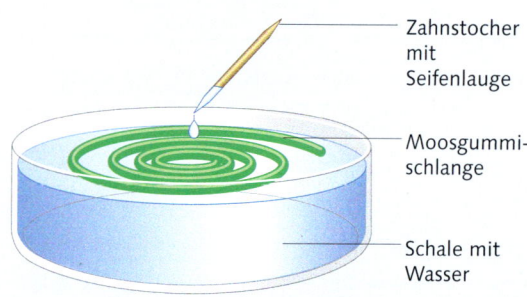

Zahnstocher mit Seifenlauge
Moosgummischlange
Schale mit Wasser

## 4  pH-Wert einer Seifenlösung

*Geräte:* 2 Reagenzgläser mit Stopfen, Reagenzglasständer, Pipetten
*Chemikalien:* Seifenlösung, Wasser, Universalindikator
*Durchführung:* Gib Seifenlösung in ein Reagenzglas und versetze sie mit einigen Tropfen Universalindikator.
Gib in das andere Reagenzglas Wasser und versetze es ebenfalls mit einigen Tropfen Universalindikator.
*Auswertung:* Vergleiche beide Lösungen. Welchen pH-Wert besitzt die Seifenlösung?

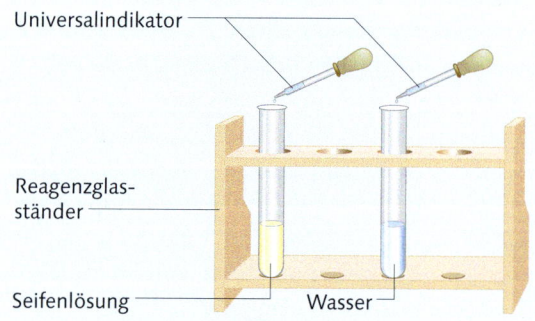

Universalindikator
Reagenzglasständer
Seifenlösung
Wasser

## 5 Benetzbarkeit und Emulgierwirkung

*Geräte:* Tropfpipette, Textilien oder Stoffreste, 2 Reagenzgläser, Pipetten
*Chemikalien:* Seifenlösung, Wasser, Speiseöl (z. B. Sonnenblumenöl, Sesamöl)
*Durchführung:*

**a** *Versuch zur Benetzbarkeit*
   Tropfe mit der Pipette einen Tropfen Leitungswasser auf ein Textilstück. Gib zum Vergleich einen Tropfen Seifenlösung auf ein zweites Textilstück.
   *Auswertung:* Notiere deine Beobachtungen.

**b** *Emulsion aus Wasser und Öl*
   Fülle in die Reagenzgläser jeweils einige Tropfen Speiseöl. Gib in das erste Reagenzglas Wasser, in das zweite Seifenlösung und schüttle beide Reagenzgläser kräftig. Beobachte und gieße nach etwa 1 min die Flüssigkeiten in ein Spülbecken aus.
   *Auswertung:* Beschreibe deine Beobachtungen. Erläutere, was in den zwei Reagenzgläsern entsteht. Was kannst du nach dem Ausgießen beobachten?

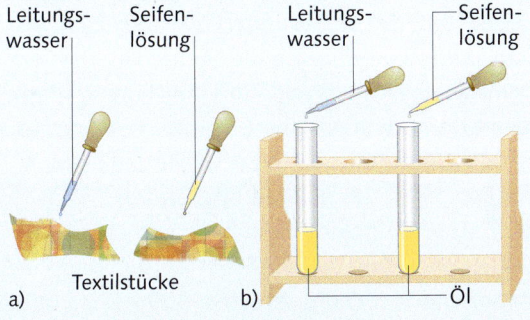

Leitungswasser — Seifenlösung — Leitungswasser — Seifenlösung
a) Textilstücke   b) Öl

## 6 Vergleich der Löslichkeit von Seife und Waschmittel

*Geräte:* 2 Reagenzgläser, 2 Reagenzglasstopfen
*Chemikalien:* Seifenflocken, Vollwaschmittel (Pulver), Leitungswasser
*Durchführung:* Plane einen Versuch, mit dem du die Löslichkeit von Seife und Waschmittel vergleichen kannst. Zeige deine Versuchsanleitung deiner Lehrerin oder deinem Lehrer, bevor du den Versuch durchführst.
*Auswertung:* Vergleiche. Was stellst du fest?

## 7 Nachweis von optischen Aufhellern

*Geräte:* 2 Reagenzgläser, 2 Papiertaschentücher, UV-Lampe
*Chemikalien:* Waschmittellösung (mit optischen Aufhellern), Seifenlösung, Leitungswasser
*Durchführung:*

**a** Gib etwas Waschmittellösung und etwas Seifenlösung in je ein Reagenzglas. Betrachte die Lösung jeweils unter einer UV-Lampe.

**b** Tränke ein Papiertaschentuch mit Seifenlösung und das zweite mit Waschmittellösung. Vergleiche die beiden Papiertaschentücher unter UV-Bestrahlung.

*Auswertung:* Beschreibe und erkläre deine Beobachtungen.

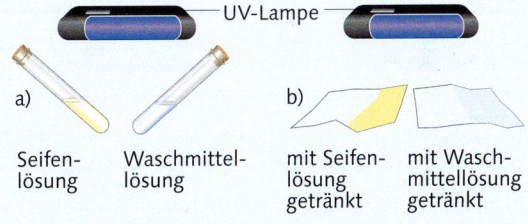

UV-Lampe
a) Seifenlösung — Waschmittellösung   b) mit Seifenlösung getränkt — mit Waschmittellösung getränkt

## 8 Nachweis des Enzyms Protease

*Geräte:* 2 Bechergläser (50 ml), Pinzette
*Chemikalien:* Seifenlösung, Vollwaschmittellösung (mit Enzym Protease), 3 Gummibärchen
*Durchführung:* Gib in ein Becherglas Seifenlösung und in das andere Waschmittellösung (beide Lösungen etwa 40 °C warm). Gib zu jeder Lösung ein Gummibärchen. Hole nach etwa 10 min die Gummibärchen aus der Lösung und lege das unbehandelte Gummibärchen daneben.
*Auswertung:* Vergleiche und notiere deine Beobachtungen. Gib anschließend die beiden behandelten Gummibärchen wieder zu ihrer Lösung und vergleiche nach 20 min erneut.

Seifenlösung   Waschmittellösung   unbehandeltes Gummibärchen

# Werkstoffe

*1 Entwicklung des Menschen und seiner Werkzeuge*

*3 Mit der Verwendung von Kupfer wurden Waffen und Werkzeuge stabiler.*

**Geschichte des Menschen – Geschichte der Werkstoffe** Die Frage, seit wann es Menschen auf der Erde gibt, ist nicht leicht zu beantworten. Da es keine Aufzeichnungen aus dieser Zeit gibt, ist man auf die Deutung von Fossilien oder Werkzeugfunden angewiesen. Zu den ersten Frühmenschen gehörte *Homo habilis* (lat.: geschickter Mensch). Sie konnten bereits vor Millionen von Jahren aus harten Geröllsteinen primitive Schlag-, Schneide- und Schabewerkzeuge zurechthauen.

**Steinzeit** Die Menschheitsgeschichte wird nach den bevorzugt verwendeten Materialien, den Werkstoffen, eingeteilt. In der mehrere Jahrmillionen dauernden Steinzeit dominierte der Werkstoff Stein, wie zahlreiche Funde belegen.

**Metallzeitalter** Seit Jahrtausenden nutzen die Menschen Metalle. Sie besitzen im Vergleich zum Werkstoff Stein zwei herausragende Vorteile: Sie sind verformbar und bilden Legierungen. Metalle wie Gold und Silber lassen sich leicht verformen, sind aber zur Herstellung von Werkzeugen nicht geeignet, weil sie zu weich sind. Mit der Verwendung von Kupfer wurden Werkzeuge und Waffen härter und damit belastbarer. Mit dem Werkstoff Kupfer begann daher das Metallzeitalter.

**Bedeutung der Legierungen** Vor ungefähr 3000 Jahren entdeckten die Menschen, dass ein Gemisch aus Kupfer und Zinn die Härte von reinem Kupfer deutlich übertrifft. Der neu entstandene Werkstoff Bronze, eine Legierung, verlieh der Epoche der Bronzezeit ihren Namen. Mit der Entdeckung und Herstellung von Legierungen entwickelten und verfeinerten sich bergmännische Techniken. Ab etwa 800 v. Chr. konnte in unseren Breiten Eisen aus Erzen gewonnen werden. Parallel dazu wuchs mit der Entstehung von Siedlungen und Städten der Bedarf an Werkstoffen beispielsweise zum Hausbau oder zur Herstellung von Münzen. Mit der industriellen Revolution im 18. und 19. Jahrhundert begann das moderne Metallzeitalter. Heute gibt es kaum ein Metall, das nicht als Werkstoff oder Bestandteil von Legierungen bedeutsam wäre.

**Die Werkstoffe Stein, Metalllegierungen und Metalle prägen die Epochen der Menschheitsentwicklung von der Urzeit bis heute.**

*2 Steinzeitliche Werkzeuge aus Stein zum Schneiden, Schaben und Knochenbrechen*

**4** *Gewinnung des Milchsafts von Kautschukbäumen, Rohstoff für Gummi*

**6** *Tischtennisball aus Celluloid, einem halbsynthetischen Werkstoff*

**Halbsynthetische Werkstoffe** Unsere Vorfahren verwendeten im Alltag zunächst nur Materialien, die sie in der Natur vorfanden, beispielsweise Stein, Holz, Horn und gediegene Metalle. Bemerkenswert ist die archäologische Entdeckung, dass bereits die Neandertaler einen aus Birkenrinde gewonnenen Naturstoff so umwandelten, dass daraus eine Art Klebstoff entstand. In der Neuzeit gelang es schließlich, durch den Einsatz von Chemikalien oder UV-Licht aus Naturstoffen neue Werkstoffe mit außergewöhnlichen Eigenschaften zu gewinnen. Diese Werkstoffe nennt man halbsynthetische Werkstoffe. So wurde beispielsweise der elastische Werkstoff Gummi erstmals 1839 aus dem Milchsaft der Kautschukbäume und unter Zugabe von Schwefel hergestellt. 1856 wurde das Celluloid erfunden, ein Werkstoff, der aus dem Pflanzenextrakt Campher und Cellulose erzeugt wird.

**Kunststoffzeitalter** Mit den halbsynthetischen Werkstoffen begann im 19. Jahrhundert der Siegeszug der Kunststoffe. Heute sind Gegenstände aus vollsynthetischen Kunststoffen aus unserem Alltag nicht mehr wegzudenken.

**5** *Aus Kunststoffen gefertigt*

Im 20. Jahrhundert begann die gezielte Nutzung von Erdöl. Einige Erdölbestandteile dienen als Ausgangsstoffe für die Herstellung von Kunststoffen. Deren Eigenschaften lassen sich abhängig vom Herstellungsverfahren oder von der Beimischung von Zusätzen in Bezug auf Härte, Elastizität oder chemische Beständigkeit verändern. Diese vollsynthetischen Kunststoffe haben große Bedeutung als Werkstoffe für Haushalt und Technik. Da die Rohstoffquelle Erdöl zur Neige geht, gewinnen halbsynthetische Kunststoffe, die aus nachwachsenden Rohstoffen hergestellt werden, zunehmend an Bedeutung.

**Kunststoffe sind bevorzugte Werkstoffe in allen Lebensbereichen. Es sind Werkstoffe, die aus Erdöl oder durch Weiterverarbeitung von Naturprodukten hergestellt werden.**

**Aufgaben**

1 Nenne drei Epochen der Menschheitsgeschichte, die nach Werkstoffen benannt werden.
2 Welche zwei grundsätzlichen Möglichkeiten gibt es, Kunststoffe herzustellen? Erkläre.
3 Nenne Gebrauchsgegenstände, in denen kein Kunststoff enthalten ist.
4 Die Kunststoffindustrie beschäftigt viele Personen mit unterschiedlichen Berufen.
a Recherchiere im Internet Ausbildungsberufe in der Kunststoffbranche.
b Erstelle eine Mindmap, die zeigt, welche Berufsabschlüsse du mit deiner Schulbildung erreichen kannst, wenn du eine Aus- und Fortbildung in der Kunststoffbranche absolvierst.

# Herstellen von Kunststoffen

**PET**

Siliconkautschuk

Polyethen (PE)

Polyamid

Polypropen (PP)

ABS-Kunststoff

**1** *Alles Kunststoff*

**Bei einer Polymerisation verbinden sich Monomere unter Aufspaltung der Doppelbindungen zu einem Makromolekül.**

**Polyethen** Durch Polymerisation entsteht aus Ethen der Kunststoff Polyethen (Bild 2). Die C=C-Doppelbindungen im Ethen werden unter dem Einfluss eines Katalysators aufgespalten. Bei der Verknüpfung entstehen kettenförmige Makromoleküle des Polyethens.

**Kunststoffe nach Maß** Sind in Monomeren Wasserstoffatome durch andere Atome ersetzt, z. B. durch Chloratome, so wirkt sich das auf die Eigenschaften der Kunststoffe aus. Es entstehen Kunststoffe für verschiedene Anwendungsbereiche. So wird Polypropen, ein harter, fester und mechanisch belastbarer Kunststoff, eingesetzt, wenn ein Gegenstand strapazierfähig sein muss. Polyvinylchlorid hingegen ist beständig gegen Säuren und Laugen und schwer entflammbar.

**Polymerisation** Als Bausteine für die Herstellung von Kunststoffen dienen kleine Moleküle, die Monomere (griech. *monos:* einzeln; *meros:* Teil). Diese verknüpfen sich zu Makromolekülen. Monomere, die Doppelbindungen besitzen, können sich verbinden, indem die Doppelbindungen aufgespalten werden. Die frei werdenden Elektronen stellen die Bindungen zwischen den Monomeren her, sodass Makromoleküle entstehen. Eine derartige Reaktion, bei der viele Monomere zu einem Makromolekül verknüft werden, nennt man Polymerisation (griech. *poly:* viel). Die Makromoleküle heißen Polymere und bilden die Kunststoffe.

| Kunst-stoff | Formel-ausschnitt | Name des Monomers | Formel des Monomers |
|---|---|---|---|
| Poly-ethen (PE) | ⋯C–C⋯ (H H / H H) | Ethen | H₂C=CH₂ |
| Polypro-pen (PP) | ⋯C–C⋯ (H CH₃ / H H) | Propen | H₂C=CH-CH₃ |
| Polyvinyl-chlorid (PVC) | ⋯C–C⋯ (H Cl / H H) | Vinylchlo-rid | H₂C=CH-Cl |

**Tab. 1** *Einige wichtige Kunststoffe und ihre Monomere*

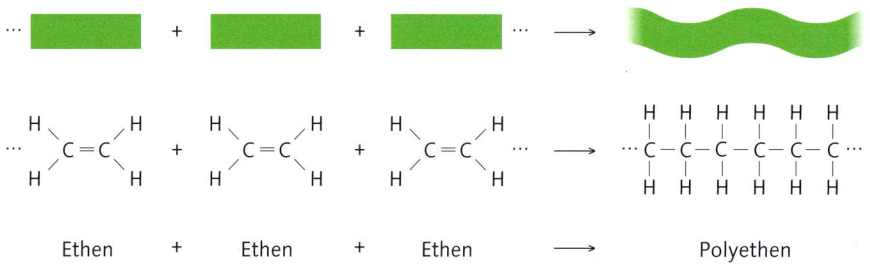

Ethen + Ethen + Ethen ⟶ Polyethen

**2** *Bildung von Polyethen, Modell und Reaktionsschema einer Polymerisation*

Alkohol (Diol)   +   Säure (Disäure)   +   Alkohol (Diol)   ⟶   Polyester   +   Wasser

**3** *Bildung eines Polyesters, Modell und Reaktionsschema einer Polykondensation*

**Polykondensation** Die Verknüpfung von Molekülen kann auch dadurch erfolgen, dass in einer Kondensationsreaktion Nebenprodukte wie Wasser abgespalten werden. Eine typische Kondensationsreaktion ist die Veresterung. Enthalten das Alkohol-Molekül und das Säure-Molekül jeweils mindestens zwei funktionelle Gruppen, so kann eine Vielfachverknüpfung zu einem Polyester stattfinden (Bild 3). Zu den Polyestern gehört beispielsweise der wichtige Gebrauchskunststoff PET (Polyethylenterephthalat), aus dem Getränkeflaschen und Textilfasern ("Polyester") hergestellt werden.
Kondensationsreaktionen können auch zwischen anderen funktionellen Gruppen auftreten. Ein Beispiel ist die Herstellung von Nylon®, bei der die Verknüpfung zwischen Amino-Gruppen ($-NH_2$) und Carboxyl-Gruppen ($-COOH$) stattfindet. Der gebildete Kunststoff ist ein Polyamid.

**Bei einer Polykondensation werden Monomere, die mindestens zwei funktionelle Gruppen besitzen, zu Makromolekülen verknüpft. Dabei werden kleine Moleküle, zum Beispiel Wasser-Moleküle, abgespalten.**

**4** *Strumpfhosen aus Polyamid*

8

### Aufgaben

**1** Beschreibe am Beispiel der Herstellung von Polyethen, wie aus einem ungesättigten Monomer ein Polymerisationskunststoff entstehen kann.

**2** Erläutere die wesentlichen Merkmale der Polykondensationsreaktion.

**3** Bild 1 auf der gegenüberliegenden Seite zeigt einen Helm aus Polypropen.

**a** Aus welchen Monomeren ist er entstanden?

**b** Formuliere das Reaktionsschema für die Herstellung des Kunststoffs Polypropen aus den Monomeren.

### Exkurs **Polyaddition**

Bei einem weiteren Verfahren zur Kunststoffherstellung, der Polyaddition, werden Monomere miteinander verknüpft, die je zwei funktionelle Gruppen aufweisen. Liegen bei einem der Monomere Doppelbindungen in den funktionellen Gruppen vor, so können sich Moleküle miteinander verbinden, indem Doppelbindungen im Reaktionsverlauf gespalten werden. Die gebildeten Kunststoffe nennt man Polyadditionsprodukte. Zu ihnen gehören die Polyurethane, die je nach Herstellungsart hart und spröde, aber auch weich und dehnbar sein können. Polyurethane sind beispielsweise als härtender Montageschaum in der Bauindustrie von großer Bedeutung.

**5** *Herstellen von Polyurethanschaum*

# Auf die Vernetzung kommt es an

**1** *Thermoplaste lassen sich beim Erwärmen verformen.*

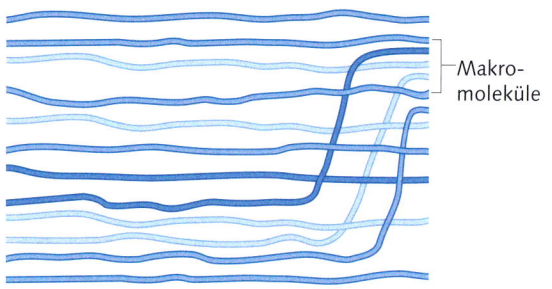

**2** *Thermoplaste haben linear angeordnete Makromoleküle.*

**Thermoplaste** Viele Kunststoffgegenstände werden beim Erhitzen weich und formbar. Man nennt derartige Kunststoffe Thermoplaste (griech. *thermos:* warm; *plassein:* bilden). Sie lassen sich unter dem Einfluss von Wärme verformen und schweißen. Beim Abkühlen werden sie wieder fest.
Thermoplaste sind im Alltag weit verbreitet. Dazu gehören beispielsweise Verpackungsmaterial und Einweggeschirr aus Polyethen und Textilfasern aus Polyamid.

**Thermoplaste sind Kunststoffe, die durch Erwärmen weich und formbar werden.**

**Struktur der Thermoplaste** Thermoplaste bestehen aus langkettigen Makromolekülen, die überwiegend nebeneinanderliegen. Zwischen den Molekülketten wirken schwache Anziehungskräfte, die Van-der-Waals-Kräfte. Beim Erwärmen bewegen sich die Molekülketten stärker und können nicht mehr ausreichend zusammengehalten werden. Der Kunststoff wird weich und verformbar.
Beim Abkühlen nimmt die Bewegung der Molekülketten wieder ab und der Kunststoff erhärtet in einer neuen Form.
Übt man auf einen Thermoplast Zug aus, beispielsweise auf eine Einkaufstüte, so gleiten die Molekülketten aneinander vorbei. Die Tüte dehnt sich, bis sie schließlich reißt.

**Thermoplaste bestehen aus nebeneinanderliegenden Makromolekülen, die durch zwischenmolekulare Kräfte miteinander verbunden sind.**

**Duroplaste** Einige Gegenstände aus Kunststoff wie Steckdosen sind hart, spröde und verformen sich beim Erwärmen nicht. Derartige Kunststoffe heißen Duroplaste (lat. *durus:* hart). Bei starkem Erhitzen zersetzt sich dieser Kunststoff.
Duroplaste werden oft in elektrischen Geräten eingesetzt, weil sie den Strom nicht leiten und bei Wärme formstabil bleiben.
Einmal hergestellt sind Duroplaste hart und nicht mehr verformbar. Sie können nur mechanisch durch Sägen oder Feilen bearbeitet werden. Deshalb wird ein duroplastischer Gegenstand gleich in der gewünschten Form herstellt.

**Duroplaste sind harte Kunststoffe, die beim Erwärmen nicht weich werden, sondern ihre Form behalten.**

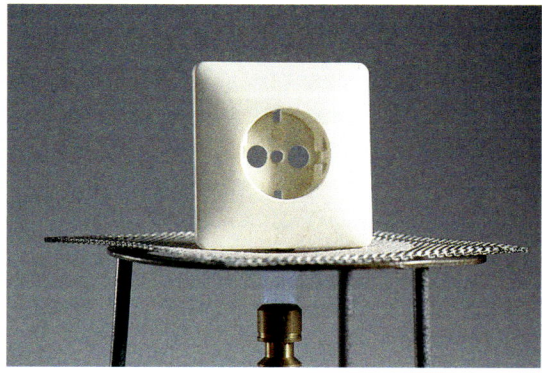

**3** *Duroplaste lassen sich beim Erwärmen nicht verformen.*

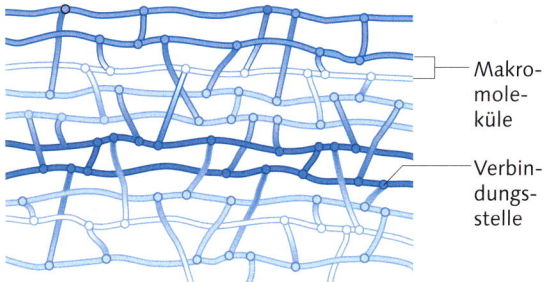

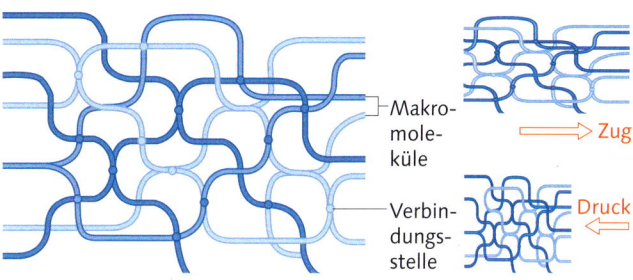

**4** *In Duroplasten sind die Makromoleküle stark vernetzt.*

**6** *Elastomere haben locker vernetzte Makromoleküle.*

**Struktur der Duroplaste** In Duroplasten sind die Makromoleküle auch untereinander durch chemische Bindungen zusammengefügt. Durch die starre Vernetzung der Makromoleküle können sich diese nicht mehr bewegen, sie bilden eine Art Riesenmolekül. Duroplaste sind deshalb nicht elastisch.

**In Duroplasten sind die Makromoleküle so stark vernetzt, dass die Molekülketten nicht beweglich sind.**

**Elastomere** Lassen sich Kunststoffe elastisch verformen, so nennt man sie Elastomere. Übt man auf Gegenstände aus diesem Material Zug oder Druck aus, so verändern sie ihre Form, kehren aber wieder in den Ausgangszustand zurück. Elastomere werden beispielsweise bei der Herstellung von Matratzen, Reifen, Gummibändern oder Dichtungsringen verwendet.

**Elastomere sind elastisch verformbare Kunststoffe.**

**Struktur der Elastomere** Die Makromoleküle der Elastomere sind untereinander locker und weitmaschig durch chemische Bindungen verbunden. Die Vernetzung ist jedoch weniger

stark ausgeprägt als bei den Duroplasten. Die Vernetzung wirkt sich auf die Eigenschaften aus. Bei Zug werden die Makromoleküle der Elastomere auseinandergezogen. Lässt der Zug z. B. auf ein Gummiband nach, so kehrt es wieder in den Ausgangszustand zurück, da sich die Makromoleküle wegen der Vernetzungen zwischen den Molekülketten wieder zusammenziehen.

**Elastomere enthalten durch chemische Bindungen locker verbundene Makromoleküle.**

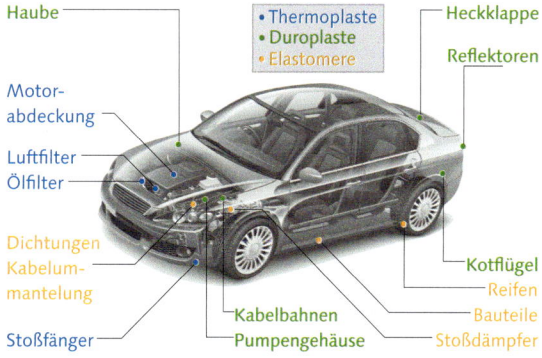

**7** *Im Auto befinden sich unterschiedliche Kunststoffarten.*

### Aufgaben

**1** Betrachte die Abbildung des Autos.
**a** Nenne die drei verschiedenen Kunststoffarten, die in Fahrzeugteilen verarbeitet werden.
**b** Begründe jeweils an einem Beispiel, warum der Kunststoff verwendet wird.
**c** Erkläre, worauf die besonderen Eigenschaften der Kunststoffarten zurückzuführen sind.
**2** Frischhaltefolie besteht oft aus Polyethen.
**a** Beschreibe, wie sich die Folie verändert, wenn sie über eine Schüssel gespannt wird.
**b** Erkläre die Veränderungen, indem du auf die Vorgänge im Bereich der Makromoleküle eingehst.

**5** *Elastomere lassen sich verformen und kehren wieder in die ursprüngliche Form zurück.*

# Praktikum  Kunststoffe

## 1 Herstellen eines Kunststoffs (Polyester)

*Geräte:* Reagenzglas, Reagenzglashalter, Brenner, Petrischale aus Kunststoff, Holzstäbchen, Waage

*Chemikalien:* Glycerin, Citronensäure

*Durchführung:* Gib in das Reagenzglas 4 g Citronensäure. Tropfe anschließend 1 ml Glycerin dazu.

Erhitze das Gemisch etwa 1–2 min mit dem Brenner. Wenn die Schmelze eine gelbliche Farbe annimmt und zähflüssig wird, schütte sie vorsichtig in die Petrischale. Lass die Schmelze etwa 1 min abkühlen.

Berühre die Schmelze vorsichtig mit dem Holzstäbchen. Versuche, einen Kunststofffaden zu ziehen.

*Auswertung:* Notiere deine Beobachtungen. Erkläre, warum der Faden bei vorsichtigem Ziehen immer länger wird.

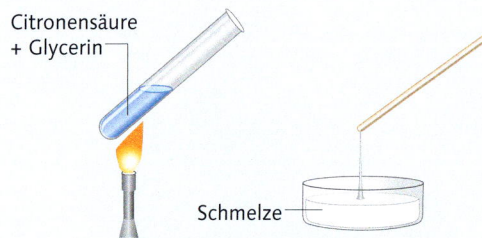

Citronensäure + Glycerin

Schmelze

## 2 Herstellen einer Stärkefolie

*Geräte:* Becherglas (250 ml), Messzylinder, Messpipette, Unterlage (Silicon oder Polyethen), Waage, heizbarer Magnetrührer

*Chemikalien:* Stärke (Mais- oder Kartoffelstärke), Glycerin, Schwefel, dest. Wasser

*Durchführung:* Gib in das Becherglas 4 g Stärke und mische sie mit 22 ml dest. Wasser. Füge dann 2 ml Glycerin und 0,02 g Schwefel dazu. Stelle das Becherglas auf den Magnetrührer, erwärme bis zum Sieden und rühre dabei für etwa 15 min. Wenn die Mischung klar wird, gieße die Masse auf die Unterlage und verteile sie großflächig. Lass sie über Nacht trocknen. Ziehe die Folie dann vorsichtig ab.

*Auswertung:* Beschreibe die Eigenschaften der Folie. Welche Vermutung hast du zur biologischen Abbaubarkeit dieser Folie?

## 3 Kunststoff aus Milch

*Geräte:* 2 Bechergläser (400 ml), Heizplatte, Sieb, Glasstab, Papiertücher, Esslöffel

*Chemikalien:* frische Milch (keine H-Milch, keine extra lange haltbare Milch), Speiseessig

*Durchführung:* Gib 250 ml Milch und etwa 2 Esslöffel Essig in das Becherglas und erwärme vorsichtig. Rühre dabei ständig mit dem Glasstab um. Die Milch darf nicht sieden und sollte nur warm, aber nicht heiß werden. Trenne durch Sieben die entstehenden festen Eiweißklumpen von der Flüssigkeit. Lass den Feststoff abkühlen und drücke ihn mithilfe der Papiertücher aus. Knete aus der Masse Figuren und lass sie im Trockenschrank bei 80 °C trocknen.

*Auswertung:* Finde eine Erklärung für die Veränderung der Milch durch Zugabe von Essig. Beschreibe das Aussehen des Gemischs vor dem Filtrieren. Gib an, welche Stoffeigenschaft beim Filtrieren ausgenutzt wird.

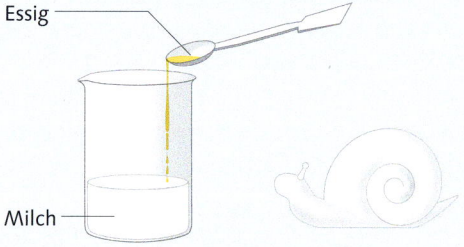

Essig

Milch

## 4 Unterscheiden von Kunststoffarten

*Geräte:* Dreifuß, Gasbrenner, Metallplatte *Chemikalien:* Kunststoffproben (Plastikbeutel, Joghurtbecher, Beschichtung von Blumendraht, Dübel, Kunststofflineal, Kochlöffel, Angelschnur …)

*Durchführung:* Lege Teile der Proben auf die Metallplatte über dem Dreifuß und erhitze leicht. Weil giftige Dämpfe entstehen können, führe diesen Versuch im Abzug durch!

*Auswertung:* Notiere das unterschiedliche Verhalten der Kunststoffproben beim Erhitzen. Erstelle eine Tabelle, in der du eine Einteilung der Kunststoffproben anhand der Eigenschaften vornimmst.

# Exkurs   Kunststoffmüll

**1** *Kunststoffe – praktisch, aber auch gefährlich*

**Gefährdung durch Kunststoffmüll** Wissenschaftler schätzen, dass jedes Jahr etwa eine Million Seevögel, viele Tausend Robben sowie unzählige Fische aufgrund von Kunststoffmüll sterben. Die Tiere können die kleinen Kunststoffteile nicht von Nahrung unterscheiden, fressen sie und verhungern schließlich.
In den Meeren treibender Kunststoffmüll wird durch Wellenbewegung und UV-Licht allmählich zerkleinert. Das Kunststoffpulver ist gefährlich, da sich an ihm Umweltgifte anlagern, die schließlich von den Meeresbewohnern aufgenommen werden. Innerhalb der Nahrungskette reichern sich die Gifte an und wirken letztlich auch auf den Menschen ein. Gefährlich sind Kunststoffe auch deshalb, weil sie oft gesundheitsschädigende Weichmacher und andere schädliche Zusatzstoffe enthalten. Solche Stoffe sind mittlerweile im Gewebe von vielen Menschen nachweisbar.

**2** *Wohin mit den Kunststoffabfällen?*

**Müllverbrennung** Die Beseitigung der Kunststoffabfälle stellt unsere Gesellschaft vor große Probleme. Bei der Müllverbrennung wird der Kunststoffabfall verbrannt und die entstehende Wärme oft zur Stromerzeugung genutzt. Die Müllverbrennung ist besonders problematisch, da dabei hochgiftige Chlorverbindungen entstehen, die aufwendig entsorgt werden müssen.

**Recycling** Rund 54 % der Kunststoffabfälle wurden im Jahr 2012 in Deutschland wiederverwertet. Beim *werkstofflichen* Recycling werden sie sortenrein getrennt und anschließend so aufbereitet, dass sie sich für die Herstellung von neuen Produkten eignen. Allerdings ist die Qualität der durch Recyclingverfahren erzeugten Kunststoffe meist geringer als die der Ausgangsstoffe. Beim *rohstofflichen* Recycling werden die in den Kunststoffen enthaltenen Makromoleküle durch chemische Reaktionen in Monomere zerlegt, die zur Erzeugung neuer Produkte verwendet werden können.

**Biokunststoffe** Nachwachsende Rohstoffe wie Stärke oder Milchsäure können zur Herstellung von Biokunststoffen genutzt werden. Sie haben den Vorteil, dass sie meist biologisch abbaubar sind. Eine Verbesserung der Abbaubarkeit geht aber derzeit noch mit einer Verschlechterung der Werkstoffeigenschaften einher.

**Müllvermeidung** Kunststoff ist ein Werkstoff, der in der Natur fast nicht abgebaut wird. Um große Müllberge zu reduzieren und um immer knapper werdende Rohstoffquellen zu schonen, gilt es, Kunststoffmüll zu vermeiden. Dazu kann jeder beitragen, wenn z. B. beim Einkaufen Stoffbeutel statt Plastiktüten verwendet werden.

### Aufgaben
1 Nenne Probleme, die im Zusammenhang mit der Verbrennung von Kunststoffabfällen entstehen.
2 Beschreibe zwei grundsätzliche Recyclingverfahren von Kunststoffmüll.
3 „Plastik tötet!" Beurteile diese Aussage.

# Nanotechnologie

**1** *Wieso perlt das Wasser von einem Lotusblatt ab?*

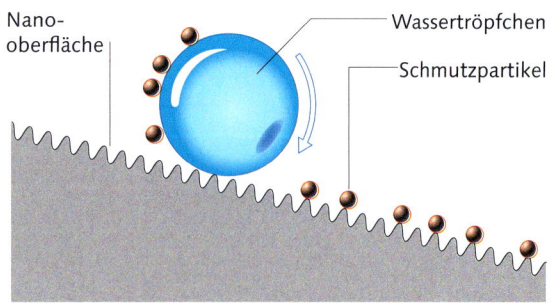

**3** *Prinzip des Lotuseffekts*

**Lotuseffekt** Schon faszinierend: Nach jedem heftigen Regen sind die Blätter der Lotusblume sauber und trocken. Auch einheimische Pflanzen, wie die Blätter der Kapuzinerkresse oder des Kohlrabi, zeigen diesen Effekt. Solche Pflanzen besitzen auf ihrer Blattoberfläche sehr feine Wachskristalle, die dem Blatt eine raue, genoppte Struktur verleihen. Wassertropfen und Schmutzpartikel haben dadurch nur sehr wenig Kontakt mit dem Blatt. Wassertropfen perlen ab und nehmen dabei die Schmutzpartikel mit.

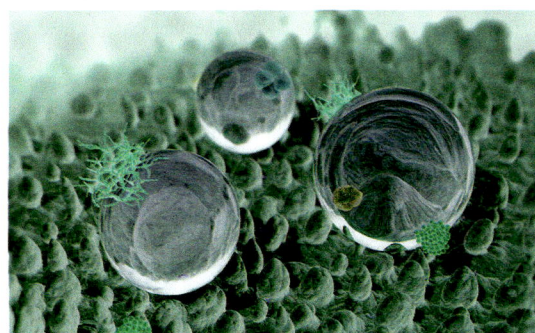

**2** *Modell der Oberfläche eines Lotusblatts*

**Selbstreinigende Oberflächen** Das Phänomen der Selbstreinigung wird seit vielen Jahren untersucht und ist Grundlage für die Veredlung von Oberflächen. Mittlerweile gibt es eine Reihe von Produkten, die sich nach dem Prinzip des Lotuseffekts selbst reinigen. So wurden beispielsweise für Outdoorbekleidung Beschichtungen entwickelt, die Regen abperlen lassen.

**Der Lotuseffekt beruht darauf, dass Oberflächen winzige Strukturen enthalten, auf denen Flüssigkeiten abperlen können.**

**Nanotechnologie** Die Wissenschaft, die sich mit kleinsten Partikeln und Strukturen beschäftigt, heißt Nanotechnologie. Das Wort *nano* kommt aus dem Griechischen und bedeutet „Zwerg". Es muss sich also um sehr kleine Partikel handeln. Ein Nanometer (nm) ist ein Millionstel eines Millimeters. Wenn man also eine Million Nanopartikel aneinanderreiht, so ergibt sich eine Strecke von 1 mm. Im Vergleich zu Atomen sind Nanopartikel etwa 300-mal größer. Ein Silberatom hat einen Durchmesser von 0,3 nm. Ein Silbernanopartikel hingegen hat einen Durchmesser von etwa 100 nm.
In der Nanowelt, also in Größenbereichen von 100 nm und kleiner, haben Partikel und Strukturen grundlegend andere physikalische und chemische Eigenschaften als Stoffportionen desselben Stoffes im sichtbaren Bereich. Jeder Stoff, der auf die Größe von Nanopartikeln reduziert wird, zeigt daher spezifische Eigenschaften.

**Die Nanotechnologie untersucht Stoffpartikel, die höchstens 100 Nanometer groß sind.**

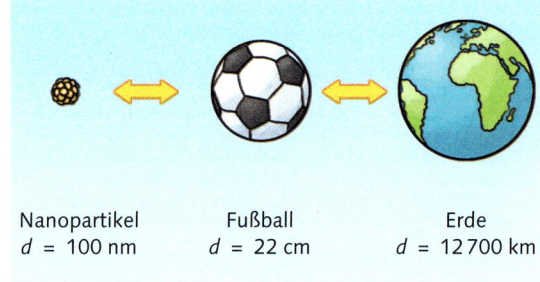

| Nanopartikel | Fußball | Erde |
|---|---|---|
| $d$ = 100 nm | $d$ = 22 cm | $d$ = 12 700 km |

**4** *Der Durchmesser eines Nanopartikels verhält sich etwa zu einem Fußball wie der Durchmesser eines Fußballs zum Durchmesser der Erde.*

**5** *Durch spezielle Produkte mit Nanopartikeln reinigt sich der Lack bei Schmutz selbsttätig.*

| Nanomaterial | Eigenschaften des Nanomaterials |
|---|---|
| Silber | antimikrobiell: hemmt das Wachstum von Bakterien und Pilzen |
| Gold | färbt z. B. Glas rot (Goldrubinglas) |
| Zinkoxid | UV-Schutz, Schutz vor Ausbleichen |
| Antimonoxid | erhöht Feuerfestigkeit |
| Titandioxid | UV-Schutz, Schutz vor Ausbleichen; Wasser bildet auf beschichteten Oberflächen einen Film, dadurch Lotuseffekt |

**Tab. 1** *Einige Nanopartikel und ihre Eigenschaften*

**Nanoprodukte im Alltag** Nanopartikel werden in vielen Bereichen eingesetzt, ohne dass dies auf den Produkten vermerkt ist. Windschutzscheiben und Autolack werden durch ihren Einfluss wasser- und schmutzabweisend. Auch manche Gebäudefassaden reinigen sich dank Nanobeschichtung bei Regen von selbst.
In Sonnencremes oder Textilien reflektieren Nanopartikel UV-Strahlen und bieten somit einen wirksamen Schutz vor schädigender Strahlung. Im Lebensmittelbereich verhindern Antihaftbeschichtungen aus Nanopartikeln das Festkleben von Ketchup an der Flaschenwand.
In der Medizin gelten Nanopartikel als Hoffnungsträger, um Medikamente rasch und punktgenau an ihren Wirkungsort zu transportieren. So lassen sich Krebszellen bekämpfen und gleichzeitig Nebenwirkungen gering halten.

**In vielen Bereichen des Alltags und der Technik haben Nanopartikel bereits Einzug gehalten.**

**Schlüsseltechnologie des 21. Jahrhunderts?**
Jede neuartige Technologie wirft auch neue Fragen auf: Wie wirken sich Nanopartikel auf die Gesundheit aus? Welche Umweltprobleme sind damit verbunden? Nanopartikel können aufgrund ihrer geringen Größe über die Atmung, den Verdauungsweg und die Haut in den menschlichen Körper gelangen. Dort lagern sie sich an Zelloberflächen an und können in Zellen, Gewebe und Organe eindringen. Zum gegenwärtigen Zeitpunkt liegen noch keine ausreichend gesicherten Erkenntnisse über daraus entstehende mögliche gesundheitliche Schäden vor. Auch über Schäden, die in die Umwelt gelangte Nanopartikel verursachen, herrscht noch ein großer Forschungsbedarf. Derzeit gibt es noch keine gesetzlichen Regelungen zum Umgang mit Nanopartikeln.

**Die Erforschung der Risiken und Nebenwirkungen der Nanotechnologie ist eine wichtige gesellschaftliche Aufgabe.**

**Aufgaben**
1 Erkläre den Lotuseffekt.
2 Was wird unter Nanotechnologie verstanden?
3 Nenne drei Anwendungen, in denen du schon Kontakt mit Nanopartikeln gehabt haben könntest, ohne dass dir das bewusst wurde.
4 Recherchiere über die Funktion von Nanosilber in Sportbekleidung. Welche Eigenschaften von Nanosilber werden genutzt?
5 Recherchiere, welche Argumente zur Nanotechnologie Wissenschaft, Wirtschaft sowie Umwelt- und Verbraucherschutz haben. Was stellst du fest? Beurteile deine Ergebnisse.

**6** *Nanopartikel aus Titandioxid und Zinkoxid sind in fast allen Sonnenschutzmitteln enthalten.*

## 1 Lotuseffekt

*Geräte:* Pipette, Wattestäbchen, Becherglas
*Chemikalien:* frische Blätter von Pflanzen mit Lotuseffekt (Lotus, Kohl, Kapuzinerkresse, Tulpen) und ohne Lotuseffekt (Löwenzahn, Salatblatt), wasserlöslicher Klebstoff, Honig, Mehl, Wasser
*Durchführung:*

**a** Tropfe mit der Pipette Wasser auf die verschiedenen Blätter. Beschreibe, was passiert. Teile die Blätter nach Gemeinsamkeiten ein.

**b** Beschmutze die Blätter mit Mehl und tropfe erneut Wasser über die Blätter. Was kannst du beobachten?

**c** Tropfe Honig und wasserlöslichen Kleber auf die Blätter. Was beobachtest du?

**d** Reibe mit einem Wattestäbchen über die Blattoberfläche und tropfe erneut Wasser darüber. Vergleiche mit Versuch a.

*Auswertung:* Erkläre deine Beobachtungen.

## 2 Herstellen einer Nanobeschichtung

*Geräte:* Kerze, 2 Objektträger/Glasplatten, Streichhölzer, Pipette
*Chemikalien:* Wasser
*Durchführung:*

**a** Halte den Objektträger so lange über die Kerzenflamme, bis dieser rußgeschwärzt ist. Lass anschließend einen Wassertropfen über den Objektträger rollen.

**b** Wiederhole den Versuch, indem du den Objektträger mit einem Feuerzeug verrußt.

*Auswertung:* Vergleiche deine Beobachtungen und suche eine Erklärung.
*Tipp:* Berücksichtige dabei die unterschiedliche Dicke der Rußschichten.

## 3 Modell einer Lotusoberfläche

*Geräte/Materialien:* flexible Platte (etwa 150 cm × 60 cm), leere Joghurtbecher, Klebstoff, Tennisbälle/Tischtennisbälle (je nach Größe der Becher), Klebstoff, Klettband, Stoffreste
*Durchführung:* Drehe die Joghurtbecher um und klebe sie auf eine flexible Platte. Umwickle die Bälle mit dem Klettband. Lege die Stoffreste lose auf die umgedrehten Becher. Rolle einen Ball über die Fläche, sodass er Kontakt mit den Stoffresten bekommt.
*Auswertung:* Was kannst du beobachten?

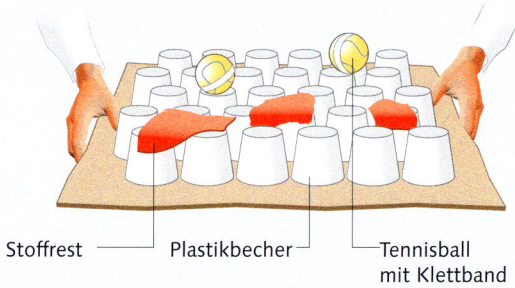

Stoffrest — Plastikbecher — Tennisball mit Klettband

## 4 Fleckenschutz durch Nanospray

*Materialien:* saubere Textilstücke, Nanospray (zur Textilversiegelung), Rotwein, Kirschsaft
*Durchführung:* Schüttle das Nanospray vor Gebrauch und trage es fein verteilt aus etwa 15 cm Entfernung so auf die Textilien auf, dass nur die Hälfte benetzt wird. Sprühe nur so viel auf, dass sich ein leicht feuchter Film bilden kann. Lass die Textilien trocknen. Gib anschließend vorsichtig einige Tropfen der Flüssigkeiten auf beide Textilhälften und beobachte.
*Auswertung:* Erkläre deine Beobachtungen.

## 5 Schutz vor Graffiti

*Materialien:* 2 Blumentöpfe aus Ton, Nanospray „Anti-Graffiti", Farbspray
*Durchführung:* Schüttle das Nanospray vor Gebrauch und trage es fein verteilt aus etwa 15 cm Entfernung auf einen Tontopf auf. Lass den Topf trocknen. Trage auf beide Töpfe mit dem Farbspray ein Graffiti auf und vergleiche.
*Auswertung:* Erkläre deine Beobachtungen.

# Klebstoffe

**1** *Haften mit ... und ohne Klebstoff*

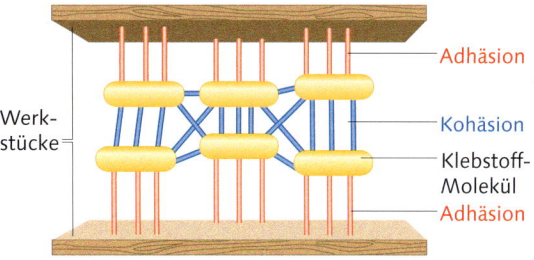

**2** *Beim Kleben treten Adhäsions- und Kohäsionskräfte auf.*

**Geklebt wird überall** Zu Hause, in der Schule, im Handwerksbetrieb oder im Büro – überall wird geklebt. Auch in der Industrie finden Klebetechniken immer stärkere Anwendung. So ersetzen im Karosseriebau Klebetechniken zunehmend die herkömmlichen Schweißverbindungen.

**Adhäsion** Die Schutzfolie auf dem Handy haftet auch ohne Klebstoff. Zwischen großen, sauberen Kontaktflächen, die eng benachbart aufeinanderliegen, wirken Anziehungskräfte. Man bezeichnet sie als Adhäsionskräfte. Der dadurch bewirkte Zusammenhalt heißt Adhäsion. Adhäsion tritt auch zwischen Klebstoffen und Oberflächen auf. Durch Hinzufügen eines flüssigen Klebstoffs werden Unebenheiten ausgeglichen. Dadurch wird die Kontaktfläche vergrößert und die Anziehungskräfte werden verstärkt.

**Der an der Grenzfläche zwischen zwei Stoffen entstehende Zusammenhalt wird als Adhäsion bezeichnet.**

**Kohäsion** Damit die Klebstoffschicht nicht reißt, müssen auch im Inneren von Klebstoffen Kräfte auftreten, die einen festen Zusammenhalt bewirken. Man bezeichnet solche Kräfte als Kohäsionskräfte. Der dadurch bewirkte Zusammenhalt heißt Kohäsion. Klebstoffe bestehen hauptsächlich aus Makromolekülen, die sich gegenseitig anziehen und damit für den „inneren" Zusammenhalt sorgen.

**Der starke innere Zusammenhalt zwischen den Klebstoffmolekülen wird als Kohäsion bezeichnet.**

**Chemisch härtende Klebstoffe** Viele Klebstoffe härten durch Verdunsten des Lösungsmittels oder andere physikalische Vorgänge. Ein- und Zweikomponentenklebstoffe werden dagegen durch eine chemische Reaktion fest. Bei Einkomponentenklebstoffen wie dem „Sekundenkleber" findet eine Polymerisation statt. Bei Zweikomponentenklebstoffen findet eine Reaktion mit einem Härter statt. Als Reaktionen treten Polyaddition, Polymerisation oder Polykondensation auf.

| Bezeichnung (Beispiel) | Härtung durch | Besonderheit |
|---|---|---|
| Schmelzklebstoffe (in Klebepistolen) | Erstarren der Schmelze | physikalisch härtend, Klebstoff verändert sich während des Härtens nicht |
| Lösungsmittelklebstoffe (Alleskleber) | Verdunsten des Lösungsmittels | |
| Dispersionsklebstoffe (Holzleim) | Verdunsten des Wassers | |
| Einkomponentenklebstoffe (Sekundenkleber) | Polymerisation | chemisch härtend, Klebstoff reagiert während der Härtung |
| Zweikomponentenklebstoffe (Spezialkleber) | Polyaddition, Polymerisation, Polykondensation | |
| Haftklebung (Handyfolie) | liegt gebrauchsfertig vor | schwache Adhäsionskräfte |

**Tab.1** *Wichtige Klebstoffe in Alltag und Technik*

## Aufgaben

1 Eine Handyschutzfolie klebt ohne Klebstoff. Beschreibe, wie dies funktioniert.
2 Definiere die Begriffe Adhäsion und Kohäsion.
3 Begründe, warum nasses Papier gut auf Autoscheiben klebt, trockenes aber schlecht.

# Teste dich!

1 Ester bilden eine wichtige Stofffamilie. Als Aromastoffe sind sie beispielsweise für den angenehmen Geschmack von Früchten verantwortlich.
a Beschreibe, wodurch sich die verschiedenen Aromastoffe unterscheiden.
b Beschreibe, wie sich aus der unangenehm riechenden Buttersäure ein Stoff mit Erdbeeraroma herstellen lässt.
c Stelle das Reaktionsschema zur Reaktion aus b auf.

2 Ester entstehen bei der Reaktion von Säuren und Alkoholen.
a Gib das allgemeine Reaktionsschema (in Worten) für die Bildung eines Esters an.
b Erkläre, warum diese Reaktion als Kondensationsreaktion bezeichnet wird.
c Übertrage den folgenden Text in dein Heft und ergänze die fehlenden Wörter:
Veresterung und Esterspaltung sind _____ chemische Reaktionen. Die _____- und die _____-Reaktion laufen gleichzeitig ab. Die _____ ist eine Kondensationsreaktion, die Esterspaltung bezeichnet man auch als _____.

3 Benenne den in der Strukturformel dargestellten Ester. Erläutere, wie sich der Name eines Esters zusammensetzt.

$$
\begin{array}{c}
\quad\ \text{H}\ \ \text{H}\ \ \text{H}\ \ \text{O}\quad\ \ \text{H} \\
\quad\ |\ \ \ \ |\ \ \ \ |\ \ \ \ \|\quad\ \ \ | \\
\text{H}-\text{C}-\text{C}-\text{C}-\text{C}-\text{O}-\text{C}-\text{H} \\
\quad\ |\ \ \ \ |\ \ \ \ |\quad\quad\ \ \ | \\
\quad\ \text{H}\ \ \text{H}\ \ \text{H}\quad\quad\ \text{H}
\end{array}
$$

4 Ohne Katalysator wird bei der Veresterung so gut wie kein Ester gebildet.
a Nenne einen Katalysator, der die Ausbeute bei der Veresterung erhöht.
b Beschreibe, was der Katalysator bewirkt, und kennzeichne dies in einem Reaktionsschema.

5 Essigsäure und Essigsäureethylester werden je in ein Reagenzglas mit Wasser gegeben. Beschreibe und erkläre die Beobachtungen.

6 Stelle die Bildung eines Fettes dar, indem du das dazugehörige Reaktionsschema in Worten und mit Strukturformeln formulierst.

7 Das Foto zeigt einen Fettbrand. Beschreibe, wie er gelöscht werden muss. Begründe, warum Wasser als Löschmittel keinesfalls verwendet werden darf!

8 Kohlenhydrate werden in verschiedene Gruppen eingeteilt.
a Zähle die verschiedenen Gruppen auf und gib für jede Gruppe ein Stoffbeispiel an.
b Aus welchen Elementen sind Kohlenhydrate aufgebaut?

9 Zeichne den allgemeinen Aufbau eines Aminosäure-Moleküls. Benenne die charakteristischen funktionellen Gruppen.

10 Es gibt nahezu unendlich viele verschiedene Eiweiße. Erkläre, warum dies so ist.

11 Viele industriell hergestellte Lebensmittel enthalten Zusatzstoffe.
a Nenne fünf Zusatzstoffe und ihre Funktion.
b Wie kannst du feststellen, ob in Lebensmitteln Zusatzstoffe enthalten sind?

12 Gib das allgemeine Reaktionsschema (in Worten) für die Bildung einer Seife an. Zu welcher Stoffgruppe gehören die Seifen?

13 Zeichne ein Modell eines Seifen-Anions. Beschrifte es mit folgenden Begriffen: hydrophil, hydrophob, lipophil, lipophob, polar, unpolar.

**14** Beschreibe den Lösevorgang von Seife in Wasser. Warum setzt sich beim Waschen mit Seife der bereits abgelöste Schmutz nicht erneut auf der Faser ab?

**15** Zur Gruppe der Tenside gehören Seifen und andere waschaktive Substanzen. Nenne die Merkmale, die ein Molekül haben muss, damit es als Tensid wirken kann.

**16** Nenne die Bestandteile von Waschmitteln. Begründe, welche Bestandteile ein Waschmittel für Buntwäsche nicht enthalten sollte.

**17** Es gibt verschiedene Arten von Kunststoffen.
**a** Aus welchen Rohstoffquellen können sie hergestellt werden?
**b** Wodurch unterscheiden sich Thermoplaste, Duroplaste und Elastomere?
**c** Ergänze deine Ausführungen, indem du je ein Beispiel aus dem Alltag angibst.

**18** Fußbodenbeläge bestehen häufig aus PVC.
**a** Nenne den vollständigen Namen dieses Kunststoffs.
**b** Beschreibe, wie dieser Kunststoff hergestellt wird.

**19** Beschreibe, aus welchen Ausgangsstoffen ein Polykondensationskunststoff hergestellt wird.
Erkläre den Unterschied zwischen Polykondensation und Polymerisation.

**20** Erläutere, was man unter Nanopartikeln versteht.

**21** Erstelle eine Skizze, die den Lotuseffekt veranschaulicht.

**22** Gib an, was unter einem Zweikomponentenklebstoff verstanden wird. Warum müssen die Komponenten vor dem Kleben getrennt vorliegen?

**23** Ein Klebstoff muss die zu verbindenden Teile zusammenhalten. Wie nennt man die Kräfte, die zwischen den Klebstoff-Molekülen und dem Werkstück wirken?

| Aufgabe | Hilfe findest du auf Seite... |
|---------|-------------------------------|
| 1 | 192/193 |
| 2 | 192/193 |
| 3 | 193 |
| 4 | 193 |
| 5 | 193 |
| 6 | 196 |
| 7 | 197 |
| 8 | 200/201 |
| 9 | 205 |
| 10 | 204/205 |
| 11 | 207 |
| 12 | 209 |
| 13 | 210 |
| 14 | 210/211 |
| 15 | 210, 212 |
| 16 | 212/213 |
| 17 | 217, 220/221 |
| 18 | 218 |
| 19 | 218/219 |
| 20 | 224 |
| 21 | 224 |
| 22 | 227 |
| 23 | 227 |
| ...und die Lösungen findest du im Anhang. | |

8

# Im Überblick

In der Natur und bei den künstlich hergestellten Stoffen sind die organischen Verbindungen vorherrschend. Stoffgruppen wie Ester, Fette, Kohlenhydrate, Eiweiße und die verschiedenen Kunststoffe leiten sich von den Kohlenwasserstoffen ab. Sie alle besitzen für ihre Stoffgruppe typische funktionelle Gruppen und Bindungsarten. Dabei bestimmt die molekulare Struktur dieser Stoffgruppen ihre jeweiligen Stoffeigenschaften.

## Ester

- Stoffgruppe, die durch Reaktion von Alkoholen mit Säuren gebildet wird
- Die Esterbildung erfolgt unter Wasserabspaltung (Kondensation), die Esterspaltung unter Wasseraufnahme (Hydrolyse). Es sind umkehrbare Reaktionen:

$$\text{Säure} + \text{Alkohol} \underset{\text{Esterspaltung}}{\overset{\text{Veresterung}}{\rightleftharpoons}} \text{Ester} + \text{Wasser}$$

- Werden Carbonsäuren eingesetzt, entstehen Aromastoffe; *Beispiel:* Essigsäurepropylester.

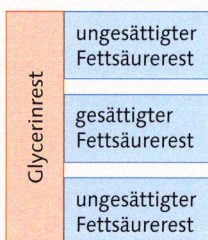

## Fette

- Fette sind Ester, die aus dem dreiwertigen Alkohol Glycerin mit Fettsäuren gebildet werden.

| Glycerinrest | ungesättigter Fettsäurerest |
| | gesättigter Fettsäurerest |
| | ungesättigter Fettsäurerest |

- In Fetten können unterschiedliche Fettsäurereste gebunden sein: gesättigte Fettsäurereste und ungesättigte Fettsäurereste.

## Kohlenhydrate

- Verbindungen aus den Elementen Kohlenstoff, Wasserstoff und Sauerstoff
- Grundbausteine: Moleküle der Einfachzucker Glucose und Fructose

## Einfachzucker (Monosaccharide)

- Glucose und Fructose

## Zweifachzucker (Disaccharide)

- Bildung durch Verknüpfung zweier Einfachzucker unter Abspaltung von Wasser
- Saccharose (Rüben- oder Rohrzucker)

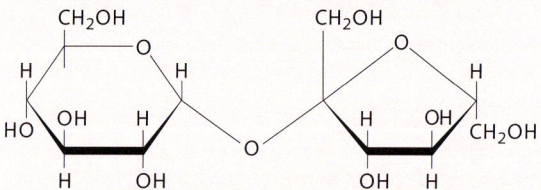

## Vielfachzucker (Polysaccharide)

- Bildung durch Verknüpfung vieler Tausend Einfachzucker unter Abspaltung von Wasser
- Stärke: Speicherstoff der Pflanzen; wichtiges Nahrungsmittel für Menschen
- Cellulose: Gerüststoff der Pflanzen

## Aminosäuren

- Grundbausteine der Eiweiße
- Alle Aminosäure-Moleküle besitzen eine Carboxyl-Gruppe und eine Amino-Gruppe; sie unterscheiden sich in der Seitenkette (R).

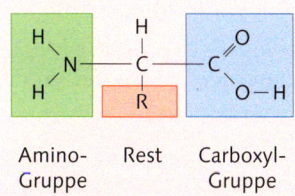

Amino-   Rest   Carboxyl-
Gruppe           Gruppe

## Eiweiße (Proteine)

- aus Makromolekülen aufgebaute Naturstoffe
- Eiweiß-Moleküle enthalten sehr viele Aminosäurereste, die über Peptidbindung verbunden sind.

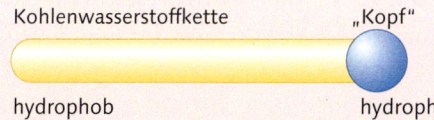

Peptid-
bindung

## Seifen

- Natrium- oder Kaliumsalze der Fettsäuren
- entstehen durch Reaktion eines Fettes mit Laugen; Reaktionsprodukte: Seife, Glycerin
- Seifen-Anionen bestehen aus einem hydrophilen „Kopf" und einer hydrophoben Kohlenwasserstoffkette.

Kohlenwasserstoffkette                „Kopf"

hydrophob                             hydrophil

## Tenside

- ordnen sich an der Grenzfläche zwischen hydrophilen und hydrophoben Stoffen an
- setzen die Oberflächenspannung des Wassers herab
- waschaktive Substanzen in Waschmitteln
- Phasen des Waschvorgangs: Benetzen der Faser – Ablösen des Schmutzes – Verteilen des Schmutzes im Wasser

## Kunststoffe

- wichtige Werkstoffe in allen Lebensbereichen
- werden aus Erdöl oder durch Weiterverarbeitung von Naturprodukten hergestellt
- bestehen aus kettenartig aufgebauten Makromolekülen, den Polymeren

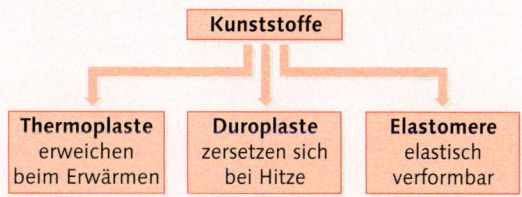

## Polymerisation

- Viele kleine, gleichartige Moleküle (Monomere) reagieren unter Aufspaltung der Doppelbindung zu einem Makromolekül (Polymer).

Ethen   +   Ethen

Polyethen

## Polykondensation

- Viele Moleküle mit mindestens zwei funktionellen Gruppen reagieren unter Abspaltung von Wasser-Molekülen zu einem Makromolekül.

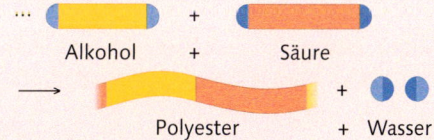

Alkohol   +   Säure

Polyester   +   Wasser

## Nanotechnologie

- untersucht und erzeugt Stoffpartikel, die höchstens 100 Nanometer groß sind
- Nanopartikel werden z. B. in schmutz- und wasserabweisenden Beschichtungen, in Sonnencremes und in der Medizin eingesetzt.

## Klebstoffe

- verbinden Stoffe durch Adhäsions- und Kohäsionskräfte

# Glossar wichtiger Fachbegriffe

## A

**Abgaskatalysator:** Katalytisch aktiv sind 2 bis 3 Gramm der Edelmetalle Platin, Palladium und Rhodium. An ihrer Oberfläche werden mehr als 90 % der giftigen Autoabgase in weniger schädliche Abgase umgewandelt.

**Addition:** Eine chemische Reaktion, bei der jeweils zwei Moleküle der Ausgangsstoffe unter Aufspaltung einer Doppelbindung zu einem Molekül des Reaktionsprodukts vereinigt werden, heißt Addition. *Beispiel:* Reaktion von Ethen mit Brom

**Adsorbieren:** Das Adsorbieren ist ein Trennverfahren, bei dem Stoffe eines Stoffgemischs auf der Oberfläche von z. B. Aktivkohle haften bleiben.

**Aggregatzustand:** Ein Stoff kann fest, flüssig oder gasförmig sein. Man nennt diese Zustandsform eines Stoffes Aggregatzustand. Dieser ist von der Temperatur abhängig. Eine Änderung des Aggregatzustands erfolgt für jeden Stoff bei einer für ihn charakteristischen Temperatur. Aggregatzustandsänderungen sind das Schmelzen, Erstarren, Verdampfen, Kondensieren, Sublimieren und Resublimieren.

**Akkumulator (Akku):** Eine wiederaufladbare Batterie heißt Akkumulator. Beim Entladen wird chemische Energie in elektrische Energie umgewandelt.

**Aktivierungsenergie:** Die Aktivierungsenergie ist die zum Auslösen einer chemischen Reaktion notwendige Energie.

**alkalische Lösung:** Eine wässrige Lösung, die Hydroxid-Ionen ($OH^-$-Ionen) enthält, heißt alkalische Lösung. Ihr pH-Wert ist größer als 7. *Beispiel:* Natriumhydroxid in Wasser gelöst

**Alkane:** Alkane sind gesättigte Kohlenwasserstoffe mit der allgemeinen Summenformel $C_nH_{2n+2}$.

**Alkene:** Alkene sind ungesättigte Kohlenwasserstoffe mit der allgemeinen Summenformel $C_nH_{2n}$. Die Moleküle der Alkene besitzen mindestens eine C=C-Doppelbindung.

**Alkine:** Alkene sind ungesättigte Kohlenwasserstoffe mit der allgemeinen Summenformel $C_nH_{2n-2}$. Die Moleküle der Alkine besitzen mindestens eine C≡C-Dreifachbindung.

**Alkohole:** Alkohole sind organische Verbindungen mit mindestens einer Hydroxyl-Gruppe (OH-Gruppe) im Molekül. Werden sie von den Alkanen abgeleitet und enthalten sie nur eine OH-Gruppe im Molekül, bezeichnet man sie als Alkanole.

**Analyse:** Die Zerlegung einer chemischen Verbindung wird als Analyse bezeichnet.

**Anion:** Ein elektrisch negativ geladenes Ion heißt Anion.

**Atome:** Atome sind Teilchen, aus denen die Stoffe aufgebaut sind. Sie bestehen aus Protonen und Neutronen im Atomkern und Elektronen in der Atomhülle. Sie sind elektrisch neutral. Alle Atome eines Elements besitzen die gleiche Anzahl an Protonen im Atomkern.

**Atommasse:** Die Masse eines Atoms ist unvorstellbar klein. Deshalb wird sie in der Atommasseneinheit u angegeben. 1 u entspricht ungefähr der Masse eines Wasserstoffatoms.

## B

**Batterie:** Batterien sind galvanische Zellen. Sie speichern chemische Energie, die beim Entladen in elektrische Energie umgewandelt wird. Primärbatterien können im Gegensatz zu Sekundärbatterien (Akkus) nicht wieder aufgeladen werden.

**Brennstoffzelle:** In einer Brennstoffzelle reagieren Wasserstoff und Sauerstoff zu Wasser, dabei wird die chemische Energie in elektrische Energie umgewandelt. Eine Brennstoffzelle ist eine galvanische Zelle.

**Bronze:** Bronze ist eine Legierung aus Kupfer und Zinn.

## C

**Carbonsäuren:** Carbonsäuren sind organische Verbindungen mit mindestens einer Carboxyl-Gruppe (COOH-Gruppe) im Molekül. Werden sie von den Alkanen abgeleitet und enthalten sie nur eine COOH-Gruppe im Molekül, bezeichnet man sie als Alkansäuren.

**chemisches Element:** Chemische Elemente sind Reinstoffe, die sich nicht in andere Stoffe zerlegen lassen.

**chemische Formel:** Chemische Formeln sind Kurzschreibweisen für chemische Verbindungen, wobei die Elementsymbole verwendet werden. Es gibt u. a. Verhältnisformeln und Molekülformeln.

**chemische Reaktion:** Bei einer chemischen Reaktion findet eine Stoffumwandlung statt, die von Energieumwandlungen begleitet wird. Dabei bilden sich aus den Ausgangsstoffen (Edukte) neue Stoffe: die Reaktionsprodukte. Diese haben andere Eigenschaften als die Ausgangsstoffe.

Bei einer chemischen Reaktion ordnen sich die in den Ausgangsstoffen vorhandenen Atome um. Sie haben in den Reaktionsprodukten eine neue Anordnung.

Chemische Reaktionen, bei denen Energie abgegeben wird, werden exotherme Reaktionen genannt.

Chemische Reaktionen, bei denen Energie aufgenommen wird, werden endotherme Reaktionen genannt.

**chemische Verbindung:** Chemische Verbindungen sind aus mindestens 2 chemischen Elementen aufgebaut.

**Cracken:** Cracken ist ein technisches Verfahren zur Aufbereitung von Erdöl. Beim Cracken werden langkettige Kohlenwasserstoffe in Moleküle mit kürzeren Ketten umgewandelt.

## D

**Dekantieren:** Das Dekantieren ist ein Trennverfahren, bei dem die über dem Bodensatz stehende Lösung abgegossen wird.

**Destillieren/Destillation:** Das Destillieren ist ein Trennverfahren, bei dem ein Stoff einer Lösung durch Erhitzen verdampft und wieder kondensiert wird. Beim Destillieren werden die unterschiedlichen Siedetemperaturen der Stoffe des Stoffgemischs genutzt.

**Dichte:** Jeder Stoff hat eine bestimmte Dichte $\varrho$, die sich berechnen lässt, indem man die Masse $m$ des Stoffes durch sein Volumen $V$ teilt.

$$\varrho = \frac{m}{V}$$

Eine häufig verwendete Einheit der Dichte ist $\frac{g}{cm^3}$. Die Dichte eines Stoffes ist von der Form und der Größe des Körpers unabhängig.

**Dichteanomalie des Wassers:** Die meisten Stoffe dehnen sich beim Erwärmen aus und ziehen sich beim Abkühlen zusammen. Dadurch wird die Dichte also größer, je kälter ein Stoff wird.

Bei Wasser stimmt dies jedoch nicht. Beim Abkühlen unter 4 °C dehnt sich Wasser wieder aus und hat somit bei 4 °C seine größte Dichte.

**Diffusion:** Das eigenständige Durchmischen zweier Stoffe aufgrund der ständigen Bewegung der Teilchen wird Diffusion genannt.

**Dipolmolekül:** Ein Molekül, das getrennte Ladungsschwerpunkte für die positive und negative Teilladung aufweist, heißt Dipolmolekül. Dipolmoleküle besitzen polare Elektronenpaarbindungen. *Beispiel:* Wasser-Molekül

**Duroplaste:** Duroplaste sind harte Kunststoffe, die nach Erwärmen nicht weich werden, sondern ihre Form behalten.

## E

**Edelgasregel (Oktettregel):** Eine mit Elektronen voll besetzte Außenschale wie bei den Atomen der Edelgase stellt eine besonders stabile Elektronenanordnung dar (8 Außenelektronen bzw. 2 Außenelektronen bei Heliumatomen). Die Atome der anderen Elemente sind bestrebt, durch Elektronenaufnahme oder -abgabe die Elektronenanordnung der Edelgasatome zu erreichen.

**Edukt:** Ausgangsstoff einer chemischen Reaktion

**Eindampfen:** Das Eindampfen ist ein Trennverfahren, bei dem das Lösungsmittel einer Lösung durch Erhitzen verdampft wird. Der gelöste Feststoff bleibt zurück.

**Elastomere:** Elastomere sind elastisch verformbare Kunststoffe. Nach Druck oder Zug kehren sie wieder in ihre ursprüngliche Form zurück.

**Elektrolyse:** Die Analyse (Zerlegung) einer chemischen Verbindung mithilfe von elektrischem Strom heißt Elektrolyse.

**Elektron:** Elektronen sind elektrisch negativ geladene Elementarteilchen. Sie befinden sich in der Atomhülle, die den elektrisch positiv geladenen Atomkern umgibt.

**Elektronegativität:** Die Elektronegativität ist ein Maß für die Stärke, mit der ein Atom das bindende Elektronenpaar in einer Elektronenpaarbindung anzieht.

**Elektronenakzeptor:** Ein Teilchen, das Elektronen aufnimmt, heißt Elektronenakzeptor.

**Elektronendonator:** Ein Teilchen, das Elektronen abgibt, heißt Elektronendonator.

**Elektronenpaarbindung (Atombindung):** Die Elektronenpaarbindung ist eine Art der chemischen Bindung, die durch gemeinsame Elektronenpaare zwischen den Bindungspartnern zustande kommt. Die Atome von Molekülen sind durch Elektronenpaarbindung verbunden.

**Element:** Ein Reinstoff, der nur aus gleichartigen Atomen aufgebaut ist, heißt Element. Alle Atome eines Elements haben die gleiche Protonenzahl (Odnungszahl).

**Elementarteilchen:** Als Elementarteilchen werden die Bausteine der Atome bezeichnet: das Proton, das Neutron und das Elektron.

**Elementsymbol:** Elementsymbole sind Kurzschreibweisen für chemische Elemente. Ein Symbol kann das betreffende Element kennzeichnen, es kann aber auch für ein einzelnes Atom des Elements stehen.

**endotherme Reaktion:** Chemische Reaktionen, bei denen ständig Energie zugeführt werden muss, werden endotherme Reaktionen genannt.

**Energieträger:** Holz, Kohle, Erdöl und Erdgas sind Beispiele für Energieträger. Die in ihnen gespeicherte chemische Energie wird meist durch Verbrennen in Nutzenergie, beispielsweise in elektrische Energie, umgewandelt.

**Entzündungstemperatur:** Die Entzündungstemperatur ist die Temperatur, bei der sich ein Stoff an der Luft selbst entzündet.

**Erstarren:** Das Erstarren ist der Vorgang, bei dem ein Stoff vom flüssigen in den festen Aggregatzustand übergeht.

**Ester:** Organische Verbindungen, die bei der Reaktion eines Alkohols mit einer Säure unter Abspaltung von Wasser entstehen, werden als Ester bezeichnet. Viele Aromastoffe sind Ester. Auch Fette zählen zu den Estern.

**exotherme Reaktion:** Chemische Reaktionen, bei denen Energie abgegeben wird, werden exotherme Reaktionen genannt.

**Extrahieren:** Das Extrahieren ist ein Trennverfahren, bei dem Stoffe eines Stoffgemischs in einem Lösungsmittel gelöst werden und andere unlösliche Stoffe des Stoffgemischs zurückbleiben.

**F**

**Fette:** Fette sind Ester aus verschiedenen Fettsäuren und Glycerin. Natürlich vorkommende Fette bestehen aus Gemischen von verschiedenen Fettsäureestern.

**Fettsäure:** Carbonsäuren, deren Moleküle eine lange Kohlenwasserstoffkette besitzen, heißen Fettsäuren.

**Filtrieren:** Das Filtrieren ist ein Trennverfahren, bei dem Teilchen aufgrund ihrer Größe aussortiert werden.

**Flammtemperatur:** Die Flammtemperatur ist die Temperatur, bei der der Dampf über einem brennbaren Stoff durch eine Zündquelle entflammt werden kann.

**Flammentypen:** Beim Betrieb eines Gasbrenners bilden sich in Abhängigkeit von der Öffnung des Luftreglers unterschiedliche Flammen: die leuchtende, die nicht leuchtende und die rauschende Flamme.
Die leuchtende Flamme bildet sich bei geschlossenem Luftregler. Sie hat eine Temperatur von etwa 900 °C an ihrer heißesten Stelle und rußt stark.

Die nicht leuchtende Flamme bildet sich bei halb geöffnetem Luftregler. Sie ist heißer als die leuchtende Flamme und ist fast durchsichtig.

Die rauschende Flamme bildet sich bei voll geöffnetem Luftregler. Diese Flamme hat einen gut sichtbaren Innen- und Außenkegel. Die heißeste Stelle dieser Flamme befindet sich an der Spitze des Innenkegels. Die Temperatur kann dort 1500 °C erreichen.

**fossile Brennstoffe:** Stoffe, die vor 250 bis 300 Mio. Jahren aus dem organischen Material abgestorbener Tiere und Pflanzen unter Ausschluss von Sauerstoff entstanden sind, heißen fossile Brennstoffe. *Beispiele*: Kohle, Erdöl, Erdgas

**funktionelle Gruppe:** Eine Atomgruppe, die die Eigenschaften eines Stoffes wesentlich mitbestimmt, heißt funktionelle Gruppe. *Beispiel*: Die Hydroxylgruppe (OH-Gruppe) ist die funktionelle Gruppe der Alkohole.

## G

**galvanische Zelle:** Eine galvanische Zelle ist eine Spannungsquelle. Sie besteht aus zwei Elektroden, die in einen Elektrolyten tauchen. In einer galvanischen Zelle wird chemische Energie in elektrische Energie umgewandelt. *Beispiele*: Batterie, Akku, Brennstoffzelle

**Galvanisieren:** Als Galvanisieren bezeichnet man das Überziehen eines Gegenstands mit einer dünnen Schicht eines Metalls mithilfe der Elektrolyse.

**Gesetz von der Erhaltung der Masse:** Bei jeder chemischen Reaktion haben die Ausgangsstoffe die gleiche Masse wie die Reaktionsprodukte.

**Gitterenergie:** Energie, die aufgewendet werden muss, um das Ionengitter eines Salzes aufzulösen

**Glimmspanprobe:** Die Glimmspanprobe dient dem Nachweis von Sauerstoff: Ein glimmender Holzspan wird in das zu prüfende Gas eingeführt. In reinem Sauerstoff beginnt der Span zu brennen.

## H

**Hämatit:** Hämatit – auch Blutstein oder Roteisenstein genannt – ist ein häufig vorkommendes Mineral mit der Verhältnisformel $Fe_2O_3$. Es ist undurchsichtig. Hämatit ist eines der bedeutenden Erze zur Eisengewinnung. Es ist nicht magnetisch.

**heterogenes Stoffgemisch:** Bei einem heterogenen Stoffgemisch sind die einzelnen Bestandteile erkennbar, z. B. beim Müsli.

**homogenes Stoffgemisch:** Bei einem homogenen Stoffgemisch sind die einzelnen Bestandteile nicht erkennbar, z. B. Zuckerwasser.

**Hydratation:** Vorgang beim Lösen eines Salzes in Wasser. Bei der Hydratation werden Ionen durch Wassermoleküle aus einem Ionengitter herausgelöst und von Wassermolekülen umlagert.

## I

**Indikator:** Indikatoren zeigen durch ihre Farbänderung an, ob es sich um eine saure, alkalische oder neutrale Lösung handelt. *Beispiele*: Phenolphthalein, Lackmus, Rotkohlsaft

**Ion:** positiv oder negativ geladenes Teilchen. Durch Aufnahme oder Abgabe von Elektronen werden aus Atomen Ionen gebildet.

**Ionenbindung:** Art der chemischen Bindung, die durch Anziehung zwischen entgegengesetzt geladenen Ionen zustande kommt. Sie ist die typische Bindungsart bei Salzen wie Natriumchlorid.

**Isomere:** Verbindungen, deren Moleküle bei gleicher Summenformel unterschiedliche Strukturformeln besitzen, heißen Isomere.

**Isotope:** Atome eines Elements mit gleicher Anzahl an Protonen, aber unterschiedlicher Anzahl an Neutronen werden Isotope genannt. Sie besitzen eine unterschiedliche Atommasse, aber fast gleiche chemische Eigenschaften.

## K

**Katalysator:** Ein Katalysator ist ein an einer chemischen Reaktion beteiligter Stoff, der die Reaktion beschleunigt, indem er die Aktivierungsenergie senkt. Er wird bei der Reaktion nicht verbraucht.

**Kation:** Ein elektrisch positiv geladenes Ion heißt Kation.

**Kern-Hülle-Modell:** Modellvorstellung vom Atom. Nach diesem Modell bestehen Atome aus einem Atomkern und einer Atomhülle. Im Atomkern befinden sich positiv geladene Protonen. In der Atomhülle befinden sich negativ geladene Elektronen.

**Kohlenhydrate:** Naturstoffe, zu denen verschiedene Zuckerarten, Cellulose und Stärke gehören. Man unterscheidet nach der Größe ihrer Moleküle Einfachzucker (Monosaccharide, *Beispiel:* Glucose), Zweifachzucker (Disaccharide, *Beispiel:* Saccharose) und Vielfachzucker (Polysaccharide, *Beispiel:* Stärke).

**Kohlenwasserstoffe:** Als Kohlenwasserstoffe werden Verbindungen bezeichnet, die nur die Elemente Kohlenstoff und Wasserstoff enthalten. *Beispiele:* Alkane, Alkene, Alkine

**Koks:** Koks ist ein Brennstoff, der aus Steinkohle hergestellt wird und fast vollständig aus Kohlenstoff besteht.

**Kondensieren:** Das Kondensieren ist der Vorgang, bei dem ein Stoff vom gasförmigen in den flüssigen Aggregatzustand übergeht.

**Korrosion:** Als Korrosion bezeichnet man die Veränderung von Werkstoffen durch Umwelteinflüsse. Rosten ist die Korrosion von Werkstoffen aus Eisen und Stahl.

**Kunststoffe:** synthetisch hergestellte Stoffe, die aus Makromolekülen aufgebaut sind

## L

**Lauge:** Eine wässrige Lösung von Metallhydroxiden heißt Lauge. Sie enthält Hydroxid-Ionen (OH⁻-Ionen). *Beispiel:* Natronlauge

**Legierung:** Homogene Gemische von Metallen werden als Legierungen bezeichnet.

**Leichtmetall:** Metalle werden nach ihrer Dichte in Leicht- und Schwermetalle eingeteilt. Leichtmetalle haben eine Dichte, die kleiner als $5 \frac{g}{cm^3}$ ist.

**Leitfähigkeit, elektrische:** Die elektrische Leitfähigkeit ist eine Stoffeigenschaft, die die Fähigkeit eines Stoffes kennzeichnet, den elektrischen Strom zu leiten. Metalle besitzen eine hohe elektrische Leitfähigkeit.

**Löslichkeit:** Die Löslichkeit gibt an, wie viel Gramm eines Stoffes sich in 100 g eines Lösungsmittels bei einer bestimmten Temperatur gerade noch lösen, ohne dass ein Bodensatz entsteht.

## M

**Magnetit:** Magnetit – auch Magneteisenstein genannt – ist ein in großen Lagerstätten vorkommendes Mineral mit der Verhältnisformel $Fe_3O_4$. Vor allem für die Elektroindustrie ist Magnetit eines der wichtigsten Eisenerze. Es ist stark magnetisch.

**Malachit:** Malachit ist ein häufig vorkommendes kupferhaltiges Mineral. Charakteristisch für Malachit ist seine ausschließlich grüne Farbe, die in Lagen zwischen Hellgrün bis Schwarzgrün auftritt.

**Metallbindung:** Die Metallbindung wird durch die Anziehung zwischen positiv geladenen Atomrümpfen und negativ geladenen Elektronen bewirkt.

**Molekül:** Ein Molekül ist ein Teilchen, das aus zwei oder mehr fest miteinander verbundenen Atomen besteht.

**Molekülformel:** Die Molekülformel gibt an, aus welchen und aus wie vielen Atomen ein Molekül einer chemischen Verbindung besteht.

**Monomere:** Viele gleichartige kleine Moleküle, die durch chemische Reaktion zu Makromolekülen verbunden werden können, heißen Monomere.

## N

**neutrale Lösung:** Eine wässrige Lösung, die genauso viele Wasserstoff-Ionen ($H^+$-Ionen) wie Hydroxid-Ionen (OH⁻-Ionen) enthält, heißt neutrale Lösung. Ihr pH-Wert beträgt 7.

**Neutralisation:** Eine chemische Reaktion, bei der die Wasserstoff-Ionen ($H^+$-Ionen) einer sauren Lösung mit den Hydroxid-Ionen (OH⁻-Ionen) einer alkalischen Lösung zu Wasser-Molekülen reagieren, heißt Neutralisation. Dabei wird Wärme frei.

**Neutron:** Neutronen sind elektrisch neutrale Elementarteilchen im Atomkern von Atomen.

## O

**Oberflächenspannung (des Wassers):** Die Eigenschaft des Wassers (aber auch anderer Flüssigkeiten), eine feste, aber gleichzeitig elastische Oberfläche zu bilden, wird Oberflächenspannung genannt. Bei den Flüssigkeiten ist dieser Effekt unterschiedlich stark.

**Ordnungszahl:** siehe Protonenzahl.

**Oxid:** Ein Oxid ist eine chemische Verbindung, die aus dem chemischen Element Sauerstoff und einem weiteren Element aufgebaut ist.

**Oxidation:** Die chemische Reaktion eines Stoffes mit Sauerstoff heißt Oxidation. Als Reaktionsprodukt entsteht ein Oxid.
Im erweiterten Sinn ist die Oxidation eine Teilreaktion der Redoxreaktion, bei der Atome Elektronen abgeben. Sie ist die Umkehrung der Reduktion.

**Oxidationsmittel:** Als Oxidationsmittel bezeichnet man einen Stoff, der bei einer Redoxreaktion Sauerstoff an einen anderen Stoff abgibt.
Im erweiterten Sinn sind Oxidationsmittel Stoffe, die als Elektronenakzeptoren wirken.

## P

**Periodensystem der Elemente (PSE):** Übersicht, in der die Elemente auf der Grundlage ihres Atombaus nach steigender Protonenzahl angeordnet sind. Die Elemente sind in waagerechten Zeilen, den Perioden, und senkrechten Spalten, den Gruppen, angeordnet.

**pH-Wert:** Der pH-Wert gibt an, wie stark sauer oder alkalisch eine Lösung ist. Bei pH = 7 liegt eine neutrale Lösung vor, bei pH-Werten kleiner als 7 ist die Lösung sauer, bei pH-Werten größer als 7 ist die Lösung alkalisch.

**polare Elektronenpaarbindung:** Art der chemischen Bindung in Molekülen. Bei einer polaren Elektronenpaarbindung ist das bindende Elektronenpaar in Richtung des Atoms mit der stärkeren Anziehungskraft auf das Elektronenpaar verschoben. Solche Moleküle sind häufig Dipolmoleküle.

**Polykondensation:** Eine Polykondensation ist eine chemische Reaktion, bei der sich viele Moleküle (Monomere) mit mindestens zwei funktionellen Gruppen unter Abspaltung von kleinen Molekülen, z. B. Wasser-Molekülen, zu einem Makromolekül verbinden.

**Polymere:** Die Makromoleküle, aus denen die Kunststoffe aufgebaut sind, heißen Polymere.

**Polymerisation:** Eine Polymerisation ist eine chemische Reaktion, bei der sich viele gleichartige kleine Moleküle (Monomere) unter Aufspaltung der Doppelbindung zu einem Makromolekül verbinden.

**Proton:** Protonen sind elektrisch positiv geladene Elementarteilchen im Atomkern von Atomen.

**Protonenzahl (Ordnungszahl):** Die Protonenzahl gibt die Anzahl der Protonen im Atomkern und zugleich die Anzahl der Elektronen in der Atomhülle an. Sie legt fest, zu welchem Element ein Atom gehört und in welcher Reihenfolge die Elemente im PSE stehen.

## R

**Reaktionsschema:** Das Reaktionsschema stellt eine vereinfachte Beschreibung einer chemischen Reaktion dar. Links vom Reaktionspfeil stehen die Ausgangsstoffe und rechts die Reaktionsprodukte.

**Redoxreaktion:** Als Redoxreaktion bezeichnet man eine chemische Reaktion, bei der eine Oxidation und eine Reduktion gleichzeitig ablaufen. Es findet eine Sauerstoffübertragung statt.
Im erweiterten Sinn ist die Redoxreaktion eine Donator-Akzeptor-Reaktion, bei der Elektronenübertragungen stattfinden.

**Reduktion:** Eine chemische Reaktion, bei der Sauerstoff abgegeben wird, ist eine Reduktion.
Im erweiterten Sinn ist die Reduktion eine Teilreaktion der Redoxreaktion, bei der Atome Elektronen aufnehmen. Sie ist die Umkehrung der Oxidation.

**Reduktionsmittel:** Als Reduktionsmittel bezeichnet man einen Stoff, der bei einer Redoxreaktion einem anderen Stoff den Sauerstoff entzieht.
Im erweiterten Sinn sind Reduktionsmittel Stoffe, die als Elektronendonatoren wirken.

**Reinstoff:** Reinstoffe sind Stoffe, die aus einer einzigen Stoffart bestehen.

**Resublimieren:** Das Resublimieren ist der Vorgang, bei dem ein Stoff vom gasförmigen in den festen Aggregatzustand übergeht.

**Roheisen:** Roheisen ist ein Produkt des Hochofenprozesses. Es ist kein reines Eisen. Es enthält etwa 4 % Kohlenstoff und geringe Anteile an Silicium, Mangan, Phosphor und Schwefel. Durch den Kohlenstoff ist das Roheisen hart und spröde. Es ist damit nicht verformbar und lässt sich mechanisch nur schwer bearbeiten.

**Rußfilter:** Ein Rußfilter filtert den Ruß, der bei der unvollständigen Verbrennung von Diesel entsteht. Sobald der Filter voll ist, werden die filtrierten Rußteilchen durch eine kurzfristige Temperaturerhöhung zu Kohlenstoffdioxid verbrannt.

## S

**Säure:** Säuren sind Stoffe, die in Wasser gelöst saure Lösungen ergeben.

**saure Lösung:** Eine wässrige Lösung, die Wasserstoff-Ionen ($H^+$-Ionen) enthält, heißt saure Lösung. Ihr pH-Wert ist kleiner als 7. *Beispiel:* Chlorwasserstoff (HCl) in Wasser gelöst

**Schalenmodell des Atoms:** Modellvorstellung vom Atom. Nach diesem Modell bestehen Atome aus einem Atomkern und einer Atomhülle. Die Atomhülle ist in Elektronenschalen gegliedert. Innerhalb einer Elektronenschale halten sich die Elektronen in etwa gleichem Abstand zum Atomkern auf.

**Schmelzen:** Das Schmelzen ist der Vorgang, bei dem ein Stoff vom festen in den flüssigen Aggregatzustand übergeht.

**Schmelztemperatur:** Ein Stoff geht bei seiner Schmelztemperatur vom festen in den flüssigen Aggregatzustand über. Die Schmelztemperatur ist eine für jeden Stoff charakteristische Eigenschaft.

**Schwermetall:** Metalle werden nach ihrer Dichte in Schwer- und Leichtmetalle eingeteilt. Schwermetalle haben eine Dichte, die größer als $5 \frac{g}{cm^3}$ ist.

**Sedimentieren:** Das Sedimentieren ist ein Trennverfahren, bei dem die unterschiedliche Dichte der Stoffe einer Aufschlämmung oder Suspension ausgenutzt wird. Die Stoffe mit der größeren Dichte sinken und setzen sich als Bodensatz ab.

**Seifen:** Seifen sind Alkalimetallsalze von Fettsäuren (langkettigen Carbonsäuren).

**Sieben:** Das Sieben ist ein Trennverfahren, bei dem Stoffe aufgrund ihrer Größe getrennt werden.

**Siedetemperatur:** Ein Stoff geht bei seiner Siedetemperatur vom flüssigen in den gasförmigen Aggregatzustand über. Die Siedetemperatur ist eine für jeden Stoff charakteristische Eigenschaft.

**Stahl:** Stahl wird aus Roheisen erzeugt, indem man den Kohlenstoffanteil unter 2 % reduziert. Er kann als Legierung auch noch weitere Zusätze wie Chrom, Vanadium, Nickel, Silicium o.a. enthalten. Im Gegensatz zu Roh- und Gusseisen lässt sich Stahl gut schmieden und ist verformbar.

**Stoff:** Unter einem Stoff versteht man das Material, aus dem ein Körper besteht. Stoffe besitzen kennzeichnende Eigenschaften. Aufgrund dieser Eigenschaften lassen sich Stoffe voneinander unterscheiden.

**Stoffgemisch:** Stoffgemische setzen sich aus mehreren Reinstoffen zusammen.

**Strukturformel:** Die Strukturformel zeigt neben Art und Anzahl der gebundenen Atome vor allem den räumliche Bau des Moleküls und die Art der chemischen Bindung zwischen den Atomen.

**Sublimieren:** Das Sublimieren ist der Vorgang, bei dem ein Stoff vom festen in den gasförmigen Aggregatzustand übergeht.

**Summenformel:** Die Summenformel gibt an, aus welchen und aus wie vielen Atomen eine chemische Verbindung besteht.

**Synthese:** Eine chemische Reaktion, bei der aus verschiedenen Stoffen eine neue Verbindung hergestellt wird, nennt man Synthese.

## T

**Thermoplaste:** Thermoplaste sind Kunststoffe, die durch Erwärmen weich und formbar werden.

**Treibhauseffekt:** Die Erdatmosphäre wirkt wie das Dach eines gläsernen Treibhauses: Die Sonnenstrahlen werden durchgelassen und erwärmen die Erdoberfläche. Von der Erdoberfläche wird nun Wärme in den Weltraum abgestrahlt. Die Gase in der Atmosphäre nehmen diese Wärmestrahlung auf und halten so einen Teil der Wärme auf der Erde. Dies wird als natürlicher Treibhauseffekt bezeichnet. Ohne diesen Effekt läge die Durchschnittstemperatur auf der Erde bei −18 °C. Durch die von Menschen verursachte Anreicherung von Treibhausgasen, u. a. Kohlenstoffdioxid, Methan und Lachgas, wird der Treibhauseffekt der Atmosphäre verstärkt.

## V

**Van-der-Waals-Kräfte:** Schwache Anziehungskräfte, die zwischen unpolaren Molekülen wirken, heißen Van-der-Waals-Kräfte. Sie sind beispielsweise für die Viskosität von Kohlenwasserstoffen verantwortlich.

**Verbindung:** Verbindungen sind Reinstoffe, die durch chemische Reaktion in verschiedene Elemente zerlegt werden können.

**Verdampfen:** Das Verdampfen ist der Vorgang, bei dem ein Stoff beim Sieden vom flüssigen in den gasförmigen Aggregatzustand übergeht.

**Verdunsten:** Das Verdunsten ist ein Trennverfahren, bei dem man das Lösungsmittel einer Lösung ohne Erhitzen verdunsten lässt. Der gelöste Feststoff bleibt zurück.

**Veresterung:** Eine chemische Reaktion, bei der ein Alkohol mit einer Säure unter Abspaltung von Wasser reagiert, heißt Veresterung.

**Verhältnisformel:** Die Verhältnisformel einer chemischen Verbindung gibt an, aus welchen Atomen die Verbindung besteht und in welchem Zahlenverhältnis die Atome in der Verbindung gebunden sind.

**Volumen:** Das Volumen $V$ ist der Rauminhalt eines Körpers bzw. Objekts.

## W

**Wärmeleitfähigkeit:** Die Wärmeleitfähigkeit ist eine Stoffeigenschaft, die die Fähigkeit eines Stoffes kennzeichnet, thermische Energie, d. h. Wärme, durch Wärmeleitung zu transportieren.
Metalle sind gute Wärmeleiter.

**Wasserstoffbrückenbindung:** Anziehungskräfte zwischen Wasser-Molekülen oder anderen Dipolmolekülen, bei denen ein Wasserstoffatom an ein elektronegatives Element gebunden ist, heißen Wasserstoffbrückenbindung. Sie werden zwischen benachbarten Molekülen ausgebildet und führen zu großen Molekülverbänden.

**Wertigkeit:** Die Wertigkeit eines Elements gibt an, wie viele Wasserstoffatome ein Atom dieses Elements binden kann.
Bei Ionen entspricht sie der Ladungszahl, das heißt der Anzahl der Elektronen, die aufgenommen oder abgegeben werden können.
Die Wertigkeit kann aus der Hauptgruppennummer des Periodensystems abgeleitet werden. *Beispiel:* Atome der ersten und siebten Hauptgruppe sind einwertig, Atome der zweiten und sechsten zweiwertig.

## Z

**Zentrifugieren:** Das Zentrifugieren ist ein Trennverfahren, bei dem die unterschiedliche Dichte der Stoffe einer Aufschlämmung oder Suspension ausgenutzt wird. Die Stoffe mit der größeren Dichte sinken und setzen sich als Bodensatz ab. Durch schnelle Rotation in der Zentrifuge wird die Zentrifugalkraft genutzt, um den Prozess zu beschleunigen.

# Wichtige Größen in der Chemie

## Größen in der Chemie

| Größe | Formelzeichen | Einheit | Größe | Formelzeichen | Einheit |
|---|---|---|---|---|---|
| Masse | $m$ | kg, g | Dichte | $\varrho$ | kg/m³, g/cm³, g/l |
| Volumen | $V$ | m³, l | Massenanteil | $w$ | 1, % |
| Stoffmenge | $n$ | mol | Volumenanteil | $\varphi$ | 1, % |
| molare Masse | $M$ | g/mol | Massenkonzentration | $\beta$ | g/l |
| molares Volumen | $V_m$ | l/mol | Stoffmengenkonzentration | $c$ | mol/l |
| Teilchenanzahl | $N$ | 1 | Temperatur | $T, \vartheta$ | K, °C |

## Konstanten in der Chemie

| | |
|---|---|
| Normdruck $P_n$ | $P_n = 1013$ hPa |
| Normtemperatur $T_n$ | $T_n = 273{,}15$ K |
| molares Volumen eines idealen Gases im Normzustand $V_{m,n}$ | $V_{m,n} = 22{,}4$ l/mol |
| Avogadro-Konstante $N_A$ | $N_A = 6{,}0221367 \cdot 10^{23}$ mol$^{-1}$ |

## Größengleichungen in der Chemie

| Dichte | | molare Masse | molares Volumen |
|---|---|---|---|
| $\varrho = \dfrac{m}{V}$ | $\varrho = \dfrac{M}{V_m}$ | $M = \dfrac{m}{n}$ | $V_m = \dfrac{V}{n}$ |

| Massenanteil | | Volumenanteil | |
|---|---|---|---|
| $w(\text{Stoff}) = \dfrac{m(\text{Stoff})}{m(\text{Stoffgemisch})}$ | | $\varphi(\text{Stoff}) = \dfrac{m(\text{Stoff})}{m(\text{Stoffgemisch})}$ | |

| Massenkonzentration | | Stoffmengenkonzentration | |
|---|---|---|---|
| $\beta(\text{Stoff}) = \dfrac{m(\text{Stoff})}{V(\text{Stoffgemisch})}$ | | $c(\text{Stoff}) = \dfrac{n(\text{Stoff})}{V(\text{Stoffgemisch})}$ | |

## Vorsätze von Einheiten (Auswahl)

| Vorsatz | Kurzzeichen | Faktor, mit dem die Einheit multipliziert wird | |
|---|---|---|---|
| Giga | G | 1 000 000 000 | $(10^9)$ |
| Mega | M | 1 000 000 | $(10^6)$ |
| Kilo | k | 1 000 | $(10^3)$ |
| Hekto | h | 100 | $(10^2)$ |
| Dezi | d | 0,1 | $(10^{-1})$ |
| Zenti | c | 0,01 | $(10^{-2})$ |
| Milli | m | 0,001 | $(10^{-3})$ |
| Mikro | μ | 0,000 001 | $(10^{-6})$ |
| Nano | n | 0,000 000 001 | $(10^{-9})$ |

# Laborgeräte

Tondreieck

Gasbrenner    Drahtnetz    Tiegelzange    Reagenz-    Verbrennungs-    Spatellöffel
                                          glashalter    löffel

Messzylinder    Standzylinder    Dreifuß    Stativklemme    Stativmuffen

Stativ

Becherglas    Gaswasch-    Reagenzglas    Reagenzglas    U-Rohr    Trichter
              flasche                     mit Ansatzrohr

Uhrglasschale

Mörser mit    Abdampfschale    Porzellantiegel    Porzellanschiffchen    pneumatische Wanne
Pistill

# Musterlösungen der Teste-dich-Aufgaben

## Stoffe lassen sich ordnen (S. 26)

**1** Alkalimetalle sind sehr reaktionsfreudig. Sie reagieren mit dem Sauerstoff der Luft und mit Wasser. Deshalb müssen sie in Behältern mit Paraffinöl gelagert oder sogar in Glasampullen eingeschweißt werden.

**2** Alkalimetalle werden beispielsweise zur Herstellung von Batterien, Akkus und Feuerwerk verwendet.

**3a** Beryllium, Magnesium, Calcium, Strontium, Barium, außerdem das radioaktive Radium

**b** Erdalkalimetalle sind weich und dadurch verformbar. Strom und Wärme leiten sie gut. Sie sind reaktionsfreudig und reagieren mit dem Sauerstoff der Luft. Der typische metallische Glanz wird bei Magnesium und Calcium sichtbar, wenn man ihre Oberfläche anschmirgelt.

**c** Die Reaktivität nimmt innerhalb der Gruppe zu: Beryllium reagiert gar nicht mit Wasser, Magnesium reagiert nur in warmem Wasser, Barium reagiert heftig mit Wasser.

**4** Die sehr reaktionsträgen Edelgase werden immer dann verwendet, wenn chemische Reaktionen nicht eintreten dürfen. *Beispiele:* Traggas für Luftschiffe und Luftballons, Schutzgas für Glühlampen und beim Schweißen

**5** Unterscheidung der beiden Stoffe durch Untersuchen der Stoffproben in der nicht leuchtenden Brennerflamme (siehe Versuchsdurchführung im Praktikum). Alkalimetallverbindungen zeigen in der Brennerflamme jeweils eine typische Flammenfarbe (Lithiumverbindungen: karminrot; Kaliumverbindungen: hellrot). Hält man nacheinander eine Probe des Lithiumchlorids bzw. eine Probe des Kaliumchlorids in die Flamme, kann man die Stoffproben unterscheiden.

**6** In der Elementfamilie der Halogene verändern sich die Eigenschaften in der Reihenfolge von Fluor nach Iod wie folgt: Schmelz- und Siedetemperaturen nehmen zu. Die Giftwirkung und die Intensität des Geruchs nehmen dagegen ab. Auch die Reaktion mit Wasser verliert an Heftigkeit.

**7a** Das Periodensystem der Elemente besteht aus senkrecht stehenden Spalten, den *Gruppen,* und waagerecht laufenden Zeilen, den *Perioden,* in denen die Elemente angeordnet sind.

**b** Die Elemente wurden aufsteigend nach ihrer Atommasse in den Perioden angeordnet. Danach wurden die Elemente so angeordnet, dass diejenigen Elemente übereinanderlagen, die chemisch ähnliche Eigenschaften hatten. Auf diese Weise wurden die acht Gruppen erhalten, die von den Alkalimetallen bis zu den Edelgasen reichen.

**8a**

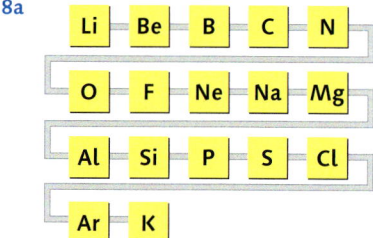

**b**

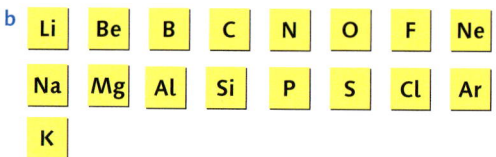

**c** Alkalimetalle, Erdalkalimetalle, Halogene, Edelgase

**9** Die Elemente Kohlenstoff, Germanium, Zinn und Blei sind mit Silicium verwandt, weil sie alle in der vierten Hauptgruppe stehen. Kohlenstoff, Silicium, Germanium, Zinn und Blei haben ähnliche Eigenschaften und bilden eine Elementfamilie.

## Der Bau der Atome (S. 50)

**1** Wenn ein Atomkern so groß wäre wie ein Stecknadelkopf, dann würde der Durchmesser der Atomhülle der Höhe eines Fernsehturms gleichkommen. Das entspricht einem Größenverhältnis von etwa 1 : 10000.

**2** Gegenstände, die aneinandergerieben werden, können sich elektrisch aufladen. Die entgegengesetzt geladenen elektrischen Ladungen ziehen sich gegenseitig an. Bei Kontakt der Gegenstände erfolgt ein blitzartiger Ladungsausgleich. Dieses Phänomen wird als Reibungselektrizität bezeichnet.

Verantwortlich für die elektrische Aufladung eines Gegenstands sind Elektronen, negativ geladene Elementarteilchen. Das Atommodell von THOMSON kann die Reibungselektrizität erklären: In Atomen ist die positive Ladung gleichmäßig über das gesamte Atom verteilt. Die Elektronen sind ungleichmäßig im Atom verteilt und gleichen die positive Ladung des Atoms aus. Dadurch kann erklärt werden, warum Atome insgesamt elektrisch neutral sind und dennoch negative Ladungen übertragen werden können.

**3** Bild a entspricht einem Ergebnis, das RUTHERFORD nach seinem Streuversuch erhalten haben könnte. Bei seinem Experiment stellte er fest, dass die meisten α-Teilchen die Goldfolie ungehindert durchdringen konnten und nur sehr wenige abprallten oder abgelenkt wurden. Da der Schirm während des Experiments kreisförmig um die Strahlungsquelle angeordnet war, schlugen die meisten Teilchen in der Mitte des entrollten Schirms ein.

**4** Im Kern-Hülle-Modell bestehen Atome aus einem positiv geladenen, massiven Atomkern, der von einer Atomhülle umgeben ist. In der Atomhülle befinden sich die negativ geladenen, fast masselosen Elektronen. Diese Modellvorstellung wird durch folgende Versuchsergebnisse von RUTHERFORDS Streuversuch begründet:

– Weil die meisten α-Teilchen die Goldfolie durchdringen, müssen Atome zum größten Teil aus leerem Raum bestehen.

– Weil einige wenige α-Teilchen abprallen oder abgelenkt werden, müssen Atome einen positiv geladenen, massiven Atomkern besitzen.

**5** *Kern-Hülle-Modell:* Elektronen befinden sich an beliebigen Orten in der Atomhülle.

*Schalenmodell:* Im Schalenmodell bewegen sich die Elektronen mit großer Geschwindigkeit in unterschiedlicher Entfernung zum Atomkern. Sie befinden sich in bestimmten Aufenthaltsräumen, die wie Schalen um den Atomkern angeordnet sind.

Mit dem Kern-Hülle-Modell konnten die chemischen Eigenschaften der Elemente nicht erklärt werden. Dies gelang durch das Schalenmodell, das die chemischen Eigenschaften der Elemente sowie die gemeinsamen Eigenschaften von Elementfamilien mit der Anordnung der Elektronen in der Atomhülle erklären konnte.

**6** Das Heliumatom besitzt zwei positiv geladene Protonen im Atomkern und zwei negativ geladene Elektronen in der Atomhülle. Da sich die positiven und negativen Ladungen ausgleichen, ist das Heliumatom nach außen elektrisch neutral.

**7** *Elektronen:* einfach negativ geladene Elementarteilchen mit einer (im Vergleich zu Protonen und Neutronen vernachlässigbar) kleinen Masse; befinden sich in der Atomhülle.

*Protonen:* einfach positiv geladene Elementarteilchen, die eine Masse von etwa 1 u haben; befinden sich im Atomkern.

*Neutronen:* elektrisch neutrale Elementarteilchen, die eine Masse von etwa 1 u haben; bilden zusammen mit den Protonen den Atomkern.

**8**

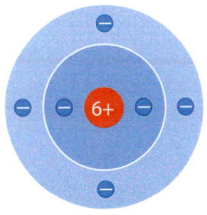 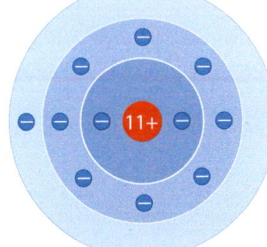

Kohlenstoffatom             Natriumatom

**9**

| Element | Elektronen-verteilung in den Schalen | Anzahl Proto-nen | Anzahl Neutro-nen |
|---------|--------------------------------------|------------------|-------------------|
| Natrium | 1.: 2 2.: 8 3.: 1 | 11 | 12 |
| Magnesium | 1.: 2 2.: 8 3.: 2 | 12 | 12 |
| Sauerstoff | 1.: 2 2.: 6 | 8 | 8 |

**10** Die Elektronen, die sich in der äußersten Schale eines Atoms befinden, werden als Außenelektronen bezeichnet.

**11a** Das Periodensystem besteht aus acht Hauptgruppen und zehn Nebengruppen. Die Nebengruppen stehen zwischen der zweiten und dritten Hauptgruppe. Die Elemente sind in sieben Perioden angeordnet.

**b** Die Hauptgruppennummer gibt die Anzahl der Außenelektronen an: Die Atome der ersten Hauptgruppe haben je ein Außenelektron, die der siebten Hauptgruppe je sieben Außenelektronen. Die Nummer der Periode gibt die Anzahl der Elektronenschalen an. *Beispiel:* Magnesium steht in der zweiten Hauptgruppe und in der dritten Periode. Seine Atome haben zwei Außenelektronen und drei Elektronenschalen.

**c** 20 Elektronen haben die Atome des Elements Calcium. Calcium steht in der zweiten Hauptgruppe und vierten Periode.

14 Elektronen haben die Atome des Elements Silicium. Silicium steht in der vierten Hauptgruppe und dritten Periode.

**Salze und andere wichtige Stoffe (S. 76/77)**

**1** Salz reguliert den Wasserhaushalt der Zellen und den Blutdruck. Es ermöglicht die Reizleitung in den Nervenzellen und wird für die Produktion der Magensäure benötigt.

**2** In einer Saline wird das salzhaltige Meerwasser vom Meer abgetrennt. Dazu wird es entweder in flache Becken geleitet oder von Wällen, Balken oder Brettern umgeben. Durch die Wärme verdunstet das Wasser allmählich. Es bildet sich zunächst ein Salzschaum, der langsam zu einer weißen Kruste kristallisiert. Das Salz wird zwischen den Becken gesammelt, um es zu trocknen. Als Produkt erhält man Rohsalz.

**3a** Beim Nassabbau werden Salzlagerstätten über Bohrlöcher mit Wasser gefüllt. Es entsteht eine Kochsalzlösung. Diese wird abgepumpt und eingedampft, sodass das Salz zurückbleibt.

**b** Beim Trockenabbau wird salzhaltiges Gestein durch Bohren und Sprengen abgebaut. Das Salz wird mithilfe von Wasser aus zerkleinerten Brocken herausgelöst. Die Kochsalzlösung wird eingedampft, sodass das Salz zurückbleibt.

**c** Bei beiden Verfahren wird das Salz in Wasser gelöst und durch Eindampfen zurückgewonnen. Beim Trockenabbau wird das Salz jedoch zunächst aus dem Gestein gesprengt.

**4** Wegen seiner konservierenden Wirkung auf Lebensmittel sowie wegen seines Geschmacks hat Salz seit den Anfängen der Menschheitsgeschichte große Bedeutung. Weil der Abbau und die Gewinnung von Salz bis vor wenigen Hundert Jahren sehr mühsam und aufwendig war, hatte es einen hohen Wert, der sogar mit Gold aufgewogen wurde.

**5a** Ionen

**b** Positiv geladene Ionen werden als Kationen bezeichnet, negativ geladene Ionen als Anionen.

**6a** Im festen Zustand des Salzes sind die Ionen unbeweglich und fest im Salzkristall gebunden.

**b** In Wasser gelöst sind die Ionen frei beweglich und können zu den Polen wandern.

**c** Beim Anlegen einer Gleichspannung wandern die Kationen zum Minuspol und die Anionen zum Pluspol.

**7** Salzlösungen und Salzschmelzen, die frei bewegliche Ionen enthalten, werden als Elektrolyte bezeichnet.

**8a** Die Halogene stehen in der siebten Hauptgruppe, ihre Atome haben 7 Außenelektronen. Solche Atome sind bestrebt, durch Aufnahme eines weiteren Elektrons eine voll besetzte Außenschale und damit den Edelgaszustand zu erreichen.

**b** Die Alkalimetalle stehen in der ersten Hauptgruppe. Um eine volle Außenschale zu erreichen, müssen Alkalimetallatome ein Elektron abgeben. Da Halogenatome ein Elektron benötigen, reagieren die Halogene bevorzugt mit den Alkalimetallen. Dabei wird ein Elektron ausgetauscht.

**9** Elementares Natrium wird in ein Reagenzglas gegeben, das am unteren Ende eine Öffnung hat. Dieses Glasgefäß wird in einen Standzylinder mit Chlorgas gehängt. Es folgt eine heftige Reaktion mit starker Licht- und Wärmereaktion. Als Reaktionsprodukt bildet sich weißes, kristallines Natriumchlorid (Kochsalz).

**10a** In einem Ionengitter sind die Ionen regelmäßig angeordnet. Durch die starke Anziehung zwischen den negativ und positiv geladenen Ionen sind Salze sehr hart.

**b** Wirkt eine große Kraft auf einen Salzkristall, verschieben sich die Schichten des Kristalls. Dadurch liegen gleich geladene Ionen nebeneinander und stoßen sich ab.

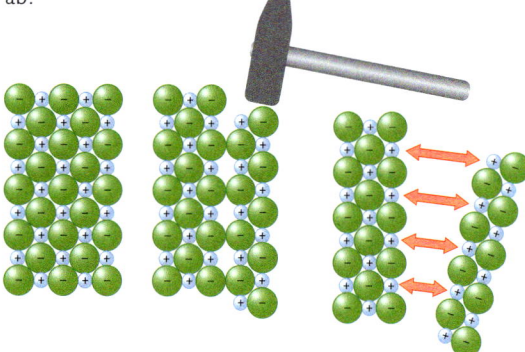

**11a** Elektronenpaarbindung

**b**

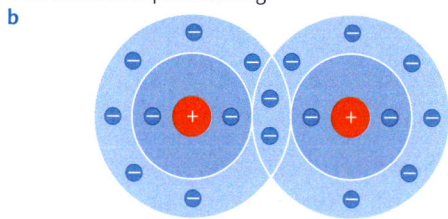

Fluor-Molekül

**12**

$$\overline{O} = C = \overline{O} \qquad \overline{O} = \overline{O} \qquad |N \equiv N|$$

| Kohlenstoffdioxid | Sauerstoff | Stickstoff |
|---|---|---|
| $CO_2$ | $O_2$ | $N_2$ |

Im Sauerstoff-Molekül und im Kohlenstoffdioxid-Molekül ist das Sauerstoffatom jeweils über eine Doppelbindung mit einem weiteren Atom verbunden. Die an der Doppelbindung beteiligten Atome teilen sich auf diese Weise vier Elektronen. Die Stickstoffatome sind über drei Elektronenpaare miteinander verbunden und teilen sich sechs Elektronen. Das Sauerstoffatom und das Stickstoffatom haben außerdem freie Elektronenpaare. Alle Atome erfüllen durch die Elektronenpaarbindung die Okettregel.

**13** *Moleküle:* Sauerstoff, Wasser

*Atom:* Neon

*Ionen:* Kupferchlorid, Calciumfluorid

**14a** Durch Elektronenverschiebung hat das Wasser-Molekül am Sauerstoffatom negative und an den Wasserstoffatomen positive Teilladungen. Außerdem haben Wasser-Moleküle einen gewinkelten Bau. Sie besitzen deshalb zwei Ladungsschwerpunkte.

**b** Der elektrisch geladene Kunststoffstab zieht den Wasserstrahl an, weil sich die Wasser-Moleküle im Wasserstrahl mit ihren positiven Ladungsschwerpunkten zu den negativen Ladungen des Stabs orientieren.

**15a**

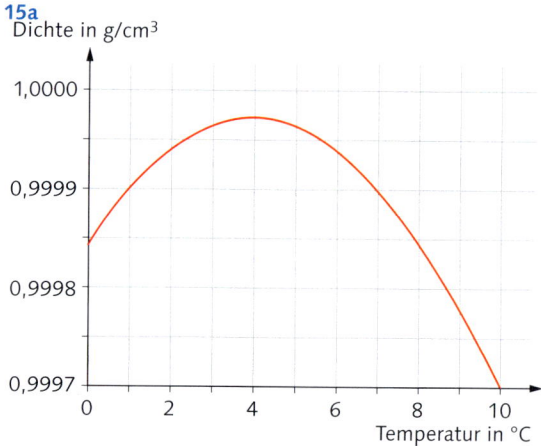

Dichte in g/cm³

**b** Wasser hat seine größte Dichte bei 4 °C.

**16a** Metalle sind aus positiv geladenen Atomrümpfen aufgebaut, zwischen denen sich frei bewegliche Elektronen befinden (Elektronengas).

**b** *Elektrische Leitfähigkeit:* Die frei beweglichen Elektronen wirken als Ladungsträger und wandern im elektrischen Feld vom Minus- zum Pluspol.

*Verformbarkeit:* Da das Elektronengas die Atomrümpfe umgibt, lassen sich diese problemlos gegeneinander verschieben.

*Wärmeleitfähigkeit:* Beim Erwärmen schwingen die Atomrümpfe stärker auf ihren Plätzen. Durch Zusammenstöße mit benachbarten Atomrümpfen wird die Wärmeenergie auf weitere Metallatome übertragen.

**17a** Dichteanomalie

**b** Im flüssigen Wasser liegen die Wasser-Moleküle dicht gepackt nebeneinander. Wenn Wasser gefriert, lagern sich die Wasser-Moleküle dagegen zu einem weiträumigen, regelmäßigen Molekülgitter zusammen. Wegen der Wasserstoffbrückenbindungen bildet sich eine Eisgitterstruktur mit großen Hohlräumen. Deshalb ist die Dichte von Eis geringer als die von flüssigem Wasser.

**18a** Chloratome besitzen mehr Protonen im Atomkern als Natriumatome. Sie ziehen Elektronen deshalb stärker an und erhalten somit einen größeren Elektronegativitätswert als Natriumatome. Allgemein nimmt die Elektronegativität innerhalb einer Periode von links nach rechts zu.

**b** Sauerstoffatome haben 8 Protonen, Schwefelatome besitzen 16 Protonen. Schwefelatome müssten eigentlich eine höhere Elektronegativität als Sauerstoffatome aufweisen. Mit zunehmender Anzahl der Elektronenschalen und damit zunehmendem Atomradius sinkt dagegen der Elektronegativitätswert, weil der Einfluss der positiven Kernladung auf die Außenelektronen des Atoms schwächer wird. Deshalb hat Schwefel einen kleineren Elektronegativitätswert als Sauerstoff.

**c** Fluor besitzt innerhalb der zweiten Periode die meisten Protonen. Deren Kernanziehung wird nur durch die erste Schale abgeschwächt. Deshalb hat Fluor von allen Elementen den größten Elektronegativitätswert.

**Säuren und Laugen (S. 108)**

**1a** Eigenschaften von Säuren (sauren Lösungen): saurer Geschmack (Achtung: Gefahr!); verändern die Farbe von Indikatoren; leiten den elektrischen Strom; reagieren mit unedlen Metallen, Metalloxiden und Kalk.

**b** Saure Lösungen enthalten immer Wasserstoff-Ionen und Säurerest-Ionen. Diese Ionen entstehen beim Lösen der Säure in Wasser.

$HCl \rightarrow H^+ + Cl^-$

**c** Chlorwasserstoff (Säure) – Salzsäure (saure Lösung); Kohlenstoffdioxid (Säure) – Kohlensäure (saure Lösung)

**2** Die zu untersuchende Lösung wird mit einem Indikator versetzt, z. B. Universalindikator. Die Farbänderung des Indikators zeigt an, ob die Lösung sauer, neutral oder alkalisch ist. *Beispiel:* Universalindikator: rot – saure Lösung, grün – neutrale Lösung, blau-violett – alkalische Lösung.

**3** Im Chlorwasserstoffgas liegen HCl-Moleküle vor. In Wasser gelöst bildet Chlorwasserstoffgas Salzsäure, eine saure Lösung. In der sauren Lösung liegen $H^+$-Ionen und $Cl^-$-Ionen vor. Deshalb zeigt Salzsäure im Unterschied zu Chlorwasserstoff die typischen Eigenschaften einer sauren Lösung.

**4** Beim Einleiten von Chlorwasserstoff in Wasser zerfallen die Chlorwasserstoff-Moleküle in positiv geladene Wasserstoff-Ionen und negativ geladene Chlorid-Ionen. Es entstehen freie Ladungsträger für den Stromtransport.

**5** Säuren reagieren mit …
– Metallen zu Salz und Wasserstoff:
$Mg + 2 HCl \rightarrow MgCl_2 + H_2$
– Metalloxiden zu Salz und Wasser:
$CuO + 2 HCl \rightarrow CuCl_2 + H_2O$
– Kalk zu Salz, Kohlenstoffdioxid und Wasser:
$CaCO_3 + 2 HCl \rightarrow CaCl_2 + CO_2 + H_2O$

**6**
– Oxidation eines Nichtmetalls, anschließend Einleiten des Nichtmetalloxids in Wasser: Bildung der Säure.
*Beispiel:* Kohlenstoff wird zu Kohlenstoffdioxid oxidiert; in Wasser eingeleitet bildet Kohlenstoffdioxid die Kohlensäure.
– Reaktion eines Halogens mit Wasserstoff, anschließend Einleiten des Halogenwasserstoffs in Wasser: Bildung der Säure.
*Beispiel:* Chlor reagiert mit Wasserstoff zu Chlorwasserstoff; in Wasser eingeleitet bildet Chlorwasserstoff die Salzsäure.

**7a** Natriumhydroxid – Natronlauge, Kaliumhydroxid – Kalilauge. Alkalische Lösungen wirken ätzend und zersetzen organische Stoffe. Sie verändern die Farbe von Indikatoren und leiten den elektrischen Strom.

**b** Laugen entstehen bei der Reaktion von Alkali- und Erdalkalimetallen mit Wasser, beim Lösen von Metallhydroxiden in Wasser und bei der Reaktion von Metalloxiden mit Wasser.

**c** Alkalische Lösungen enthalten immer Hydroxid-Ionen ($OH^-$-Ionen). Sie entstehen durch die Reaktion des Metalls, Metallhydroxids oder Metalloxids mit Wasser.

**8** Der pH-Wert gibt an, ob eine Lösung sauer, neutral oder alkalisch ist. Bei einem pH-Wert zwischen 0 und 6 überwiegen die $H^+$-Ionen und die Lösung ist sauer. Bei einem pH-Wert zwischen 8 und 14 überwiegen die $OH^-$-Ionen und die Lösung ist alkalisch. Bei pH = 7 ist die Lösung neutral.

**9** Natrium reagiert in einer stark exothermen Reaktion heftig mit Wasser zu Natronlauge. Außerdem wird Wasserstoff gebildet, der sich entzünden kann.

$2 Na + 2 H_2O \rightarrow H_2 + 2 Na^+ + 2 OH^-$

**10** Ammoniak-Moleküle ($NH_3$) reagieren mit Wasser-Molekülen des angefeuchteten Universalindikatorpapiers zu Ammonium-Ionen und Hydroxid-Ionen. Die Farbänderung des Universalindikators nach Blau zeigt an, dass eine alkalische Lösung entstanden ist.

**11a** $Na^+ + OH^- + H^+ + Cl^- \rightarrow Na^+ + Cl^- + H_2O$

**b** Neutralisation. Bei einer Neutralisationsreaktion reagieren eine saure und eine alkalische Lösung zu einem Salz und Wasser.

**12** Zunächst wird die Masse von 1 mol Lithiumhydroxid berechnet: 7 g (Li) + 16 g (O) + 1 g (H) = 24 g (LiOH). Anschließend erfolgt die Umrechnung auf die tatsächlich eingesetzte Stoffmenge.

**a** $24 \frac{g}{mol} \cdot 1{,}5 \, mol = 36 \, g$

**b** $24 \frac{g}{mol} \cdot 4 \, mol = 96 \, g$

### Energie aus chemischen Reaktionen (S. 128)

**1a** Oxidation: $Al \rightarrow Al^{3+} + 3 e^-$
Reduktion: $Cl + e^- \rightarrow Cl^-$

**b** Elektronendonator: Aluminiumatom
Elektronenakzeptor: Chloratom

**2a** Das Kupferblech bildet den Pluspol, der Eisengegenstand den Minuspol. Beim Anlegen einer Spannung verlassen Kupfer-Ionen das Blech und ihre Elektronen fließen zum Minuspol. Die Kupfer-Ionen der Lösung wandern zum Minuspol. Dort nehmen sie Elektronen auf und lagern sich am Eisengegenstand an, der auf diese Weise verkupfert wird.

**b** Die Elektrolyse wird zum Galvanisieren genutzt. Dadurch werden Metalle beispielsweise vor Umwelteinflüssen geschützt oder verschönert.

**3** Eine galvanische Zelle besteht aus zwei Elektroden, die über einen metallischen Leiter (z. B. Stromkabel) miteinander verbunden sind und in einen Elektrolyten eintauchen. Der Elektrolyt enthält bewegliche Ionen und dient dazu, den Stromkreis zu schließen. Von der Elektrode mit dem höheren „Elektronendruck" fließen Elektronen über den elektrischen Leiter zu der Elektrode mit dem niedrigeren „Elektronendruck", wodurch es zu einem „Druckausgleich" kommt.

**4** In einem galvanischen Element wird durch chemische Reaktionen elektrische Energie gewonnen.

**5a** Minuspol: Zinkelektrode, Pluspol: Kupferelektrode

**b, c**

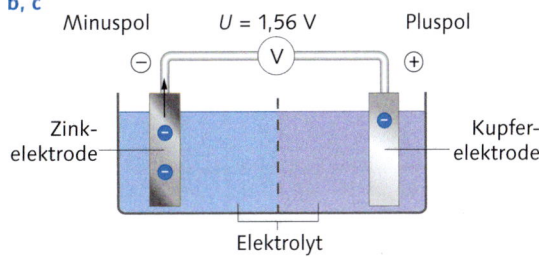

**6**

| Gerät | Batterietyp |
|---|---|
| Fernbedienung | Primärbatterie |
| Mobiltelefon | Akku |
| MP3-Player | Akku |
| Armbanduhr | Primärbatterie |
| Taschenlampe | Primärbatterie |
| Notebook | Akku |

**7a** Beim Laden eines Akkus werden Elektronen über den äußeren Leiter zum Minuspol gepumpt: Vorhandene elektrische Energie wird in chemische Energie umgewandelt.
**b** Beim Entladen eines Akkus fließen die Elektronen zum Pluspol zurück: Die gespeicherte chemische Energie wird in elektrische Energie umgewandelt.
**8** Batterien (Primärbatterien) sind wegen ihrer geringen Selbstentladung und der niedrigeren Anschaffungskosten für Geräte geeignet, die über einen langen Zeitraum eine konstante Spannung benötigen, z. B. eine Uhr oder eine Taschenlampe. Für Geräte, die in kurzer Zeit viel Energie benötigen und oft in Gebrauch sind, z. B. Notebooks oder Mobiltelefone, sind Akkus (Sekundärbatterien) sinnvoll. Aufgrund ihrer Fähigkeit zur Wiederaufladung sind sie nach mehreren Ladezyklen günstiger als normale Batterien, zusätzlich wird Batteriemüll vermieden.
**9a** Eisen (aus dem Stahlbecher), Zink und Mangan
**b** Eisen und Mangan werden in der Stahlherstellung verwertet. Zink nutzt man zum Verzinken von Eisengegenständen.
**10a** Wasserstoff ist ein umweltfreundlicher Energieträger, da bei seiner Verbrennung nur Wasser entsteht.
**b** $2\,H_2 + O_2 \rightarrow 2\,H_2O$
**c** Bei der Gewinnung von Wasserstoff aus Wasser handelt es sich um eine endotherme Reaktion, bei der die zugeführte elektrische Energie in chemische Energie umgewandelt wird. Bei der Verbrennung von Wasserstoff wird die chemische Energie wieder in elektrische Energie umgewandelt.
**d** In einer Brennstoffzelle reagiert Wasserstoff mit Sauerstoff zu Wasser. Dabei wird chemische Energie in elektrische Energie umgewandelt.

### Kohlenwasserstoffe – Energieträger und Rohstoffe (S. 162)

**1** Vor über 250 Millionen Jahren sanken in den damaligen Weltmeeren tote pflanzliche und tierische Kleinstlebewesen auf den Meeresboden. Dort zersetzten sie sich unter Luftabschluss zu Faulschlamm, der im Lauf der Zeit von immer dickeren Schichten überlagert wurde. Durch den damit verbundenen Anstieg von Druck und Temperatur entstanden Erdöl und Erdgas.
**2** Mittlerer Osten, Nordamerika, Südamerika
**3** Erdöl wird als Treibstoff für Kraftfahrzeuge, Schiffe und Flugzeuge sowie als Energieträger in Heizungen verwendet. Darüber hinaus werden Grundstoffe der chemischen Industrie aus Erdöl gewonnen, die dann zu Arzneimitteln, Farben, Kunststoffen usw. verarbeitet werden.

**4** Die weltweiten Erdölvorräte sind endlich und nicht regenerativ (nicht erneuerbar). Nachdem alles Erdöl gefördert wurde, werden die Menschen ohne Erdöl auskommen müssen. Außerdem verursacht Erdöl schwere Umweltschäden, wenn es ins Erdreich oder Meer gelangt. Aus diesen Gründen ist es wichtig, neue Energiequellen zu erschließen.
**5a** In Erdöl ist chemische Energie, Primärenergie, gespeichert. Die Primärenergie des Erdöls ist nicht direkt nutzbar. Das Erdöl muss erst aufbereitet werden: Aus Erdöl wird z. B. der Energieträger Benzin hergestellt, der Sekundärenergie enthält. Wenn das Benzin im Motor verbrannt wird, wird die in ihm gespeicherte Sekundärenergie in Nutzenergie, die das Auto antreibt, umgewandelt.
**b** Nutzenergie ist die Energie, die den Verbrauchern für verschiedene Anwendungen des Alltags zur Verfügung steht.
**6** Erneuerbare Energiequellen sind Windkraft, Wasserkraft, Sonnenenergie und Biomasse. Sie erneuern sich ständig und stehen dadurch nahezu unbegrenzt zur Verfügung.

**7**

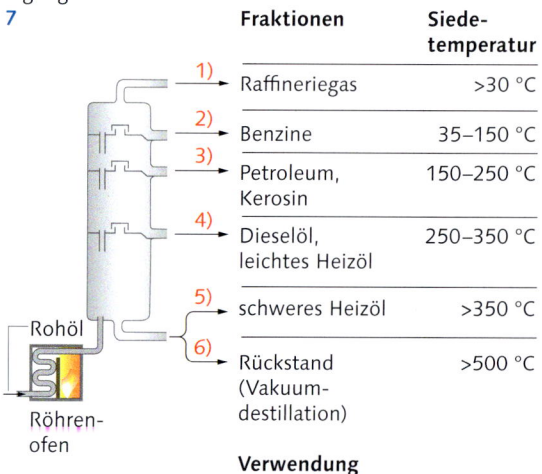

| | Fraktionen | Siedetemperatur |
|---|---|---|
| 1) | Raffineriegas | >30 °C |
| 2) | Benzine | 35–150 °C |
| 3) | Petroleum, Kerosin | 150–250 °C |
| 4) | Dieselöl, leichtes Heizöl | 250–350 °C |
| 5) | schweres Heizöl | >350 °C |
| 6) | Rückstand (Vakuumdestillation) | >500 °C |

Rohöl

Röhrenofen

**Verwendung**

1) Heizgas, Flüssiggas
2) Treibstoff für Kraftfahrzeuge
3) Lampenbrennstoff, Flugzeugbenzin
4) Dieselkraftstoff, Heizöl
5) Heizöl
6) Schmieröle, Bitumen, Teer

**8** Kohlenstoff ist in allen Verbindungen organischer Stoffe gebunden.

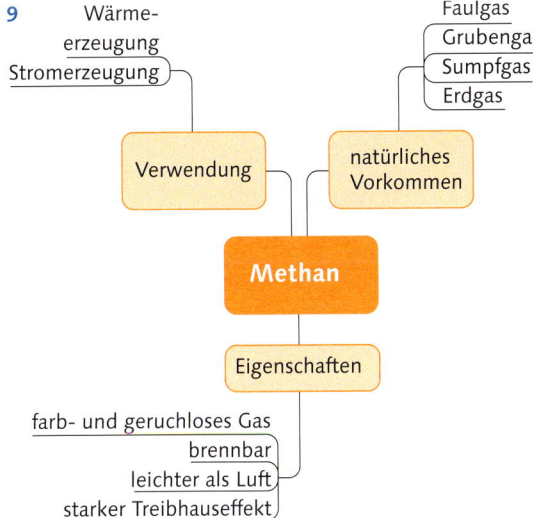

**9**

Wärme-
erzeugung
Stromerzeugung — Verwendung

Faulgas
Grubengas
Sumpfgas
Erdgas — natürliches Vorkommen

**Methan**

Eigenschaften

farb- und geruchloses Gas
brennbar
leichter als Luft
starker Treibhauseffekt

**10** Unter einer homologen Reihe versteht man eine Gruppe von Molekülen, die einen regelmäßigen, sich ähnelnden Aufbau zeigen und deshalb ähnliche Eigenschaften besitzen. Die Moleküle haben eine allgemeine Summenformel. Jedes Molekül lässt sich aus dem vorherigen durch Hinzufügen eines einzigen Kettenglieds darstellen.
Ein Beispiel ist die homologe Reihe der Alkane: Jedes Molekül der Alkane unterscheidet sich von seinem Vorgänger und Nachfolger um je ein $CH_2$-Glied. Die allgemeine Summenformel der Alkane lautet: $C_nH_{2n+2}$.

**11** Propin:

$$H-C\equiv C-\overset{\overset{\displaystyle H}{|}}{\underset{\underset{\displaystyle H}{|}}{C}}-H$$

1,1-Dibrom-3-methylbutan:

$$H-\overset{\overset{\displaystyle Br}{|}}{\underset{\underset{\displaystyle Br}{|}}{C}}-\overset{\overset{\displaystyle H}{|}}{\underset{\underset{\displaystyle H}{|}}{C}}-\overset{\overset{\displaystyle CH_3}{|}}{\underset{\underset{\displaystyle H}{|}}{C}}-\overset{\overset{\displaystyle H}{|}}{\underset{\underset{\displaystyle H}{|}}{C}}-H$$

3-Methyl-pent-1-en:

$$\overset{\displaystyle H}{\underset{\displaystyle H}{C}}=\overset{\overset{\displaystyle H}{|}}{\underset{\underset{\displaystyle H}{|}}{C}}-\overset{\overset{\displaystyle CH_3}{|}}{\underset{\underset{\displaystyle H}{|}}{C}}-\overset{\overset{\displaystyle H}{|}}{\underset{\underset{\displaystyle H}{|}}{C}}-\overset{\overset{\displaystyle H}{|}}{\underset{\underset{\displaystyle H}{|}}{C}}-H$$

**12a** 4-Ethyl-3,5-dimethylheptan
**b** Propen
**c** But-1-in
**13** Isomere sind Moleküle mit gleicher Summenformel, aber unterschiedlicher Strukturformel. Die Strukturformel $C_4H_{10}$ kann sowohl für die chemische Verbindung Butan als auch für 2-Methylpropan (Isobutan) stehen.
**14** $C_6H_{12} + Cl_2 \longrightarrow C_6H_{12}Cl_2$
**15** Ungesättigte Verbindungen sind Kohlenwasserstoffe, die in ihren Molekülen mindestens eine Mehrfachbindung zwischen zwei Kohlenstoffatomen enthalten.

## Von den Alkoholen zu den Carbonsäuren (S. 188)

**1a** Wein enthält Ethanol.
**b** Ethanol entsteht durch alkoholische Gärung:
Traubenzucker $\longrightarrow$ Ethanol + Kohlenstoffdioxid
**c** Als Nebenprodukt entsteht Kohlenstoffdioxid. Kohlenstoffdioxid wird durch Einleiten in Calciumhydroxid-Lösung nachgewiesen (Trübung der Lösung).
**2** Ethanol-Moleküle enthalten eine Hydroxyl-Gruppe als polare funktionelle Gruppe. Ethanol mischt sich deshalb sehr gut mit Wasser. Zusätzlich enthält das Ethanol-Molekül eine unpolare Kohlenwasserstoffkette. Deshalb lösen sich auch unpolare Stoffe wie Hexan in Ethanol. Aus diesen Gründen ist Ethanol ein vielseitig einsetzbares Lösungsmittel.
**3** Methanol, Ethanol, Propanol, Butanol, Pentanol, Hexanol
**4a** Methanol löst sich sehr gut in Wasser. In Hexan löst es sich hingegen kaum. Deshalb erkennt man bei der Mischung von Methanol und Hexan zwei Lösungen, die voneinander getrennt sind (zwei unterschiedliche Phasen).
**b** Das Methanol-Molekül ist ein sehr kleines Molekül, das aus der polaren OH-Gruppe (Hydroxyl-Gruppe) und einer kurzen Kohlenwasserstoffkette (–$CH_3$) besteht. Die unpolare Kohlenwasserstoffkette ist vernachlässigbar kurz. Deshalb bestimmt die polare OH-Gruppe maßgeblich die Eigenschaften von Methanol. Somit löst sich Methanol sehr gut in dem polaren Lösungsmittel Wasser, jedoch kaum in dem unpolaren Lösungsmittel Hexan.
**5a** Methanol hat mit 65 °C eine viel höhere Siedetemperatur als Methan, das bereits bei –161 °C siedet.
**b** Zwischen Methanol-Molekülen bilden sich Wasserstoffbrückenbindungen aus. Damit wirken stärkere Anziehungskräfte zwischen Methanol-Molekülen als zwischen Methan-Molekülen, die diese Wasserstoffbrückenbindungen nicht ausbilden können. Diese stärkeren Anziehungskräfte erklären die höhere Siedetemperatur des Methanols im Vergleich zum Methan.
**6** Pentan-1-ol:

$$H-\overset{\overset{\displaystyle H}{|}}{\underset{\underset{\displaystyle H}{|}}{C}}-\overset{\overset{\displaystyle H}{|}}{\underset{\underset{\displaystyle H}{|}}{C}}-\overset{\overset{\displaystyle H}{|}}{\underset{\underset{\displaystyle H}{|}}{C}}-\overset{\overset{\displaystyle H}{|}}{\underset{\underset{\displaystyle H}{|}}{C}}-\overset{\overset{\displaystyle H}{|}}{\underset{\underset{\displaystyle H}{|}}{C}}-OH$$

Pentan-2-ol:

$$H-\overset{\overset{\displaystyle H}{|}}{\underset{\underset{\displaystyle H}{|}}{C}}-\overset{\overset{\displaystyle H}{|}}{\underset{\underset{\displaystyle H}{|}}{C}}-\overset{\overset{\displaystyle OH}{|}}{\underset{\underset{\displaystyle H}{|}}{C}}-\overset{\overset{\displaystyle H}{|}}{\underset{\underset{\displaystyle H}{|}}{C}}-H$$

Pentan-3-ol:

$$H-\overset{\overset{\displaystyle H}{|}}{\underset{\underset{\displaystyle H}{|}}{C}}-\overset{\overset{\displaystyle H}{|}}{\underset{\underset{\displaystyle H}{|}}{C}}-\overset{\overset{\displaystyle OH}{|}}{\underset{\underset{\displaystyle H}{|}}{C}}-\overset{\overset{\displaystyle H}{|}}{\underset{\underset{\displaystyle H}{|}}{C}}-\overset{\overset{\displaystyle H}{|}}{\underset{\underset{\displaystyle H}{|}}{C}}-H$$

**7** Mehrwertige Alkohole enthalten in ihren Molekülen mehr als eine OH-Gruppe (Hydroxyl-Gruppe). *Beispiele:* Glykol (zweiwertiger Alkohol), Glycerin (dreiwertiger Alkohol), Sorbit (sechswertiger Alkohol)

**8** Glycerin ist ein stark wasseranziehender (hygroskopischer) Stoff. Deshalb zieht es aus der Umgebungsluft Feuchtigkeit, Wasser, an. In der Folge wird die Schale mit dem Glycerin immer schwerer, weil mit der Zeit immer mehr Wasser in ihr enthalten ist.

**9** *Wein:* Ethanol; *Zwiebel:* Oxalsäure; *Mandarine:* Citronensäure; *Essig:* Ethansäure (Essigsäure)

**10** Durch den Essig bleiben die Gurken länger haltbar und erhalten auch eine besondere Würze. Essig dient hier also als Konservierungs- und Würzmittel.

**11** Essigsäure (Ethansäure, $CH_3$–COOH) hat eine höhere Säurestärke als Buttersäure (Butansäure, $CH_3$–$CH_2$–$CH_2$–COOH), weil der Einfluss der sauren COOH-Gruppe (Carboxyl-Gruppe) mit zunehmender Länge der Kohlenstoffkette abnimmt.

**12** Eine mehrwertige Carbonsäure enthält in ihren Molekülen mehrere COOH-Gruppen (Carboxyl-Gruppen). *Beispiel:* Oxalsäure, eine Dicarbonsäure

Oxalsäure:

**13a** Hexanol, Propansäure

**b** Hexanol gehört zu den Alkoholen (Alkanolen), Butansäure zu den Carbonsäuren.

**c** Funktionelle Gruppe der Alkohole: OH-Gruppe (Hydroxyl-Gruppe); funktionelle Gruppe der Carbonsäuren: COOH-Gruppe (Carboxyl-Gruppe)

**14** Propan-1,3-diol:

Butanol:

Methansäure:

Hexansäure:

### Produkte der Chemie (S. 228/229)

**1a** Ester entstehen durch eine Kondensationsreaktion, bei der eine Säure mit einem Alkohol reagiert. Welcher Ester entsteht, ist abhängig von der eingesetzten Säure und dem eingesetzten Alkohol.

**b** Lässt man Propanol mit Buttersäure reagieren, so bilden sich Buttersäurepropylester und Wasser. Dieser Ester hat Erdbeeraroma.

**c**

**2a** Säure + Alkohol ⇌ Ester + Wasser

**b** Chemische Reaktionen, bei denen Wasser entsteht, werden als Kondensationsreaktionen bezeichnet.

**c** Veresterung und Esterspaltung sind umkehrbare chemische Reaktionen. Die Hin- und die Rückreaktion laufen gleichzeitig ab. Die Veresterung ist eine Kondensationsreaktion, die Esterspaltung bezeichnet man auch als Hydrolyse.

**3** Die Strukturformel zeigt Buttersäuremethylester. Der Name eines Esters setzt sich aus drei Bestandteilen zusammen: 1. dem Namen der Säure; 2. dem Namen des Alkylrests des Alkohols; 3. der Bezeichnung -ester.

**4a** Schwefelsäure

**b** Die als Katalysator eingesetzte Schwefelsäure erhöht die Ausbeute bei einer Veresterung. Sie beschleunigt die Hinreaktion. Dadurch werden mehr Ester und Wasser gebildet als ohne den Einsatz des Katalysators.
Reaktionsverlauf ohne Katalysator:
**Säure + Alkohol** ⇌ Ester + Wasser
Reaktionsverlauf mit Katalysator:
Säure + Alkohol ⇌ **Ester + Wasser**

**5** Essigsäure mischt sich mit dem Wasser, da im Essigsäure-Molekül der Einfluss der polaren Hydroxyl-Gruppe gegenüber der kurzen unpolaren Kohlenwasserstoffkette überwiegt. Im Essigsäureethylester-Molekül bewirkt der Einfluss der beiden Kohlenwasserstoffketten, dass der Ester sich nicht mit dem Wasser mischt.

**6** Fette sind Ester aus Glycerin und Fettsäuren. Bei der Fettbildung verbindet sich ein Glycerin-Molekül mit drei Fettsäure-Molekülen. Es können unterschiedliche Fettsäure-Moleküle gebunden werden.

Glycerin                    Fettsäure

Fett                        Wasser

**7** Fettbrände müssen durch Ersticken gelöscht werden, z. B. durch Abdecken mit einem Deckel. Fette brennen bei Temperaturen, die weit über der Siedetemperatur des Wassers liegen. Gibt man Wasser zu brennendem Fett, sinkt es wegen seiner größeren Dichte unter das Fett und verdampft dort aufgrund der hohen Temperaturen. Beim Verdampfen reißt das Wasser das brennende Fett mit und verteilt es im Raum.

**8a** Einfachzucker (Monosaccharide), *Beispiel:* Traubenzucker (Glucose); Zweifachzucker (Disaccharide), *Beispiel:* Rohrzucker (Saccharose); Vielfachzucker (Polysaccharide), *Beispiel:* Cellulose
**b** Alle Kohlenhydrate bestehen aus den Elementen Kohlenstoff, Wasserstoff und Sauerstoff.

**9**

H–N–H    H    C=O
  |      |    |
  R      C    O–H

Amino-   Rest   Carboxyl-
Gruppe          Gruppe

**10** Körpereigenes Eiweiß wird aus 20 Aminosäuren aufgebaut. Alle Aminosäure-Moleküle besitzen zwei funktionelle Gruppen, über die sie sich fast beliebig miteinander verbinden und lange Polypeptidketten bilden können. Deshalb gibt es fast unendlich viele Eiweiße.

**11a** *Riboflavin:* Farbstoff (gelb); *Benzoesäure:* Konservierungsstoff; *Essigsäure:* Säuerungsmittel und Konservierungsstoff; *Äpfelsäure:* Säuerungsmittel; *Aspartam:* Süßstoff
**b** Zusatzstoffe in Lebensmitteln werden auf den Verpackungen in der Zutatenliste von industriell hergestellten Lebensmitteln mit E-Nummern gekennzeichnet.

**12** Fett + Lauge → Glycerin + Seife
Seifen sind Natrium- oder Kaliumsalze der Fettsäuren.

**13** lipophil    lipophob

unpolar    polar

hydrophob    hydrophil

**14** Seifen-Anionen lagern sich zunächst an der Grenzfläche zwischen Wasser und Luft an. Der hydrophile „Kopf" des Seifen-Anions wird von Wasser-Molekülen umlagert. Die hydrophoben Kohlenwasserstoffketten ragen aus dem Wasser heraus. Erst wenn die Grenzfläche mit Seifen-Anionen besetzt ist, gelangen weitere Seifen-Anionen ins Wasserinnere. Seifen-Anionen bilden im Wasser Zusammenschlüsse, die Mizellen. Solche Mizellen umschließen beim Waschvorgang den unpolaren Schmutz, sodass sich dieser nicht wieder an der Faser absetzen kann.

**15** Tensid-Moleküle bestehen aus einem hydrophoben und einem hydrophilen Molekülteil. Der hydrophobe Teil umschließt den hydrophoben Schmutz. Der hydrophile Teil ermöglicht das Lösen und Verteilen der umlagerten Schmutzpartikel im Wasser.

**16** Tenside, Enthärter, Zusatzstoffe wie Bleichmittel, Enzyme und optische Aufheller. Ein Waschmittel für Buntwäsche sollte kein Bleichmittel enthalten, da dies die Farben des Gewebes angreift.

**17a** Kunststoffe können aus Erdöl oder nachwachsenden Rohstoffen wie dem Milchsaft des Kautschukbaums hergestellt werden.
**b** Thermoplaste sind Kunststoffe, die in der Wärme formbar sind. Sie enthalten nebeneinanderliegende Makromoleküle, die durch zwischenmolekulare Wechselwirkungen miteinander verbunden sind. Duroplaste hingegen sind harte und spröde Kunststoffe, die durch Erwärmen nicht formbar werden. Die Makromoleküle in den Duroplasten sind über chemische Bindungen so stark vernetzt, dass sie sich nicht mehr bewegen. Elastomere sind elastische und verformbare Kunststoffe. Bei Elastomeren sind die Makromoleküle locker und weitmaschig durch chemische Bindungen verknüpft, wodurch die Verformbarkeit erreicht wird.
**c** Thermoplaste: Einweggeschirr, Einkaufstüten; Duroplaste: Steckdosen; Elastomere: Gummibänder

**18a** Polyvinylchlorid
**b** Polyvinylchlorid wird durch die Polymerisation von Vinylchlorid-Monomeren erhalten.

**19** Bei einer Polykondensation werden Monomere, die mindestens zwei funktionelle Gruppen besitzen, zu Makromolekülen verknüpft. Dabei werden kleine Moleküle, z. B. Wasser-Moleküle, abgespalten. Im Gegensatz dazu werden bei einer Polymerisation die Monomere verknüpft, ohne dass Nebenprodukte entstehen.

**20** Unter Nanopartikeln versteht man Stoffpartikel, die kleiner als 100 nm (Nanometer) sind.

**21**

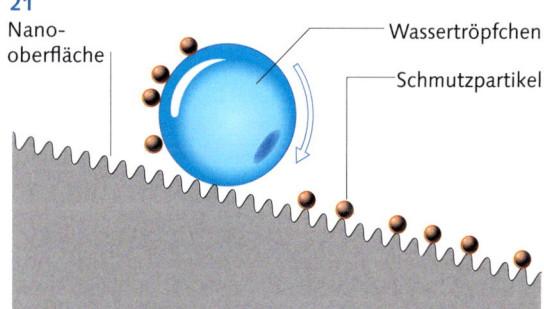

Nano-oberfläche    Wassertröpfchen

Schmutzpartikel

**22** Bei Zweikomponentenklebstoffen härtet der Klebstoff nicht durch Verdunsten des Lösungsmittels, sondern durch eine Reaktion mit einem Härter. Damit diese Reaktion erst zum gewünschten Zeitpunkt stattfindet, müssen die Werkstoffe zunächst getrennt vorliegen.

**23** Die zwischen den Klebstoffmolekülen und dem Werkstoff wirkenden Kräfte bezeichnet man als Adhäsion.

# Gefahrstoffe und Entsorgung im Chemieunterricht

## Einstufung von Gefahrstoffen nach der GHS-Verordnung

Mit dem neuen GHS (*Globally Harmonised System of Classification and Labelling of Chemicals*) werden die Kriterien für die Einstufung der Gefahrstoffe neu festgelegt und mit international einheitlichen Piktogrammen versehen. Neu ist auch die Verwendung der Signalworte **„Gefahr"** und **„Achtung"** für das Ausmaß der Gefahr: „Gefahr" bei hoher Gefährdung oder „Achtung" bei geringerer Gefährdung.

| Gefahren-piktogramm und -Code | Mit dem Gefahrenpiktogramm gekennzeichnete Stoffe und Gemische | Signalwort | Kennzeichnung nach bisheriger Gefahrstoffverordnung | |
|---|---|---|---|---|
| | | | Gefahrensymbol | Gefahrenhinweise |
| GHS01 | explosive und sehr gefährliche selbstzersetzliche Stoffe und Gemische sowie sehr gefährliche organische Peroxide | Gefahr oder Achtung | E | R2, R3 |
| GHS02 | entzündbare, selbsterhitzungsfähige und gefährliche selbstzersetzliche Stoffe und Gemische, pyrophore Stoffe sowie Stoffe und Gemische, die bei Berührung mit Wasser entzündbare Gase entwickeln | Gefahr oder Achtung | F+ oder F | R12, R11 oder R10; R17; R15 |
| GHS02 | gefährliche organische Peroxide | Gefahr oder Achtung | O | R7 |
| GHS03 | Stoffe und Gemische mit oxidierender Wirkung | Gefahr oder Achtung | O | R8, R9 |
| GHS04* | Gase unter Druck | Achtung | – | |
| GHS05 | Stoffe und Gemische, die korrosiv auf Metalle wirken | Achtung | – | |
| GHS05 | Stoffe und Gemische, die schwere Verätzungen der Haut und/oder schwere Augenschäden verursachen | Gefahr | C oder Xi | R34, R35, R41 |
| GHS06 | lebensgefährliche und giftige Stoffe und Gemische | Gefahr | T+ oder T | R26, R27, R28 oder R23, R24, R25 |
| GHS07 | gesundheitsschädliche Stoffe und Gemische | Achtung | Xn | R20, R21, R22 |
| GHS07 | Stoffe und Gemische, die Haut- und/oder Augenreizungen verursachen und/oder allergische Hautreaktionen, Reizungen der Atemwege und/oder Schläfrigkeit und Benommenheit verursachen können | Achtung | Xi | R36, R37, R38; R43; R67 |
| GHS08 | Stoffe und Gemische, die bei Verschlucken und Eindringen in die Atemwege tödlich sein können und/oder eine Gefahr für die Gesundheit darstellen. Diese Stoffe und Gemische schädigen bestimmte Organe und/oder können Krebs erzeugen, die Fruchtbarkeit beeinträchtigen, das Kind im Mutterleib schädigen und/oder genetische Defekte und/oder beim Einatmen Allergien, asthmaartige Symptome oder Atembeschwerden verursachen. | Gefahr oder Achtung | T+, T oder Xn | R45, R49, R40; R60, R62; R61, R63; R46; R39/...; R68/...; R48/...; R42; R33; R65 |
| GHS09 | Stoffe und Gemische, die sehr giftig oder giftig für Wasserorganismen sind | Achtung oder – | N | R50, R50/53 R51/53 |

* Die in den Experimenten verwendeten Gase stehen meist nicht unter Druck, daher wird dort in der Regel auf diese Kennzeichnung verzichtet.

# Gefahrenhinweise, ergänzende Gefahrenmerkmale und ergänzende Kennzeichnungselemente

## 1 Gefahrenhinweise

### Gefahrenhinweise für physikalische Gefahren

| | |
|---|---|
| H200 | Instabil, explosiv |
| H201 | Explosiv, Gefahr der Massenexplosion. |
| H202 | Explosiv; große Gefahr durch Splitter, Spreng- und Wurfstücke. |
| H203 | Explosiv; Gefahr durch Feuer, Luftdruck oder Splitter, Spreng- und Wurfstücke. |
| H204 | Gefahr durch Feuer oder Splitter, Spreng- und Wurfstücke. |
| H205 | Gefahr der Massenexplosion bei Feuer. |
| H220 | Extrem entzündbares Gas. |
| H221 | Entzündbares Gas. |
| H222 | Extrem entzündbares Aerosol. |
| H223 | Entzündbares Aerosol. |
| H224 | Flüssigkeit und Dampf extrem entzündbar. |
| H225 | Flüssigkeit und Dampf leicht entzündbar. |
| H226 | Flüssigkeit und Dampf entzündbar. |
| H228 | Entzündbarer Feststoff. |
| H240 | Erwärmung kann Explosion verursachen. |
| H241 | Erwärmung kann Brand oder Explosion verursachen. |
| H242 | Erwärmung kann Brand verursachen. |
| H250 | Entzündet sich in Berührung mit Luft von selbst. |
| H251 | Selbsterhitzungsfähig; kann in Brand geraten. |
| H252 | In großen Mengen selbsterhitzungsfähig; kann in Brand geraten. |
| H260 | In Berührung mit Wasser entstehen entzündbare Gase, die sich spontan entzünden können. |
| H261 | In Berührung mit Wasser entstehen entzündbare Gase. |
| H270 | Kann Brand verursachen oder verstärken; Oxidationsmittel. |
| H271 | Kann Brand oder Explosion verursachen; starkes Oxidationsmittel. |
| H272 | Kann Brand verstärken; Oxidationsmittel. |
| H280 | Enthält Gas unter Druck; kann bei Erwärmung explodieren. |
| H281 | Enthält tiefkaltes Gas; kann Kälteverbrennungen oder -verletzungen verursachen. |
| H290 | Kann gegenüber Metallen korrosiv sein. |

### Gefahrenhinweise für Gesundheitsgefahren

| | |
|---|---|
| H300 | Lebensgefahr bei Verschlucken. |
| H301 | Giftig bei Verschlucken. |
| H302 | Gesundheitsschädlich bei Verschlucken. |
| H304 | Kann bei Verschlucken und Eindringen in die Atemwege tödlich sein. |
| H310 | Lebensgefahr bei Hautkontakt. |
| H311 | Giftig bei Hautkontakt. |
| H312 | Gesundheitsschädlich bei Hautkontakt. |
| H314 | Verursacht schwere Verätzungen der Haut und schwere Augenschäden. |
| H315 | Verursacht Hautreizungen. |
| H317 | Kann allergische Hautreaktionen verursachen. |
| H318 | Verursacht schwere Augenschäden. |
| H319 | Verursacht schwere Augenreizung. |
| H330 | Lebensgefahr bei Einatmen. |
| H331 | Giftig bei Einatmen. |
| H332 | Gesundheitsschädlich bei Einatmen. |
| H334 | Kann bei Einatmen Allergie, asthmaartige Symptome oder Atembeschwerden verursachen. |
| H335 | Kann die Atemwege reizen. |
| H336 | Kann Schläfrigkeit und Benommenheit verursachen. |
| H340 | Kann genetische Defekte verursachen <Expositionsweg angeben, sofern schlüssig belegt ist, dass diese Gefahr bei keinem anderen Expositionsweg besteht>. |
| H341 | Kann vermutlich genetische Defekte verursachen <Expositionsweg angeben, sofern schlüssig belegt ist, dass diese Gefahr bei keinem anderen Expositionsweg besteht>. |
| H350 | Kann Krebs erzeugen <Expositionsweg angeben, sofern schlüssig belegt ist, dass diese Gefahr bei keinem anderen Expositionsweg besteht>. |
| H350i | Kann beim Einatmen Krebs erzeugen. |
| H351 | Kann vermutlich Krebs erzeugen <Expositionsweg angeben, sofern schlüssig belegt ist, dass diese Gefahr bei keinem anderen Expositionsweg besteht>. |

| | |
|---|---|
| H360 | Kann die Fruchtbarkeit beeinträchtigen oder das Kind im Mutterleib schädigen <konkrete Wirkung angeben, sofern bekannt> <Expositionsweg angeben, sofern schlüssig belegt ist, dass die Gefahr bei keinem anderen Expositionsweg besteht>. |
| H360F | Kann die Fruchtbarkeit beeinträchtigen. |
| H360D | Kann das Kind im Mutterleib schädigen. |
| H360FD | Kann die Fruchtbarkeit beeinträchtigen. Kann das Kind im Mutterleib schädigen. |
| H360Fd | Kann die Fruchtbarkeit beeinträchtigen. Kann vermutlich das Kind im Mutterleib schädigen. |
| H360Df | Kann das Kind im Mutterleib schädigen. Kann vermutlich die Fruchtbarkeit beeinträchtigen. |
| H361 | Kann vermutlich die Fruchtbarkeit beeinträchtigen oder das Kind im Mutterleib schädigen <konkrete Wirkung angeben, sofern bekannt> <Expositionsweg angeben, sofern schlüssig belegt ist, dass die Gefahr bei keinem anderen Expositionsweg besteht>. |
| H361f | Kann vermutlich die Fruchtbarkeit beeinträchtigen. |
| H361d | Kann vermutlich das Kind im Mutterleib schädigen. |
| H361fd | Kann vermutlich die Fruchtbarkeit beeinträchtigen. Kann vermutlich das Kind im Mutterleib schädigen. |
| H362 | Kann Säuglinge über die Muttermilch schädigen. |
| H370 | Schädigt die Organe <oder alle betroffenen Organe nennen, sofern bekannt> <Expositionsweg angeben, sofern schlüssig belegt ist, dass diese Gefahr bei keinem anderen Expositionsweg besteht>. |
| H371 | Kann die Organe schädigen <oder alle betroffenen Organe nennen, sofern bekannt> <Expositionsweg angeben, sofern schlüssig belegt ist, dass diese Gefahr bei keinem anderen Expositionsweg besteht>. |
| H372 | Schädigt die Organe <alle betroffenen Organe nennen> bei längerer oder wiederholter Exposition <Expositionsweg angeben, wenn schlüssig belegt ist, dass diese Gefahr bei keinem anderen Expositionsweg besteht>. |
| H373 | Kann die Organe schädigen <alle betroffenen Organe nennen, sofern bekannt> bei längerer oder wiederholter Exposition <Expositionsweg angeben, wenn schlüssig belegt ist, dass diese Gefahr bei keinem anderen Expositionsweg besteht>. |

### Gefahrenhinweise für Umweltgefahren

| | |
|---|---|
| H400 | Sehr giftig für Wasserorganismen. |
| H410 | Sehr giftig für Wasserorganismen mit langfristiger Wirkung. |
| H411 | Giftig für Wasserorganismen, mit langfristiger Wirkung. |
| H412 | Schädlich für Wasserorganismen, mit langfristiger Wirkung. |
| H413 | Kann für Wasserorganismen schädlich sein, mit langfristiger Wirkung. |

## 2 Ergänzende Gefahrenmerkmale

### Physikalische Eigenschaften

| | |
|---|---|
| EUH001 | In trockenem Zustand explosionsgefährlich. |
| EUH006 | Mit und ohne Luft explosionsfähig. |
| EUH014 | Reagiert heftig mit Wasser. |
| EUH018 | Kann bei Verwendung explosionsfähige/entzündbare Dampf/Luft-Gemische bilden. |
| EUH019 | Kann explosionsfähige Peroxide bilden. |
| EUH044 | Explosionsgefahr bei Erhitzen unter Einschluss. |

### Gesundheitsgefährliche Eigenschaften

| | |
|---|---|
| EUH029 | Entwickelt bei Berührung mit Wasser giftige Gase. |
| EUH031 | Entwickelt bei Berührung mit Säure giftige Gase. |
| EUH032 | Entwickelt bei Berührung mit Säure sehr giftige Gase. |
| EUH066 | Wiederholter Kontakt kann zu spröder oder rissiger Haut führen. |
| EUH070 | Giftig bei Berührung mit den Augen. |
| EUH071 | Wirkt ätzend auf die Atemwege. |

### Umweltgefährliche Eigenschaften

| | |
|---|---|
| EUH059 | Die Ozonschicht schädigend. |

## 3 Ergänzende Kennzeichnungselemente/Informationen über bestimmte Stoffe und Gemische

EUH201 Enthält Blei. Nicht für den Anstrich von Gegenständen verwenden, die von Kindern gekaut oder gelutscht werden könnten.

EUH201A      Achtung! Enthält Blei.

EUH202 Cyanacrylat. Gefahr. Klebt innerhalb von Sekunden Haut und Augenlider zusammen. Darf nicht in die Hände von Kindern gelangen.

EUH203 Enthält Chrom (VI). Kann allergische Reaktionen hervorrufen.

EUH204 Enthält Isocyanate. Kann allergische Reaktionen hervorrufen.

EUH205 Enthält epoxidhaltige Verbindungen. Kann allergische Reaktionen hervorrufen.

EUH206 Achtung! Nicht zusammen mit anderen Produkten verwenden, da gefährliche Gase (Chlor) freigesetzt werden können.

EUH207 Achtung! Enthält Cadmium. Bei der Verwendung entstehen gefährliche Dämpfe. Hinweise des Herstellers beachten. Sicherheitsanweisungen einhalten.

EUH208 Enthält <Name des sensibilisierenden Stoffes>. Kann allergische Reaktionen hervorrufen.

EUH209 Kann bei Verwendung leicht entzündbar werden.

EUH209A      Kann bei Verwendung entzündbar werden.

EUH210 Sicherheitsdatenblatt auf Anfrage erhältlich.

EUH401 Zur Vermeidung von Risiken für Mensch und Umwelt die Gebrauchsanleitung einhalten.

## Sicherheitshinweise

### Sicherheitshinweise – Allgemeines

P101 Ist ärztlicher Rat erforderlich, Verpackung oder Kennzeichnungsetikett bereithalten.

P102 Darf nicht in die Hände von Kindern gelangen.

P103 Vor Gebrauch Kennzeichnungsetikett lesen.

### Sicherheitshinweise – Prävention

P201 Vor Gebrauch besondere Anweisungen einholen.

P202 Vor Gebrauch alle Sicherheitshinweise lesen und verstehen.

P210 Von Hitze/Funken/offener Flamme/heißen Oberflächen fernhalten. Nicht rauchen.

P211 Nicht gegen offene Flamme oder andere Zündquelle sprühen.

P220 Von Kleidung/…/brennbaren Materialien fernhalten/entfernt aufbewahren.

P221 Mischen mit brennbaren Stoffen/… unbedingt verhindern.

P222 Kontakt mit Luft nicht zulassen.

P223 Kontakt mit Wasser wegen heftiger Reaktion und möglichem Aufflammen unbedingt verhindern.

P230 Feucht halten mit …

P231 Unter inertem Gas handhaben.

P232 Vor Feuchtigkeit schützen.

P233 Behälter dicht verschlossen halten.

P234 Nur im Originalbehälter aufbewahren.

P235 Kühl halten.

P240 Behälter und zu befüllende Anlage erden.

P241 Explosionsgeschützte elektrische Betriebsmittel/Lüftungsanlagen/Beleuchtung/… verwenden.

P242 Nur funkenfreies Werkzeug verwenden.

P243 Maßnahmen gegen elektrostatische Aufladungen treffen.

P244 Druckminderer frei von Fett und Öl halten.

P250 Nicht schleifen/stoßen/…/reiben.

P251 Behälter steht unter Druck: Nicht durchstechen oder verbrennen, auch nicht nach der Verwendung.

P260 Staub/Rauch/Gas/Nebel/Dampf/Aerosol nicht einatmen.

P261 Einatmen von Staub/Rauch/Gas/Nebel/Dampf/Aerosol vermeiden.

P262 Nicht in die Augen, auf die Haut oder auf die Kleidung gelangen lassen.

P263 Kontakt während der Schwangerschaft und der Stillzeit vermeiden.

P264 Nach Gebrauch … gründlich waschen.

P270 Bei Gebrauch nicht essen, trinken oder rauchen.

P271 Nur im Freien oder in gut belüfteten Räumen verwenden.

P272 Kontaminierte Arbeitskleidung nicht außerhalb des Arbeitsplatzes tragen.

P273 Freisetzung in die Umwelt vermeiden.

P280 Schutzhandschuhe/Schutzkleidung/Augenschutz/Gesichtsschutz tragen.

P281 Vorgeschriebene persönliche Schutzausrüstung verwenden.

P282 Schutzhandschuhe/Gesichtsschild/Augenschutz mit Kälteisolierung tragen.

P283 Schwer entflammbare/flammhemmende Kleidung tragen.

P284 Atemschutz tragen.

P285 Bei unzureichender Belüftung Atemschutz tragen.

P231 + P232      Unter inertem Gas handhaben. Vor Feuchtigkeit schützen.

P235 + P410      Kühl halten. Vor Sonnenbestrahlung schützen.

### Sicherheitshinweise – Reaktion

P301 BEI VERSCHLUCKEN:

P302 BEI BERÜHRUNG MIT DER HAUT:

P303 BEI BERÜHRUNG MIT DER HAUT (oder dem Haar):

P304 BEI EINATMEN:

P305 BEI KONTAKT MIT DEN AUGEN:

P306 BEI KONTAMINIERTER KLEIDUNG:

P307 BEI Exposition:

P308 BEI Exposition oder falls betroffen:

P309 BEI Exposition oder Unwohlsein:

P310 Sofort GIFTINFORMATIONSZENTRUM oder Arzt anrufen.

P311 GIFTINFORMATIONSZENTRUM oder Arzt anrufen.

P312 Bei Unwohlsein GIFTINFORMATIONSZENTRUM oder Arzt anrufen.

P313 Ärztlichen Rat einholen/ärztliche Hilfe hinzuziehen.

P314 Bei Unwohlsein ärztlichen Rat einholen/ärztliche Hilfe hinzuziehen.

P315 Sofort ärztlichen Rat einholen/ärztliche Hilfe hinzuziehen.

P320 Besondere Behandlung dringend erforderlich (siehe … auf diesem Kennzeichnungsetikett).

P321 Besondere Behandlung (siehe … auf diesem Kennzeichnungsetikett).

P322 Gezielte Maßnahmen (siehe … auf diesem Kennzeichnungsetikett).

P330 Mund ausspülen.

P331 KEIN Erbrechen herbeiführen.

P332 Bei Hautreizung:

P333 Bei Hautreizung oder -ausschlag:

P334 In kaltes Wasser tauchen/nassen Verband anlegen.

P335 Lose Partikel von der Haut abbürsten.

P336 Vereiste Bereiche mit lauwarmem Wasser auftauen. Betroffenen Bereich nicht reiben.

P337 Bei anhaltender Augenreizung:

P338 Eventuell vorhandene Kontaktlinsen nach Möglichkeit entfernen. Weiter ausspülen.

P340 Die betroffene Person an die frische Luft bringen und in einer Position ruhig stellen, die das Atmen erleichtert.

P341 Bei Atembeschwerden an die frische Luft bringen und in einer Position ruhig stellen, die das Atmen erleichtert.

P342 Bei Symptomen der Atemwege:

P350 Behutsam mit viel Wasser und Seife waschen.

P351 Einige Minuten lang behutsam mit Wasser ausspülen.

P352 Mit viel Wasser und Seife waschen.

P353 Haut mit Wasser abwaschen/duschen.

P360 Kontaminierte Kleidung und Haut sofort mit viel Wasser abwaschen und danach Kleidung ausziehen.

P361 Alle kontaminierten Kleidungsstücke sofort ausziehen.

P362 Kontaminierte Kleidung ausziehen und vor erneutem Tragen waschen.

P363 Kontaminierte Kleidung vor erneutem Tragen waschen.

P370 Bei Brand:

P371 Bei Großbrand und großen Mengen:

P372 Explosionsgefahr bei Brand.

P373 KEINE Brandbekämpfung, wenn das Feuer explosive Stoffe/Gemische/Erzeugnisse erreicht.

| P374 | Brandbekämpfung mit üblichen Vorsichtsmaßnahmen aus angemessener Entfernung. |
| P375 | Wegen Explosionsgefahr Brand aus der Entfernung bekämpfen. |
| P376 | Undichtigkeit beseitigen, wenn gefahrlos möglich. |
| P377 | Brand von ausströmendem Gas: Nicht löschen, bis Undichtigkeit gefahrlos beseitigt werden kann. |
| P378 | … zum Löschen verwenden. |
| P380 | Umgebung räumen. |
| P381 | Alle Zündquellen entfernen, wenn gefahrlos möglich. |
| P390 | Verschüttete Mengen aufnehmen, um Materialschäden zu vermeiden. |
| P391 | Verschüttete Mengen aufnehmen. |
| P301 + P310 | BEI VERSCHLUCKEN: Sofort GIFTINFORMATIONS-ZENTRUM oder Arzt anrufen. |
| P301 + P312 | BEI VERSCHLUCKEN: Bei Unwohlsein GIFTINFORMATIONSZENTRUM oder Arzt anrufen. |
| P301 + P330 + P331 | BEI VERSCHLUCKEN: Mund ausspülen. KEIN Erbrechen herbeiführen. |
| P302 + P334 | BEI KONTAKT MIT DER HAUT: In kaltes Wasser tauchen/nassen Verband anlegen. |
| P302 + P350 | BEI KONTAKT MIT DER HAUT: Behutsam mit viel Wasser und Seife waschen. |
| P302 + P352 | BEI KONTAKT MIT DER HAUT: Mit viel Wasser und Seife waschen. |
| P303 + P361 + P353 | BEI KONTAKT MIT DER HAUT (oder dem Haar): Alle kontaminierten Kleidungsstücke sofort ausziehen. Haut mit Wasser abwaschen/duschen. |
| P304 + P340 | BEI EINATMEN: An die frische Luft bringen und in einer Position ruhig stellen, die das Atmen erleichtert. |
| P304 + P341 | BEI EINATMEN: Bei Atembeschwerden an die frische Luft bringen und in einer Position ruhig stellen, die das Atmen erleichtert. |
| P305 + P351 + P338 | BEI KONTAKT MIT DEN AUGEN: Einige Minuten lang behutsam mit Wasser spülen. Vorhandene Kontaktlinsen nach Möglichkeit entfernen. Weiter spülen. |
| P306 + P360 | BEI KONTAKT MIT DER KLEIDUNG: Kontaminierte Kleidung und Haut sofort mit viel Wasser abwaschen und danach Kleidung ausziehen. |
| P307 + P311 | BEI Exposition: GIFTINFORMATIONSZENTRUM oder Arzt anrufen. |
| P308 + P313 | BEI Exposition oder falls betroffen: Ärztlichen Rat einholen/ärztliche Hilfe hinzuziehen. |
| P309 + P311 | BEI Exposition oder Unwohlsein: GIFTINFORMATIONSZENTRUM oder Arzt anrufen. |
| P332 + P313 | Bei Hautreizung: Ärztlichen Rat einholen/ärztliche Hilfe hinzuziehen. |
| P333 + P313 | Bei Hautreizung oder -ausschlag: Ärztlichen Rat einholen/ärztliche Hilfe hinzuziehen. |
| P335 + P334 | Lose Partikel von der Haut abbürsten. In kaltes Wasser tauchen/nassen Verband anlegen. |
| P337 + P313 | Bei anhaltender Augenreizung: Ärztlichen Rat einholen/ärztliche Hilfe hinzuziehen. |
| P342 + P311 | Bei Symptomen der Atemwege: GIFTINFORMATIONSZENTRUM oder Arzt anrufen. |
| P370 + P376 | Bei Brand: Undichtigkeit beseitigen, wenn gefahrlos möglich. |
| P370 + P378 | Bei Brand: … zum Löschen verwenden. |
| P370 + P380 | Bei Brand: Umgebung räumen. |
| P370 + P380 + P375 | Bei Brand: Umgebung räumen. Wegen Explosionsgefahr Brand aus der Entfernung bekämpfen. |
| P371 + P380 + P375 | Bei Großbrand und großen Mengen: Umgebung räumen. Wegen Explosionsgefahr Brand aus der Entfernung bekämpfen. |

### Sicherheitshinweise – Aufbewahrung

| P401 | … aufbewahren. |
| P402 | An einem trockenen Ort aufbewahren. |
| P403 | An einem gut belüfteten Ort aufbewahren. |
| P404 | In einem geschlossenen Behälter aufbewahren. |
| P405 | Unter Verschluss aufbewahren. |
| P406 | In korrosionsbeständigem/… Behälter mit korrosionsbeständiger Auskleidung aufbewahren. |
| P407 | Luftspalt zwischen Stapeln/Paletten lassen. |
| P410 | Vor Sonnenbestrahlung schützen. |
| P411 | Bei Temperaturen von nicht mehr als … °C aufbewahren. |
| P412 | Nicht Temperaturen von mehr als 50 °C aussetzen. |
| P413 | Schüttgut in Mengen von mehr als … kg bei Temperaturen von nicht mehr als … °C aufbewahren. |
| P420 | Von anderen Materialien entfernt aufbewahren. |
| P422 | Inhalt in/unter … aufbewahren. |
| P402 + P404 | In einem geschlossenen Behälter an einem trockenen Ort aufbewahren. |
| P403 + P233 | Behälter dicht verschlossen an einem gut belüfteten Ort aufbewahren. |
| P403 + P235 | Kühl an einem gut belüfteten Ort aufbewahren. |
| P410 + P403 | Vor Sonnenbestrahlung geschützt an einem gut belüfteten Ort aufbewahren. |
| P410 + P412 | Vor Sonnenbestrahlung schützen und nicht Temperaturen von mehr als 50 °C aussetzen. |
| P411 + P235 | Kühl und bei Temperaturen von nicht mehr als … °C aufbewahren. |

### Sicherheitshinweise – Entsorgung

| P501 | Inhalt/Behälter … zuführen. |

# Entsorgungsratschläge (E-Sätze)

| E1 | Verdünnen, in den Ausguss geben (WGK 0 bzw. 1) |
| E2 | Neutralisieren, in den Ausguss geben |
| E3 | In den Hausmüll geben, gegebenenfalls im Polyethylenbeutel (Stäube) |
| E4 | Als Sulfid fällen |
| E5 | Mit Calcium-Ionen fällen, dann E1 oder E3 |
| E6 | Nicht in den Hausmüll geben |
| E7 | Im Abzug entsorgen |
| E8 | Der Sondermüllbeseitigung zuführen (Adresse zu erfragen bei der Kreis- oder Stadtverwaltung), Abfallschlüssel beachten |
| E9 | Unter größter Vorsicht in kleinsten Portionen reagieren lassen (z. B. offen im Freien verbrennen) |
| E10 | In gekennzeichneten Behältern sammeln: 1. „Organische Abfälle – halogenhaltig" 2. „Organische Abfälle – halogenfrei" dann E 8 |
| E11 | Als Hydroxid fällen (pH = 8), den Niederschlag zu E8 |
| E12 | Nicht in die Kanalisation gelangen lassen |
| E13 | Aus der Lösung mit unedlem Metall (z. B. Eisen) als Metall abscheiden (E14, E3) |
| E14 | Recycling-geeignet (Redestillation oder einem Recyclingunternehmen zuführen) |
| E15 | Mit Wasser vorsichtig umsetzen, frei werdende Gase absorbieren oder ins Freie ableiten |
| E16 | Entsprechend den speziellen Ratschlägen für die Beseitigungsgruppen beseitigen |

## Entsorgung von Abfällen im Chemieunterricht

Nach dem Experimentieren werden die Reste und Abfälle in die dafür vorgesehenen Sammelbehälter gegeben.

| Glasbruch | nicht gefährliche feste Chemikalien | nicht gefährliche und wasserlösliche Chemikalien | Säuren und Laugen | gefährliche anorganische Abfälle | halogenfreie organische Chemikalien | halogenhaltige organische Chemikalien |
|---|---|---|---|---|---|---|
| | z. B. Eisen, Indikatorpapier | z. B. Natriumchlorid, Zuckerlösung | z. B. Salzsäure, Natronlauge | z. B. Kupfersulfat, Kupfersulfatlösung | z. B. Petroleumbenzin, Methanol | z. B. Trichlormethan |

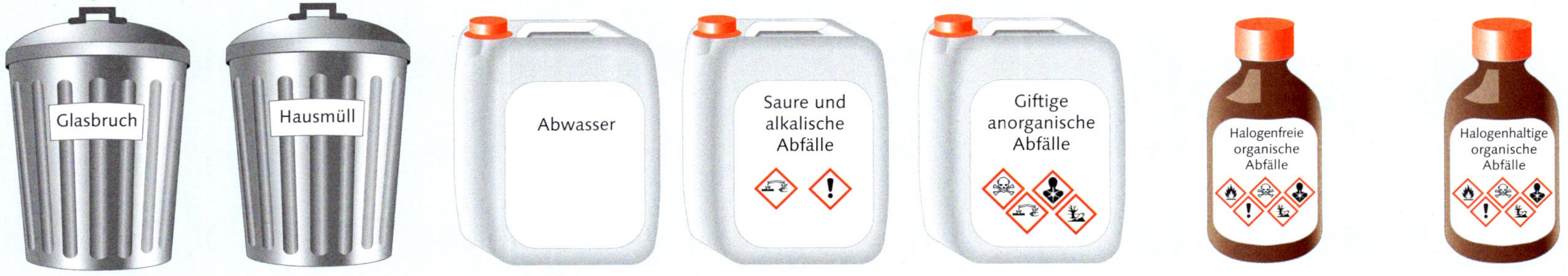

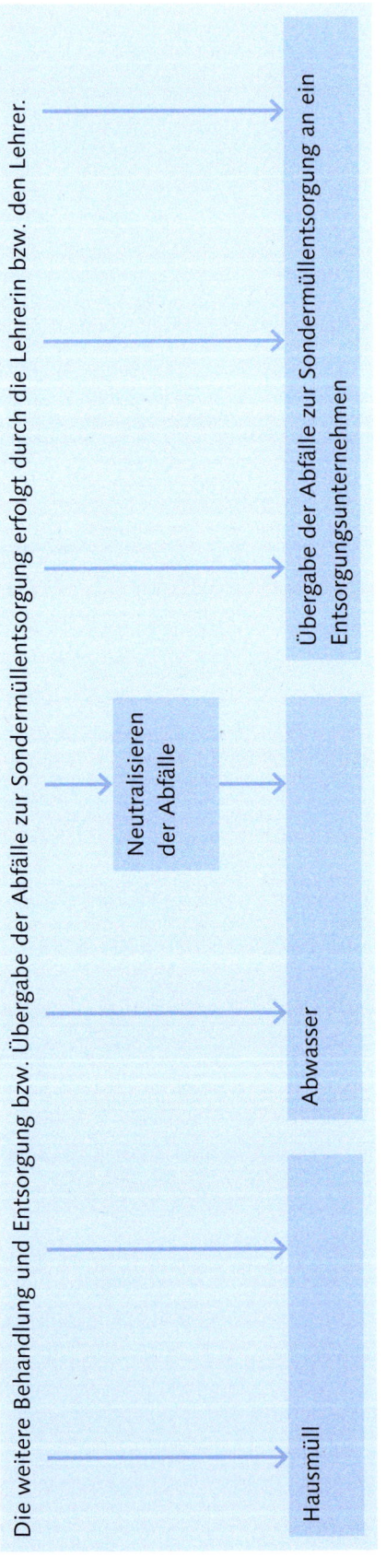

Behälter: Glasbruch · Hausmüll · Abwasser · Saure und alkalische Abfälle · Giftige anorganische Abfälle · Halogenfreie organische Abfälle · Halogenhaltige organische Abfälle

Die weitere Behandlung und Entsorgung bzw. Übergabe der Abfälle zur Sondermüllentsorgung erfolgt durch die Lehrerin bzw. den Lehrer.

| Hausmüll | Abwasser | Neutralisieren der Abfälle | Übergabe der Abfälle zur Sondermüllentsorgung an ein Entsorgungsunternehmen |
|---|---|---|---|

# Liste von Gefahrstoffen

| Gefahrstoff | Signal-wort | Pikto-gramm-code | H-Sätze und EUH-Sätze | E-Sätze |
|---|---|---|---|---|
| **A**ceton (Propanon) | Gefahr | GHS02 GHS07 | H225 H319 H336 EUH066 | 1-10-14 |
| Aluminium, Grieß o. Pulver (stabilisiert) | Gefahr | GHS02 | H261 H228 | 6-9 |
| Aluminiumbromid, wasserfrei | Gefahr | GHS05 GHS07 | H290 H302 H314 | 2 |
| Aluminiumchlorid, wasserfrei | Gefahr | GHS05 | H314 | 2 |
| Aluminiumiodid | Gefahr | GHS05 | H314 | 2 |
| Ameisensäure (Methansäure) $w \geq 90\,\%$ | Gefahr | GHS02 GHS05 | H226 H314 | 1-10 |
| $10\,\% \leq w < 90\,\%$ | Gefahr | GHS05 | H314 | 1-10 |
| $2\,\% \leq w < 10\,\%$ | Achtung | GHS07 | H315 H319 | 1-10 |
| Ammoniak, wasserfrei | Gefahr | GHS05 GHS06 GHS09 | H221 H314 H331 H400 EUH071 | 2-7 |
| Ammoniaklösung $10\,\% \leq w < 25\,\%$ | Gefahr | GHS05 | H314 H335 | 2 |
| $5\,\% \leq w < 10\,\%$ | Achtung | GHS07 | H315 H319 H335 | 2 |
| Ammoniumcarbonat | Achtung | GHS07 | H302 | 1 |
| Ammoniumchlorid | Achtung | GHS07 | H302 H319 | 2 |
| **B**ariumchlorid, wasserfrei | Gefahr | GHS06 | H301 H332 | 1-3 |
| Bariumchloridlösung $3\,\% \leq w < 25\,\%$ | Achtung | GHS07 | H302 | 1 |
| Bariumhydroxid, wasserfrei o. Octahydrat | Gefahr | GHS05 GHS07 | H302 H314 H332 | 1-3 |
| Bariumoxid | Gefahr | GHS05 GHS06 | H301 H314 H332 | 1-3 |
| Benzoesäure | Achtung | GHS07 | H302 H319 | 10-12 |
| Blei (bioverfügbar) | Gefahr | GHS07 GHS08 GHS09 | H302 H332 H360Df H373 H410 | 8 |
| Brom | Gefahr | GHS05 GHS06 GHS09 | H330 H314 H400 | 16 |
| Bromethan (Ethylbromid) | Gefahr | GHS02 GHS07 GHS08 | H225 H302 H332 H351 | 10 |

| Gefahrstoff | Signal-wort | Pikto-gramm-code | H-Sätze und EUH-Sätze | E-Sätze |
|---|---|---|---|---|
| Bromthymolblaulösung ($w = 0{,}1\,\%$ in Ethanol) | Gefahr | GHS02 | H225 | 10 |
| Bromwasser $1\,\% \leq w < 5\,\%$ | Gefahr | GHS06 | H311 H330 | 16 |
| Bromwasserstoff | Gefahr | GHS05 GHS06 | H314 H335 | 2 |
| n-Butan | Gefahr | GHS02 | H220 | 7 |
| Butan-1-ol | Gefahr | GHS02 GHS05 GHS07 | H226 H302 H315 H318 H335 H336 | 10 |
| Butansäure (Buttersäure) | Gefahr | GHS05 | H314 | 10 |
| **C**alcium | Gefahr | GHS02 | H261 EUH014 | 15 |
| Calciumcarbid | Gefahr | GHS02 | H260 | 15-16 |
| Calciumchlorid | Achtung | GHS07 | H319 | 1 |
| Calciumhydroxid | Gefahr | GHS05 GHS07 | H315 H318 H335 | 2 |
| Calciumoxid | Gefahr | GHS05 GHS07 | H315 H318 H335 | 2 |
| Chlor | Gefahr | GHS03 GHS06 GHS09 | H270 H315 H319 H330 H335 H400 EUH071 | 16 |
| Chlorethan (Ethylchlorid) | Gefahr | GHS02 GHS04 GHS08 | H220 H351 H412 | 16 |
| Chlormethan (Methylchlorid) | Gefahr | GHS02 GHS04 GHS08 | H220 H351 H373 | 7-12 |
| Chlorwasser, gesättigt $w \approx 0{,}7\,\%$ | Achtung | GHS07 | H332 | 16 |
| Chlorwasserstoff | Gefahr | GHS05 GHS06 | H314 H331 EUH071 | 2 |
| Citronensäure | Gefahr | GHS05 | H318 | 3 |
| **D**ibenzoylperoxid (DBPO) | Gefahr | GHS02 GHS07 | H242 H319 H317 | 10-12 |
| Diethylether (Ether) | Gefahr | GHS02 GHS07 | H224 H302 H336 EUH019 EUH066 | 9-10-12 |
| **E**isen, Pulver | Gefahr | GHS02 | H228 | 3 |
| Eisen(III)-chlorid | Gefahr | GHS05 GHS07 | H302 H315 H317 H318 | 2 |

| Gefahrstoff | Signal-wort | Pikto-gramm-code | H-Sätze und EUH-Sätze | E-Sätze |
|---|---|---|---|---|
| Eisen(II)-sulfat, wasser-frei o. Lösung $w \geq 25\%$ | Achtung | GHS07 | H302 H315 H319 | 2 |
| Eisen(II)-sulfid | Achtung | GHS09 | H400 EUH031 | 8 |
| Essigsäure (Ethansäure) $w \geq 90\%$ | Gefahr | GHS02 GHS05 | H226 H314 | 2-10 |
| $25\% \leq w < 90\%$ | Gefahr | GHS05 | H314 | 2-10 |
| $10\% \leq w < 25\%$ | Achtung | GHS07 | H315 H319 | 2-10 |
| Essigsäureanhydrid | Gefahr | GHS02 GHS05 GHS07 | H226 H302 H314 H332 H335 | 2-10 |
| Essigsäureethylester (Ethylacetat) | Gefahr | GHS02 GHS07 | H225 H319 H336 EUH066 | 10-12 |
| Ethan | Gefahr | GHS02 | H220 | 7 |
| Ethanal (Acetaldehyd) | Gefahr | GHS02 GHS07 GHS08 | H224 H319 H335 H351 | 9-10-12-16 |
| Ethanallösung (Acetaldehydlösung) $w \geq 10\%$ | Achtung | GHS07 GHS08 | H319 H335 H351 | 9-10-12-16 |
| Ethandiol | Achtung | GHS07 | H302 | 1-10 |
| Ethanol (Brennspiritus) | Gefahr | GHS02 | H225 | 1-10 |
| Ethen (Ethylen) | Gefahr | GHS02 GHS07 | H220 H336 | 7 |
| Ethin (Acetylen) | Gefahr | GHS02 | H220 EUH006 | 7 |
| Fehling'sche Lösung I | Achtung | GHS07 GHS09 | H302 H315 H319 H410 | 8 |
| Fehling'sche Lösung II | Gefahr | GHS05 | H314 | 2 |
| n-Heptan | Gefahr | GHS02 GHS07 GHS08 GHS09 | H225 H304 H315 H336 H410 | 10-12 |
| Hexan-1-ol | Achtung | GHS07 | H302 | 10 |
| Hex-1-en | Gefahr | GHS02 GHS08 | H225 H304 | 10-12 |
| Hex-1-in | Gefahr | GHS02 GHS07 GHS08 | H225 H304 H315 H319 H335 | 10-12 |
| Iod | Achtung | GHS07 GHS09 | H312 H332 H400 | 1-16 |
| Iod-Kaliumiodid-Lösung (Lugolsche Lösung) | Achtung | GHS07 | H315 H319 | 1 |
| Iodwasserstoff | Gefahr | GHS05 | H314 | 1 |
| Isobutanol (2-Methyl-propan-1-ol) | Gefahr | GHS02 GHS05 GHS07 | H226 H315 H318 H335 H336 | 10 |
| Kalium | Gefahr | GHS02 GHS05 | H260 H314 EUH014 | 6-12-16 |
| Kaliumcarbonat | Achtung | GHS07 | H315 H319 H335 | 1 |
| Kaliumhydroxid (Ätzkali) | Gefahr | GHS05 GHS07 | H290 H302 H314 | 2 |
| Kaliumhydroxidlösung (Kalilauge) $w \geq 5\%$ | Gefahr | GHS05 GHS07 | H302 H314 | 2 |
| $2\% \leq w < 5\%$ | Gefahr | GHS05 | H314 | 2 |
| $0,5\% \leq w < 2\%$ | Achtung | GHS07 | H315 H319 | 2 |
| Kaliumnitrat | Gefahr | GHS03 | H272 | 1 |
| Kaliumnitrit | Gefahr | GHS03 GHS06 GHS09 | H272 H301 H400 | 1-16 |
| Kaliumpermanganat | Gefahr | GHS03 GHS07 GHS09 | H272 H302 H410 | 1-6 |
| Kaliumpermanganat-lösung $w \geq 25\%$ | Gefahr | GHS07 GHS09 | H302 H410 | 1-6 |
| Kohlenstoffmonooxid | Gefahr | GHS02 GHS06 GHS08 | H220 H331 H360D H372 | 7 |
| Kupfer, Pulver | Gefahr | GHS02 GHS09 | H228 H410 | 3 |
| Kupfer(II)-acetat | Achtung | GHS07 GHS09 | H302 H315 H319 H335 H410 | 11 |
| Kupfer(II)-chlorid | Achtung | GHS07 GHS09 | H302 H315 H319 H335 H400 | 11 |
| Kupfer(II)-chloridlösung $3\% \leq w < 25\%$ | Achtung | GHS07 | H302 | 11 |
| Kupfer(II)-hydroxid-car-bonat (Malachit) | Achtung | GHS07 | H302 | 8-12 |
| Kupfernitrat | Gefahr | GHS02 GHS07 GHS09 | H272 H302 H315 H319 H410 | 6-8-12 |
| Kupfer(I)-oxid | Achtung | GHS07 GHS09 | H302 H410 | 8-16 |
| Kupfer(II)-oxid | Achtung | GHS07 GHS09 | H302 H410 | 8-16 |

| Gefahrstoff | Signal-wort | Pikto-gramm-code | H-Sätze und EUH-Sätze | E-Sätze |
|---|---|---|---|---|
| Kupfer(II)-sulfat, wasserfrei, Pentahydrat o. Lösung $w \geq 25\%$ | Achtung | GHS07 GHS09 | H302 H315 H319 H410 | 11 |
| Lithium | Gefahr | GHS02 GHS05 | H260 H314 EUH014 | 15-1 |
| Lithiumchlorid | Achtung | GHS07 | H302 H315 H319 | 1 |
| Magnesium, Späne oder Pulver (phlegmatisiert) | Gefahr | GHS02 | H228 H252 H261 | 3 |
| Mangan(IV)-oxid (Braunstein) | Gefahr | GHS03 GHS07 | H272 H302 H332 | 3 |
| Methan | Gefahr | GHS02 | H220 | 7 |
| Methanal (Formalde-hyd), wasserfrei | Gefahr | GHS05 GHS06 GHS08 | H301 H311 H314 H317 H330 H351 | 10-12-16 |
| Methanallösung (Formaldehydlösung) $w \geq 25\%$ | Gefahr | GHS05 GHS06 GHS08 | H301 H311 H314 H317 H330 H335 H351 H370 | 10-12-16 |
| $5\% \leq w < 25\%$ | Gefahr | GHS06 GHS08 | H301 H311 H315 H317 H319 H331 H335 H351 | 1-10 |
| $0,2\% \leq w < 5\%$ | Gefahr | GHS07 GHS08 | H302 H317 H351 | 1-10 |
| Methanol | Gefahr | GHS02 GHS06 GHS08 | H225 H301 H311 H331 H370 | 1-10 |
| Natrium | Gefahr | GHS02 GHS05 | H260 H314 EUH014 | 6-12-16 |
| Natriumcarbonat | Achtung | GHS07 | H319 | 1 |
| Natriumfluorid | Gefahr | GHS06 | H301 H315 H319 EUH032 | 5 |
| Natriumhydrogensulfat | Gefahr | GHS05 | H318 | 6-8 |
| Natriumhydroxid (Ätznatron) | Gefahr | GHS05 | H290 H314 | 2 |

| Gefahrstoff | Signal-wort | Pikto-gramm-code | H-Sätze und EUH-Sätze | E-Sätze |
|---|---|---|---|---|
| Natriumhydroxidlösung (Natronlauge) $w \geq 2\%$ | Gefahr | GHS05 | H290 H314 | 2 |
| $0,5\% \leq w < 2\%$ | Achtung | GHS07 | H315 H319 | 1 |
| Natriumiodid | Achtung | GHS09 | H400 | 6-12-16 |
| Natriumnitrat | Gefahr | GHS03 GHS07 | H272 H302 | 1 |
| Natriumnitrit | Gefahr | GHS03 GHS06 GHS09 | H272 H301 H400 | 1-16 |
| Natriumoxalat | Achtung | GHS07 | H302 | 5 |
| Natriumsulfid | Gefahr | GHS07 GHS08 GHS09 | H302 H332 H360Df H373 H410 | 1 |
| n-Octan | Gefahr | GHS02 GHS07 GHS08 GHS09 | H225 H304 H315 H336 H410 | 10-12 |
| Octan-1-ol | Achtung | GHS07 | H319 | 10 |
| Oxalsäure, rein o. Lösung $w \geq 5\%$ | Achtung | GHS07 | H302 H312 | 5 |
| n-Pentan | Gefahr | GHS02 GHS08 GHS07 GHS09 | H225 H304 H336 H411 EUH066 | 10-12 |
| Pentan-1-ol | Achtung | GHS02 GHS07 | H226 H315 H332 H335 | 10-14 |
| Petrolether (Leicht-benzin) | Gefahr | GHS02 GHS07 GHS08 GHS09 | H225 H304 H315 H336 H411 | 10-12 |
| Petroleum | Gefahr | GHS08 | H304 | 10-12 |
| Petroleumbenzin | Gefahr | GHS02 GHS07 GHS08 GHS09 | H225 H304 H315 H336 H361f H373 H411 | 10-12 |
| Phenolphthaleinlösung ($w < 1\%$ in Ethanol) | Gefahr | GHS02 | H225 | 1-10 |
| Phosphor, rot | Gefahr | GHS02 | H228 H412 | 6-9 |
| Phosphor(V)-oxid | Gefahr | GHS05 | H314 | 2 |
| Phosphorsäure $w \geq 25\%$ | Gefahr | GHS05 | H290 H314 | 2 |
| $10\% \leq w < 25\%$ | Achtung | GHS07 | H315 H319 | 1 |

| Gefahrstoff | Signal-wort | Pikto-gramm-code | H-Sätze und EUH-Sätze | E-Sätze |
|---|---|---|---|---|
| Propan | Gefahr | GHS02 | H220 | 7 |
| Propanal | Gefahr | GHS02 GHS07 | H225 H315 H319 H335 | 9-10-12-16 |
| Propan-1-ol | Gefahr | GHS02 GHS05 GHS07 | H225 H318 H336 | 10 |
| Propan-2-ol | Gefahr | GHS02 GHS07 | H225 H319 H336 | 10 |
| Propansäure (Propionsäure) 10 % ≤ w < 25 % | Achtung | GHS02 GHS05 | H314 H326 | 2 |
| Resorcin (1,3-Dihydro-xybenzol) | Achtung | GHS07 GHS09 | H302 H319 H315 H400 | 10 |
| Rohöl (synthetisch) | Gefahr | GHS02 GHS07 GHS09 | H224 H315 H336 H411 | 10-12 |
| **S**alpetersäure w ≥ 65 % | Gefahr | GHS03 GHS05 | H272 H290 H314 | 2 |
| 5 % ≤ w < 65 % | Gefahr | GHS05 | H314 | 2 |
| Salzsäure w ≥ 25 % | Gefahr | GHS05 GHS07 | H314 H335 | 2 |
| 10 % ≤ w < 25 % | Achtung | GHS05 GHS07 | H315 H319 H335 | 2 |
| Sauerstoff | Gefahr | GHS03 | H270 | 7 |
| Schiffs Reagenz | Achtung | GHS07 | H319 H335 | 2 |
| Schmieröl | Gefahr | GHS08 | H350 | 10-12 |
| Schwefel | Achtung | GHS07 | H315 | 3 |
| Schwefeldioxid | Gefahr | GHS05 GHS06 | H314 H331 EUH071 | 7 |
| Schwefelsäure w ≥ 15 % | Gefahr | GHS05 | H290 H314 | 2 |
| 5 % ≤ w < 15 % | Gefahr | GHS05 | H290 H315 H319 | 2 |
| Schwefelwasserstoff | Gefahr | GHS02 GHS06 GHS09 | H220 H330 H400 | 2-7 |
| Schwefelwasserstoff-lösung 0,1 % ≤ w ≤ 1 % | Achtung | GHS07 | H332 | 2 |
| Schweflige Säure w ≥ 5 % | Gefahr | GHS05 GHS07 | H314 H332 | 2 |
| 0,5 % ≤ w < 5 % | Gefahr | GHS07 | H314 H332 | 2 |

| Gefahrstoff | Signal-wort | Pikto-gramm-code | H-Sätze und EUH-Sätze | E-Sätze |
|---|---|---|---|---|
| Silbernitrat | Gefahr | GHS03 GHS05 GHS09 | H272 H314 H410 | 12-13-14 |
| Silbernitratlösung 5 % ≤ w ≤ 10 % | Achtung | GHS07 | H315 H319 | 12-13-14 |
| Silberoxid | Gefahr | GHS03 GHS05 | H272 H314 EUH044 | 12-13-14 |
| Strontiumchlorid | Achtung | GHS07 | H315 H319 H335 | 1-11 |
| Styrol | Achtung | GHS02 GHS07 GH08 | H226 H304 H315 H319 H332 H335 H372 | 10-12 |
| Waschbenzin (Testbenzin, aromaten-arm) | Gefahr | GHS02 GHS07 GHS08 GHS09 | H224 H304 H315 H336 H340 H350 H361 H441 | 10-12 |
| **W**asserstoff | Gefahr | GHS02 | H220 | 7 |
| Wasserstoffperoxid-lösung 30 % ≤ w < 50 % | Gefahr | GHS03 GHS05 GHS07 | H271 H302 II314 H332 H335 | 1 |
| 8 % ≤ w < 30 % | Gefahr | GHS05 GHS07 | H302 H318 | 1 |
| 5 % ≤ w < 8 % | Achtung | GHS07 | H302 H319 H332 | 1 |
| Weinsäure | Gefahr | GHS05 | H318 | 1-10 |
| **Z**ink, Pulver o. Staub (stabilisiert) | Achtung | GHS09 | H410 | 3 |
| Zinkbromid | Gefahr | GHS05 GHS09 | H314 H410 | 1-11 |
| Zinkchlorid | Gefahr | GHS05 GHS07 GHS09 | H302 H314 H335 H410 | 1-11 |
| Zinkchloridlösung 5 % ≤ w < 10 % | Achtung | GHS07 | H315 H319 | 1-11 |
| Zinkiodid | Gefahr | GHS05 GHS09 | H315 H319 | 12-16 |
| Zinkoxid | Achtung | GHS09 | H410 | 3 |
| Zinksulfat, wasserfrei | Gefahr | GHS05 GHS07 GHS09 | H302 H318 H410 | 1-11 |
| Zinn(II)-chlorid | Achtung | GHS07 | H302 H315 H317 H319 H335 | 1-11 |

# Register

# Bildquellen